François Lelord
Christophe André

Der ganz normale Wahnsinn

Der Psychologe FRANÇOIS LELORD, geboren 1953, schloß 1996 seine Praxis, um sich und seinen Lesern die wirklich großen Fragen des Lebens zu beantworten. »Hectors Reise oder die Suche nach dem Glück« wurde ein internationaler Erfolg und stand wochenlang ganz oben auf den deutschen Bestsellerlisten.

CHRISTOPHE ANDRÉ, geboren 1956, studierte Medizin und Psychologie und arbeitete nach seiner Promotion als Psychologe. Er veröffentlichte zahlreiche Bücher zu psychologischen Themen.

Der cholerische, immer überdrehte Donald Duck und der absolut akribische Sherlock Holmes, dem nicht das kleinste Detail entgeht – sie haben eines gemeinsam: Sie verhalten sich extrem. Das macht den Umgang mit ihnen schwierig und anstrengend und manchmal sogar nervtötend. Denn Persönlichkeiten wie sie begegnen uns nicht nur in der Literatur, im Film oder im Comic, sondern vor allem in unserem Alltag. Da sind die Freundin, die sich nie, und zwar wirklich nie, entscheiden kann, der Kollege mit seinem penetranten Ordnungswahn oder der Firmenchef, der als Workaholic seine Angestellten zu jeder Tages- und Nachtzeit arbeiten lassen will, und nicht zu vergessen der eigenbrötlerische Onkel, der seine Umwelt nur anknurrt. Nicht immer ist es leicht, ihre Marotten zu verstehen. Doch wenn man »Der ganz normale Wahnsinn« gelesen hat, kommt man nicht nur mit schwierigen Persönlichkeiten besser zurecht – man hat sich auch prächtig über ihre Schrullen amüsiert.

François Lelord
Christophe André

Der ganz normale Wahnsinn

Vom Umgang
mit schwierigen Menschen

*Aus dem Französischen
von Ralf Pannowitsch*

aufbau taschenbuch

Titel der Originalausgabe
Comment gérer les personnalités difficiles

ISBN 978-3-7466-1687-2

Aufbau Taschenbuch ist eine Marke
der Aufbau Verlag GmbH & Co. KG

6. Auflage 2009
© Aufbau Verlag GmbH & Co. KG, Berlin
© Gustav Kiepenheuer Verlag GmbH, Leipzig 1998
© Éditions Odile Jacob, 1996
Umschlaggestaltung Dagmar & Torsten Lemme
unter Verwendung einer Illustration von Steffen Gumpert
Druck und Binden
Druckerei C. H. Beck, Nördlingen
Printed in Germany

www.aufbau-verlag.de

Inhalt

Einführung 7

Kapitel I. Die ängstlichen Persönlichkeiten . . . 25
Kapitel II. Die paranoiden Persönlichkeiten . . . 51
Kapitel III. Die histrionischen Persönlichkeiten . . 86
Kapitel IV. Die zwanghaften Persönlichkeiten . . . 105
Kapitel V. Die narzißtischen Persönlichkeiten . . 124
Kapitel VI. Die schizoiden Persönlichkeiten 148
Kapitel VII. Die Verhaltensweisen vom Typus A . . 167
Kapitel VIII. Die depressiven Persönlichkeiten . . . 192
Kapitel IX. Die dependenten Persönlichkeiten . . 215
Kapitel X. Die passiv-aggressiven Persönlichkeiten 241
Kapitel XI. Die selbstunsicheren Persönlichkeiten . 261
Kapitel XII. Und all die anderen? 284
Kapitel XIII. Ursachen für die Entstehung einer schwierigen Persönlichkeit 306
Kapitel XIV. Schwierige Persönlichkeiten und Veränderung 314

Quellenverzeichnis 355
Kommentierte Bibliographie 360

Einführung

Über die Definition des Begriffs »Persönlichkeit« sind ganze Bücher geschrieben worden. Wir können aber resümieren, daß es sich um ein Synonym für das handelt, was wir in der Umgangssprache »Charakter« nennen.

Wenn wir über den Charakter eines Menschen sprechen, indem wir zum Beispiel sagen: »Michael hat einen sehr pessimistischen Charakter«, meinen wir damit, daß Michael in unterschiedlichen Situationen und in verschiedenen Lebensabschnitten dazu neigte, alles in schwarzen Farben zu sehen und immer das Schlimmste zu befürchten.

Wir wollen damit ausdrücken, daß es eine für Michael typische Art und Weise gibt, Ereignisse wahrzunehmen und auf sie zu reagieren, nämlich pessimistisch. Diese Art und Weise ist für ihn in allen möglichen Situationen und quer durch die Jahre kennzeichnend.

Michael selbst nimmt seinen Pessimismus wahrscheinlich gar nicht als konstanten Zug seines Charakters wahr. Im Gegenteil, er wird denken, daß er in Anbetracht der Umstände jedesmal verschieden handelt. Aber er ist nicht der einzige, der sich für variabler hält, als er in Wahrheit ist: wir erkennen die Charakterzüge anderer Leute nämlich viel besser als unsere eigenen.

Jedem von uns ist es schon passiert, daß er einem langjährigen Freund von einer Situation berichtete, der er sich stellen mußte. Wir haben zum Beispiel von einem Arbeitskollegen, der Schlechtes über uns verbreitet hatte, eine Erklärung verlangt. Auf unsere Erzählung hat der Freund vielleicht entgegnet: »Das wundert mich gar nicht, daß du so reagiert hast!«

Wir sind über diese Antwort erstaunt und vielleicht sogar verärgert. Warum sollte er mit unserer Reaktion gerechnet haben? Im Grunde hätten wir uns sehr wohl anders verhalten können!

Nun, wahrscheinlich täuschen wir uns. Unser Freund, der uns seit langem kennt, hat sich eine bestimmte Vorstellung über die Art, wie wir in gewissen Konfliktsituationen reagieren, gebildet. In seinen Augen ist das ein Zug unseres Charakters oder, wenn man will, unserer Persönlichkeit.

Die Persönlichkeitsmerkmale sind also dadurch gekennzeichnet, wie man seine Umwelt und sich selbst gewöhnlich wahrnimmt, wie man sich normalerweise verhält und reagiert. Sie können oft mit Adjektiven benannt werden: autoritär, gesellig, uneigennützig, mißtrauisch, gewissenhaft ...

Um zum Beispiel jemandem den Charakterzug »gesellig« zuzuschreiben, müßte man nachprüfen, ob er unter ganz verschiedenen Lebensumständen (bei der Arbeit, während der Freizeit, auf Reisen) die Gesellschaft anderer Leute liebt und bewußt sucht, es sich demnach um ein für ihn übliches Verhalten in unterschiedlichen Situationen handelt. Wir werden diese Eigenschaft noch eher als ein Merkmal seiner Persönlichkeit anerkennen, wenn wir erfahren, daß er nicht erst seit kurzem gesellig ist, sondern daß er schon als Jugendlicher viele Freunde hatte und Gruppenaktivitäten liebte.

Wenn wir hingegen in unserer Firma eine kürzlich eingestellte Person beobachten, die neue Bekanntschaften zu knüpfen versucht, genügt dies nicht, um ihr das Persönlichkeitsmerkmal »gesellig« zuzusprechen. Diese Person gibt sich vielleicht bloß gesellig, weil sie das für notwendig hält, um auf ihrer neuen Arbeitsstelle akzeptiert zu werden. Es ist nicht erwiesen, daß sie auch unter anderen Umständen gesellig war, daß es typisch für sie ist. Wir erleben sie lediglich in einem geselligen »Zustand« und wissen nicht, ob es sich um einen Zug ihrer Persönlichkeit handelt.

Der Unterschied zwischen Persönlichkeitszug und Zustand zählt zu den wichtigsten Untersuchungsgegenständen von Psychologen und Psychiatern, wenn sie eine Persönlichkeit zu definieren suchen. Aber auch wenn zwei Leute über die Persönlichkeit eines Bekannten sprechen, diskutieren sie, ohne es zu wissen, häufig den Unterschied zwischen Zug (konstantes Merkmal) und Zustand (vorübergehende, aus den Umständen erwachsene Verfassung):

»Michael ist der totale Pessimist« (Charakterzug).

»Ach wo, überhaupt nicht, das kommt bloß, weil er noch von seiner Scheidung mitgenommen ist« (vorübergehender Zustand).

»Nein, nein, ich habe ihn schon immer so gekannt« (Charakterzug).

»Gar nicht! Als Student war er ein Spaßvogel!« (Zustand)

Dieses Beispiel wirft eine Frage auf: sollte sich Michaels Persönlichkeit nicht im Laufe der Zeit gewandelt haben? Als junger Mann war er tatsächlich ein Spaßvogel (Persönlichkeitszug), heute ist er definitiv pessimistisch (Persönlichkeitszug). Wie wir sehen werden, können sich bestimmte Persönlichkeitszüge mit der Zeit verändern.

»Nun schön«, werden Sie sagen, »ich kann nachvollziehen, daß es ein Ding gibt, das man Persönlichkeit oder Charakter nennt, und daß es bei jedem im Laufe des Lebens ungefähr gleichbleibt. Aber wie kann man es für jedes Individuum definieren? Jeder hat so viele Facetten! Und wie kann man unterscheiden zwischen dem, was sich mit der Zeit wandelt, und dem, was sich an einer Persönlichkeit nicht ändert?« Freilich keine leichte Aufgabe; im übrigen aber befaßt sich der Mensch schon seit dem Altertum damit.

Wie kann man die Persönlichkeiten klassifizieren?

Als einer der ersten hat es Hippokrates unternommen, seine Mitmenschen zu klassifizieren. Seinerzeit meinte man, daß der Charakter eines Menschen vor allem von der Art der Körperflüssigkeit, die in seinem Organismus überwog, abhängig wäre. Nachdem sie beobachtet hatten, was bei Verwundungen und beim Erbrechen ans Tageslicht kam, unterschieden die alten Griechen Blut, Lymphe, schwarze und gelbe Galle. Hippokrates gelangte zu folgender Einteilung:

vorherrschender Körpersaft	Persönlichkeitstyp	Kennzeichen
Blut	sanguinisch	lebhaft, emotiv
Lymphe	phlegmatisch	langsam, kalt
gelbe Galle	cholerisch	zornig, bitter
schwarze Galle	melancholisch	düster, pessimistisch

Diese Einteilung ist aus mehreren Gründen interessant. Sie zeigt, daß der Wunsch, die Mitmenschen zu klassifizieren, sehr alt ist (4. Jahrhundert v. Chr.); sie hat in der Alltagssprache ihre Spuren hinterlassen, denn man kann noch heute hören, daß jemand als cholerisch bezeichnet wird oder daß jemand zuviel schwarze Galle habe. Schließlich handelt es sich um einen bemerkenswerten Versuch, ein biologisches Merkmal einem Persönlichkeitszug zuzuordnen. (Wir werden sehen, daß Hippokrates damit in dieselbe Richtung geht wie die neuesten Forschungen zur Persönlichkeit.)

Trotz alledem spüren wir, daß seine Einteilung irgendwie unvollkommen ist: wenn wir auch Personen begegnen könnten, die den »reinen« sanguinischen oder melancholischen Typus verkörpern, so passen doch die meisten Leute in keine der vier Schubladen. Es gibt also mehr Persönlichkeitstypen als die vier von Hippokrates beschriebenen.

Im Laufe der Geschichte haben andere Wissenschaftler versucht, das Schema von Hippokrates zu verbessern, indem sie die Anzahl der Kategorien erhöhten oder der Persönlichkeit physische Merkmale zuordneten. Im Jahre 1925 hat zum Beispiel der deutsche Neuropsychiater Ernst Kretschmer[1] einen eher großen und schlanken Körperbau mit einer kühlen und verschlossenen Persönlichkeit in Beziehung gebracht, während die Kleinen und Rundlichen emotiv, instabil und gesellig sein sollten. Er fügte noch zwei andere Kategorien hinzu, den Athleten und den Dysplastiker, und gelangte so zu vier großen Persönlichkeitstypen:

Die vier großen Persönlichkeitstypen nach Kretschmer (1925)

Typus	Gestalt	Persönlichkeit	Im Film verkörpert von:
pyknisch	klein und dick	mitteilsam, fröhlich, spontan, realistisch	Gérard Jugnot Danny de Vito
leptosom	groß und schlank	reserviert, kühl, träumerisch	Jean Rochefort Clint Eastwood
athletisch	breitschultrig und muskulös	impulsiv, jähzornig	Lino Ventura Harvey Keitel
dysplastisch	schlecht entwickelt, mit Anomalien behaftet	Erschöpft, fühlt sich minderwertig	hatte im Kino keinen Erfolg

Auch hier könnte man einwenden, daß es im wirklichen Leben mehr als vier Persönlichkeitstypen gibt, sogar mehr als acht oder sechzehn, wenn man die Mischformen mitrechnet. Kretschmer hat solche Bemerkungen nicht in den Wind geschlagen; er räumte ein, daß es zwischen den einzelnen Typen Übergänge mit unendlich vielen Zwischenstufen gebe.

Darüber hinaus haben statistische Untersuchungen an einer großen Zahl von Individuen gezeigt, daß die Beziehungen zwischen dem physischen Typ und der Persönlichkeit viel komplizierter sind, als Kretschmer angenommen hatte.

Die Klassifizierungen von Hippokrates und Kretschmer stellen Persönlichkeitskategorien auf; es handelt sich um kategoriale Einteilungen. Ihr Vorteil ist offensichtlich: sie liefern recht anschauliche Beschreibungen von menschlichen Typen, die man leicht wiedererkennen kann, wenn man ihnen in der Wirklichkeit begegnet. Man merkt aber auch, wo die Nachteile liegen: die menschliche Gattung kennt mehr

Varianten als die Handvoll Kategorien einer Klassifizierung. Jede solche Einteilung versucht, oft kontinuierlich abgestufte Objekte oder Phänomene in diskontinuierliche Klassen zu trennen.

Andere Wissenschaftler haben sich daher zum Ziel gesetzt, die Persönlichkeiten nicht mehr nach Kategorien, sondern nach Dimensionen zu unterscheiden.

Dimensionale Annäherungen an die Persönlichkeit

Wenn man etwa Autos klassifizieren wollte, könnte man sie nach Marken und Modellen ordnen. Dies ist eine kategoriale Einteilung, bei welcher ich alle Modelle eines Herstellers in derselben Gruppe wiederfinde. Ich kann sie aber auch klassifizieren, indem ich ihnen für bestimmte Eigenschaften Noten zwischen 0 und 10 gebe (für Zuverlässigkeit, Leistung, Komfort, Unterhaltskosten etc.). Hier haben wir ein dimensionales Herangehen, bei dem weder Marke noch Modell, sondern nur die Eigenschaften des Wagens berücksichtigt werden. Die Autozeitschriften nutzen beide Einteilungsweisen, denn es ist nicht sinnvoll, einen kleinen Stadtwagen und eine große Limousine allein nach ihrer Leistung gegenüberzustellen. Bei einem Vergleichstest wird man alle kleinen Stadtwagen in einer *Kategorie* zusammenfassen, bevor man eine *dimensionale* Einteilung unter ihnen vornimmt.

Wie sieht nun eine dimensionale Annäherung an die menschliche Persönlichkeit aus? Die Forscher sind natürlich vor zwei große Fragen gestellt: *Welche Dimensionen soll man wählen?* Wie kann man eine Persönlichkeit in zwei, vier oder sechzehn Dimensionen zergliedern, wo man doch weiß, daß schon bei einem Auto, einem einfacheren Ding als einem Menschen, mindestens zehn verschiedene Bewertungskriterien herangezogen werden? *Wie soll man sie messen?* Hat man sich einmal für eine Dimension entschieden, zum Beispiel für die Neigung zum Mißtrauen, welche Arten von Tests oder von Fragen gestatten es dann, das Mißtrauen und genau diese eine Dimension richtig zu beurteilen?

Die Versuche, auf beide Fragen zu antworten, bilden eine ganze Wissenschaft, die Psychometrie oder quantitative Annäherung an die Persönlichkeit. Es handelt sich um eine Domäne von Fachleuten, die sich aus Beobachtungen und Statistiken nährt und deren Resultate in eher unzugänglichen Artikeln erscheinen. Wir möchten Ihnen an dieser Stelle nicht die Methoden dieser Wissenschaft erklären, sondern lieber ein paar Beispiele für dimensionale Einteilungen liefern, um Ihnen die Mischung aus Einbildungskraft und wissenschaftlicher Strenge, von der diese Forscher beseelt sind, vor Augen zu führen.

Einer der Vorreiter der dimensionalen Klassifizierungen war der amerikanische Psychologe R. B. Catell, der die Statistik für psychologische Forschungen nutzbar machte. Catell begann damit, alle Wörter der englischen Sprache zu untersuchen, mit denen man einen Charakter beschreiben kann: er listete nicht weniger als 4500 auf! Indem er alle Synonyme zusammenfaßte, behielt er schließlich noch rund zweihundert Eigenschaftswörter zurück. Als er dann Tausende von Versuchspersonen mit Hilfe dieser Adjektive bewertete und die Ergebnisse statistisch erfaßte, bemerkte er, daß gewisse Adjektive in den Charaktereinschätzungen stets gemeinsam auftauchten, daß sie also dieselbe Dimension kennzeichneten. Damit konnte man die Zahl der Persönlichkeitsmerkmale noch einmal verringern. Nach mehrjährigen Forschungen gelang es Catell und seinem Team aus Psychologen und Statistikern, sechzehn Persönlichkeitszüge zu isolieren, die mit dem Test 16 PF für jedes Individuum gemessen werden können. Dieser in den fünfziger Jahren entwickelte Test findet heute noch Anwendung.[2]

Die Dimensionen des »16 PF«-Tests

zurückgezogen .... gesellig

weniger intelligent .... intelligenter

emotional instabil .... emotional stabil

sich unterordnend .... dominant

reserviert .... enthusiastisch

opportunistisch	gewissenstreu
schüchtern	unverfroren
zäh	empfindlich
vertrauensvoll	mißtrauisch
praktisch veranlagt	phantasiebegabt
freimütig	hinterhältig
gelassen	ängstlich
konservativ	radikal
unselbständig	selbständig
Mangel an Selbstkontrolle	selbstbeherrscht
locker	verkrampft

Für jede Dimension erhält die Testperson eine Punktzahl, die zwischen den beiden Extremen liegt.

Übung: Ein Gesellschaftsspiel, um sich unter Freunden aufzuregen

Schreiben Sie die sechzehn Dimensionen des Tests auf ein Blatt und lassen Sie auf jeder Zeile fünf freie Kästchen zwischen den gegensätzlichen Adjektiven. Bitten Sie jemanden, der Sie gut kennt, Sie einzuschätzen, indem er jeweils ein Kästchen ankreuzt. Schätzen Sie Ihre Persönlichkeit nach dem gleichen Prinzip selbst ein. Vergleichen Sie danach beide Beurteilungen! Diskutieren Sie, weshalb es zu Unterschieden kam, und tauschen Sie dann die Rollen. Richten Sie es so ein, daß ein Schiedsrichter mit von der Partie ist!

Der auf der ganzen Welt im Gesundheitswesen am häufigsten genutzte Test ist jedoch der MMPI (Minnesota Multiphasic Personality Inventory), der in den dreißiger Jahren von Hattaway und Mackinley entwickelt und kürzlich überarbeitet wurde.[3] Er untersucht zehn Persönlichkeitskomponenten mit Hilfe von über 500 Fragen zur eigenen Person, die mit »Richtig« oder »Falsch« beantwortet werden müssen. Komplexe statistische Analysen haben auch erlaubt, vier Kontrollskalen aufzustellen, mit denen man herausfinden kann, ob der geistige Zustand der Versuchsperson sie beim

Ablegen des Tests nicht behindert hat oder ob sie etwa gar bewußt die Ergebnisse in einer bestimmten Richtung zu verfälschen versuchte.

Ein neueres und offenbar einfacheres Modell kommt von Eysenck, einem englischen Forscher.[4] Nach vielen Studien und statistischen Analysen schlug er vor, die Persönlichkeiten nach zwei großen Achsen zu klassifizieren:

– *eine Achse Introversion–Extraversion:* das extravertierte Individuum ist auf der Suche nach Anerkennung und Ermutigung, es ist schnell zu begeistern, von seiner Umgebung abhängig, eher spontan und gesellig. Der Introvertierte hingegen hat eine starke Selbstkontrolle, ist eher ruhig, zurückhaltend, verfolgt seine Ziele unabhängig von den äußeren Umständen und neigt dazu, seine Handlungen zu planen. Jeder kann auf einem Punkt der Achse Introversion–Extraversion seinen Platz finden.

– *eine Achse Neurotizismus–Stabilität:* der »Neurotiker« wird schnell und dauerhaft von unangenehmen Emotionen beunruhigt: Angst, Traurigkeit, Gewissensbisse. Der »Stabile« ist dagegen kaum emotiv und findet, wenn er doch einmal aus dem Gleichgewicht gebracht wurde, leicht zur normalen Stimmung zurück.

Wenn man den Persönlichkeitstest von Eysenck ablegt, kann man sich, einer dimensionalen Sichtweise gemäß, irgendwo auf dem Schema S. 16 einordnen. Wir haben dort schon einige berühmte Persönlichkeiten plaziert.

Eysenck fügte noch eine dritte Dimension hinzu, den Psychotizismus, der solche Züge wie Kälte, Aggressivität, Impulsivität und Egozentrik vereint. Diese drei Dimensionen kann man für sich selbst anhand eines Fragebogens abschätzen, bei dem man 57 einfache Fragen mit »Richtig« oder »Falsch« beantworten muß.

Das Eysencksche Modell ist eine interessante Etappe in der Bewertung von Persönlichkeiten. Aber da Wissenschaft ein ständiger Wettkampf ist, haben andere Forscher es getestet und seine Grenzen entdeckt. Sie bemerkten vor allem, daß fast alle schwierigen Persönlichkeiten zwar eine hohe Punktzahl in Neurotizität erreichten, man mit diesem Test aber nicht zwischen ihnen differenzieren konnte. Es schien

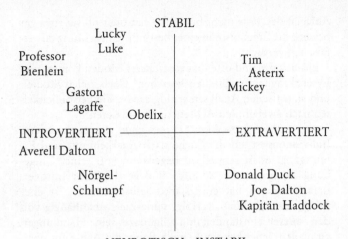

Persönlichkeitsklassifizierung nach Eysenck

demnach, als würde die Neurotizität mehrere verschiedene Dimensionen beinhalten und keine feineren Unterscheidungen zwischen Personen, die auf ganz unterschiedliche Weise geplagt sind, ermöglichen. Außerdem verringern sich bei Versuchspersonen, die Beruhigungsmittel einnehmen, zugleich die Neurotizität und die Introversion, was darauf schließen läßt, daß beide Dimensionen voneinander nicht völlig unabhängig sind.

Um diese Schwierigkeiten aus der Welt zu schaffen, sind von anderen Wissenschaftlern neue Modelle vorgeschlagen worden. Allergrößte Beachtung findet unter Spezialisten das Modell von Robert Cloninger von der Universität Saint Louis.[5] Nach Studien an Labortieren und an Menschen, vor allem zu den Persönlichkeiten eineiiger und zweieiiger Zwillinge, stellte er sieben Komponenten der Persönlichkeit vor. Zunächst unterscheidet er vier Dimensionen, die seiner Ansicht nach Bestandteile eines *Temperaments* und damit wahrscheinlich angeboren sind, denn sie zeigen sich schon im zartesten Alter und werden vererbt. Diese vier Dimensionen bestimmen unser frühestes Lernen.

Die vier Dimensionen des Temperaments (nach Cloninger)

1. *Nach Neuem suchen.* Die Person oder das Baby mit einer hohen Punktzahl in dieser Dimension wird dazu tendieren, die Umgebung aktiv zu erkunden, voll Interesse auf Neues zu reagieren und bewußt Frustration zu vermeiden.
2. *Der Bestrafung entgehen.* Neigt dazu, sich Sorgen zu machen, sich zu ducken, um böse Überraschungen zu verhüten; hält sich im Zweifelsfalle aus Furcht vor ärgerlichen Konsequenzen zurück.
3. *Belohnung nötig haben.* Braucht die Anerkennung der anderen, Unterstützung und häufige Belohnungen.
4. *Ausdauernd sein.* Neigt dazu, eine Betätigung trotz Müdigkeit oder Frustration entschlossen fortzusetzen.

Hier ein amüsantes und vereinfachendes Beispiel: Im Restaurant wird der Herr, der Belohnung nötig hat, sogleich sein Lieblingsgericht bestellen und sich schon beim Gedanken daran ergötzen. Der Herr, der nach Neuem sucht, wird ein neues, ihm noch unbekanntes Gericht probieren wollen. Der Herr, der Bestrafungen entgehen will, wird auf der Karte vor allem nach schlechtverdaulichen Speisen fahnden, um einen Bogen um sie zu machen. Der ausdauernde Herr, ein bißchen verspätet, wird rund ums Restaurant lange nach einem Parkplatz suchen und sich dabei trotz seines knurrenden Magens weder aufregen noch entmutigen lassen.

Cloninger fügt seinem Modell drei weitere Dimensionen hinzu, von denen er annimmt, daß sie das definieren, was er den *Charakter* nennt. Im Gegensatz zum Temperament soll der Charakter stärker von Lernerfahrungen beeinflußt sein.

Die drei Dimensionen des Charakters (nach Cloninger)

1. *Selbstkontrolle.* Dieser Komponente zugeordnet werden ein gutes Selbstwertgefühl, der Glaube, sein eigenes Leben in die Hand nehmen und auf seine Umgebung wirken zu können, die Fähigkeit, sich Ziele zu setzen.
2. *Kooperativität.* Akzeptanz und Verständnis der anderen,

Mitgefühl und Uneigennützigkeit sind die mit dieser Dimension verbundenen charakteristischen Merkmale.
3. *Selbsttranszendenz.* Personen mit einer hohen Punktzahl bei dieser Dimension fühlen, daß ihr Leben einen Sinn hat, daß sie der Welt zugehörig sind; ihre Sichtweise ist eher spiritualistisch als materialistisch.

Cloningers Modell besitzt die Merkmale wirklicher wissenschaftlicher Hypothesen: Man kann es testen, man kann Situationen oder Experimente ersinnen, um es auf den Prüfstand zu stellen, anders gesagt, man kann es bestätigen oder widerlegen.

Die vier Dimensionen des Temperaments können zum Beispiel an Tieren untersucht werden, um herauszufinden, ob sie durch Vererbung übertragen werden. Zur Abschätzung dieser Dimensionen beim Menschen kann man Fragebögen erarbeiten und die Resultate mit denen vergleichen, welche dieselben Personen in der Evaluation mit anderen Tests oder bei anderen Psychologen erreicht haben, oder man kann die Ergebnisse an dem messen, was Menschen, welche die Testperson seit langem kennen und sie in verschiedenen Situationen erlebt haben, über ihr Temperament aussagen.

Die Resultate können zum Gegenstand statistischer Analysen werden, um festzustellen, ob die sieben Komponenten wirklich alle voneinander unabhängig sind. Man kann auch Individuen, die ähnliche Ergebnisse erreichten, miteinander vergleichen, um herauszufinden, ob es zwischen ihnen nicht vielleicht Unterschiede gibt, die das Modell nicht »gesehen« hat usw.

Wie alle wissenschaftlichen Modelle wird auch das von Cloninger ein Verfallsdatum haben und durch ein neues Modell ersetzt werden, das unsere Beobachtungen besser deutet. So schreitet die Erkenntnis, ganz wie in der Astronomie oder der Medizin, durch die Konfrontierung der Theorien mit den beobachteten Tatsachen voran.

Das Studium der Persönlichkeit ist also ein Forschungsfeld in voller Entwicklung; es kann eine wertvolle Hilfe sein bei der Kindererziehung, der Verhütung psychischer Störungen und der Vervollkommnung von Psychotherapien.

Was ist eine schwierige Persönlichkeit?

Nehmen wir an, ich wäre eher mißtrauisch. Wenn sich dieses Mißtrauen in Grenzen hält und ich nach einer Phase der Beobachtung schließlich den Leuten vertraue, ist mein Mißtrauen einfach ein Persönlichkeitsmerkmal, das mir helfen kann, mich nicht »reinlegen« zu lassen. Das kann mir sehr zugute kommen, wenn ich etwa einen Gebrauchtwagen kaufen möchte.

Wenn ich hingegen dauernd sehr mißtrauisch bin und es mir nicht gelingt, selbst Menschen mit besten Absichten mein Vertrauen zu schenken, werden mich bald alle schwer erträglich finden. Ich selbst werde mich ständig auf dem Sprung fühlen, und ich werde wahrscheinlich die Chance verpassen, neue Freundschaften zu schließen oder gute Geschäfte zu machen. In diesem Fall macht mein Mißtrauen aus mir eine richtiggehende »schwierige Persönlichkeit«.

Man kann also sagen, daß eine Persönlichkeit schwierig wird, wenn bestimmte Züge ihres Charakters zu markant oder zu verfestigt sind, den Umständen schlecht angepaßt, so daß das Individuum selbst oder ein anderes darunter leidet (bzw. alle beide).

Dieses Leiden ist ein gutes Kriterium, um die Diagnose »schwierige Persönlichkeit« stellen zu können. Das erste Ziel unseres Buches ist natürlich, Ihnen zu helfen, mit einer schwierigen Persönlichkeit aus Ihrem familiären oder beruflichen Umfeld besser zurechtzukommen.

Aber wir haben noch ein weiteres Ziel: Ihnen zu helfen, sich selbst besser kennenzulernen und sich zu begreifen, falls Sie an sich Merkmale der schwierigen Persönlichkeiten, die wir beschreiben werden, erkennen sollten.

Am Ende eines jeden Kapitels werden Sie daher eine Reihe von Fragen finden, mit denen Sie über Ihre eigene Persönlichkeit nachdenken können. Diese Fragen sind kein diagnostischer Test, sondern eher Anlaß zu einer Reflexion über Ihr Selbst.

Wonach haben wir die schwierigen Persönlichkeiten eingeteilt?

Wir haben ein Dutzend wichtiger Persönlichkeitstypen ausgewählt, die man anscheinend in allen Ländern und allen Epochen wiederfinden kann. Sie werden, mit ein paar Varianten freilich, sowohl in den alten Lehrbüchern der Psychiatrie als auch in den aktuellsten Klassifizierungen der Weltgesundheitsorganisation oder in der neuesten Fassung der Amerikanischen Gesellschaft für Psychiatrie, der DSM-IV, beschrieben.[6]

Diese Persönlichkeiten repräsentieren natürlich nicht *alle* Typen von schwierigen Persönlichkeiten, auf die Sie stoßen könnten, aber die Wahrscheinlichkeit, gerade sie im Alltag wiederzufinden, ist groß, besonders wenn Sie an die Mischformen denken, die Merkmale von zwei oder drei verschiedenen Typen in sich vereinen!

Doch was nützt es, wenn man die Menschen klassifiziert? Diese Kritik hört man oft, wo es um Klassifizierungen in der Psychologie geht: sie würden nur dazu dienen, den Leuten ein Etikett aufzukleben und sie in ein Schubfach zu stecken, wo die menschlichen Wesen von unendlicher Vielfalt und im Grunde nicht in Rubriken unterzubringen seien.

Es ist völlig wahr, daß jeder Mensch einzigartig ist und daß kein Klassifizierungssystem so viele »Schubfächer« aufweist, wie es unterschiedliche Charaktere gibt. Aber macht das jeden Einteilungsversuch gleich überflüssig?

Wählen wir nur ein Beispiel aus einem anderen Bereich, aus der Meteorologie. Der Himmel sieht nie gleich aus; jeden Tag formen der Wind, die Wolken und die Sonne uns ein anderes Bild. Trotzdem haben die Meteorologen vier Hauptarten von Wolken definiert: Kumuluswolken, Nimbuswolken, Zirruswolken und Stratuswolken. Dazu kommen noch Mischformen wie der Kumulonimbus. Hier haben wir eine einfache Einteilung. Dennoch ist es möglich, mit diesen wenigen Wolkentypen, die man an den Fingern abzählen kann, egal welchen bewölkten Himmel präzis zu beschreiben. Selbstverständlich gleichen sich zwei Kumuluswolken nicht völlig, wie auch zwei Charaktere nie identisch sind; trotzdem kann man sie in einer Klasse zusammenfassen.

Treiben wir den Vergleich noch etwas weiter: Wenn Sie ein paar grundlegende Dinge über Wolkenformen wissen, wird Sie das nicht daran hindern, sich über einen herrlichen Himmel zu freuen. Kennen Sie ein paar Persönlichkeitstypen, wird Sie das ebensowenig daran hindern, Ihre Freunde und Verwandten gern zu haben, und Sie werden sie nicht gleich klassifizieren wollen. Aber im Bedarfsfall werden Ihnen ein paar Kenntnisse auf dem Gebiet der Wolkenformen helfen, das Wetter für die kommenden Stunden vorherzusagen, und ein wenig Wissen über schwierige Persönlichkeiten wird Ihnen von Nutzen sein, um gewisse Situationen besser zu meistern.

Psychiatern und Psychologen erlaubt die Identifikation bestimmter Persönlichkeitstypen, deren Reaktionen unter verschiedenen Umständen besser zu verstehen und die Psychotherapien oder Behandlungen, die man ihnen anbieten kann, unablässig zu vervollkommnen. Indem sie zum Beispiel die Merkmale der »Borderline-Persönlichkeit« (vgl. Kapitel XII) erkannten und definierten, fanden die Psychiater und Psychologen auch einige Grundregeln, die sie in einer Psychotherapie mit solchen Patienten, die sehr leiden, aber zugleich äußerst zwiespältig auf jede ihnen angebotene Hilfe reagieren, beachten müssen.

Klassifizierungen haben also ihre Berechtigung. Sie sind in jeder Naturwissenschaft notwendig, sei es beim Studium der Wolken, der Schmetterlinge, der Krankheiten oder der Charaktere.

Schwierige Persönlichkeiten verstehen, akzeptieren und richtig handhaben

Bei jedem schwierigen Persönlichkeitstyp haben wir versucht, Ihnen zu erläutern, wie er oder sie sich selbst und die anderen sieht. Wenn Sie den Standpunkt begriffen haben, den er oder sie gegenüber der eigenen Person und der Welt einnimmt, werden Sie sich einige Verhaltensweisen leichter erklären können.

Ein solches Vorgehen stimmt mit einer unlängst aufgekommenen Sichtweise überein, die in den kognitiven Psychotherapien ausgenutzt wird und sich stetig entwickelt. Danach sollen unsere Haltungen und Verhaltensweisen tatsächlich von ein paar Grundüberzeugungen bestimmt werden, die wir sehr früh in unserer Kindheit erworben haben. Bei einer paranoiden Persönlichkeit wäre die Grundüberzeugung etwa: »Die anderen wollen mir schaden, man darf ihnen nicht trauen.« Aus ihr geht ein ganzes Ensemble mißtrauischer Haltungen und feindseliger Verhaltensweisen hervor, die wie die logische Folge dieses Grundglaubens wirken. Für jeden Persönlichkeitstyp haben wir versucht, die Grundüberzeugung bzw. die Grundüberzeugungen, welche ihr Verhalten bedingen, aufzuführen. Im letzten Kapitel werden sie in einer Tabelle vereint.

Wenn wir dem Publikum in unseren Seminaren verkünden, daß man die schwierigen Persönlichkeiten akzeptieren muß, rufen wir damit oft Mißbilligung und Einspruch hervor. Wie kann man sie akzeptieren, wo sie doch ein kaum tolerierbares und im wahrsten Sinne des Wortes inakzeptables Verhalten an den Tag legen? In Wahrheit verlangen wir von Ihnen jedoch nicht, sich einer passiven Akzeptanz hinzugeben, die der schwierigen Persönlichkeit alle Freiheit ließe, Ihnen Schaden zuzufügen (und sich oftmals auch selbst zu schaden). Es geht vielmehr darum, ihre Existenz als menschliches Wesen zu akzeptieren. Das soll Sie nicht daran hindern, sich aktiv vor ihr zu schützen.

Noch einmal ein Vergleich: Sie sind im Urlaub am Meer und haben sich für morgen eine Bootspartie vorgenommen. Aber als Sie erwachen, ist der Himmel düster, und es stürmt. Wenn Sie das auch nicht erfreuen dürfte, so werden Sie deshalb doch nicht vor Wut platzen. In gewissem Sinne akzeptieren Sie es als naturgegeben, daß an der Meeresküste bisweilen schlechtes Wetter ist. Das hindert Sie nicht, sich der Situation anzupassen, indem Sie sich eine andere Beschäftigung für den Tag vornehmen. Nun, auch die schwierigen Persönlichkeiten sind wie Naturphänomene: es hat sie schon immer gegeben, und es wird sie immer geben. Sich darüber zu empören, wäre genauso vergeblich, als wollte man über das schlechte Wetter oder die Gesetze der Schwerkraft in Zorn geraten.

Ein weiterer Grund, sie besser zu akzeptieren: ganz gewiß haben sie es sich nicht ausgesucht, schwierige Persönlichkeiten zu sein. Im Zusammenwirken von Vererbtem und Anerzogenem haben sie Verhaltensweisen entwickelt, die ihnen selten Erfolg bringen und für die sie, so darf man annehmen, nicht völlig verantwortlich gemacht werden dürfen. Wer würde schon aus freien Stücken gern allzu ängstlich, zu impulsiv, zu mißtrauisch, zu sehr von anderen abhängig oder zu detailbesessen sein?

Nie ist jemand dadurch gebessert worden, daß man ihn zurückstieß; das gilt erst recht für problematische Leute. Sie zu akzeptieren ist oft die notwendige Voraussetzung, um sie dahin zu führen, manche ihrer Verhaltensweisen zu ändern.

Wenn Sie eine schwierige Persönlichkeit besser verstehen, wenn Sie sie (in unserem Sinne) akzeptieren, werden Sie ihr Verhalten besser voraussehen können und den Problemen, vor die er oder sie Sie stellt, erfolgreicher begegnen. Wir geben Ihnen in diesem Buch einige Ratschläge, die auf jeden Persönlichkeitstyp zugeschnitten sind. Sie sind erwachsen aus unserer Erfahrung als Psychiater und Therapeuten, aber auch als Menschen, die mit den üblichen Schwierigkeiten des Zusammenlebens mit unseresgleichen konfrontiert sind ...

Kapitel I
Die ängstlichen Persönlichkeiten

>»Ich fürchte mich nicht vor dem Tod, aber wenn
>es passiert, bin ich lieber nicht da.«
>
>*Woody Allen*

Claire, 28 Jahre, erzählt uns: *Soweit meine Erinnerungen zurückreichen, ist meine Mutter immer beunruhigt gewesen. Sie machte sich Sorgen über alles. Selbst heute noch, wenn ich sie besuche, möchte sie, daß ich ihr genau sage, wann ich eintreffen werde, und wenn ich zehn Minuten Verspätung habe, stellt sie sich gleich vor, ich hätte einen Autounfall gehabt.*

Als ich vierzehn war, unterhielt ich mich einmal nach der Schule noch ein Weilchen mit meinen Freundinnen. Ich kam eine halbe Stunde später als geplant zu Hause an (natürlich kannte meine Mutter den Stundenplan für jeden Tag in- und auswendig): ich fand sie in Tränen aufgelöst, und sie wollte gerade das Polizeikommissariat anrufen, damit man eine Suchaktion startete!

Ein andermal, ich war zwanzig, bin ich in einem schweren Anfall von Unabhängigkeitsstreben mit einer Truppe gleichaltriger Freunde zu einer Rundreise durch Südamerika aufgebrochen. Von dort war es nicht gerade leicht, nach Frankreich zu telefonieren, und die Ansichtskarten, die ich meiner Mutter schickte, kamen erst nach meiner Rückkehr an. Nach ein paar Tagen ohne Nachricht hielt meine Mutter es nicht länger aus. Sie wußte nicht einmal, in welchem Land wir gerade waren. Was für eine Überraschung, als meine Freunde und ich an eine kleine Grenzstation zwischen Peru und Bolivien kamen und der Zöllner, nachdem er meinen Paß in Augenschein genommen hatte, mir sagte, ich solle meine Mutter anrufen! Ich stand da wie vom Donner gerührt. Und schließlich begriff ich. Mit frenetischen Telefonaten hatte sie die französischen Botschaften aller Länder, die wir durchqueren wollten, alarmiert und es geschafft, sie derart zu beunruhigen, daß eine Meldung an alle Grenzposten ergangen war!

Arme Mutter! Ich möchte mich oft über sie aufregen, aber dann spüre ich schnell, daß es stärker ist als sie und daß sie durch ihre Ängstlichkeit viel zu leiden hat. Wenn sie sich wenigstens nur um mich Sorgen machen würde! Aber es läßt sie Tag und Nacht nicht los. Sie hat zum Beispiel ständig Angst, zu spät zu kommen. Wenn sie mit dem Zug verreisen will, steht sie mindestens eine halbe Stunde vor Abfahrt auf dem Bahnsteig. Ich weiß, daß sie auf ihrer Arbeitsstelle im Ministerium sehr geschätzt ist, denn sie achtet stets genau darauf, ein Dossier rechtzeitig durchzuarbeiten, sie sieht immer voraus, wo etwas schiefgehen könnte, und trifft zusätzliche Vorsichtsmaßnahmen. Ich kann mir das gut vorstellen, wenn ich sehe, wie sie ihre Telefon- und Stromrechnungen begleicht. Kaum sind sie ins Haus geflattert, füllt sie schon einen Scheck aus, weil sie fürchtet, der geringste Verzug könnte dazu führen, daß man ihr den Anschluß kappt. In den folgenden Tagen wartet sie angestrengt auf das Eintreffen der Kontoauszüge, um sicher zu sein, daß der Scheck auch wirklich eingelöst worden ist.

Die einzigen Augenblicke, in denen ich sie mal entspannt erlebe, sind die Tage, wo meine Schwestern und ich gemeinsam mit unseren Ehemännern bei ihr zum Mittagessen vorbeikommen. Den ganzen Vormittag wirbelt sie in einem Klima höchster Dringlichkeit umher, um das Essen zuzubereiten. Wenn sie dann aber den Kaffee bringt und wir ihr sagen, sie könne ruhig sitzenbleiben, wir würden uns schon um das Geschirr kümmern, spüre ich, wie sich ihre Anspannung endlich löst, und bis zu unserer Heimfahrt scheint sie ruhig zu sein. Wenn wir abends zu Hause angekommen sind, rufe ich sie trotzdem unter irgendeinem Vorwand noch einmal an, denn ich weiß, es wird sie beruhigen zu erfahren, daß wir wohlbehalten zurück sind.

Ich weiß nicht, woher diese Ängstlichkeit bei ihr rührt. Mein Vater ist bei einem Unfall ums Leben gekommen, als wir noch sehr klein waren, und sie stand allein da mit drei Kindern, die sie großziehen mußte. Vielleicht haben dieses Trauma und diese Verantwortung dazu geführt, daß sie ängstlich geworden ist? Aber wenn ich mir meine Großeltern mütterlicherseits ansehe, merke ich, daß auch sie sich über alles Sorgen machen. Deshalb sage ich mir, daß es in der Familie liegen muß. Übrigens schlägt meine ältere Schwester in dieselbe Richtung, und ich habe ihr schon empfohlen, schnellstens einen Therapeuten aufzusuchen!

Was soll man von Claires Mutter denken?

Claires Mutter neigt dazu, sich Sorgen zu machen, das heißt, in jeder Situation denkt sie zuerst an Risiken und potentielle Gefahren für sie selbst und ihre Nächsten. Überall, wo eine Ungewißheit auftaucht, befürchtet sie sogleich den schlimmstmöglichen Ausgang (»Meine Tochter ist immer noch nicht da: vielleicht hatte sie einen Unfall?«). Sie möchte alle Risiken voraussehen, um sie besser kontrollieren zu können. Aber ist es letztendlich nicht einfach ein Zeichen von Vorsicht, an die Unwägbarkeiten jedweder Situation zu denken, um ihnen so vielleicht besser begegnen zu können? Nein, denn Sie spüren schon, daß im Fall von Claires Mutter die Aufmerksamkeit für Risiken exzessiv und übertrieben ist, vor allem, wenn man die Wahrscheinlichkeit und das Ausmaß der möglichen unangenehmen Ereignisse berücksichtigt. Nehmen wir an, ein Brief erreicht seinen Adressaten nicht oder ein Scheck wird fehlgeleitet. Das ist ein recht seltenes und wenig wahrscheinliches Ereignis. Wenn es trotzdem eintritt, ist es noch unwahrscheinlicher, daß die Telekom ohne Vorankündigung sogleich den Anschluß kappt. Und wenn es durch einen Verfahrensfehler dennoch passieren sollte, wäre es dann wirklich eine unabänderliche Katastrophe? Nein, es handelt sich um einen nicht weiter tragischen Irrtum, den man durch einen Besuch beim zuständigen Telekombüro schnell aus der Welt schaffen kann.

Claires Mutter wird hingegen beim Gedanken an ein unbedeutendes und wenig wahrscheinliches Risiko von großer Unruhe ergriffen, und sie legt eine gewisse Anstrengung an den Tag, um es zu verhüten. Sie ist auch voller Anspannung, wenn sie das Mittagessen für die Familie rechtzeitig auf den Tisch bringen will, obwohl eine Verspätung nicht schlimm wäre und sie außerdem eine so erfahrene und vorausblickende Köchin ist, daß sie kaum in Verzug geraten dürfte. *Angstvolles Vorausschauen, übertriebene Beachtung der Risiken, Anspannung:* Claires Mutter vereinigt in sich die Merkmale einer ängstlichen Persönlichkeit.

Die ängstliche Persönlichkeit

* Zu häufige oder zu intensive Sorgen angesichts der Gefahren, die das tägliche Leben für einen selbst und für die Angehörigen bringen kann.
* Oftmals übermäßige physische Anspannung.
* Ständiges Augenmerk auf Risiken: späht alles aus, was schiefgehen könnte, um selbst Situationen mit geringfügigem Risiko beherrschen zu können (unwahrscheinliche oder belanglose Ereignisse).

Der Leser vermutet sicher schon, welche Vorteile und welche Nachteile es hat, wenn man zu den ängstlichen Persönlichkeiten zählt: auf der einen Seite Vorsicht und die Tendenz, alles zu kontrollieren, auf der anderen Qualen und eine unmäßige Anspannung.

Wie Claires Mutter die Welt sieht

Claires Mutter scheint wahrhaft wie ein Radargerät in ihrer Umgebung alles auszumachen, was einen Zwischenfall oder eine Katastrophe herbeizuführen vermag. Ihre Grundüberzeugung könnte so lauten: »Die Welt ist ein gefährlicher Schauplatz, auf dem sich jederzeit eine Katastrophe ereignen kann.« Depressive Menschen würden diesen Glauben teilen, sich aber damit begnügen, sich zu ducken, um den bevorstehenden Schicksalsschlägen weniger ausgesetzt zu sein. Claires Mutter wird dagegen alles tun, um ihnen vorzubeugen, indem sie versucht, ihre ganze Umgebung zu kontrollieren.

Ihre zweite Grundüberzeugung könnte sein: »Wenn man wirklich achtgibt, lassen sich die meisten Zwischenfälle und Unglücke vermeiden.« Hat sie da im Grunde nicht recht? Ist unsere Welt nicht ein Ort voller Gefahren, wo es stets zu einer Katastrophe kommen kann? Um sich davon zu überzeugen, braucht man nur die Zeitung aufzuschlagen. Ein Bus stürzt in eine Schlucht. Kinder ertrinken beim Baden. Eine Familienmutter geht aus dem Haus, um ein Brot zu kaufen, und wird über den Haufen gefahren. Bei Unfällen in der Küche, im Garten oder an der Werkbank kommen Tag für Tag Menschen ums Leben oder verletzen sich gefährlich. Stimmt es also nicht, daß man etliche Unfälle und Katastrophen verhindern kann, wenn man sehr vorsichtig ist? Im Grunde hat Claires Mutter recht: die Welt steckt voller Gefahren, und man muß überall aufpassen!

Was die Befürchtungen der Mutter allerdings von denen einer nicht ängstlichen Person unterscheidet, ist ihre Häufigkeit und ihre Intensität. Gewiß ist ein Unglück nie ausgeschlossen, wir sind verwundbare und vergängliche Wesen, aber den meisten von uns gelingt es, nicht immerzu daran zu denken. Das hindert uns nicht, gegenüber Risiken, die wir tatsächlich kontrollieren können, Vorsichtsmaßnahmen zu treffen. So legen wir beim Autofahren zwar den Sicherheitsgurt an, sind deshalb jedoch nicht besonders ängstlich und befürchten nicht an jeder Kreuzung einen Crash. Schwere Risiken, die wir kaum kontrollieren können, etwa eine schlimme Krankheit oder den Autounfall eines Angehörigen, verbannen wir, solange wir davon verschont bleiben, aus unseren Gedanken.

Die kleinen Risiken des Alltags (einen Zug verpassen, zu spät kommen, die Lammkeule verbrennen lassen) werden zwar unsere Besorgnis erhöhen, aber doch nur in Maßen.

Man erkennt also, daß ängstliche Personen an einer zu sensiblen Einstellung ihres »Alarmsystems« leiden: die angsterfüllten Gedanken, die physische Anspannung und das Kontrollverhalten treten zu oft und zu intensiv auf.

Hören wir, was eine ängstliche Person von sich selbst berichtet. Gérard (34) ist Versicherungsangestellter. Er läßt sich von seinem Arzt häufig Beruhigungsmittel verschreiben.

Ja, sicher kann man sagen, daß ich ängstlich bin, aber ich mache etwas dagegen! Es ist vielleicht komisch, daß ich bei einer Versicherung arbeite. Ganz, als würde mir die Beschäftigung mit dem Unglück anderer Leute das Gefühl vermitteln, mich selbst zu schützen. Natürlich sage ich mir, daß meine Sorgen wohlbegründet und meine Verhaltensweisen völlig normal sind. Tatsächlich werde ich sowohl von den Kunden als auch in der Firma sehr geschätzt, denn die Angst, daß etwas schiefgehen könnte, läßt mich alle unvorhergesehenen Risiken, die dem Versicherten selbst bisweilen entgangen sind, und die Lücken in einem Vertrag aufspüren. Dadurch kassiere ich eine Menge Prämien, und meine Kunden sind sehr gut abgesichert.

Aber ich gestehe, daß mich diese Ängstlichkeit ständig unter Spannung hält. Einmal hat mich mein Arzt gebeten, alle ängstlichen Erwägungen, die mir im Laufe eines Tages durch den Kopf schießen, aufzulisten. Hier das Ergebnis: kurz vor dem Aufstehen das erste Mal Angst beim Gedanken an mein Tagesprogramm – werde ich alles bewältigen? Frühstück mit meiner Frau, die heute ein wenig mürrisch ist. Und sollten wir uns einmal nicht mehr lieben? Mit dem Auto zu einem Termin. Und wenn ich nicht rechtzeitig ankomme? (Übrigens bin ich am Lenkrad sehr aufmerksam, und ich habe mir einen Wagen gekauft, der für seine Sicherheit bei Zusammenstößen bekannt ist.) Ankunft im Büro des Kunden mit dem Vertrag. Und wenn ich etwas vergessen habe? Wenn ich an ein bestimmtes Risiko nicht gedacht habe? Wir gehen den Vertrag gemeinsam durch, der Kunde ist völlig zufrieden und unterschreibt. Beim Hinausgehen freue ich mich, denn es ist ein lukrativer Vertrag; ich halte unterwegs an, um mir einen Kaffee zu gönnen. Es gelingt mir, mich einen Moment zu entspannen, dann nahen die nächsten Sorgen: mir fällt wieder ein, daß mein Wagen heute früh seltsame Geräusche gemacht hatte. Und wenn ich ihn gleich in die Werkstatt bringen muß? Werde ich das zwischen zwei Terminen schaffen? Und so geht es weiter. Ich habe Ihnen einen ganz normalen Tag beschrieben; eine solche Angstdosis ist für mich die übliche.

Das Paradoxe ist, daß ich angesichts einer wirklichen Gefahr eher besonnen reagiere. Das überrascht alle, die wissen, wie sehr mich jede Kleinigkeit beunruhigt. Vergangenes Jahr sind wir mit Freunden, die uns ihr neues Schiff vorführen wollten, in See gestochen. Plötzlich ist das Wetter umgeschlagen, und im selben Moment begann auch noch der Motor zu stottern. Alle haben es mit der Angst zu tun bekommen, aber ich bin in den Kielraum gestiegen, um nachzuschauen. Am Ende haben wir wohlbehalten den Hafen erreicht. (Das Problem mit dem Motor konnte ich damals lösen, weil ich aus Furcht, eines Tages mit kaputtem Auto auf der Straße liegenzubleiben, einen Reparaturlehrgang besucht hatte.)

Wenn sich das Problem erst einmal gezeigt hat, kann ich ihm ent-

gegentreten, aber was mich quält, ist die Vorstellung, daß etwas passieren könnte. Wenn ich einmal keine Sorgen habe, schaffe ich es stets, neue zu erfinden. Letzten Sommer zum Beispiel: alles lief glatt, ich hatte ein sehr gutes Arbeitsjahr hinter mir, meine Frau und ich kamen gut miteinander klar, wir verbrachten herrliche Ferien mit den Kindern, und ich hatte wirklich keinerlei Grund, mir Sorgen zu machen. Nun ja, und da zermarterte ich mich mit Gedanken wie: »Wenn nun vielleicht eines meiner Kinder eine schlimme Krankheit hat?« Sie sehen, es hört niemals auf.

Dieses Beispiel veranschaulicht die Vorzüge und Nachteile einer ängstlichen Persönlichkeit noch besser. Die Vorzüge: Gérard ist äußerst gewissenhaft, sieht alle Risiken voraus und ist in seinem Beruf exzellent. Die Nachteile: er ist stets voller Unruhe, und das quält und erschöpft ihn.

Wenn die Ängstlichkeit krankhaft wird

Nehmen wir an, Gérards Ängstlichkeit würde sich aus unerfindlichen Gründen noch verschlimmern, er würde sich immer angespannter fühlen, seine Gedanken würden sich nur noch um mögliche Katastrophen drehen und seinen Schlaf sowie seine Konzentrationsfähigkeit beeinträchtigen.

Wenn ihn sein Hausarzt dann an den Psychiater überwiese, würde dieser wahrscheinlich eine »generalisierte Angststörung« diagnostizieren.

Die generalisierte Angststörung äußert sich in ungerechtfertigten und maßlosen Sorgen, aber es gesellen sich noch drei Arten von Symptomen hinzu[7]:
- *eine Hyperaktivität des vegetativen Nervensystems* (des Nervensystems, das die unfreiwilligen Reaktionen regiert): Herzklopfen, Schweißausbrüche, Hitzeempfindungen, wiederholter Harndrang, »Kloß im Hals« etc.;
- *eine Muskelanspannung:* plötzliches Zusammenfahren, schmerzhafte Kontraktionen an Rücken, Schultern oder Kiefer, die oftmals Ermüdungen der betroffenen Partien nach sich ziehen;
- *ein übermäßig wachsames Erkunden der Umgebung:* das Ge-

fühl, ständig auf der Lauer zu liegen und unter Hochspannung zu stehen, Konzentrationsschwierigkeiten aufgrund der Angst, Schlafstörungen, Reizbarkeit.

Die generalisierte Angststörung wirkt wie eine Karikatur der ängstlichen Persönlichkeit, und die Betroffenen leiden sehr darunter. Es handelt sich hierbei um eine Krankheit, die behandelt werden muß. Die wirksamste Behandlung besteht oft in einer Verbindung von Psychotherapie und Medikamenten.

Unter den verschiedenen Psychotherapien haben die kognitiven und die Verhaltenstherapien, auf die wir am Ende des Buches eingehen werden, eine bestimmte Wirksamkeit gezeigt. Man empfiehlt dem Patienten

1. das Erlernen von Entspannungstechniken, damit er seine exzessiven Angstreaktionen selbst kontrollieren kann;

2. Konsultationen zur kognitiven Umstrukturierung[8]: der Therapeut hilft dem Patienten, seine ängstlichen Gedanken in Frage zu stellen und besonders, den Grad und die Wahrscheinlichkeit der Gefahren, die er überbewertet, anders einzuschätzen.

Manchmal wird man die Psychotherapie jedoch mit einer medikamentösen Behandlung verbinden, zunächst, weil der Patient sehr leidet und schnelle Hilfe braucht, aber auch, weil wie bei vielen anderen psychischen Störungen die Kombination beider Behandlungsformen wirksamer sein kann als ihre isolierte Anwendung.

Die Mediziner nutzen zur Angstbekämpfung zwei große Gruppen von Medikamenten, die Anxiolytika und die Antidepressiva. Wir möchten anhand nebenstehender Tabelle einen Überblick über ihre jeweiligen Vorzüge und Nachteile geben.

Die Wahl zwischen Antidepressiva und Anxiolytika ist eine medizinische Entscheidung, die sich nach den vom Patienten geschilderten Symptomen richtet. Fast immer werden zunächst Anxiolytika verordnet, um den Kranken schnell zu beruhigen. Bei ernsten Angststörungen kann man das Ergebnis durch die Hinzufügung eines Antidepressivums verbessern und die Dosis des Anxiolytikums hinterher senken.

	Anxiolytika	*Antidepressiva*
Vorzüge	wirken unverzüglich; brauchen nur bei Bedarf eingesetzt zu werden; leicht handhabbar; gut verträglich; beruhigen den Patienten	sind die wirksamste Grundbehandlung mancher Angststörungen; keine Gefahr der Abhängigkeit; keine Schläfrigkeit; behandelt auch die mit der Angst oft einhergehende Depression
Nachteile	*bei falscher Anwendung* Gefahr von: Schläfrigkeit, vorübergehenden Gedächtnis- oder Konzentrationsstörungen und Abhängigkeit; nicht ausreichend wirksam bei schweren Angststörungen	schaffen nicht sofort Erleichterung, sondern wirken erst richtig nach mehrwöchiger Behandlung; verstärken zu Beginn der Behandlung bisweilen die Angst; sind in manchen Fällen wirkungslos

Die bei der generalisierten Angststörung eingesetzten Behandlungsformen lassen sich je nach den Bedürfnissen des Patienten auch bei der ängstlichen Persönlichkeit anwenden. Hören wir noch einmal Gérard, der beschlossen hat, sich in Behandlung zu begeben.

Ich glaube, ich selbst habe mich an meine Ängstlichkeit gewöhnt, für mich ist sie der Alltag, aber meine Frau hat mich dazu gedrängt, einen Arzt zu konsultieren. Sie ertrug es immer weniger, mich ständig unter Anspannung zu sehen. Außerdem tendiere ich dazu, sie ein wenig zu oft zu fragen, ob sie auch alles wie vorgesehen erledigt hat. Sind die Kinder geimpft worden? Hat sie sich um ein bestimmtes Formular gekümmert? Hat sie mit den Handwerkern einen Termin abgesprochen? Weil sie im allgemeinen alles berücksichtigt hat, verträgt sie mein ständiges Nachfragen schlecht.

Davon abgesehen, habe ich auch Schwierigkeiten mit dem Einschlafen, besonders wenn es nach dem Urlaub immer eine Menge zu tun gibt.

Ich bin zuerst zu meinem Hausarzt gegangen, der mir ein Anxiolytikum verschrieben hat. Er hat mir erklärt, wie ich es einnehmen sollte: in schwierigen Perioden mehrere Tage hintereinander, aber nie über die übliche Dosis hinaus; die übrige Zeit sollte ich ganz darauf verzichten. Das hat mir wirklich geholfen. Ich habe an einem Wochenende angefangen, um mich ans Medikament zu gewöhnen und zu sehen, ob es mich nicht einschläfert; dann habe ich es weiter genommen und die Dosis von Tag zu Tag variiert. Durch dieses Mittel verändert sich meine Persönlichkeit nicht, ich bin weiterhin damit beschäftigt, alles vorauszuberechnen, aber ich fühle mich nicht mehr so unter Druck.

Meine Frau hat gemerkt, daß die Behandlung wirkte, aber ihr gefiel der Gedanke nicht, daß ich Tabletten nahm. Daher riet sie mir, eine Psychologin aufzusuchen, die ihr von einer Freundin empfohlen worden war. Ich bin ziemlich widerwillig zu ihr gegangen, denn ich hatte nicht die geringste Lust, »von meinen Problemen zu berichten«. Die Psychologin hat das verstanden und mir vorgeschlagen, Entspannungstechniken zu erlernen. Nach sechs Sitzungen war ich in der Lage, mich recht weitgehend zu entspannen, und ich habe diese Technik genutzt, um besser einzuschlafen. Besonders habe ich aber erlernt, im Laufe des Tages kleine Entspannungsübungen mit offenen Augen zu machen. Das baut meine Anspannung ab, ohne mich selbstverständlich völlig zu entspannen. Inzwischen praktiziere ich diese Methode mehrmals täglich: nach einem Telefongespräch oder am Lenkrad beim Warten auf Grün mache ich ein Dutzend Zwerchfellatemübungen und fühle mich hinterher entspannt.

Später hat mir die Psychologin eine richtiggehende Psychotherapie vorgeschlagen, aber ich fand das nicht notwendig. Wenn ich hin und wieder ein Medikament einnehme und ein paar Entspannungsübungen mache, geht es mir schon besser.

Dieses Beispiel belegt, daß man den Patienten manchmal schon mit einfachen Mitteln helfen kann und daß viele Leute (besonders Männer) gar nicht nach mehr verlangen.

Der eine oder andere mag vielleicht sagen: »Aber Gérard

hat sein Problem mit der Ängstlichkeit nicht gelöst! Er hat sich nur mit den Symptomen befaßt, statt die tieferliegende Ursache zu behandeln. Nur eine Tiefentherapie wie etwa die Psychoanalyse wird ihm die Gründe für seine Angst vor Augen führen und ihn von den Symptomen befreien können.«

Diese Art von Antwort ist recht geläufig, wenn man dem Patienten eine medikamentöse Behandlung oder Entspannungsübungen vorschlägt (»Ja, aber diese Mittel wirken doch nur auf die Symptome, nicht auf die Ursachen ...«).

Obwohl viele das Gegenteil glauben, sind die Gründe für exzessive Ängstlichkeit leider noch nicht hinreichend bekannt. Sie variieren von Patient zu Patient, und es wäre beim gegenwärtigen Wissensstand vermessen, jedesmal die »Ursache« behandeln zu wollen.

Woher kommt das nur, Herr Doktor?

Auch bei der Ängstlichkeit mischen sich Vererbtes und Erworbenes.

Vererbung: Mehrere Untersuchungen haben erwiesen, daß bei verschiedenen Angststörungen ungefähr ein Viertel der Verwandten ersten Grades vom gleichen Leiden betroffen sind. Und wenn bei eineiigen Zwillingen der eine an generalisierter Angststörung leidet, wird mit fünfzigprozentiger Wahrscheinlichkeit auch der andere davon betroffen sein. Bei zweieiigen Zwillingen ist diese Wahrscheinlichkeit nur 1:6, also nicht höher als bei ihren »gewöhnlichen« Brüdern oder Schwestern.[9]

Zwar handelt es sich hier um Angststörungen und nicht bloß um »ängstliche Persönlichkeiten«, doch haben andere Studien belegt, daß auch das Persönlichkeitsmerkmal »ängstlich« zum Teil erblich ist.

Umgebung: Wie Untersuchungen ergaben, waren Patienten mit Angststörungen wie Panikstörung und Agoraphobie in den Monaten vor dem ersten Auftreten der Symptome überdurchschnittlich häufig mit existentiell wichtigen Geschehnissen konfrontiert (Trennungen, Umzüge, Trauerfälle, Arbeitsplatzwechsel).[10] Andere Autoren haben sich für das gehäufte Auftreten von Trauer- oder Trennungserfahrungen in der Kindheit interessiert.[11]

Auch für die Ängstlichen gilt, daß sich die schwierige Persönlichkeit wahrscheinlich nur herausbildet, wenn erbliche Neigung, prägende Erfahrungen und bisweilen einige traumatische Ereignisse in unterschiedlichen Mischungsverhältnissen zusammenkommen.

Nach Ansicht der Psychoanalytiker ist die exzessive Ängstlichkeit, die sie »Angstneurose« nennen, das Erscheinungsbild unbewußter und schlecht verarbeiteter Konflikte aus der frühen Kindheit. Sie würden sagen, daß sich Gérard in allen alltäglichen Lebenslagen ängstigt, um gegen eine unbewußte, tiefere Angst anzukämpfen, die mit einem oder mehreren Ereignissen aus seinen ersten Lebensjahren zusammenhängt. Diese Alltagsangst ist demnach nur die Übertragung eines älteren Problems, dessen sich Gérard nicht bewußt ist. Mit einer Psychoanalyse könnte er in der Beziehung, die er zu seinem Analytiker knüpft, die emotionalen Erfahrungen seiner Vergangenheit noch einmal aufleben lassen, Klarheit über die eigentliche Natur seiner Angst gewinnen und sich erleichtert fühlen. Diese Theorie ist aus mehreren Gründen sehr verlockend.

Fünf gewöhnliche Gründe, weshalb sich ein ängstlicher oder depressiver Patient einer Psychoanalyse unterziehen möchte

* *Die Psychoanalyse gibt dem Patienten zu verstehen, daß seine Symptome einen Sinn haben, den man begreifen kann.* Das wirkt sehr motivierend. Die Menschen denken lieber, daß es irgendwo eine »Erklärung« für ihre Krankheit gibt und daß sie diese in ihrer Vergangenheit aufspüren können, als zu akzeptieren, daß ihre Ängstlichkeit wahrscheinlich ein recht trüber Cocktail aus Vererbtem und Anerzogenem ist. Für uns als menschliche Wesen ist die Hoffnung, etwas begreifen zu können, sehr anziehend, und bestimmt hat sie ganz allein schon einen therapeutischen Effekt.

* *Der Patient erhofft dank einer Behandlung »an der Wurzel des Übels« eine radikale Heilung,* das heißt, er möchte einen Zustand guter psychischer Gesundheit erlangen, der eine weitere Behandlung unnötig macht. Manche Psychoanalytiker sagen, daß sie eine Heilung keineswegs versprechen, aber die Patienten erwarten sie dennoch.
* *Die Psychoanalyse schlägt ihm vor, seine Gesundung aus eigener Kraft zu bewerkstelligen,* gewiß mit Hilfe eines Therapeuten, aber ohne daß man sich dem Wirken von Medikamenten oder direktiven Therapeuten unterwirft.
* *Die Psychoanalyse verfügt über spannende Grundlagenwerke,* von denen viele (besonders die von Freud) auch für Laien verständlich sind. Obwohl die meisten Psychoanalytiker ihre Patienten nicht ermuntern, psychoanalytische Texte zu lesen, können viele der Versuchung nicht widerstehen, hoffen sie doch im geheimen, ihre Schwierigkeiten dadurch besser zu verstehen, die Therapie zu beschleunigen oder selbst Psychoanalytiker zu werden.
* *Sie bietet eine Langzeittherapie,* was häufig beruhigend wirkt (»mein Therapeut ist immer da«). Wenn nach einigen Monaten oder sogar einigen Jahren keine Besserung eingetreten ist, wird dies im übrigen nicht als Mißerfolg erlebt, sondern lediglich als Zeichen dafür, daß die psychoanalytische Arbeit noch nicht weit genug vorangeschritten ist.

Diese Gründe sind freilich nicht hinreichend, um jeder ängstlichen Person eine Psychoanalyse oder eine analytische Psychotherapie empfehlen zu können. Zunächst setzt die Methode selbst eine bestimmte Geschmacksrichtung und gewisse Fertigkeiten voraus (ein Interesse an der eigenen Vergangenheit; die Fähigkeit, frei zu assoziieren und die angemessenen Worte zu finden; die Bereitschaft, Mehrdeutigkeiten, Fehlschläge und langes Warten in Kauf zu nehmen). Außerdem zeigen alle aktuellen psychotherapeutischen Forschungsergebnisse, daß keine Herangehensweise für sich beanspruchen kann, bei allen Arten von Störungen und von Patienten die beste zu sein.

Heute richtet sich das Interesse auf die »Wirksamkeits-

Vorhersager« für Psychotherapien[12], das heißt auf die jedem Patienten eigenen Elemente, mit denen man entscheiden kann, welche Art von Psychotherapie die größten Erfolgsaussichten hat. Jeder Psychologe hat auf diesem Gebiet natürlich seine persönlichen Intuitionen, doch Ziel der Wissenschaft ist es eben, diese Intuition, diese »geheime Überzeugung«, die bei jedem Individuum eine andere ist, in Wissen zu verwandeln, das überprüft wurde und von möglichst vielen Leuten akzeptiert werden kann.

Diese Arbeit begann vor mehr als einem Jahrhundert in verschiedenen Teilbereichen der Medizin und vor noch nicht so langer Zeit auch in der Psychiatrie. Die analytischen Psychotherapien, die kognitiven und die Verhaltenstherapien, die (unlängst dazugekommene) interpersonelle Therapie werden seit einem Jahrzehnt in ihrer Wirksamkeit bei verschiedenen Persönlichkeitsstörungen und Patiententypen evaluiert.

Bei gewissen genau definierten Angststörungen (Phobien, Agoraphobien, Panikanfällen, Zwangsstörungen) haben die kognitiven und die Verhaltenstherapien oft eine spektakuläre und langanhaltende Wirksamkeit bewiesen, die von zahlreichen Studien verschiedener Forscherteams gut dokumentiert worden ist. Weniger klar ist das Bild, wenn es um die »einfachen« Ängstlichen oder die ängstlichen Persönlichkeiten geht. Beobachtungen am Einzelfall, aber auch mehrere Studien haben gezeigt, daß sich das Befinden mittelmäßig ängstlicher oder deprimierter Patienten durch eine psychoanalytische Therapie eher besserte als das der unbehandelten Patienten auf der Warteliste.

Und ebenso, wie nicht alle Patienten die Vorgehensweise der Psychoanalyse schätzen, werden auch die kognitiven und Verhaltenstherapien mit ihrem klar gegliederten Ablauf, ihren genau definierten Zielen und dem auf nachweisbare Resultate gesetzten Akzent nicht jedermann entgegenkommen.

Unsere Empfehlung wäre, vor Beginn einer Psychotherapie mindestens drei Therapeuten verschiedener Schulen zu konsultieren oder einige populärwissenschaftliche Bücher zu diesem Thema zu lesen, um die Wahl mit dem nötigen Wissen treffen zu können.

Wofür Angst gut ist

Alles in allem ist Angst ein normales Gefühl. Sobald eine Situation ein gewisses Risiko beinhaltet, sind wir alle mehr oder weniger ängstlich: wenn wir eine Prüfung zu bestehen haben, ehe wir in der Versammlung sprechen müssen, wenn wir auf dem Weg zum Bahnhof Verspätung haben usw. Weil diese Angst kein besonders angenehmes Gefühl ist, versuchen wir, sie zu vermeiden, indem wir die Risiken umschiffen. Die Ängstlichsten unter uns werden sich auf ihre Prüfungen und ihre Vorträge besonders gut vorbereiten und alles daransetzen, recht früh am Bahnhof zu sein. Sie werden versuchen, dem Risiko, die Kontrolle über eine Situation zu verlieren, vorzubeugen. Es gibt jedoch auch andere allzu ängstliche Personen, die sich diese unangenehme Angst ersparen, indem sie gar nicht erst zu Prüfungen antreten, welche sie (manchmal zu Unrecht) für zu schwierig halten, indem sie nie das Wort ergreifen oder nie auf Reisen gehen, weil ihnen das zu große Sorgen machen würde.

Angst kann also ein Stimulans sein, um Situationen besser zu kontrollieren und Risiken vorzubeugen, aber manchmal auch ein Hemmschuh.

Vom entwicklungsgeschichtlichen Standpunkt her könnte man sagen, daß es heute so viele ängstliche Menschen gibt, weil die Linien der Ängstlichen die Zwänge der natürlichen Auslese gemeistert haben, und daß Ängstlichkeit von einem gewissen Nutzen für das Überleben ist. Man kann sich dies leicht ausmalen: der ängstliche Jäger paßte bestimmt besser auf, keinem Raubtier zu begegnen, er war stets auf der Hut, suchte die sichersten Wege aus und war bei den geringsten Anzeichen von Gefahr alarmiert. Die ängstliche Mutter wird besser auf ihre Kleinen geachtet, sie nie aus den Augen gelassen und Nahrungsvorräte für sie angelegt haben. All diese Verhaltensweisen haben die Überlebens- und Fortpflanzungschancen verbessert. Innerhalb der Gruppe waren die Ängstlichen wahrscheinlich dazu gut, den Eifer der Tollkühnsten auszugleichen, die ihrerseits ihren Beitrag leisteten, indem sie neue Territorien entdeckten oder neue Jagdtechniken erprobten, Erfahrungen, die sich als gefährlich erweisen konnten. Eine gute Mischung aus Furchtlosen und Ängstlichen wird zum Überleben eines Stammes beigetragen haben.

Wenn es also zum Beispiel unter den Wikingern lauter ängstliche Leute gegeben hätte, wären sie sicher nicht in See gestochen, um Island zu entdecken oder Europa zu erobern, sondern sie wären weiterhin zu Hause auf Rentierjagd gegangen. Es waren jedoch die Ängstlichen (unterstützt von einigen Zwanghaften), die dazu beitrugen, daß ihre Drachenschiffe so gut entworfen waren, und die aufpaßten, daß man genügend Lebensmittel mit auf die Reise nahm.

Bei jeder Teamarbeit kann ein Ängstlicher den Rettungsanker bilden, indem er an Risiken denkt, die keinem anderen in den Sinn gekommen wären, und darauf achtet, daß Vorsichtsmaßnahmen getroffen werden.

Ängstliche Persönlichkeiten in Film und Literatur

* Woody Allen verkörpert in zahlreichen seiner Filme ängstliche Persönlichkeiten, besonders in *Hannah und ihre Schwestern* (1986). Dort kommt er ganz beruhigt aus dem Sprechzimmer seines Arztes, der ihm eben bescheinigte, daß ihm »nichts« fehle. Plötzlich aber verfinstert sich seine Miene, denn er denkt: »Na schön, aber eines Tages wird mir etwas fehlen ...« In *Manhattan Murder Mystery* (1992) stellt er einen besonders ängstlichen Ehemann dar, der seine Frau, Diane Keaton, nicht an gefährlichen Nachforschungen hindern kann.
* In Prousts *Auf der Suche nach der verlorenen Zeit* vereint die bewundernswerte Großmutter des Erzählers zahlreiche ängstliche Züge in sich. Ihr Gatte und später der Enkelsohn machen sich einen Spaß daraus, sie damit zu ärgern.
* Philip Roth beschreibt in *Portnoys Beschwerden* den Prototyp einer zugleich ängstlichen und Schuldgefühle einflößenden jüdischen Mutter.

Vom Umgang mit ängstlichen Persönlichkeiten

Wenn es Ihr Chef ist: Werden Sie sein beruhigendes Signal.

Wenn es Ihr Lebenspartner ist: Verschweigen Sie ihm lieber, daß Sie sich für ein Gleitflugpraktikum angemeldet haben.

Wenn es Ihr Kollege ist: Nutzen Sie seine Vorzüge, wenn es um Vorsorge und Planung geht.

Was Sie tun sollten

* Zeigen Sie, daß man sich auf Sie verlassen kann.

Der ängstlichen Persönlichkeit erscheint die Welt als eine große Maschine, in der jedes Teil ständig seinen Geist aufzugeben und eine Panne zu provozieren droht. Wenn Sie den Eindruck vermitteln, daß diese Panne nicht von Ihnen herrührt, wird Sie der Ängstliche weniger mit seinen Sorgen beladen, wodurch sich Ihre Beziehungen verbessern.

Und oft genügt es schon, daß Sie kleine Details beachten, um bei ihm diesen Eindruck zu erwecken: kommen Sie zur festgelegten Zeit, antworten Sie rechtzeitig auf seine Briefe, seien Sie vorausschauend.

Das ist nicht ganz einfach, denn die Ängstlichen sind manchmal ziemlich anstrengende Wesen und machen uns Lust darauf, genau das Gegenteil von dem zu tun, was sie erwarten. Aber das ist keine gute Methode, wenn Sie weiterhin Umgang mit ihnen haben müssen, seien es nun Ihre Eltern, Chefs oder Kollegen.

Mein Firmenchef heißt Robert, erzählt Jean (38), *Technik- und Handelsvertreter für Informatik. Er ist schrecklich ängstlich. Er versucht, so früh wie möglich alles vorauszusehen, und achtet darauf, daß auch ja alles gutgeht. Wenn jemand von uns für mehrere Tage auf Dienstreise zu einem Kunden muß, setzt Robert kurz vorher stets eine zusätzliche Versammlung an, um sich zu vergewissern, daß wir ausreichend vorbereitet sind. Weil es aber normalerweise schon zahlreiche vorbereitende Versammlungen gegeben hat, darunter einige im Beisein des Kunden, regen sich meine Kollegen über diese Extrasitzung in letzter Minute ziemlich auf. Sie meinen, daß man sie nicht am Gängelband führen muß. Daher sträuben sie sich, machen Probleme, wenn es darum geht, eine Uhrzeit für die Versammlung festzusetzen, oder kommen zu spät. Ich habe eine andere Taktik gewählt, wenn ich mich mit Robert treffen muß: ich erscheine mit einer Zusammenfassung meines Programms, die ich ihm erläutere. Er macht diese oder jene Bemerkung, kürzt aber die Sitzung ab, weil er beruhigt ist.*

Seit der letzten Dienstreise bin ich sicher, daß ich sein Vertrauen gewonnen habe: es war schwierig, einen Termin für die Sitzung in letzter Minute zu finden, und schließlich sagte er mir: »Na gut, wir brauchen deshalb keinen Streß zu machen. Sie haben sich ja gut vorbereiten müssen, es ist nicht nötig, daß wir uns noch einmal zusammensetzen.«

Jean hat es verstanden, die Situation selbst in die Hand zu nehmen, statt sich wie seine Kollegen dem Chef mit passivaggressivem Verhalten entgegenzustellen. Aber vielleicht haben diese Mitarbeiter ängstliche und nerventötende Eltern gehabt und leben unbewußt einen Kindheitskonflikt noch einmal aus?

* Helfen Sie ihm beim Relativieren.

Im Verlauf kognitiver Therapien bei generalisierten Angststörungen bittet der Therapeut den Patienten, alle angstvollen Gedanken, die ihm unablässig in den Sinn kommen, aufzuzählen. Eine Patientin könnte zum Beispiel sagen: »Ich empfange heute abend zu Hause Freunde und Arbeitskollegen meines Mannes, und ich habe Angst, daß mir die Lammkeule nicht gelingt oder daß sich die Gäste nicht gut verstehen oder daß mein Mann zuviel trinkt und zuviel redet.« Der Therapeut wird dann alle möglichen Folgen dieser ärgerlichen Ereignisse ausfindig machen, ihre Wahrscheinlichkeit abschätzen und Ersatzlösungen vorschlagen. »Schauen wir doch einmal«, wird er sagen, »was passieren würde, wenn die Keule verbrennen sollte.« So wird die Patientin in ihrer Phantasie allen Konsequenzen des Katastrophen-Szenarios von der verbrannten Lammkeule ausgesetzt sein, und das in der Hoffnung,

1. daß sie sich an den Gedanken gewöhnt und in dieser Angelegenheit weniger ängstlich wird (die Spezialisten nennen so etwas *Desensibilisierung*);

2. daß sie die Folgen der verbrannten Keule nach und nach relativieren und das Ganze weniger tragisch nehmen wird.

Was die Verhaltensweisen der Freunde oder des Ehemannes angeht, so wird der Therapeut seiner Patientin bei der Einsicht helfen, daß sie nicht alles kontrollieren kann, und daß es im Grunde vielleicht ärgerlich, aber nicht katastrophal ist, wenn ihr Mann oder seine Gäste die Unterhaltung »vermasseln«.

All das macht sich am besten im Rahmen einer Therapie und auf lange Sicht. Dabei beginnt der Therapeut mit einfacheren Situationen und schafft zunächst einmal ein Klima des Vertrauens.

Aber an einfachen Situationen können auch Sie sich therapeutisch erproben. Wenn Ihnen das nächste Mal ein schweißgebadeter Ängstlicher sagt: »Bei diesem Stau werden wir bestimmt den Zug nicht mehr kriegen!«, antworten Sie ihm: »Na schön, stellen wir uns vor, er ist weg. Wäre das so schlimm? Was könnten wir dann tun?« Indem Sie ihn dazu bringen, sich auf die *wirklichen Konsequenzen* der Verspätung und auf die Ersatzlösungen zu konzentrieren (man nimmt den nächsten Zug und benachrichtigt die Leute, die einen erwarten), helfen Sie ihm, seine Angst zurückzuschrauben.

* Pflegen Sie einen freundlichen Humor.

Es stimmt schon, ängstliche Leute können einem auf die Nerven gehen, besonders wenn es sich um Eltern handelt, die zwar die besten Absichten haben, aber ihre Kinder aufregen, indem sie ihnen immerzu sagen, sie sollten »gut aufpassen«. Die Versuchung, ihnen eine spöttische Antwort zu geben, ist groß.

Als ich schon das Elternhaus verlassen und mich zum Studium in einer anderen Stadt eingeschrieben hatte, erzählt Damien (27), *rief meine Mutter oft bei mir an. Schlimmer noch, sie konnte es sich nicht verkneifen, mich mit solchen Fragen zu quälen wie: »Ißt du genug? Gibst du acht, daß du nicht zu lange aufbleibst? Hast du auch die Miete bezahlt? Hast du dich um die Krankenversicherung gekümmert?« Ich war zwanzig, ich wollte mich frei fühlen, und all diese Fragerei hielt ich nicht mehr aus.*

Nach einer Weile begann ich, ironische Antworten zu geben, von denen ich hoffte, daß sie entmutigend klingen würden: »Nein, Mutter, ich habe schon vor einer Woche die Nahrungsaufnahme eingestellt« oder »Dieses Jahr habe ich beschlossen, nachtaktiv zu sein« oder »Kommt gar nicht in Frage, daß ich Miete zahle, es ist schließlich nicht Sommer!«. Das Resultat war nicht gerade glänzend, denn meine Mutter wurde wütend, und sie war hin- und hergerissen zwischen Angst und Tränen. Dabei gab sie mir zu verstehen, ich sei ein undankbarer Sohn, der all die Liebe, die sie für mich habe, nicht erkenne.

Ich brauchte Jahre, ehe es mir gelang, das nicht weiter tragisch zu nehmen und sie auf freundlichere Weise zu necken. Ich glaube, daß auch sie Fortschritte gemacht hat; sie hält sich etwas mehr zurück mit ihren Fragen, denn anscheinend hat sie verstanden, daß es die falsche Taktik ist. Wenn sie mich heute fragt, ob ich auch an dies oder das gedacht habe, antworte ich lächelnd: »Gewiß nicht so sehr wie du, Mutter«, und sie wechselt das Thema.

* Bewegen Sie ihn dazu, einen Therapeuten aufzusuchen.

Denken Sie an Gérard, den ängstlichen Versicherungsangestellten. Er fand eine spürbare Erleichterung, nachdem er Entspannungstechniken erlernt und in schwierigen Phasen eine geringe Dosis eines Anxiolytikums genommen hatte.

Heute existiert eine ganze Palette von Mitteln, mit denen einer ängstlichen Persönlichkeit geholfen werden kann. Sie reichen von den allereinfachsten bis zu den komplexesten. Insbesondere können bei Gesundheitsfachleuten zahlreiche Entspannungstechniken erlernt werden, und jeder wird darunter diejenige finden, die am besten für ihn geschaffen ist, angefangen von der einfachen Zwerchfellatmung über die Methoden von Schultz oder Jacobson bis hin zu Yoga. Erinnern wir uns daran, daß diese Entspannungstechniken um so interessanter für einen Ängstlichen sind, wenn man ihm beigebracht hat, jedesmal eine kurze Entspannungspause zu machen, wenn er seine nervöse Spannung ansteigen fühlt, sei es nach einer Sitzung, vor einem Telefonat oder am Lenkrad seines Autos, das im Stau steckt.

Jüngeren Datums sind die kognitiven Therapien[13], die trotz ihrer anscheinenden Komplexität ziemlich einfach zu handhaben und bei ängstlichen Persönlichkeiten oft besonders wirkungsvoll sind. Der ängstliche Patient wird drei große Etappen durchlaufen:

- Er soll die Gedanken (Kognitionen) ausfindig machen, die am häufigsten mit seinem Angstgefühl einhergehen. Der Therapeut bittet ihn oft, seinen »inneren Diskurs« im Moment der größten Furcht aufzuschreiben (beispielsweise: »Wenn ich den Bericht nicht rechtzeitig fertig habe, gibt es eine Katastrophe!«).
- Er soll einen »alternativen inneren Diskurs« entwickeln, der die spontanen Angstgedanken relativiert. Dabei handelt es sich nicht um eine Methode à la Coué, bei der sich der Patient immer wieder einredet, daß alles gutgehen wird, sondern eher um persönliche Sätze, die zwar noch einen gewissen Gehalt an Ängstlichkeit haben, aber im Vergleich zum spontanen Diskurs gemäßigter sind (etwa: »Es wäre schon besser, den Bericht rechtzeitig fertigzustellen, aber wenn das nicht zu schaffen ist, kann ich einen Aufschub aushandeln«).
- Schließlich sollen seine angstvollen Grundansichten vom Leben und der Welt besprochen werden, um sie in Frage zu stellen. Das ist die heikelste Phase der Therapie. Wie stets bei kognitiven Therapien widerspricht der Therapeut dem Patienten nicht, und er empfiehlt ihm auch keine bestimmte Denkweise, sondern er hilft ihm mit einer Reihe von sokratischen Fragen, seine Überzeugungen noch einmal zu überdenken. (Im Beispiel des Patienten, der sich wegen seines Berichts ängstigt, würde diese Grundannahme vielleicht lauten: »Wenn du das, was die anderen von dir erwarten, nicht ganz perfekt tust, werden sie dir eine Abfuhr erteilen.«)

* Lassen Sie sich von ihm nicht versklaven.

Ängstliche Personen haben die unerfreuliche Neigung, auch Sie in ihre unaufhörliche Risikoverhütungspolitik mit einzuschließen. Weil man die gute Absicht spürt, läßt man sich leicht darin verstricken. Étienne (64), Rentner, erklärt uns das genauer.

Das Rentenalter bedeutet für mich vor allem, nach Belieben reisen und jedes Jahr ein neues Land entdecken zu können. Zum Glück teilt meine Frau diese Vorlieben, und wir wollen uns noch viele Gegenden ansehen, solange die Gesundheit es gestattet. Ein mit uns befreundetes Ehepaar in unserem Alter ist auch gern im Ausland, und einmal haben wir eine gemeinsame Italienreise organisiert. Von Anfang an fühlte ich, daß Henri, im übrigen ein charmanter Mann, als Reisegefährte nicht gerade einfach sein würde.

Er begann damit, sich über die bestmögliche Versicherung den Kopf zu zerbrechen, und ließ uns erst in Frieden, als wir diejenige abgeschlossen hatten, die er ausgesucht hatte. Am Abflugtag sollte er uns mit dem Auto abholen; ein Freund würde es dann vom Flugplatz wieder heimbringen. Er kam bei uns eine halbe Stunde früher als geplant an, und wir waren noch nicht reisefertig. Wir mußten alles in fliegender Hast erledigen, während er Angst bekam, das Flugzeug zu verpassen, und seine Frau ihn zu beruhigen versuchte. Beim Check-in auf dem Flugplatz waren wir die ersten.

Während der Reise wurde er bei jeder Unternehmung unruhig. Er hatte die Route zusammengestellt, sehr gut übrigens, indem er Hotels ausgewählt hatte, die in mehreren Reiseführern empfohlen wurden. Aber sobald wir in eine etwas unternehmungslustigere Stimmung gerieten und Lust hatten, noch etwas anderes zu sehen und einen nicht eingeplanten Abstecher zu machen, begann er sich zu beunruhigen; er fürchtete, daß diese kleine Straße im Nichts enden würde, daß wir in einer Wüstenei Panne hätten, daß uns das Essen in einer kleinen Herberge, die in keinem seiner Führer erwähnt war, krank machen würde und daß wir nicht rechtzeitig beim nächsten gebuchten Hotel wären. Seine Angst war so offensichtlich, daß wir uns zunächst nie trauten, »ungehorsam« zu sein. Nach und nach, mit der Unterstützung seiner Frau, haben wir dennoch begonnen, selbst die Initiative zu ergreifen. Weil alles ziemlich glatt gelaufen ist, hat er sich schließlich ein bißchen entspannt.

* Überraschen Sie ihn nicht.

Ängstliche Persönlichkeiten reagieren auf Überraschungen sehr heftig, und das sogar, wenn es sich um gute Nachrichten handelt! Die Psychologen sprechen von einer übersteigerten »Erregungssummierung«. Das Alarmsystem wird von allem Unvorhergesehenen aktiviert und ruft eine starke Gefühlsregung hervor. Es ist also eine große Versuchung, wenn auch nicht sehr menschenfreundlich, mit den Nerven der Ängstlichen zu spielen. Plötzlich aus dem Nichts auftauchen, brüsk eine unerwartete Nachricht verkünden, einen tollen Streich einfädeln – alles Mittel, um ängstliche Leute hochschrecken zu lassen oder sie gar für einen Moment in Panik zu versetzen.

Widerstehen Sie solchen allzu simplen Verlockungen. Wenn es Ihnen Spaß macht, andere zu destabilisieren, widmen Sie sich lieber einem Paranoiker, da hätten Sie einen ebenbürtigen Spielpartner! Fragen Sie sich auch einmal, ob Ihr Vergnügen, wenn Sie ängstliche Leute vor Schreck auffahren lassen, nicht von einem kleinen Minderwertigkeitsgefühl zeugt, das Sie kompensieren möchten, indem Sie Leute unterdrücken, die leichter erregbar sind als Sie. Versuchen Sie, dieses Gefühl durch produktivere Tätigkeiten zu behandeln, oder reden Sie mal mit einem Therapeuten darüber.

Doch auch unfreiwillig läuft man stets Gefahr, einen Ängstlichen unter Druck zu setzen, indem man ihn überrascht. Bemühen Sie sich, daran zu denken, besonders in Ihren geschäftlichen Kontakten. Hören wir dazu Lucie (43), die in einer Bankfiliale arbeitet.

Mein Chef ist ein recht sympathischer Mensch, aber ich glaube, er ist auch ein großer Angsthase. Er schafft es, das zu verbergen, indem er hart arbeitet und bei allen Gelegenheiten ruhig scheint. Aber ich sehe ja, wie er reagiert, wenn man ihn überrascht. Teilt ihm zum

Beispiel jemand auf der Versammlung plötzlich eine Neuigkeit mit, ein Kunde, der in Schwierigkeiten steckt, eine Angestellte, die bald in Babyurlaub geht, merke ich, wie er auf seinem Stuhl hochfährt und wie sein Atem schneller geht. Er sagt kein Wort und braucht ein paar Sekunden, ehe er reagieren kann. Manche haben das bemerkt und spielen damit, um ihn aus der Fassung zu bringen. Weil ich aber finde, daß er ein ziemlich guter Chef ist, mache ich das Gegenteil: ich lasse ihm vor der Versammlung eine Liste mit allen Neuigkeiten, die ich bekanntgeben werde, zukommen. Da er die Idee gut fand, hat er es von den anderen ebenso verlangt, und seitdem sind die Sitzungen effizienter.

* Teilen Sie ihm nicht unnötig mit, was Sie selbst beunruhigt.

Eine ängstliche Person hat schon an ihren eigenen Sorgen genug zu tragen. Wenn sie Ihnen nicht wirklich helfen kann, sollten Sie es vermeiden, ihr die eigenen Besorgnisse anzuvertrauen. Für sie ist nämlich nichts beängstigender, als zu hören, daß die Welt noch viel unsicherer und gefährlicher ist, als sie ohnehin schon glaubt. Vor allem in der Firma sollten Sie die eigenen Befürchtungen nicht auf den ängstlichen Chef oder Mitarbeiter ableiten. Sie würden ihn beunruhigen, und er würde Sie schnell als neue Quelle der Unruhe betrachten, was Ihre Beziehungen nicht unbedingt verbessern dürfte.

* Meiden Sie betrübliche Gesprächsthemen.

Wir Menschen sind fragile Wesen: wandelnde biologische Wunder, aber schrecklich verletzbar. Wir und unsere Nächsten sind am Leben, solange nicht eine Arterie versagt, ein Auto uns überrollt oder eine Zelle von Krebs befallen wird. Zum Glück gelingt es uns, die meiste Zeit nicht daran zu denken. So sind wir unbekümmerte Seiltänzer über einem Abgrund, der auf uns lauert und uns alle einmal verschlingen wird. Die Ängstlichen haben mehr Mühe, den Blick von diesem Schlund, der sich unter unseren Füßen auftun kann, abzuwenden. Häufiger als wir denken sie an die uns bedrohenden Gefahren, und schon der Gedanke daran läßt sie leiden.

Vermeiden Sie es darum, ihnen mehr als nötig aufzubürden. Ihrem ängstlichen Mitmenschen sollten Sie nicht unbedingt erzählen, daß einer Ihrer Kollegen Aids im letzten Stadium hat, daß Ihr Nachbar, der sich wegen vermeintlicher Migräne untersuchen ließ, mit einem Gehirntumor ins Krankenhaus eingeliefert wurde oder daß Sie heute früh ganz nahe an einem furchtbaren Verkehrsunfall vorbeikamen. Auch die aufwühlende Fernsehreportage über den jüngsten Völkermord oder den Schrecken erregenden Artikel über Serienmörder sollten Sie nicht nacherzählen.

Übrigens empfehlen manche Ärzte ihren ängstlichen Patienten, sich im Fernsehen nicht die Nachrichten anzuschauen. Es stimmt schon, daß die Katastrophenrevue des Tages oftmals den Eindruck verstärkt, das Schlimmste sei nicht nur möglich, sondern auch wahrscheinlich. Genau das ist aber die Grundannahme der ängstlichen Persönlichkeiten.

Haben Sie selbst Züge einer ängstlichen Persönlichkeit?

	eher richtig	*eher falsch*
1. Sorgenvolle Gedanken hindern mich oft am Einschlafen.		
2. Ich habe große Angst davor, einen Zug zu verpassen.		
3. Man wirft mir oft vor, ich würde mir um alles zuviel Sorgen machen.		
4. Alle meine Zahlungsverpflichtungen (Rechnungen, Steuern, Quittungen) erfülle ich so schnell wie möglich.		
5. Wenn jemand, auf den ich warte, sich verspätet, muß ich gleich an einen Unfall denken.		
6. Ich neige dazu, mich lieber zweimal über Abfahrtszeiten, Reservierungen und Verabredungen zu vergewissern.		
7. Hinterher merke ich oft, daß ich mir wegen einer Belanglosigkeit zu viele Gedanken gemacht habe.		
8. Manchmal spüre ich mitten am Tag, daß ich ein Beruhigungsmittel nehmen muß.		
9. Wenn ich überrascht werde, bekomme ich starkes Herzklopfen.		
10. Manchmal fühle ich mich angespannt, ohne zu wissen warum.		

Kapitel II
Die paranoiden Persönlichkeiten

Daniel, 27 Jahre, Handelskaufmann in einer Informatikfirma, erzählt:

Als ich meinen Posten übernahm, hatte ich schon über Georges, der mein Kollege werden sollte, reden hören. Ich wußte, daß er älter war als ich, aber schon seit Jahren keine Beförderung mehr bekommen hatte. Seit meiner Ankunft wollte ich zu ihm eine freundschaftliche Beziehung aufbauen, denn ich ziehe es vor, mich mit meinen Kollegen gut zu verstehen. Am ersten Morgen ging ich zu ihm, um mich vorzustellen. Er empfing mich eher kühl, ohne aufzustehen und ohne mir einen Platz anzubieten. Er ist ein Mann von ungefähr fünfzig Jahren, ziemlich untersetzt; er hält sich sehr aufrecht und wirkt wie ein Militär in Zivilkleidung. Ich hatte bemerkt, daß er seinen Computer auf »Bildschirmschoner« stellte, kaum daß ich mich dem Schreibtisch genähert hatte. Weil unsere Konversation nicht in Gang kam, fragte ich ihn nach seinen Erfahrungen im Umgang mit den Kunden. Er antwortete in ironischem Ton, daß ich doch wissen sollte, wie man mit Kunden umgeht, schließlich habe man mich ja für diese Stelle ausgewählt! Ich gab es auf und verließ sein Büro.

Am nächsten Tag fand ich in meinem Fach Post von ihm. Es war eine Kopie der offiziellen Empfehlungen des Unternehmens zum Verhalten gegenüber Kunden. Diese Blätter kannte ich natürlich längst. In unserem Gespräch hatte ich ihn ja nach seinen persönlichen Ansichten gefragt. Während der nächsten Wochen verbesserten sich unsere Beziehungen ein wenig. Mir gelang es sogar, mich ein paarmal mit ihm zu unterhalten, aber sobald er begann, sich ein wenig zu entspannen und von sich selbst zu erzählen, bemerkte ich, wie er sich mit einem Ruck wieder zusammennahm und fortging, weil er noch eine dringende Arbeit zu beenden hätte.

Zwei Wochen nach meiner Ankunft rief mich einer seiner alten Kunden an und erklärte, er wolle in Zukunft lieber mit mir verhandeln. Mir war das unangenehm, ich wollte nicht, daß Georges davon durch den Buschfunk erfährt, und so legte ich ihm eine Notiz ins Fach. Den Tag darauf saß ich vor dem Computer, als Georges wie eine Bombe in mein Büro platzte und mich beschuldigte, ihm die Kunden abspenstig zu machen. Ich versuchte, ihn zu beruhigen, und wiederholte noch einmal, daß es der Kunde selbst gewesen war, der mich angerufen hatte. Er wirkte besänftigt, aber ich hatte den Eindruck, daß ich mir mit meinen Erklärungen den Mund fusselig reden konnte und er mir dennoch nicht glaubte oder vielmehr, daß er sich zwar bemühte, mir Glauben zu schenken, aber daß es ihm nicht wirklich gelang, ganz, als ob ein richtiger Kampf zwischen Argwohn und Vertrauen in ihm tobte. Catherine, die Sekretärin, die unsere Szene miterlebt hatte, erzählte mir, daß er nicht das erste Mal jemanden ungerechtfertigt beschuldigte und daß er sich schon mit mehreren Personen aus anderen Abteilungen zerstritten habe. Am folgenden Morgen war er ruhiger; ich sprach mit ihm noch einmal über diese Angelegenheit, und ich sah, daß er mir endlich glaubte.

Ich beschloß, einen regelmäßigen Kontakt zu ihm aufrechtzuerhalten, denn wenn er mich täglich sehen würde, käme er nicht so leicht auf die Idee, ich würde Böses gegen ihn im Schilde führen. Wir haben unsere kleinen Gespräche fortgesetzt. An manchen Tagen ist er entspannt und scheint sich zu freuen, wenn er mich sieht. Dann erfahre ich ein bißchen mehr über ihn. Er lebt seit seiner Scheidung allein, ist aber durch zwei Prozesse sehr in Anspruch genommen: einen mit seiner Ex-Frau, die sich anscheinend des gemeinsamen Hauses bemächtigt hat, einen mit einer Versicherungsfirma, die ihm nach einem Autounfall, bei dem er auf dem rechten Auge einen großen Teil der Sehkraft einbüßte, zu wenig gezahlt hat.

Eines Tages zeigte er mir das Dossier über seine Versicherungsaffäre. Beim Durchblättern schien es mir wirklich, daß die Rechtsanwälte der gegnerischen Partei versuchten, eine unbestreitbare Schädigung herunterzuspielen. Aber am meisten beeindruckten mich die Briefe von Georges: man hätte meinen mögen, daß sie aus der Feder eines Juristen stammten, so glänzend wurde in ihnen Punkt für Punkt argumentiert! Er sagte mir übrigens auch, daß er seine Verteidigung selbst in die Hand genommen und sich dazu in die recht-

lichen Bestimmungen für Schadensersatz bei Körperverletzung vertieft habe.

Allem Anschein nach führt er kein furchtbar einsames Leben: er hat zwei alte Freunde, mit denen er an den Wochenenden angeln fährt. Aber an manchen Tagen kommt er angespannt und mißtrauisch ins Büro und kriegt die Zähne nicht auseinander. Den Grund dafür verstehe ich nicht immer. Letzte Woche vielleicht ausgenommen: ich erinnere mich, daß ich am Tag zuvor mit jungen Kollegen beim Kaffeeautomaten herumstand und daß alle laut loslachten, weil ich einen Witz gemacht hatte. Genau in diesem Moment war Georges an uns vorbeigegangen, ohne uns weiter zu beachten. Am nächsten Tag verriet mir seine feindselige Haltung, daß er das Gelächter auf sich bezogen hatte. Ich wagte nicht einmal, ihn zu fragen, ob er deswegen wütend auf mich sei, denn er hätte sich nicht anmerken lassen, daß er unrecht hatte. Ich ließ ein paar Tage verstreichen, und er sprach wieder ein wenig mit mir. Weil er mit allen ziemlich schlecht auskommt, kann er wohl nicht widerstehen, wenn er bei mir auf ein bißchen Herzlichkeit trifft. Aber ich spüre, daß ich nie wirklich sein Vertrauen gewonnen habe und daß schon ein kleiner Schnitzer ausreicht, damit er glaubt, ich wolle ihm schaden.

Mit schwierigen Kunden klappt es, oder es klappt nicht. Man muß Georges zugestehen, daß er eine ungewöhnliche Überzeugungskraft besitzt; ich habe schon erlebt, wie er einem Kunden Punkt für Punkt auseinandersetzte, daß die von ihm aufgegebene Bestellung seinen Bedürfnissen eigentlich gar nicht entsprach, und wie er alle Einwände mit unnachgiebiger Logik zurückwies. Eine solche Verkaufstechnik wird zwar nicht empfohlen, aber er schafft es tatsächlich, mit manchen Kunden Verträge abzuschließen, die keiner seiner Kollegen so zustande gebracht hätte. Andere Kunden hingegen haben mit der Betriebsleitung telefoniert, um sich über sein Benehmen zu beschweren.

Inzwischen habe ich mich an Georges gewöhnt. Er ist kein fieser Typ, selbst wenn es manchmal so aussieht. Sein Problem ist, daß er nie jemandem Vertrauen schenkt und daß er überall das Böse lauern sieht. Ich frage mich, wo und wie er zu solch einer Sicht gelangt ist.

Ich glaube, daß es mit uns in Ordnung kommt; er hat mich sogar zu einem Angelwochenende mit seinen Freunden eingeladen! Ich werde hingehen, weiß aber, daß ich sehr aufpassen muß, um nicht ins Fettnäpfchen zu treten!

Was soll man von Georges denken?

Man kann festhalten, daß Georges übertrieben *mißtrauisch* ist: obgleich Daniel nichts Böses gegen ihn im Schilde führt, zeigt ihm Georges schnell, daß er nicht das geringste Zutrauen zu ihm hat. Er gibt nichts Persönliches preis, verbirgt die Arbeit, an der er sitzt, verweigert Auskünfte. Man könnte sagen, daß er Daniel als potentiellen Feind ansieht und ihm angesichts eines möglichen Angriffs keine verletzliche Flanke bieten möchte.

Er ist aber nicht nur mißtrauisch, sondern er *interpretiert* auch ein Ereignis, das sicher unerfreulich für ihn ist (einer seiner Kunden ruft Daniel an), als Ergebnis einer böswilligen Aktion, während das in Wirklichkeit nicht der Fall ist. Schlimmer noch, er deutet ganz neutrale Ereignisse (Daniel lacht mit seinen Kollegen) so, als richteten sie sich direkt gegen ihn.

Als Daniel versucht, mit Georges vernünftig zu reden, entdeckt er einen anderen Charakterzug seines Kollegen: den *Starrsinn*. Was man auch immer vorbringen mag, er bleibt bei seinen felsenfesten Überzeugungen. Diese Starrheit, diese Gewißheit, im Recht zu sein, gibt ihm allerdings auch die Kraft, manche seiner Kunden zu überzeugen, und hilft ihm, im Rechtsstreit mit der Versicherung nicht aufzugeben. Wenn es darum geht, seine Rechte einzufordern, ist Georges unerschütterlich.

Man bemerkt, daß Georges' Mißtrauen sich nicht auf Daniel beschränkt, sondern daß er allen Menschen seiner Umgebung mißtraut, sowohl auf Arbeit als auch im Privaten. Sie vermuten daher ganz richtig, daß der gute alte Georges von einer Persönlichkeitsstörung betroffen ist, denn er zeigt dieselbe unangebrachte Haltung in verschiedenen Situationen und unterschiedlichen Bereichen seines Lebens. Es sieht tatsächlich so aus, als wäre Georges eine paranoide Persönlichkeit.

Die paranoide Persönlichkeit

1. Mißtrauen
* Verdächtigt die anderen, böse Absichten zu hegen.
* Ist stets auf der Hut und mißtrauisch; beobachtet äußerst wachsam, was in seiner Umgebung geschieht.
* Zweifelt die Loyalität der anderen an, selbst die seiner Nächsten. Häufig eifersüchtig.
* Sucht eifrig und bis ins kleinste Detail nach Beweisen für seinen Verdacht, ohne dabei die Situation als Ganze zu berücksichtigen.
* Ist zu maßlosen Gegenschlägen bereit, wenn er sich beleidigt glaubt.
* Achtet sehr auf seine Rechte und Fragen des Vorrangs; fühlt sich schnell beleidigt.

2. Unnachgiebigkeit
* Zeigt sich rational, kalt, logisch; hat taube Ohren für die Argumente der anderen.
* Vermag es kaum, Zärtlichkeit oder positive Emotionen auszudrücken. Wenig Humor.

Wie Georges die Welt sieht

Der Umgang mit Georges ist gewiß nicht einfach, aber versuchen Sie einmal, seinen Standpunkt zu verstehen. Er glaubt, die Welt stecke voller Gefahren und er selbst sei verletzlich. Also muß er sich schützen.

Sein Grundaxiom könnte lauten: »Die Welt ist voller Schurken und Betrüger, die mich dazu zwingen, ständig auf der Hut zu sein.« Georges ähnelt einem Auto mit schlecht eingestellter Alarmanlage, die schon von der leisesten Berührung ausgelöst wird.

Weil man angesichts einer unbekannten oder unsichtbaren Gefahr viel größere Furcht empfindet als bei einer genau identifizierbaren Bedrohung, gegen die man ankämpfen kann, ist Georges richtiggehend erleichtert, wenn er endlich einen Feind entdeckt hat. Das bestätigt seine Theorie über die Welt. In gewisser Weise könnte man sagen, daß er Feinde finden muß, um sich beruhigt und in seinem Mißtrauen gerechtfertigt zu fühlen. Daher rührt auch die Neigung, eifrig nach Feinden auszuspähen und seinen Verdachtsmomenten nachzugehen. Ebenso wird er, wenn ihn die Eifersucht plagt, nicht eher wirklich erleichtert sein, bis er einen Beweis (oder was er als solchen betrachtet) für die Untreue seiner Gattin in den Händen hält.

Das Tragische an dieser Situation ist, daß Georges am Ende recht haben wird: durch sein feindseliges und mißtrauisches Verhalten gegenüber den Mitmenschen wird er wirklich ihre Feindschaft hervorrufen. Wenn sie von seinem Verhalten genug haben, werden sie vielleicht versuchen, ihm zu schaden, und dann kann er triumphierend ausrufen: »Wie recht ich doch hatte mit meinem Mißtrauen!«

Manche Paranoiker ähneln jenen Diktatoren, die sich so sehr davor fürchten, gestürzt zu werden, daß sie ihr ganzes Volk unter polizeiliche Aufsicht stellen, daß sie jeden, den sie politischer Gegnerschaft verdächtigen, internieren lassen, daß sie aus Angst vor einer Verschwörung die Leute aus ihrer näheren Umgebung in regelmäßigen Abständen vor Erschießungskommandos bringen und so am Ende bei allen den Wunsch erzeugen, tatsächlich einen Putsch anzuzetteln. Wenn dieser Typ von Diktator ein wirkliches Komplott aufdeckt, wird ihn das in der Überzeugung bestärken, zu Recht eine Schreckensherrschaft auszuüben, und er wird seine Grausamkeit verdoppeln.

Das Beispiel des Diktators ist nicht zufällig gewählt worden: oft handelt es sich hier wirklich um paranoide Persönlichkeiten, die zudem starke narzißtische Züge aufweisen. Ihr übersteigertes Mißtrauen gereicht ihnen zum Vorteil, wenn es unter den gefahrvollen Umständen, die ihnen zur Macht verhalfen (Krieg, Staatsstreich, Revolution), ums Überleben geht. Im übrigen können sie in den Augen einer desorientierten und verängstigten Bevölkerung durch ihre Strenge und ihre Energie zu vertrauenswürdigen Führern werden. Sie schlagen simple und begeisternde Lösungen vor, deren gemeinsamer Nenner ist, daß Glück und Friede wieder einkehren würden, wenn man nur die Verantwortlichen für das gegenwärtige Unglück ausfindig machte und sie daran hinderte, weiter Schaden zu stiften. Je nach Epoche und politischer Ausrichtung wechseln die »Feinde«, aber der Paranoiker bewahrt unerschütterlich seine Gewißheit, daß mit ihrer Ausrottung eine glücklichere und gerechtere Gesellschaft geboren würde.

Der Leser wird bemerken, daß wir unserem Diktator kein politisches Etikett aufgeklebt haben. Nicht daß wir Angst hätten, den Zorn eines noch in Amt und Würden stehenden Paranoikers, der sich in unserem Buch wiederfinden könnte, auf unser Haupt zu lenken. Vielmehr kann die Paranoia sowohl im Lager der Rechten wie bei den Linken ihr Betätigungsfeld finden, und zu allen Zeiten gab es hier wie dort jede Menge berühmte Beispiele.

Erinnern Sie sich an den letzten Paranoiker, der Ihnen über den Weg gelaufen ist. Gewiß war er kein Diktator. Dennoch würden Sie riskieren, ihm in einer Zeit der Wirrnisse als Richter am Volkstribunal wiederzubegegnen, wo er die Feinde des Volkes liquidieren soll, oder als Anführer der Bürgerwehr Ihres Stadtviertels, welche die Vaterlandsverräter ausschalten will – und zwar Leute wie Sie, verehrter Leser, die nicht vorsichtig genug waren, rechtzeitig das Exil zu wählen ...

Es ist aber auch möglich, daß sich der Paranoiker gegen seinen Unterdrücker auflehnt. Sein Starrsinn verwandelt sich dann in Rebellionsgeist, und er wird einer der Führer des Widerstandes im Untergrund. Durch sein Mißtrauen entgeht er allen Fallen der politischen Polizei, und sein Haß auf den Feind macht ihn zu einem furchteinflößenden Heroen ...

Paranoiker können zu Helden oder zu Verbrechern werden, je nachdem, welchen Feind sie sich suchen. Das beweist, daß auch sie vor den moralischen Wahlsituationen der menschlichen Existenz stehen. Gleich welchem politischen Lager sie angehören, oft sind es Paranoiker, die Geschichte machen.

Ein Beispiel aus der Geschichte: Stalin

Der stalinistische polnische Politiker Jakub Berman[14] schildert eines jener nicht enden wollenden Abendessen mit Stalin, bei denen die Geladenen, verängstigte Funktionäre, nie wußten, ob sie nicht am nächsten Morgen verhaftet würden. Frauen waren von diesen Runden ausgeschlossen, abgesehen von den Serviererinnen, welche die Gerichte auftrugen. Eines Tages schien es Stalin, als würde sich eine von ihnen etwas länger als nötig neben dem Tisch aufhalten. Sofort tobte er los: »Was hat die zu horchen da hinten?« Ein schönes Beispiel für paranoide Deutungen, vor allem, weil »diese Mädchen alle tausendmal überprüft worden waren«, wie uns Berman berichtet.

Zum Unglück für die Russen war dies nicht die einzige Erscheinungsform von Stalins Paranoia. Sein ganzes Leben lang war er damit beschäftigt, Komplotte oder Schatten von Komplotten gegen seine Person auszukundschaften, und er reagierte mit bemerkenswerter Brutalität. Als Lenin starb, zählte das Politbüro, dem Stalin angehörte, ein Dutzend Mitglieder, alles Revolutionäre der ersten Stunde und manche von ihnen, so etwa Trotzki und Bucharin, berühmter und brillanter als Stalin. Zehn Jahre später hatte Stalin nacheinander fast alle seiner Waffengefährten aburteilen und hinrichten lassen, mit Ausnahme von Trotzki, der sich nach Lateinamerika geflüchtet hatte, aber nicht lange darauf dennoch einem befohlenen Mord zum Opfer fiel.

Auch die Bevölkerung blieb von Jossif Wissarionowitschs Paranoia nicht verschont. Im Jahre 1932 hatte die Ukraine nicht die im Wirtschaftsplan vorgesehenen Getreidemengen geliefert. Statt die Tatsachen zu akzeptieren (die Landwirtschaft war schlecht organisiert, und die Hektarerträge waren gesunken), redete Stalin sich ein, daß die ukrainischen Bauern ein Komplott angezettelt hätten und den Weizen für den eigenen Verbrauch versteckt hielten. Die Rote Armee wurde in die Ukraine entsandt, um auch das letzte Weizenkorn zu beschlagnahmen, wodurch eine Hungersnot hervorgerufen wurde, die zu den schlimmsten des Jahrhunderts zählt, aber dennoch nie in den offiziellen Geschichtsbüchern erwähnt worden ist. Ganze Dörfer gingen unter. Die Menschen aßen Erde. Nach Schätzungen der Historiker starben in zwei Jahren zwischen fünf und sieben Millionen ukrainischer Männer, Frauen und Kinder an Hunger, und das in *Friedenszeiten*.

Mitte der dreißiger Jahre begann Stalin, sich von seiner Armee bedroht zu fühlen, besonders von gewissen Marschällen und Generälen, die angeblich einen Staatsstreich aussheckten. Als Marschall Tuchatschewski, ein von seinen Soldaten verehrter hervorragender Heerführer, es für notwendig hielt, die Armee in schnell bewegliche Panzerdivisionen zu gliedern, erblickte Stalin darin eine Bestätigung für seinen seit langem gehegten Argwohn: dieser Marschall wollte einen Staatsstreich vorbereiten![15] Und so begann die blutigste Säuberung einer Armee zu Friedenszeiten. 35 000 Offiziere kamen dabei ums Leben. Diese Liquidierung der Führungsspitze sollte der Roten Armee 1941 in den ersten Wochen der deutschen Offensive vernichtende Niederlagen einbringen. Weil die Reihen der Militärärzte ebenfalls »gesäubert« worden waren, erreichte die Sterberate unter den Verletzten traurige Rekorde.

In all diesen Fällen zeigte Stalin ein für Paranoiker typisches Verhalten: er ging erbittert gegen *angebliche* Feinde vor, die er für bedrohlich hielt, obwohl aller Augenschein dagegen sprach. Wehe dem Volk, das von einem Paranoiker geführt wird!

Zu den bekannten paranoiden Persönlichkeiten wird man auch Hitler zählen. Dieser teilte mit Stalin die felsenfeste Gewißheit, immer recht zu haben. Wie die anderen großen Paranoiker der Weltgeschichte waren Stalin und Hitler überzeugt, daß die Welt nur besser werden könne, wenn man vorher eine bestimmte Gruppe von Individuen vernichtet. Für Hitler waren es die Juden, die Zigeuner, die Geisteskranken und die »Entarteten«, die verschwinden sollten, während Stalin die Kulaken, die Sozialverräter und andere Klassenfeinde millionenfach liquidieren ließ. Der kommunistische Diktator verübte seine Verbrechen im Namen des künftigen Menschheitsglücks, während Hitler offen die Versklavung der »minderwertigen Rassen« forderte. Im übrigen ging Stalin niemals so weit, daß er die Kinder seiner Opfer bewußt mit auslöschen ließ (sie wurden lediglich dazu ermuntert, ihre Eltern zu denunzieren). Dennoch sollten die unterschiedlichen Zielsetzungen beider Regimes nicht über ihre Ähnlichkeiten hinwegtäuschen, besonders nicht über die zur Regierungsform erhobene Paranoia. Die Philosophin Hannah Arendt, die man schwerlich der Nachsicht mit dem Nazismus bezichtigen kann, hat die gemeinsamen Züge beider Systeme klar herausgestellt.[16]

Eine tropische Variante von Paranoia mußte das haitianische Volk durch seinen »Präsidenten auf Lebenszeit« François Duvalier erdulden. In den vierzehn Jahren seiner Herrschaft brachte »Papa Doc« alle wirklichen und auch die nur vorgeblichen Gegner um oder zwang sie ins Exil. Gleichzeitig entwickelte er mit der Paranoikern eigenen unerschütterlichen Überzeugung grandiose Theorien über seine weltgeschichtliche Rolle (er verglich sich mit Napoleon und Lenin) ... Doch die Liste von Paranoikern, die an der Macht sind, ist viel zu lang, als daß sie in ein Kapitel dieses Buches passen könnte.

Gemäßigte Spielarten von Paranoia

Mit den Diktatoren haben wir aggressive und größenwahnsinnige Paranoiker beschrieben, die in alten Lehrbüchern der Psychiatrie unter der Bezeichnung »Kampfparanoiker« aufgeführt wurden. Damit werden wir jedoch der übergroßen Mehrheit kaum gerecht, also jenen Personen, die zwar mit paranoiden Zügen behaftet, aber ansonsten durchaus erträglich im Umgang sind. Wie bei den übrigen Persönlichkeitsstörungen gibt es auch hier unzählige Zwischenstufen, bei denen die paranoiden Merkmale weniger ausgeprägt sind oder nur in bestimmten Streßsituationen zutage treten. Lesen wir den Bericht von Marc (34), Automechaniker, der wegen seiner Depressionen Rat suchte:

Ich glaube, ich bin seit jeher mißtrauisch gewesen. Bereits in der Schule, in den unteren Klassen, wartete ich immer darauf, daß mich meine Mitschüler verrieten, daß sie mich auslachten. Ich erinnere mich, daß ich nur mit Mühe zwischen einem Scherz und einer wirklichen Verhöhnung unterscheiden konnte. Noch heute fällt es mir schwer, Humor zu verstehen, und meine erste Regung ist oft Zorn, selbst wenn ich mich dann zügeln kann.

In der Armee habe ich mich wohl gefühlt, weil die Witzeleien, auch die aggressiven, dort eine Art Ritual sind, und in diesem Spiel fühlte ich mich den anderen sogar überlegen. Manchmal sage ich mir, ich hätte meine Wehrdienstzeit verlängern sollen. Es war ein Milieu, in dem ich besser zurechtkam als im zivilen Leben, wo ich mich nicht sicher fühle. Auf Arbeit gehe ich keine Bindungen ein. Ich weiß, die anderen halten mich für verschlossen, aber ich verspüre kein Vertrauen zu ihnen. Mein Chef schätzt mich trotzdem, denn als Techniker bin ich kompetent.

Die einzige Person, der ich mich offenbare, ist meine Schwester; ich habe den Eindruck, ihr vertrauen zu dürfen. Wenn ich ihr meine Geschichten erzähle, sagt sie mir, daß ich dazu neige, alles »krummzunehmen«. Ich weiß, daß es stimmt, merke es aber immer erst hinterher.

Mein Liebesleben ist seit jeher die Hölle. Sobald ich glaube, einer Frau zu gefallen, sage ich mir, daß sie eigennützig ist und von meinem Geld profitieren will. So beginne ich zusammenzurechnen, was ich für sie ausgebe, wenn wir abends weggehen und sie einmal nicht vorgeschlagen hat, die Rechnung zu teilen. Dann bin ich auch eifersüchtig; es genügt schon, daß sie einen Mann anschaut, damit ich vermute, daß sie sich kennen, daß sie früher was miteinander hatten oder daß sie vielleicht noch immer seine Geliebte ist. Natürlich endet es stets damit, daß meine Freundinnen mich verlassen. Das bestärkt mich in meiner Vorstellung, daß sie mich sowieso nicht wirklich geliebt hatten.

Ich habe nur zwei Freunde, die ich aus der Armeezeit kenne und mit denen ich noch Kontakt habe. Samstag früh machen wir gemeinsam Fahrradausflüge. Sie sind beide verheiratet und laden mich von Zeit zu Zeit zum Mittagessen ein. Mit ihnen bin ich entspannter.

Ich weiß nicht, woher diese Schwierigkeit, jemandem zu vertrauen, kommt. Mein Vater ist gestorben, als ich drei Jahre alt war, und meine Mutter hat einen anderen Mann geheiratet, der mich nicht mochte. Sie ergriff oft Partei für ihn und gegen mich. Mein

Psychotherapeut sagt, daß ich vielleicht damals mein Vertrauen in andere Menschen eingebüßt habe und daß es seitdem so geblieben ist. Aber ich weiß auch, daß mein richtiger Vater im Ruf stand, mißtrauisch und einzelgängerisch zu sein.

Daniel hat das Glück, in gewissem Maße seine Störung zu erkennen. Mit einer Psychotherapie wird er wahrscheinlich weitere Fortschritte machen.

Zwar ist er mißtrauisch und empfindlich, aber in viel geringerem Maße starrsinnig. Er zweifelt an den anderen, aber auch an sich selbst. Argwohn, Empfindlichkeit und gedrückte Stimmung: er vereint in sich die Merkmale einer *sensitiven Persönlichkeit*, einer diskreteren Spielart von Paranoia.[17] Die Psychiater vermuten seit langem, daß bei sensitiven Persönlichkeiten ein Gefühl persönlicher Schwäche den Grundstock dafür bildet, daß sie sich von anderen bedroht fühlen. Mißtrauisch und empfindlich wie die Paranoiker, haben die Sensitiven jedoch ein negatives Bild von sich selbst. Sie sind traurig und fühlen sich den anderen gegenüber kraftlos.

Die sensitive Paranoia wurde zu Beginn unseres Jahrhunderts unter dem Namen »Wahn der englischen Gouvernanten« beschrieben, denn diese Gouvernanten, oft »alte Jungfern«, im Land ihrer Dienstherren sozial isoliert und nicht immer gut behandelt, entwickelten offenbar Verfolgungswahnideen auf depressiver Grundlage.

Sensitiven Persönlichkeiten begegnet man viel häufiger als aggressiven Paranoikern. Auch Sie kennen sicher welche – so wie Philippe, Mitarbeiter einer Versicherung, der mit Marie-Claire, seiner sensitiven Sekretärin, zurechtkommen muß.

Einerseits ist Marie-Claire eine hervorragende Sekretärin. Sie ist pünktlich, arbeitet regelmäßig, will alles ordentlich erledigen. Aber der Umgang mit ihr ist wirklich schwierig. Mache ich mal eine Bemerkung über einen Tippfehler, friert ihr Gesicht sofort ein, und sie ist sauer auf mich. Einmal wollte ich ihr erklären, daß es ganz normal sei, wenn ich sie auf ihre (übrigens raren) Fehler aufmerksam mache, und daß sie es mir nicht übelzunehmen brauche. Sie brach in Schluchzen aus und warf mir vor, ich krittelte immer nur an ihr herum und triebe sie außerdem dazu, Fehler zu machen, weil ich sie mit Arbeit zuschütten würde. Ich war verblüfft, daß sie ein solches Drama daraus machte. Hinterher haben sich die Dinge etwas beruhigt, und ich versuchte, diesen Zwischenfall von der heiteren Seite zu nehmen. Sofort ging bei ihr die Jalousie herunter.

Mit ihren Kollegen klappt es kaum besser: sie erzählen mir, daß Marie-Claire harmlose Späße übelnehme und nicht mehr mit ihnen Mittag essen gehe. Wenn sie ein Dossier oder den Klammerapparat nicht findet, beschuldigt sie sie gleich, sich bedient und die Dinge verlegt zu haben. Zeigt man ihr, daß sie sich irrt, ist sie tief gekränkt und mehrere Tage eingeschnappt. Außerdem wirkt sie immerzu traurig und zugeknöpft, und manchmal habe ich bemerkt, wie sie ihre Tränen unterdrückte. Davon abgesehen, arbeitet sie wirklich gut, aber werde ich sie unter diesen Umständen behalten können?

Heute weiß man, daß sich der Zustand der sensitiven Persönlichkeiten durch eine Behandlung mit einem Antidepressivum, oft begleitet von einer Psychotherapie, sehr bessern kann. Auch Marie-Claire ist diesen Weg gegangen. Zwar ist aus ihr keine fröhliche und offenherzige Person geworden, aber sie hat sich allmählich weniger auf dem Sprung gefühlt und Kritiken leichter akzeptiert.

Man sieht also, daß paranoide Persönlichkeiten, oft aus Anlaß eines Fehlschlages, bisweilen bei einem Arzt Hilfe suchen und sie auf verschiedene Weise auch finden.

Sind wir nicht alle Paranoiker?

Als ich an der Universität meine erste Vorlesung halten sollte, hatte ich schreckliches Lampenfieber. Ich stand in einem Hörsaal mit vierhundert Plätzen; vor so vielen Leuten hatte ich noch nie gesprochen. Die ersten Minuten waren qualvoll, die Kehle war wie zugeschnürt, meine Hände zitterten, aber ich hatte mich so gut vorbereitet, daß sich meine Sätze wie von selbst miteinander verknüpften und die Studenten aufmerksam zuhörten. Ich begann, mich etwas sicherer zu fühlen. Aber dann bemerkte ich zwei Studenten, die in der dritten Reihe miteinander flüsterten. Einer von ihnen fing an zu kichern. Sofort kam mir der Gedanke: »Sie reißen Witze über mich! Sie merken, wie aufgeregt ich bin!«

Alain, der als Assistent an der Universität arbeitet, schildert hier eine Erfahrung, die allen bekannt ist, die vor einem Publikum stehen: Lehrer, Conférenciers, ganz allgemein alle, die vor einer Gruppe das Wort ergreifen müssen. Wenn unter den Zuhörern jemand lacht, denkt man zuerst, daß diese Heiterkeit auf einen selbst abzielt. Man muß schon einige Routine haben, um gelassen andere Hypothesen ins Auge fassen zu können, etwa: »Sie erzählen sich tolle Witze«, »Sie sprechen über den vorhergehenden Redner« oder »Sie machen sich über einen Dritten lustig«. Soll das bedeuten, daß jeder Redner paranoid ist? Nein, es soll lediglich heißen, daß wir in einer Streßsituation mit erhöhten Anforderungen dazu neigen, unsere Umgebung als bedrohlich wahrzunehmen und *Feindseligkeiten herauszudeuten*.

Auch das Ungewohnte und Unbekannte können uns für die bedrohlichsten Hypothesen empfänglich machen. Eine Reise in ein exotisches Land, dessen Sprache wir nicht verstehen, kann dazu beitragen, daß wir besonders mißtrauisch werden. Aber ist es letztendlich nicht besser, ein wenig zu mißtrauisch zu sein als ein wenig zu naiv?

Kann Paranoia von Vorteil sein?

Die Entwicklungspsychologen glauben, daß bestimmte Persönlichkeitstypen über viele Generationen bis in die Gegenwart überdauert haben, weil sie im Laufe der menschlichen Evolution genetisch ausgewählt worden sind, begünstigten sie doch das Überleben und die Fortpflanzung. Diese Hypothese wird, soweit sie die Paranoia betrifft, niemanden schockieren: Mißtrauen verhindert, daß man von seinen Feinden überrascht wird, daß man in Fallen oder Hinterhalte gerät, und erhöht so die Überlebenschancen. Was die Unbeugsamkeit angeht, so verhalf sie manchmal zum Chefposten, besonders in einer Umgebung, die sich für die

Dauer eines Menschenlebens nur geringfügig änderte, wie das bei unseren Ahnen über Tausende von Jahren hinweg der Fall war. Zu viel Flexibilität birgt nämlich die Gefahr, daß man von autoritäreren Mitmenschen dominiert wird (und in den sogenannten primitiven Gesellschaften weniger Frauen und damit weniger Nachkommen hat). Andererseits kann zu großes Mißtrauen dazu führen, daß man keine Verbündeten findet und nicht mit anderen zusammenzuwirken vermag. Und zu viel Starrsinn ist hinderlich, wenn man sich wie wir in den modernen Gesellschaften an eine sich wandelnde Umwelt anpassen muß.

Eine Spur Paranoia kann demnach nützlich sein,
– wo man unbeugsam die Gesetze anwenden muß (Polizist, Richter, Rechtsabteilung),
– wo man seine Rechte in einem Konflikt zu wahren wissen muß, sei es der Autowerkstatt oder der Verwaltung gegenüber,
– wo man es mit potentiell durchtriebenen und gefährlichen Gegnern zu tun hat (Polizei, Zoll, Antiterroreinheiten, Geschäftsreisen in politisch instabile Staaten).

Wir wollen damit nicht zu verstehen geben, daß alle Leute, die in diesen Bereichen arbeiten, paranoid wären, sondern nur, daß gewisse wohlkontrollierte Züge von Paranoia hilfreich sein können, wenn Sie solcherlei Tätigkeiten ausüben. Lesen wir zum Beispiel, was Yves (42) uns von Herrn A. berichtet, dem Vorsitzenden der Vereinigung der Wohnungseigentümer in seinem Wohnblock.

Vor drei Jahren habe ich mir erstmals eine Wohnung gekauft, und seitdem gehe ich auch zu den Versammlungen der Wohnungseigentümer. Unser immer wiedergewählter Vorsitzender, Herr A., ist ein Firmenchef im Ruhestand. Er ist ein ziemlich dominanter Mann voller Energie. Man fühlt sich eher unbehaglich, wenn man ihm das erste Mal begegnet. Aber wir können uns nur beglückwünschen, ihn als Interessenvertreter zu haben. Er war es nämlich, der entdeckte, daß es unter dem ersten Verwalter Unstimmigkeiten in der Buchführung gab, deren Folgen wir alle bezahlen mußten, und er legte die Beweise mit einer solchen Entschiedenheit und unter Beachtung aller Spielregeln auf den Tisch, daß der Verwalter seinen

Hut nehmen mußte. Dem neuen wird nichts übrigbleiben, als sich vorzusehen.

Später hat er einen Sachverständigen herangezogen, um nachzuweisen, daß ein mit der Renovierung des Hauses betrautes Unternehmen gepfuscht und nicht ausgeführte Arbeiten abgerechnet hatte. Neuerliche Klage, und der Unternehmer war von der Selbstsicherheit unseres Vorsitzenden derart beeindruckt, daß er es vorzog, sich mit uns finanziell zu arrangieren und die Reparaturen schnell nachzuholen, statt vors Gericht zu gehen.

Eine letzte Episode: Ein Baulöwe will in einem Garten uns gegenüber ein achtstöckiges Wohnhaus errichten lassen. Das würde für viele von uns eine schlechtere Aussicht und weniger Licht bedeuten. Herr A. hat sogleich ein Verfahren angestrengt, und es sieht so aus, als müßte die Baugenehmigung zurückgenommen werden! Ich bin befreundet mit dem Rechtsanwalt, der mit der Angelegenheit beauftragt ist, und er erzählte mir, daß er alle Gesetzestexte noch einmal mit besonderer Aufmerksamkeit studieren müsse, weil sich unser Vorsitzender mit einem solchen Eifer ins Immobilienrecht vertieft habe, daß er manche Details schon besser kenne als ein Jurist!

Uns gegenüber ist Herr A. übrigens sehr liebenswürdig. Er ist glücklich über seine Rolle als Verteidiger, die wir ihm auch keineswegs streitig machen wollen. Natürlich hat niemand Lust, sich mit ihm anzulegen ...

Dies ist ein treffendes Beispiel für die soziale Nützlichkeit leicht paranoider Typen, wenn es darum geht, eine Sache zu vertreten oder die eigenen Rechte zu verfechten.

Wenn Paranoia zur Krankheit wird

Zwischen Persönlichkeiten, die etwas empfindlich und starrsinnig sind, aber kaum als Paranoiker bezeichnet werden können, den paranoiden Persönlichkeiten, die wir gerade beschrieben haben, und wahrhaft von Verfolgungswahn ergriffenen Kranken, die hinter allen möglichen Kleinigkeiten eine Verschwörung vermuten, gibt es jede Menge Zwischenstufen.

Adèle, unverheiratet, 53 Jahre, hat sich in den Kopf gesetzt, daß ihr Hauseigentümer, eine große Versicherungsgesellschaft, sie aus der Wohnung graulen wolle, um von ihrem Nachfolger eine höhere Miete fordern zu können. Nach und nach wird ihr alles, was sie im Haus beobachtet, zum Beweis für diese Theorie.

Leute in blauer Arbeitsmontur, die sich beim Aufzug zu schaffen machen? Sicher sind sie da, um Adèles Kommen und Gehen zu überwachen. Graffiti auf ihrem Treppenabsatz? Natürlich Drohungen, um sie zu verängstigen. Ein Angestellter, der in ihrer Abwesenheit zusammen mit der Concierge die Wohnung betrat, um den Zählerstand abzulesen? Gewiß haben sie Wanzen eingebaut. Adèle untersagt der Concierge, künftig die Wohnung zu betreten, und nimmt das zweite Paar Schlüssel wieder an sich. Aber sie gelangt mehr und mehr zur Überzeugung, daß Unbekannte in die Wohnung kommen, wenn sie nicht da ist, denn bei ihrer Rückkehr fällt ihr jedesmal auf, daß gewisse Gegenstände nicht mehr an ihrem Platz sind.

Diese Gewißheit, ausgespäht und verfolgt zu werden, versetzt sie in einen derartigen Angstzustand, daß sie nicht mehr schlafen kann. Sie lauscht auf alle Geräusche im Haus und findet sogar das Gurgeln der Kanalisation verdächtig. Schließlich geht sie zum Psychiater, um sich Schlafmittel verschreiben zu lassen. Er diagnostiziert Verfolgungswahn und verordnet eine Behandlung, die ihr Leiden binnen weniger Wochen verschwinden läßt. Die Heilung ist erreicht, als Adèle imstande ist, auf Anraten des Psychiaters einen Termin mit der Versicherungsgesellschaft zu vereinbaren, um über ein Detail der Nebenkosten zu sprechen. Dabei stellt sie fest, daß ihr dort niemand feindlich gesonnen war.

In diesem Beispiel hat Adèle die Stadien übertriebenen Mißtrauens und irriger Deutung bereits überschritten, und sie malt sich ein unwahrscheinliches Komplott aus. Das ist *Verfolgungswahn*. Überraschenderweise verschwindet dieser spektakuläre Wahn bei entsprechender Behandlung oft leichter als paranoide Persönlichkeitszüge.

Und die Medikamente, Herr Doktor?

Selten kommt es vor, daß sich paranoide Persönlichkeiten in Behandlung begeben, betrachten sie sich doch keinesfalls als Kranke. Wenn sie mit ihren Mitmenschen in Konflikt geraten und sich zurückgestoßen fühlen, kann es jedoch geschehen, daß sie deprimiert sind oder jemanden ins Vertrauen ziehen möchten. Oft kommen sie in solch einem Kontext ratsuchend zum Allgemeinmediziner oder zum Psychiater. Die Behandlung eines Paranoikers ist eine wahre Herausforderung, denn um ihm helfen zu können, muß man ihm zunächst unbedingt Vertrauen einflößen, also gerade das, was bei ihm am schwersten zu erlangen ist.

Was die Medikamente angeht, so können in den Krisenperioden zweierlei Substanzen von einer gewissen Effizienz sein, Neuroleptika und Antidepressiva. Am längsten setzt man Neuroleptika ein. Es sind richtiggehende »Antiwahnmittel«, mit denen Verfolgungsideen und bestimmte Formen aggressiver Paranoia gedämpft oder ganz beseitigt werden können. Weil sie jedoch auch Nachteile haben, muß die Behandlung sehr genau von einem Arzt überwacht werden. Antidepressiva können einer sensitiven Persönlichkeit helfen, wieder zu einer optimistischeren Stimmung zu finden und sich weniger verletzlich zu fühlen. Jeder Psychiater erinnert sich an Fälle von sensitiven und bisweilen gar ein wenig wahnhaften Persönlichkeiten, deren Störungen durch eine Behandlung, bei der häufig maßvoll dosierte Neuroleptika und ein Antidepressivum kombiniert wurden, *völlig* verschwanden. Andere Paranoiker hingegen ändern sich trotz aller Bemühungen mit Psychotherapien oder Medikamenten nicht.

Paranoide Persönlichkeiten in Film und Literatur

Buñuels Film *Er* (1952) ist eine wahre klinische Studie über Paranoia im Liebesleben. Francisco, ein reicher mexikanischer Grundbesitzer, verführt eine schöne junge Frau. Sie unternehmen gemeinsam eine wunderbare Hochzeitsreise.

Aber man ahnt schon, daß es schlimm enden wird, wenn er sich in der Hochzeitsnacht seiner Gattin nähert, um sie zu küssen. Sie, voller Emotion, schließt die Augen, und sofort fragt er: »An wen denkst du?«

In *Die Caine war ihr Schicksal* von Edward Dmytryk (1954), einem Film nach dem Roman von Herman Wouk, gibt Humphrey Bogart ein scharfes Charakterporträt eines Paranoikers. Er verkörpert einen paranoiden und zugleich inkompetenten Kommandanten, der seine ganze Besatzung verärgert und am Ende wirklich den Haß erzeugt, von dem er sich schon die ganze Zeit umgeben wähnte.

In Stanley Kubricks Meisterwerk *Doktor Seltsam oder Wie ich lernte, die Bombe zu lieben* (1963) erweist sich der von George C. Scott gespielte General Ripper wahrhaft als unflexibler und selbstgewisser Paranoiker. In der Überzeugung, daß die Sowjets seine »Körperfluida« vergiften, löst er den Dritten Weltkrieg aus. (Hoffen wir, daß die Verantwortlichen für den Einsatz von Kernwaffen vorher Befähigungstests absolvieren müssen!)

In *Gilbert Pinfolds Höllenfahrt* beschreibt der englische Autor Evelyn Waugh ein paranoisches Wahnerlebnis. Während einer Kreuzfahrt mit einem Ozeandampfer vernimmt der Erzähler in einem Crescendo immer erschreckenderer Halluzinationen ständig, wie Besatzung und Passagiere schlecht über ihn reden.

Vom Umgang mit einer paranoiden Persönlichkeit

Wenn es Ihr Chef ist: Suchen Sie sich einen anderen oder machen Sie auf »getreuer Diener«.

Wenn es Ihr Lebensgefährte ist: Holen Sie sich Rat bei einem Psychologen.

Wenn es Ihr Kollege ist: Konsultieren Sie einen guten Rechtsanwalt, ehe Sie weitere Schritte unternehmen. Lesen Sie dann noch einmal dieses Kapitel.

Was Sie tun sollten

* Legen Sie klar Ihre Beweggründe und Absichten dar.

Die paranoide Person wird stets zu dem Verdacht neigen, daß Sie ihr Schaden zufügen wollen. Sie dürfen ihr also keine »Indizien« liefern, die einen solchen Verdacht bestätigen könnten. Das beste Mittel ist, in der Kommunikation mit ihr so eindeutig wie möglich zu sein. Ihre Botschaften sollten nicht den geringsten Deutungsspielraum lassen. Besonders bestimmt, klar und präzis sollten Sie sein, wenn Sie einen Paranoiker kritisieren müssen.

Sagen Sie: »Du hast, ohne mich zu informieren, den Chef gebeten, dir das Dossier zu überlassen. Das ärgert mich wirklich. Beim nächsten Mal wäre es schön, wenn du vorher mit mir darüber redetest« (Beschreibung präziser Verhaltensweisen).

Sagen Sie nicht: »So geht das aber nicht! Mit dir kann man wirklich nicht arbeiten. Wenn du mal in der Patsche sitzt, brauchst du auf mich nicht zu hoffen« (vage und drohende Kritik).

Auf diese Weise hat Chruschtschow mehrere Jahre in Stalins unmittelbarer Umgebung überleben können, in einer Epoche, in der die Hälfte aller KPdSU-Mitglieder umgebracht oder deportiert wurde. Nach Ansicht des amerikanischen Historikers Robert Conquest[18] glückte ihm das wahrscheinlich, weil er sich seinem Parteichef immer voller Naivität und Offenheit präsentierte. Dabei halfen ihm sein runder Schädel und sein vorgeblich naiver Blick eines »braven russischen Bauern«.

* Wahren Sie gewissenhaft die Formen.

Ein Freund von uns wurde eines Tages bei einer Dienstversammlung mehreren Personen gleichzeitig vorgestellt. Er begann, ihnen die Hände zu schütteln, und eher aus Synchronisationsschwierigkeiten als aus mangelnder Höflichkeit war er, während er noch die Hand des einen hielt, mit den Augen schon beim nächsten. Einer dieser Leute, eine paranoide Persönlichkeit, schloß daraus sofort, er habe das Gesicht beim Grüßen absichtlich abgewendet, um damit seine Verachtung auszudrücken. So begann eine konfliktgeladene Beziehung.

Jeder Formfehler, der Ihnen unterläuft, kann als Zeichen von Spott oder Verachtung aufgefaßt werden. Haben Sie es also mit einem Paranoiker zu tun, sollten Sie voll »vorschriftsmäßiger« Höflichkeit sein: lassen Sie ihn nicht warten, beantworten Sie sein Schreiben umgehend, wählen Sie die richtigen Anredeformeln, versprechen Sie sich nicht, wenn Sie ihn anderen Leuten vorstellen, hüten Sie sich davor, ihm ins Wort zu fallen (wo es nicht unbedingt nötig ist).

Achtung! Es geht nicht darum, unterwürfig oder allzu liebenswert zu werden: die hypersensiblen Antennen des Paranoikers werden Ihrem Mangel an Aufrichtigkeit bald auf die Spur kommen. Er wird Sie verdächtigen, Sie wollten sein Mißtrauen einschläfern, um dann etwas Übles gegen ihn anzuzetteln.

* Unterhalten Sie regelmäßige Kontakte mit dieser Person.

Da der Umgang mit Paranoikern oft zu extremen Spannungen führt, ist die Versuchung groß, um diese Leute einen Bogen zu machen und sie so selten wie möglich zu sehen. Handelt es sich um jemanden, den Sie links liegenlassen können, ohne etwas zu riskieren, dann sollten Sie es auch tun. Aber das Leben kann Situationen bereithalten, in denen der Kontakt mit einem Paranoiker nicht zu vermeiden ist, etwa wenn er Ihr Vorgesetzter, Ihr Nachbar, Ihr Kollege oder ein Verwandter ist. Bis Sie wegziehen oder sich einen neuen Job suchen, werden Sie mit ihm zurechtkommen müssen. In diesem Fall ist die Strategie des Linksliegenlassens nicht unbedingt die beste. Lise (54), die mit ihrem Mann ein Landhaus gekauft hat, berichtet:

Als wir unser Landhaus kauften, ahnten wir nicht, daß unser Nachbar, ein Landwirt im Ruhestand, einen so schlechten Charakter hatte. Er lebte mit seiner Frau in einem kleinen Haus in der Nähe seines früheren Bauernhofes. Kaum hatten bei uns die ersten

Bauarbeiten begonnen, kam er sich beschweren, weil ein Lastwagen, den wir bestellt hatten, auf seinem Rasen eine Reifenspur hinterlassen hatte. Wir waren ein wenig überrascht über seinen feindseligen Ton und versuchten sofort, die Atmosphäre zu entspannen, indem wir um Entschuldigung baten und ihn freundlich aufnahmen; er blieb aber unnachgiebig. Wir sind dann mit ihm hinübergegangen, um den Schaden zu begutachten. Es war lachhaft! An der Rasenkante sah man tatsächlich einen Reifenabdruck, aber er war nicht größer als eine Hand.

Wie man deswegen einen solchen Aufstand machen konnte! Ich hätte beinahe einen Scherz gemacht, aber mein Mann gab mir ein Zeichen, daß ich nichts sagen solle. Er beugte sich über den Reifenabdruck, als handelte es sich um einen beträchtlichen Schaden. Dann schlug er dem Nachbarn vor, er solle die Kosten, um den Rasen wieder in Ordnung zu bringen, abschätzen. Der Nachbar schien überrascht, brummelte, daß er darüber nachdenken wolle, und ging davon, ohne weiter etwas zu sagen. Mein Mann erklärte mir danach, er habe sofort gespürt, daß unser Nachbar »paranoisch« sei; man dürfe ihm nicht von vornherein in die Parade fahren.

Nach diesem ersten unerfreulichen Kontakt haben wir unseren Nachbarn systematisch gemieden, indem wir uns vergewisserten, daß er nicht draußen war, wenn wir wegfuhren, und indem wir es so einrichteten, daß wir nur während seiner Abwesenheit das Haus verließen. Welch ein Irrtum! Fuhren wir mit dem Auto an ihm vorüber, warf er uns immer feindseligere Blicke zu.

Eines Tages hatten wir Freunde zum Mittagessen in den Garten eingeladen, und er klingelte am Tor. Mein Mann ist hingegangen: der Nachbar, rot vor Zorn, beschwerte sich über den unerträglichen Lärm, den wir veranstalten würden.

Nach diesen beiden Vorkommnissen haben wir lange überlegt, ob wir das Haus verkaufen müßten, ehe die Dinge noch schlimmer würden, oder ob wir versuchen sollten, die Lage zu entspannen. Wir haben uns für die zweite Lösung entschieden. Diesmal richteten wir es so ein, daß wir aus dem Haus gingen, als der Nachbar in Reichweite war. Als wir an ihm vorüberkamen, grüßten wir ihn zunächst und wechselten dann ein paar Worte über das Wetter und über unsere Gärten. Ich begann mich mit seiner Frau zu unterhalten, die sehr schüchtern und untergeben wirkte. Wir redeten ein we-

nig über unsere Kinder und Enkelkinder. Sie war offenbar erfreut, eine Zuhörerin gefunden zu haben.
Nach und nach schien er sich ein wenig zu entspannen. Es hat auch keinen neuen Zwischenfall gegeben. Wir unterhalten weiterhin einen regelmäßigen Kontakt mit ihm, und unsere Gespräche kreisen um ganz neutrale Themen. Letztens, als er von der Jagd zurückkam, brachte er uns feierlich ein Kaninchen ins Haus!

Dieses Beispiel belegt die Notwendigkeit eines regelmäßigen und nicht zu engen Kontaktes mit einem Paranoiker, der sich in Ihrer Nachbarschaft eingerichtet hat. Wenn Sie ihm systematisch ausweichen, wird er wie im eben geschilderten Fall denken, daß Sie ihn verachten oder sich über ihn lustig machen. Man könnte annehmen, daß dieser leicht paranoide Landwirt im Ruhestand zu dem Glauben neigt, die wohlhabenden Städter würden ihn geringschätzen. Indem sie ihm auswichen, bestärkten Lise und ihr Mann ihn in dieser Hypothese.

Ein Paranoiker, den Sie meiden, könnte sogar vermuten, daß Sie ein Komplott gegen ihn ausgeheckt hätten oder daß Sie seine Nähe scheuten aus Angst vor Vergeltung für die ihm angetanen Übeltaten, die er nur noch nicht aufgedeckt hat. Er ist beispielsweise eben von seinem Chef gerügt worden, und Sie gehen ihm seit mehreren Wochen aus dem Weg; also sind Sie es, der dem Chef Schlechtes über ihn erzählt hat! Ihr Fernbleiben läßt ihm alle Freiheit, sich auf die zügelloseste Weise auszumalen, was Sie gegen ihn im Schilde führen könnten. Ein regelmäßiger normaler Kontakt, bei dem Sie die Form wahren und nicht sonderlich unruhig oder feindselig erscheinen, wird es ihm hingegen erlauben, seinen Eindruck von Ihnen hin und wieder »auf Null zu stellen«, und seine überbordende Phantasie beruhigen.

* Berufen Sie sich stets auf Gesetze und Regeln.

Der Paranoiker betrachtet sich als jemanden, der das Gesetz achtet und dem es um nichts als Gerechtigkeit geht, ganz wie die großen paranoiden Diktatoren stets meinen, für das

Wohl ihres Volkes zu handeln, eines Volkes, von dem sie einen Teil auszulöschen bereit sind, um es vor Niedergang und Unreinheit zu retten. Die meisten Paranoiker zeigen eine gewisse Faszination für Gesetze und Regeln, und der Stil ihrer Briefe, in denen sie Punkt für Punkt die Wohlbegründetheit ihrer Position demonstrieren, hat oft einen juristischen Anstrich. Sie fühlen sich von Gerichtsverfahren stark angezogen. Alle Rechtsanwälte kennen diese Art von Kunden, die bereit sind, für eine Sache, die nicht die Mühe wert ist, ein Verfahren ins Rollen zu bringen und dabei nicht nach dem Aufwand an Zeit und Geld fragen, letztendlich zum Schaden ihrer eigenen Interessen. Sosehr der Paranoiker wüten wird, wenn er sich von einem Individuum besiegt fühlt, sosehr wird er manchmal akzeptieren, sich einer Institution, dem Gesetz oder einem Regelwerk beugen zu müssen (außer wenn er meint, sein Fall entspreche nicht dem im Regelwerk beschriebenen). Eine überraschende Tatsache: unter den Mitgliedern der Kommunistischen Partei, die in den großen Säuberungswellen arg dezimiert wurde, hat Stalin eine bestimmte Gruppe stets verschont – die ehemaligen Mitglieder der Duma, des Parlaments der späten Zarenzeit!

Aber aufgepaßt! Der Paranoiker, den alles Juristische fasziniert, kennt die Gesetze und Bestimmungen oft besser als Sie, und er wird sie zu seinem Vorteil auszunutzen wissen. Bevor Sie sich mit ihm auf dieses Terrain begeben, sollten Sie Vorsichtsmaßnahmen treffen, nichts vorbringen, dessen Sie sich nicht absolut sicher sind, und vor allem zunächst einen Fachmann für den betroffenen Bereich konsultieren.

* Lassen Sie dem Paranoiker ein paar kleine Siege, aber überlegen Sie gut, welche.

Wie jedermann braucht auch der Paranoiker kleine oder große Erfolge, um seine Moral aufrechtzuerhalten. Wenn Sie ihn komplett frustrieren, laufen Sie Gefahr, seine Wut noch zu steigern. Lernen Sie darum, ihm in Dingen nachzugeben, die Sie für nebensächlich halten, aber setzen Sie sich feste Grenzen, um nicht auch in wesentlichen Punkten den

Rückzug anzutreten. Solange Sie meinen, daß es Ihnen nicht schadet, lassen Sie Ihrem paranoiden Arbeitskollegen doch die Privilegien, von denen er meint, daß sie ihm zustünden. Sobald er hingegen die von Ihnen gezogenen Grenzen überschreitet, sollten Sie ihm die Zähne zeigen.

Ein paranoider Patient war schrecklich wütend auf seinen Hausarzt, denn er meinte, falsch behandelt worden zu sein. Aus den Konsultationen wurden aggressive und beleidigende Monologe, die der Arzt nicht mehr unterbrechen konnte. Eines Tages verkündete er seinem Patienten, daß er sich künftig weigern würde, ihn zu empfangen. Der Patient, dessen Wut dadurch noch stieg, ging dazu über, ihn mit immer rabiateren Briefen und Anrufen zu belästigen. Nachdem er sich beraten lassen hatte, schlug der Mediziner dem Kranken ein Wiedersehen vor, aber unter der Bedingung, daß beide einen Vertrag unterzeichnen würden, der ihre jeweiligen Pflichten definierte und festlegte, daß der Arzt das Recht habe, das Gespräch abzubrechen, wenn der Patient wiederum aggressiv würde. Der paranoide Patient war einverstanden, nachdem er selbstverständlich die Umformulierung einiger Vertragsklauseln gefordert hatte. Die Konsultationen wurden fortgesetzt, und die Spannung hielt sich auf erträglichem Niveau. (Inzwischen hatte der paranoide Patient einen neuen Feind gefunden: seinen Hauseigentümer.)

* Suchen Sie woanders Verbündete.

Auf Arbeit oder im Privatleben einen aggressiven Paranoiker in seiner Nähe zu haben, ist oft frustrierend und anstrengend, manchmal sogar gefährlich. Wenden Sie sich an andere Menschen, um Rat, Unterstützung und Zuspruch zu finden, besonders wenn diese mit derselben Person zu tun haben. Das gilt vor allem für das Leben in der Firma. Trotzdem sollten Sie nicht allzu überrascht sein, wenn Sie bei anderen auf ein gewisses Zögern treffen, wie es etwa Jean-Marie, einem Verwaltungsangestellten in einer lokalen Behörde, passierte.

Schon seit Monaten stecke ich in einem Konflikt mit Marcel, oder besser gesagt, er hat es auf mich abgesehen, ohne daß ich immer wüßte, weshalb. Oder vielmehr, ich glaube, ich weiß es doch: ich bin jünger und qualifizierter, und die Leute von den anderen Dienststellen mögen mich lieber als ihn. Gestern früh fand ich nun in meinem Postfach das Doppel eines Briefes, den er gerade an unseren Abteilungsleiter gerichtet hatte. Als ich ihn las, war ich wirklich perplex! Er beschrieb darin eine Reihe von unlauteren Machenschaften, die ich ihm gegenüber an den Tag gelegt haben sollte: ich hätte unsere gemeinsame Sekretärin derart in Beschlag genommen, daß sie nicht mehr seine Sachen tippen konnte; ich hätte versucht, seine Ideen als die meinigen auszugeben; ich hätte ihn gegenüber Leuten von der Stadtverwaltung schlechtgemacht, damit sie sich nicht mehr an ihn wendeten; schließlich würde ich mich mit den jungen Kollegen über ihn lustig machen, um sein Ansehen zu untergraben.

Ich fühlte meinen Zorn anschwellen. Ich wußte, daß von alledem nicht ein einziges Wort stimmte: gewiß gab ich der Sekretärin eine Menge Arbeit, aber nicht in der Absicht, sie für mich allein in Beschlag zu nehmen. Nie hatte ich Schlechtes über ihn geredet, denn ich fand die Situation ohnehin schon schwierig genug. Und gelacht hatte ich auch nie über ihn; er reizte mich eher dazu, mich tüchtig aufzuregen. Als der erste Zorn verraucht war, verspürte ich eine gewisse Unruhe: zwar wußte ich, daß alles, was er berichtete, falsch war, aber sein Brief an den Abteilungsleiter war so geschickt formuliert und in einem juristischen Stil gehalten, daß er sehr überzeugend klang.

Ich bat den Chef dringend um einen Gesprächstermin, und er gewährte ihn mir. Ich begann damit, meine eigene Sichtweise zu erläutern, denn der Brief hatte ihm ja die von Marcel geliefert. Zu meinem großen Erstaunen hörte er mir eher gelangweilt zu, beinahe überdrüssig, und statt seine Meinung zu äußern, riet er mir bloß, allen Anlässen für Konflikte mit Marcel aus dem Wege zu gehen.

Ich war ziemlich enttäuscht. Dann sprach ich darüber mit einem anderen Kollegen, der mir erzählte, der gleiche Chef hätte vor ein paar Jahren Marcel in eine andere Abteilung versetzen wollen. Marcel hatte sogleich die Gewerkschaft mobilisiert, einen Brief an die Lokalzeitung geschrieben, mit dem Arbeitsgericht gedroht und sogar den Abgeordneten unseres Wahlkreises zum Eingreifen gebracht. Er hatte dazu ein Dossier erstellt, das sehr klar und überzeugend war, ganz wie der Brief, den ich gerade gelesen hatte. Die

Direktion gab ihren Plan dann lieber auf, statt einen endlosen Konflikt heraufzubeschwören.

Diese Geschichte läßt ahnen, warum uns die anderen nicht immer gegen einen Paranoiker zu Hilfe kommen: durch böse Erfahrungen vorsichtig geworden, schrecken sie bisweilen davor zurück, unsere Sache zu verteidigen.

Was Sie lassen sollten

* Verzichten Sie nicht darauf, Mißverständnisse aufzuklären.

Weil paranoide Persönlichkeiten anstrengend und oft deprimierend sind, kann man die Lust verlieren, ein Mißverständnis nachträglich klarzustellen, meint man doch, daß es im Grunde sowieso durch ihre Schuld entstanden sei und sie es also auch aus der Welt räumen müßten. Diese Position ist aus zwei Gründen anfechtbar:
– Wenn es eine Chance gibt, das Mißverständnis aufzuklären, warum sollten Sie sie (in Ihrem eigenen Interesse) nicht nutzen?
– Unter ethischen Gesichtspunkten betrachtet, nehmen Sie dem anderen jede Gelegenheit, sich zu bessern und seine pessimistische Sicht auf die menschlichen Beziehungen zu modifizieren, wenn Sie ihn in seinem Irrtum belassen.

Roger ist ein alter Freund von mir, erzählt uns Patrick (43), Bankangestellter, *aber der Umgang mit ihm ist manchmal anstrengend, denn er ist zu empfindlich. Er ist so, seit ich ihn kenne. Davon abgesehen, ist er eher großzügig, ein treuer Freund und ziemlich witzig, wenn es ihm gelingt, sich ein wenig zu entkrampfen.*

Kürzlich waren wir mit Freunden essen, und weil die Stimmung heiter war, begann ich zu erzählen, wie sich Roger auf seiner ersten Arbeitsstelle mit seinem Chef verkracht hatte. Dieser Chef war ein braver Opa, ziemlich von sich eingenommen, mit sehr pompösen Manieren, aber total altmodisch, und Roger hatte ihm nicht den erwarteten Respekt gezollt. Die Geschichte war ziemlich komisch, mit mehreren Höhepunkten. Ich hatte keineswegs vor, mich über Roger lustig zu machen, sondern ich wollte zeigen, wie die Dinge manchmal ausufern können, wenn der Chef einen auf dem Kieker hat.

Ich bemerkte ein bißchen spät, daß die anderen zwar lachten, Roger aber sehr verärgert war. Schnell wechselte ich das Thema, die Unterhaltung ging weiter, aber Roger sagte kein Wort mehr. Als sich alle verabschiedeten, ließ er mich links liegen. Weil ich weiß, daß er glaubt, ich hätte eine steilere Karriere gemacht als er, wurde mir klar, daß er meine Geschichte so aufgefaßt hatte, als würde ich mich überlegen fühlen und wollte ihn lächerlich machen.

Ich wußte nicht gleich, wie ich reagieren sollte. Natürlich hätte ich stillschweigend darauf warten können, daß die Zeit die Kränkung heile. Aber wie ich Roger kannte, würde die Erinnerung daran in ihm immer wach bleiben. Deshalb habe ich mich aufgerafft und ihn angerufen. Ich sagte ihm, ich hätte bemerkt, daß meine Geschichte ihn verärgert hatte.

Er stritt das ab. Ich versuchte nicht, ihn »zum Geständnis zu bringen«, sondern sagte, ich hätte ein bißchen spät mitbekommen, daß diese Erinnerungen für ihn vielleicht nicht sehr angenehm waren und daß der Gedanke, ihn gekränkt zu haben, mir Kummer bereite. Er antwortete, daß diese Erinnerungen wirklich alles andere als angenehm wären. Ich setzte hinzu, daß in meiner Erinnerung sich damals der Chef lächerlich gemacht hatte, nicht Roger, und daß ich die Geschichte deshalb für erzählenswert gehalten habe. Er stimmte mir zu, daß in dieser Sache der Chef die lächerliche Figur gewesen war. Am Ende sagte ich ihm, ich hätte vielleicht nicht anrufen sollen, aber der Gedanke, ein Mißverständnis im Raum stehenzulassen, habe mir keine Ruhe gelassen. Er antwortete, es habe kein Mißverständnis zwischen uns gegeben. Er blieb ziemlich kühl, aber als ich ihn das nächste Mal traf, spürte ich, daß er sich freute, mich wiederzusehen.

Patricks Beispiel belegt, wie nützlich der Versuch sein kann, ein Mißverständnis aufzuklären. Darüber hinaus hat er zwei goldene Regeln für den Umgang mit einer leicht paranoiden Persönlichkeit beherzigt:

- Er hat selbst die Verantwortung für das Mißverständnis übernommen, statt sie seinem Freund zuzuschieben.
- Er hat seinen Freund nicht gedrängt, seine Verärgerung zuzugeben, denn das hätte bedeutet, ihn auch eingestehen zu lassen, daß er damit unrecht hatte.

Daß Patrick so darum besorgt war, diese Sache in Ordnung zu bringen, wird Roger schließlich auch zu der Einsicht verholfen haben, daß seinem Freund seine Gefühle nicht gleichgültig waren und er deshalb kein wirklicher »Feind« sein konnte.

* Attackieren Sie nicht das Bild, das er von sich selbst hat.

Durch ihre Verbohrtheit, ihre offensichtlich abwegigen Ideen (aber vergessen Sie nicht, daß diese Menschen meinen, die allervernünftigsten Ideen zu haben) und ihre unangenehme Art machen uns manche Paranoiker schrecklich Lust darauf, zu explodieren und sie mit Beleidigungen zu überschütten. Dieser Versuchung sollte man dennoch widerstehen. Wenn Sie einen Paranoiker durch verletzende Worte demütigen, erleichtern Sie damit zwar Ihre Nerven, aber er wird sich in seine Rage, Sie besiegen zu wollen, noch mehr hineinsteigern und im übrigen seinen Argwohn bestätigt sehen: ja, Sie haben ihn von Anfang an gehaßt und verachtet, und er hatte ganz recht, Ihnen nicht über den Weg zu trauen!

Bleiben Sie also, selbst wenn Sie die Wände hochgehen möchten, in Ihren Vorwürfen sehr »verhaltensbezogen«.

Wie man gegenüber einem Paranoiker seinen Ärger ausdrückt

Sagen Sie: »Ich habe Ihre ewigen Forderungen satt!« oder sogar »Sie gehen mir auf die Ketten, wenn Sie dauernd wieder mit demselben Zeugs anfangen!«. In beiden Beispielen haben Sie ein *Verhalten* kritisiert, nicht seine Person. Im übrigen könnte ihm der aufrichtige Ausdruck einer starken Emotion manchmal Ihre Lauterkeit vor Augen führen.

Sagen Sie nicht: »Sie sind ein Blödmann und weiter nichts!«

oder »Man sollte Sie einsperren!« oder »Sie sollten sich mal behandeln lassen!«, denn in diesen Fällen greifen Sie seine *Person* an; das aber würde er als unerträglich betrachten, und er würde Sie zur Zielscheibe übertriebener Vergeltungsaktionen machen.

* Passen Sie auf, daß Sie nicht ins Unrecht geraten.

In dienstlichen Beziehungen wird ein Paranoiker, sobald er überzeugt ist, daß Sie sein Feind sind, jede Gelegenheit ergreifen, um Sie zu schwächen. Ihr kleinster Irrtum, Ihre geringste Unachtsamkeit läßt ihn jubilieren, denn er wird dies sogleich nutzen, um Sie zu beschuldigen oder ein Verfahren gegen Sie anzuzetteln. Zeigen Sie sich ihm nur von der untadeligen Seite und verwandeln Sie sich, sobald er naht, in einen gut geschmierten Automaten.

Im Umgang mit einem Paranoiker lernt man, jedes Wort auf die Goldwaage zu legen, um nicht zuviel zu sagen.

* Reden Sie nicht schlecht über ihn, er wird es erfahren.

Üble Nachrede hat im allgemeinen gewisse Vorteile: sie knüpft eine Komplizenschaft mit dem Gesprächspartner, mit dem man sich einig ist, einen Abwesenden schlechtzumachen. Ganze Freundschaften sind schon aus gemeinsamer übler Nachrede geboren worden. Solcherlei Schmähungen erlauben es uns auch, unsere Nerven zu beruhigen, indem wir einem Vertrauten ganz leise zuflüstern, was wir einem Gegner, der stärker ist als wir, nicht vernehmlich zu sagen wagten. So etwa, wenn wir über den Chef herziehen.

Aber die üble Nachrede hat auch Nachteile: sie ist eine allzu simple Erleichterung, die uns die Lust nehmen kann, der Person, über die man tratscht, offen entgegenzutreten. Meist ist es besser, einem Kollegen gegenüber seine Unzufriedenheit direkt auszudrücken, als ihn hinter seinem Rücken schlechtzumachen.

Zieht man über einen Paranoiker her, ist das eine noch riskantere Beschäftigung. Mit seiner feinen Antenne für das Aufspüren vorgeblicher Feinde und dem aktiven Willen, jeden Verdacht bestätigt zu sehen, hat der Paranoiker die besten Chancen, auf die eine oder andere Weise herauszubekommen, daß Sie schlecht über ihn geredet haben. Wenn nicht gar einer Ihrer Rivalen, der die potentielle Gefährlichkeit des Paranoikers kennt, es für wirkungsvoll hält, ihm Ihre Worte mehr oder weniger verfälscht zuzutragen, um ihn gegen Sie aufzubringen.

* Diskutieren Sie nicht über Politik.

Ein anderes Gebiet, auf dem man sich mit einer paranoiden Persönlichkeit in acht nehmen muß, ist die Politik. Bei Gesprächen über Politik werden die Gemüter erhitzt, und wenn die Meinungen auseinandergehen, kann der Ton schnell schärfer werden. Aus diesem Grunde empfehlen wahrscheinlich auch die Benimmbücher, solche Themen zu meiden. Wenn man in der Gruppe politische Dinge erörtert, und die Meinungsverschiedenheiten führen zu einer gewissen Gespanntheit, werden die Gesprächspartner meistens spontan das Thema wechseln oder versuchen, wenigstens einen präzisen Punkt zu finden, über den sich alle einig sind. Jeder ist bereit, den Meinungsstreit zu beenden, um keine stürmische Atmosphäre aufkommen zu lassen.

Eine paranoide Persönlichkeit ist auf diesem Ohr taub. Sie würde es als Niederlage ansehen, wenn sie ihre Meinungen nicht bis zum Ende verteidigte. Sie betrachtet die Konversation als einen Kampf, in dem man wachsam bleiben muß; von ihr darf man keine Vermittlungsversuche erwarten, sondern im Gegenteil die am schärfsten vorgetragenen Argumente. Weil sich die paranoiden Persönlichkeiten oft von extremen politischen Positionen angezogen fühlen (solchen, die einen böswilligen Feind ausfindig machen, der für alle Gebrechen der Gesellschaft verantwortlich ist und deshalb hart bestraft werden muß[19]), kann sich die Diskussion über Politik schnell aufheizen. Lesen wir den Bericht von Damien, einem ehemaligen Architekturstudenten.

Ich bin mit einigen Studienfreunden in Kontakt geblieben, und wir treffen uns ziemlich regelmäßig. Wir haben in den siebziger Jahren studiert und waren, wie viele junge Leute damals, sehr linksgerichtet; manche von uns beriefen sich auf Mao oder Enver Hodscha. Dann sind wir älter geworden und haben familiäre und berufliche Pflichten übernommen; die Machtübernahme der Linken, die Enthüllungen über unsere bewunderten politischen Führer, der Fall der Berliner Mauer – all das hat natürlich unseren Eifer abgekühlt. Die meisten von uns stehen weiterhin links, aber mehr auf seiten der Sozialdemokratie. Éric hat sich als einziger die revolutionären Überzeugungen seiner Studentenzeit bewahrt.

Das könnte man eher sympathisch finden, aber bei ihm manifestiert es sich in einer Form, die in Unterhaltungen ziemlich schwer zu ertragen ist. Sobald wir auf Politisches zu sprechen kommen, schleudert uns Éric seine Überzeugungen von der Notwendigkeit der Diktatur des Proletariats entgegen. Dabei kennt er keine Rücksichten, denn er meint anscheinend, daß jeder, der gemäßigter ist als er, entweder ein gedankenloser Mensch sein muß, der vom Unglück des Volkes nichts merkt, oder ein Schurke, der darauf pfeift und also bei einer Revolution bestraft werden muß. Widerspricht man ihm, scheint er eine jauchzende Lust darin zu finden, in Eifer zu geraten und die Konfrontation weiterzutreiben, und bald redet nur noch er. Uns anderen ist das unangenehm, und ohne daß wir uns groß abgesprochen hätten, reden wir in seinem Beisein nicht mehr über Politik. Ansonsten ist Éric ganz in Ordnung, man kann sich auf ihn verlassen, nur bei politischen Themen rastet er aus.

Allerdings ist er, wie ich gemerkt habe, nicht der einzige, mit dem man nicht über Politik sprechen darf! In unserem Ferienhaus am Meer haben wir einen Rentner und seine Frau als Nachbarn. Beim ersten Hinschauen ist er ein Mann mit Charme, er paßt auf das Haus auf, wenn wir nicht da sind, ich gehe oft mit ihm angeln, und meine Frau versteht sich gut mit seiner. Eines Tages haben wir den Fehler begangen, die beiden zum Abendessen einzuladen. Alles ging gut, bis das Gespräch auf politische Themen kam. Plötzlich verwandelte sich unser Nachbar vor unseren Augen: hatten wir bis dahin einen angenehmen Gast gehabt, so saß uns jetzt ein Fanatiker gegenüber, der uns mit kalter Überzeugung erklärte, daß unser Land in vollem Niedergang begriffen sei und daß alles Übel von einem Zuviel an Demokratie komme; es sei nicht normal, daß einfach jedermann zur Wahl gehen dürfe, nicht einmal die Französische Revolution habe das vorgesehen; nur die gebildeten Leute sollten Wahlrecht haben. Wir haben versucht, ihm zu widersprechen, zunächst auf heitere Weise, aber wir hatten den Eindruck, gegen eine Mauer anzurennen. Danach brachte er das Thema der Immigration zur Sprache und zauberte Lösungen herbei, die eines totalitären Staates würdig gewesen wären. Zum Glück gelang es mir, ihn rechtzeitig das Thema wechseln zu lassen, denn ich spürte, daß meine Frau kurz davor stand, aus der Haut zu fahren, und ich wollte kein Zerwürfnis unter Nachbarn. Seit diesem Abend sind unsere Kontakte spärlicher geworden.

Die beiden geschilderten Beispiele verdeutlichen zwei Merkmale paranoider Persönlichkeiten. Zunächst ihren Starrsinn: die beiden Gesprächspartner bringen es nicht übers Herz, ihre Überzeugungen auch nur ein Quentchen gemäßigter auszudrücken, selbst bei einer Unterhaltung im Freundeskreis nicht. Dann ihre Tendenz zur Vereinfachung politischer Probleme: sie präsentieren einen Feind, der an allem schuld sei und harte Bestrafung verdiene. Unsere Schlußfolgerung: ehe Sie über Politik reden, sollten Sie sich kurz versichern, daß Ihr Gesprächspartner eine widerspruchsreiche Debatte führen kann, ohne seinen kühlen Kopf zu verlieren. (Achtung! Wir behaupten nicht, daß jede Person, die bei politischen Themen in Wallung gerät, paranoid wäre!)

* Werden Sie am Ende nicht selbst paranoid.

Die Beziehung zu einem Paranoiker ähnelt manchmal dem Beginn einer Schlägerei: einer der Protagonisten rempelt den anderen aus Unachtsamkeit an, dieser fühlt sich auf den Schlips getreten und stößt brutal zurück; der erste, überrascht und empört, antwortet mit einem noch heftigeren Rippenstoß, der den anderen zu einem ersten Faustschlag veranlaßt, und so nimmt die Prügelei ihren Lauf. Für einen gerade erst eingetroffenen Beobachter ist es ziemlich schwer herauszufinden, »wer angefangen hat«.

Passen Sie gut auf, damit Sie sich gegenüber einem Paranoiker nicht in der gleichen Situation wiederfinden. Um einen drohenden Konflikt zu entschärfen, genügt es manchmal, ein bißchen Abstand zu halten, dem Paranoiker ein wenig mehr Freiraum zu lassen oder aufrichtig zu versuchen, ein Mißverständnis aufzuklären. Grob gesagt, achten Sie darauf, nicht selbst wie ein Paranoiker zu reagieren, indem Sie sich bis zum Exzeß aufregen, Streit wegen einer winzigen Kränkung suchen oder unangemessene Vergeltung üben.

Das ist freilich nicht einfach, denn die Paranoiker bereiten uns so viel Ärger und Frustrationen, daß uns unser Zorn immer starrer auf unser gutes Recht pochen läßt, daß wir die kleinste ihrer Handlungen mißtrauisch beobachten und bereit sind, beim geringsten Mißverständnis an die Decke zu gehen. In gewisser Weise macht uns ein Paranoiker selbst paranoid. Wenn auf dem Lande manche Streitfälle um Flurgrenzen mit Schüssen endeten, war der Mörder nicht immer der verrücktere von beiden; manchmal hatte ihn ein unnachgiebiger Paranoiker bis zum Äußersten getrieben.

Resümierend möchten wir feststellen, daß es verschiedene Grade von Paranoia gibt und daß nicht jeder Paranoiker es verdient, so zurückgewiesen und gefürchtet zu werden wie gewisse »Kampfparanoiker«, die Alltagsausgaben der großen Diktatoren. Im Umgang mit Personen, die paranoide Züge aufweisen, aber sonst eher sympathisch sind, lassen sich durch ein wenig Taktgefühl und Vorsicht zahlreiche Konflikte verhüten.

Haben Sie selbst Züge einer paranoiden Persönlichkeit?

	eher richtig	*eher falsch*
1. Ich kann es nicht ausstehen, wenn man Späße über mich macht.		
2. Mit manchen Leuten habe ich mich schon endgültig überworfen, weil ich fand, daß sie sich mir gegenüber danebenbenommen hatten.		
3. Ich neige dazu, Leuten zu mißtrauen, die ich erst kurze Zeit kenne.		
4. Oft hat man mehr Feinde, als man glaubt.		
5. Wenn ich jemanden ins Vertrauen ziehe, habe ich hinterher Angst, daß er daraus eine Waffe gegen mich schmiedet.		
6. Man wirft mir vor, mißtrauisch zu sein.		
7. Um im Leben zurechtzukommen, muß man immer hart und unbeugsam sein.		
8. Wenn jemand zeigt, daß er mich leiden kann, dann bestimmt nur, um etwas von mir zu erreichen.		
9. Oft denke ich an all die Leute, die ich für ihre Schlechtigkeiten gern strafen würde.		
10. Dieser Fragebogen ist mir unangenehm.		

Kapitel III
Die histrionischen Persönlichkeiten

Bruno (28), leitender Angestellter im Stammhaus einer großen Firma, berichtet: *Caroline und ich sind beinahe gleichzeitig eingestellt worden, auf derselben Hierarchieebene, und so war es ganz natürlich, daß wir schnell Bekanntschaft schlossen und unsere Eindrücke über den Laden austauschten. Caroline kann man nicht leicht übersehen: als ich sie zum ersten Mal auf dem Flur traf, trug sie ein graues Kostüm, das obenherum sehr klassisch geschnitten war, aber zu dem ein eindrucksvoller Minirock gehörte, der niemanden im unklaren über ihre tollen Beine ließ. Gleichzeitig nahm sie, sobald sie angesprochen wurde, eine sehr kühle und dienstliche Art an, richtiggehend »business-like«. Das stach von ihrer sehr erotischen Erscheinung ab, ganz als ob sie nicht merkte, wie aufreizend sie war.*

Auf der ersten Sitzung ergriff sie selten das Wort und beschränkte sich darauf, mir schöne Augen zu machen, was ziemlich rätselhaft war. Natürlich habe ich sie hinterher angesprochen. Caroline trank meine Worte, umschlang mich mit heißen Blicken, lachte über meine Späße. Ich konnte ihr das nicht recht abnehmen, es war zu schön, um wahr zu sein. Im übrigen bestätigte sich mein Verdacht sofort: als Alex, unser Chef, sich zu uns gesellte, zog Caroline mit ihm das gleiche Schauspiel ab. Ziemlich enttäuscht und ein bißchen wütend, habe ich sie die nächsten Tage kaum angesprochen.

Eines Abends, als ich gerade zu einem Zahnarzttermin wollte, ließ sie sich in meinem Büro nieder. Ich hatte es eilig, sie aber fragte mit kläglicher Kinderstimme, weshalb ich nicht mehr mit ihr redete. Ich erklärte ihr, daß ich einen Termin hätte und daß wir vielleicht morgen darüber sprechen könnten. Sie entgegnete, sie habe den Eindruck, ich könne sie nicht leiden. Ihre Stimme war ganz gebrochen.

Ich gestehe, daß sie ziemlich rührend wirkte, als sie dort mit Tränen im Gesicht auf ihrem Stuhl saß und tragisch dreinblickte wie ein verlassenes Mädchen. Ich schlug vor, sie nach Hause zu fahren; so könnten wir im Auto miteinander reden. Sie fiel mir um den Hals und dankte mir mit ihrer Kinderstimme, aber ich konnte nicht vergessen, daß dieses Kind eine attraktive junge Frau von einem Meter fünfundsiebzig war.

Eines Abends schließlich bin ich mit ihr essen gegangen. Wieder hing sie mir lächelnd an den Lippen, so sehr, daß ich am Ende vorschlug, noch ein Glas bei mir zu trinken. Nächster Registerwechsel: sie erklärte mir mit bekümmerter Miene, daß sie zur Zeit nicht wirklich frei sei und daß man mit Männern immer solche Enttäuschungen erlebe. Sie blieb aber bei sehr verschwommenen Andeutungen, und ich konnte aus ihr nicht herausbekommen, ob sie einen Liebhaber hatte. Am Ende war mir die Lust vergangen, und ich fuhr Caroline zu ihrer Wohnung. Unterwegs sprachen wir kaum miteinander. Aber dann verblüffte sie mich total, indem sie mich beim Aussteigen auf den Mund küßte.

Ich spare mir hier die Schilderung aller Umschwünge unserer Beziehung! Wochenlang machte ich ihr den Hof, ohne daß sie aufhörte, mir solche Wechselbäder zu bereiten. Sobald ich ihre ständig schwankende Haltung satt hatte, machte sie sich wieder daran, mich herauszufordern. Schließlich verbrachten wir eine Nacht miteinander. Aber nachdem wir uns geliebt hatten, wir lagen noch in den Kissen, beichtete sie mir ihre Bettgeheimnisse und erzählte mir, daß sie die Geliebte eines verheirateten Mannes sei. Die Augen träumerisch in die Ferne gerichtet, beschrieb sie mir euphorisch, was für ein guter, starker und geheimnisvoller Mann er wäre. Da hatte ich wirklich meine Dosis! Ich beschloß, die Beziehung zu beenden. Ohne ein Wort brachte ich Caroline nach Hause. Vor ihrer Haustür sagte ich, es sei besser, wenn wir uns außerhalb des Büros nicht mehr sähen. In den nächsten Tagen war sie schrecklich sauer auf mich, aber ich merkte bald, wie sie sich einem Neuankömmling zu widmen begann.

Auf Arbeit wird Caroline von den einen geschätzt, von den anderen verabscheut. Mit den Kunden kann sie wirklich geschickt umgehen; sie gewinnen den Eindruck, daß Caroline ihre Wünsche versteht. Auf Sitzungen hat sie oft gute Ideen. Geht es hingegen darum, systematisch ein Dossier zu erarbeiten, langweilt sie das; sie wird nachlässig und wälzt die Arbeit auf andere ab. In Versammlungen drückt sie sich auf recht theatralische Art aus; es scheint, als würde sie sich alles zu Herzen nehmen, ganz als wäre die Entscheidung für eine bestimmte Joghurt-Werbekampagne eine wahre Tragödie. Damit überzeugt sie die frisch eingestellten Mitarbeiter, die ihre Art noch nicht satt haben.

Mein Verhältnis zu Caroline ist freundschaftlich geworden. Ich glaube, sie hat gespürt, daß ich ihr nichts nachtrage, aber auch, daß sie mich nicht mehr »haben« kann. Manchmal kommt sie vorbei, um mir ein paar vertrauliche Dinge zu berichten: sie erzählt, wie wundervoll, genial und außergewöhnlich sie einen bestimmten Produktverantwortlichen findet, um mir zwei Wochen später zu eröffnen, er sei ein Schweinehund, ein übler Typ, eine richtige Null. Von ihr bekommt man seine Kinovorstellung immer gratis geliefert.

Wir kennen uns jetzt zwei Jahre, aber irgendwie habe ich noch immer den Eindruck, daß sie niemals authentisch ist, daß sie sogar, wenn wir uns nur kurz unterhalten, eine Rolle spielt, um meine Aufmerksamkeit zu fesseln, und daß sie es nie schafft, natürlich zu sein. Vielleicht ist ja gerade das ihre Natur!

Was soll man von Caroline denken?

Caroline will pausenlos erreichen, daß die anderen ihr Beachtung schenken, und setzt dazu alle verfügbaren Mittel ein: eine diskret herausfordernde äußere Erscheinung, ein verführerisches Verhalten, theatralische Auftritte in Sitzungen, verwirrende Umschwünge in ihrer Haltung (sie wechselt von Verführung zu Gleichgültigkeit), dramatische Hilferufe (wenn sie sich wie ein kleines Mädchen in Not präsentiert) – sie verfügt über ein breites Repertoire, um sich die Aufmerksamkeit der anderen zu sichern.

Bruno hat auch gemerkt, daß ihre Gefühle schnell umschlagen: im Laufe desselben Abends geht sie von Verzweiflung zu prickelndem Verführungsspiel über, dann zu einer leicht mysteriösen Traurigkeit, zu einer kühlen Art, und schließlich beendet sie den Abend mit einem heißen Kuß!

Außerdem neigt sie dazu, manche Personen zu idealisieren, indem sie voll Bewunderung von ihnen spricht, und andere Leute übertrieben schlechtzumachen – manchmal sind es sogar dieselben!

Am Ende kann Bruno nicht mehr sagen, ob Caroline wie ein Filmstar »spielt« oder ob das theatralische Verhalten ihre wahre Natur ist!

Caroline vereinigt in sich alle Merkmale einer histrionischen Persönlichkeit.

Die histrionische Persönlichkeit

* Will die Aufmerksamkeit der anderen auf sich ziehen, erträgt nur schlecht Situationen, in denen sie nicht im Mittelpunkt des Interesses steht. Strebt eifrig nach der Zuneigung ihrer Umgebung.
* Drückt ihre häufig wechselnden Emotionen dramatisch überspitzt aus.
* Hat einen eher emotionalen Redestil; beschwört Stimmungen herauf, läßt es aber an Präzision und Aufmerksamkeit fürs Detail fehlen.
* Neigt dazu, die Personen ihrer Umgebung übermäßig zu idealisieren oder abzuwerten.

Wie Caroline die Welt sieht

Auf Versammlungen möchte Caroline stets im Mittelpunkt stehen; beim Gespräch unter vier Augen beansprucht sie die ganze Aufmerksamkeit ihres Gegenübers für sich. Ihre Grundüberzeugung könnte ungefähr lauten: »Ich muß die anderen immer anlocken und bezaubern, damit sie mir helfen.« Darin schwingt mit, daß sie glaubt, im Leben nicht alleine zurechtzukommen, sondern Unterstützung zu benötigen. Tatsächlich verbirgt sich unter dem spektakulären Auftreten der histrionischen Persönlichkeiten oft eine ziemlich negative Eigenwahrnehmung. Sie versuchen ständig, im faszinierten Blick der anderen Selbstbestätigung zu finden. Ihre Emotionen schlagen häufig schnell um, wobei schwer zu entscheiden ist, ob sie dadurch nur überraschen und Interesse erregen wollen oder ob sie wie kleine Kinder wirklich vom Lachen ins Weinen fallen.

Sind Frauen nicht alle ein bißchen wie Caroline?

Wir beabsichtigen hier nicht, die Feministinnen zu provozieren, sondern möchten lediglich an eine Debatte erinnern, welche die Psychiater sehr bewegt hat.

Gefallsucht, Stimmungswechsel, Hilfeersuchen ... – sind das nicht seit jeher weibliche Eigenschaften? Die Literatur lehrt uns seit Jahrhunderten, daß Frauen oft wechselhaft seien, daß sie aus bloßer Lust an der Verführung verführen, daß sie sich als schutzlose Wesen hinstellen, um der Kraft des Mannes sicher zu sein, daß sie trügerisch seien, immer nur Theater spielen usw.

Bevor man von histrionischen Persönlichkeiten sprach, verwendete man den Begriff »hysterische Persönlichkeit«. »Hysterisch« kommt vom griechischen *hustera*, das die Gebärmutter bezeichnet, ein spezifisch weibliches Organ. Die alten Griechen glaubten wirklich, das lautstarke und übertriebene Gebaren der Frauen würde durch die innerlichen Regungen ihrer Gebärmutter hervorgerufen. Außer den Persönlichkeitszügen, die wir schon beschrieben haben, beobachteten die Ärzte bei den gleichen Patientinnen oft verschiedenartige auffällige Störungen: Lähmungen, Krämpfe, Unterleibsschmerzen, epilepsieartige Anfälle, Amnesien. All diese Symptome wichen von denen ab, die man bei physischen Krankheiten beobachtete, denn sie kamen und gingen auf die launischste Weise, konnten von prägenden Erlebnissen hervorgerufen oder zum Verschwinden gebracht werden und entsprachen keiner nachweisbaren physischen Erkrankung. Bis ins 19. Jahrhundert wurden diese Störungen noch als »Gebärmutterfuror« bezeichnet.

Im Jahre 1980 verschwand der Begriff »hysterische Persönlichkeit« aus der DSM-III, der amerikanischen Klassifikation für psychische Störungen. Die theatralische Darbietung ihrer Emotionen schien ein recht konstanter Zug der sogenannten »Hysteriker« zu sein. Man wählte also den Begriff »histrionisch« nach dem lateinischen *histrio*, welches einen Theaterschauspieler bezeichnete, der zu Flötenklang Pantomimen aufführte. Die aufsehenerregenden Symptome der Hysterie (Lähmungen, Ohnmachten, Amnesien u. a.) wurden übrigens unter anderen diagnostischen Bezeichnungen eingeordnet: Somatisierungsstörungen, dissoziative Störungen, Konversionsstörungen.

Warum man den Begriff »hysterisch« nicht mehr verwendet

1. Die Fortschritte der Medizin haben den Nachweis ermöglicht, daß die Verhaltensweisen und die Störungen der als »hysterisch« bezeichneten Personen nichts mit der Gebärmutter zu tun haben.
2. Ein Beweis mehr: manche Männer zeigten identische Symptome.[20] Dabei sind Männer nicht mit einer Gebärmutter ausgestattet. (Wenigstens das steht fest!)
3. Viele Patienten mit hysterischer Persönlichkeit zeigten niemals spektakuläre hysterische Symptome wie Lähmungen oder Ohnmachten. Hingegen hatten Personen, welche unter solchen Symptomen litten, vorher nicht immer eine »hysterische Persönlichkeit«.
4. Der Begriff »hysterisch« war abwertend geworden. Oft wurde er von männlichen Psychiatern gebraucht, um damit die Patientinnen zu bezeichnen, denen sie nicht helfen konnten.[21] Auch in der Alltagssprache war der Begriff zu einer Beleidigung geworden.

Vom Hysterischen zum Historischen

Wenn Sie alles lesen wollten, was Psychiater und Psychologen seit dem letzten Jahrhundert über Hysterie gedacht und aufgeschrieben haben, müßten Sie sich mit Geduld wappnen: mehrere Jahre würden dafür nicht ausreichen. Man könnte annehmen, daß auf diese Weise der geheime Wunsch der Hysteriker, Aufmerksamkeit auf sich zu ziehen, ganz und gar erhört worden ist!

Freud hat seine Theorie auf Beobachtungen aufgebaut, die er an hysterischen Patientinnen der guten Wiener Gesellschaft gemacht hatte. Das bringt uns auf zwei frevelhafte Fragen: Ist diese Theorie, die entworfen wurde, um die Hysterie einiger junger Wienerinnen zu erklären, in der Lage, alle anderen Formen psychischer Störungen zu deuten? Und war es wohlbedacht, eine Theorie auf der Basis der Äußerungen und Symptome von Patientinnen zu begründen, die bekannt dafür waren, das volle Interesse und die Unterstützung ihres Arztes zu begehren, und die dafür auch bereit waren, ihm das zu erzählen, was er gern hören wollte? Freud selbst hat oft darüber nachgedacht.[22] Weil viele seiner Patientinnen ihm erzählten, sie seien in ihrer Kindheit Opfer von sexuellen Annäherungsversuchen und Inzesthandlungen geworden, sah er darin zunächst den Ursprung ihres Leidens. Später fragte er sich, ob diese Berichte nicht imaginär sein könnten, weibliche Phantasmen, die einem verdrängten Ödipuskomplex, einem Grundstein seiner Lehre, entsprechen. Unserem heutigen Wissensstand über die Häufigkeit von Inzest und sexuellem Mißbrauch von Kindern entsprechend, glauben viele Forscher, daß Freuds Patientinnen tatsächlich von männlichen Verwandten mißbraucht wurden. Amerikanische Feministinnen haben ihn übrigens beschuldigt, indirekt dafür verantwortlich zu sein, daß die Psychiater lange Zeit die Inzesterzählungen ihrer Patientinnen mit Skepsis aufnahmen, hatte die Psychoanalyse sie doch belehrt, daß es sich um »Erfindungen« handelte. (Heute schlägt das Pendel übermäßig in die entgegengesetzte Richtung aus: es gibt eine therapeutische Richtung, die jede psychische Störung eines Erwachsenen damit erklären will, daß er in seiner Kindheit sexuell mißbraucht worden sei.)

Da sehen Sie, wie fesselnd die Hysterie ist – schon hat uns die Debatte ein wenig vom Weg abgebracht. Kommen wir auf unsere histrionische Persönlichkeit zurück.

Epidemiologische Studien, die sich weitgehend an den oben beschriebenen Merkmalen einer histrionischen Persönlichkeit orientierten, haben erwiesen, daß man in dieser Persönlichkeitskategorie doppelt so viele Frauen wie Männer fand. Natürlich werden histrionische Männer auch nicht exakt die gleichen Verhaltensweisen an den Tag legen wie solche Frauen. Ihr Verführungsverhalten wird zum Beispiel ein anderes sein, da sich die geltenden sozialen Rollen von Mann und Frau nicht gleichen. Ein histrionischer Mann wird seine Selbstsicherheit hervorkehren und leidenschaftliche Erklärungen abgeben, ganz wie eine Verführerfigur im Theater. Aber sein Wunsch, im Mittelpunkt des allgemeinen Interesses zu stehen, wird nicht weniger heftig sein als bei einer Frau, und auch er wird seine äußere Erscheinung, seine Kleidung und sein Mienen- und Gebärdenspiel bewußt einsetzen, um Aufmerksamkeit zu erregen. Natürlich gibt es auch eine Geographie des Histrionismus, und man muß die Persönlichkeit immer in ihrem kulturellen Kontext betrachten. Eine Haltung, die für einen Süditaliener normal ist, würde bei einem Schweden als histrionisch wahrgenommen werden. Aldo Maccione (oder der von ihm verkörperte Typ) würde in einem Film von Ingmar Bergman Erstaunen hervorrufen!

Wo ein bißchen Histrionismus von Nutzen ist

Manche Leute, so etwa Schauspieler, Rechtsanwälte, Politiker oder Medienleute, haben es sich zum Beruf gemacht, die Aufmerksamkeit des Publikums auf sich zu ziehen, es zu faszinieren und mit seinen Gefühlen zu spielen. Oft handelt es sich um histrionische Persönlichkeiten. Sie wurden von solchen Berufen angezogen, weil sie spürten, daß ihnen hier ein Auftritt nach Maß offenstehen könnte. Man findet gewiß in der Werbung und in den Medien mehr histrionische Persönlichkeiten als in der Metallurgie oder der Landwirtschaft, und sie fühlen sich auch stärker zu großen Städten hingezogen als zu ländlichen Provinzen. Hören wir, was Sabine (28) uns von ihrem Verlobten, einem Rechtsanwalt, berichtet.

André hat mich mit seinem außergewöhnlichen Charme bezaubert. Er ist wortgewandt und unübersehbar, er kann unvermittelt von einer leidenschaftlichen Erklärung in distanzierte Kühle übergehen, und mit meinen Freunden kam er sofort gut klar. Daher war ich bald sehr in ihn verliebt. Aber nach und nach wurde mir bewußt, daß er ständig eine Vorstellung gab. Wenn wir irgendwo zum Abendessen eingeladen sind, gibt er nicht eher Ruhe, als bis ihm alle ihre Aufmerksamkeit widmen. Dafür ist er bereit, den Clown zu spielen oder auch einen Wutanfall zu bekommen. Wenn ich ihn darauf hinzuweisen versuche, daß er es übertreibt und daß man ihn auch bewundern würde, wenn er nicht ständig die Aufmerksamkeit aller Leute auf sich lenkte, nimmt er mir das sehr übel. Er behauptet, er sei bloß seiner augenblicklichen Stimmung gefolgt und habe damit überhaupt kein Aufsehen erregen wollen. Und das schlimmste ist, daß er das wirklich denkt! Ich glaube, daß er sich nicht im klaren darüber ist, wie sein Verhalten funktioniert. Sogar bei mir ist er nie ganz gelöst, er ist immer ein wenig zu aufgedreht. Statt mich zu bezaubern, ermüdet er mich inzwischen eher. Und sobald ich ein bißchen reserviert oder einfach nur erschöpft bin, schnappt er ein oder verfällt in theatralische Wutausbrüche, die in Herumgejammer enden.

Sabine hat an ihrem Freund einen für histrionische Persönlichkeiten recht charakteristischen Zug bemerkt: sie sind kaum fähig, sich selbst zu beobachten und die Wahrhaftigkeit ihrer Gefühle einzuschätzen. André sagt zwar, er habe den Clown gespielt, weil er in froher Stimmung gewesen sei, oder er sei wütend geworden, weil man ihn geärgert habe: das Gefühl, das ihn drängt, ein Schauspiel abzuziehen, ist jedoch eher die Furcht, nicht zu gefallen. Sich dieser Furcht bewußt zu werden ist vielleicht zu beängstigend für ihn, und so verdrängt er sie durch etwas, das die Psychoanalytiker einen *Abwehrmechanismus* nennen. Dieser hat die Aufgabe, das Bewußtsein vor allzu schmerzlichen Emotionen zu schützen. (Die Lehre von den Abwehrmechanismen und die Ich-Psychologie zählen zu den fruchtbarsten Zweigen der von Anna Freud begründeten und besonders in England und Amerika sehr weiterentwickelten psychoanalytischen Theorieansätze.[23])

Wenn zuviel Histrionismus zum Scheitern führt

Andrés Histrionismus hat ihn wahrscheinlich dazu bewogen, den Beruf eines Rechtsanwalts zu ergreifen, und vielleicht hat er ihm geholfen, in diesem Metier erfolgreich zu sein. Sein vor den Schranken des Gerichts angemessenes histrionisches Verhalten hat ihm hingegen im Privatleben geschadet. Sabine hat ihn ernüchtert verlassen.

Histrionische Persönlichkeiten können auf den ersten Blick hinreißend scheinen, aber ihr überzogenes Gebaren, ihre Stimmungsumschwünge und ihre Gier nach Beachtung ermüden schließlich den Partner, und er wendet sich von ihnen ab. Dann sind sie noch überzeugter, daß man pausenlos bezaubern und verführen müsse, um nicht verlassen zu werden, und sie stürzen sich auf noch histrionischere Weise in eine neue Beziehung, die wiederum fehlschlägt.

Das unglückliche Liebesleben gewisser Filmstars ist ein Indiz für ihre histrionische Persönlichkeit: ihre Partner, die von ihrem spektakulären Benehmen zunächst gefesselt und später nur noch gelangweilt sind, lassen sie in regelmäßigen Abständen sitzen, oder aber sie selbst wenden sich jemandem zu, der ihnen für den Moment mehr Beachtung schenkt.

Histrionische Persönlichkeiten in Film und Literatur

In *Sunset Boulevard* (1950) spielt Gloria Swanson einen aus der Mode gekommenen Star. Sie versucht einen jungen Szenaristen zu verführen, wobei sie eine ganze Palette histrionischer Verhaltensweisen zeigt. All das wird schlecht ausgehen.

Im Film *Vom Winde verweht* (1939) von Victor Fleming zeigt die von Vivian Leigh verkörperte Scarlett O'Hara eine ziemlich histrionische Neigung, das Interesse der Männer aufzustacheln, aber sie verliebt sich erst richtig in sie, wenn sie unerreichbar geworden sind.

Vergessen darf man hier natürlich nicht *Ein Käfig voller Narren* (1978) von Edouard Molinaro; Michel Serrault spielt den

Albin, einen fünfzigjährigen Homosexuellen, der außerordentlich emotiv und extravertiert ist und eine starke histrionische Komponente hat.

Gustave Flaubert beschreibt uns eine *Madame Bovary*, die mit ihrer Emotivität, ihrem Liebeshunger, ihren umschlagenden Stimmungen, ihrem Gefallen an Träumereien und ihrem Hang, einen mittelmäßigen Liebhaber zu idealisieren, ein gutes Porträt einer histrionischen Persönlichkeit abgeben könnte.

In Tschechows Erzählung *Das Duell* ist Nadeshda eine schöne Histrionikerin, die ihren Mann verlassen hat, um einem jungen und schönen Beamten ans Kaspische Meer zu folgen. Als er ihrer überdrüssig wird, legt sie sich diverse Leiden zu, die aber ihren Liebhaber nicht erweichen; am Ende bleibt ihr nichts übrig, als einen anderen Mann zu verführen, den Offizier Kirilin.

Vom Umgang mit histrionischen Persönlichkeiten

Wenn es Ihr Chef ist: Versuchen Sie, sich selbst treu zu bleiben, auch wenn das Gegenteil von Ihnen erwartet wird.

Wenn es Ihr Lebenspartner ist: Genießen Sie das Spektakel und die Abwechslung. Im Grunde haben Sie ihn/sie ja deswegen geheiratet.

Wenn es Ihr Kollege ist: Wahren Sie die nötige Distanz, die ihm erlaubt, Sie zu idealisieren.

Was Sie tun sollten

* Wundern Sie sich nicht über seine übertriebene und theatralische Art.

Wenn Sie begriffen haben, was eine histrionische Persönlichkeit ist, werden Sie jetzt auch wissen, daß all die übertriebenen und theatralischen Verhaltensweisen keine »Kapriolen« sind, sondern eine Existenzweise, die untrennbar zur histrionischen Persönlichkeit gehört. Es hilft also nichts, wenn man sagt: »Sie könnte wirklich mal mit ihrem Zirkus aufhören!« und wenn man sich aufregt. Für sie ist es kein Zirkus, sondern das natürliche Verhalten, ihre Methode, bei den anderen Selbstbestätigung zu suchen und bestimmte allzu deprimierende Emotionen im Keim zu ersticken. Statt daß Sie sich ereifern, wenn er oder sie es mal wieder »zu bunt treibt«, sollten Sie anerkennen, daß der Histrionismus ein ebenso natürliches Phänomen ist wie Kurzsichtigkeit oder Haarausfall. Regen Sie sich etwa über Ihre Freunde auf, weil sie kurzsichtig oder kahlköpfig sind?

* Lassen Sie ihm von Zeit zu Zeit seinen Auftritt, aber ziehen Sie auch Grenzen.

Im Betrieb sind histrionische Persönlichkeiten manchmal sehr schlecht gelitten, besonders auf Versammlungen. Während man von ihnen präzise und faktenbezogene Äußerungen erwartet, die auf die Lösung eines Problems gerichtet sind, präsentieren sie uns verschwommene und theatralische Reden, die um Emotionen kreisen. Ihr Vorgesetzter kann also versucht sein, sie »schachmatt zu setzen«, indem er sie nicht mehr zu Wort kommen läßt.

Jocelyne, Fürsorgerin in einem Krankenhaus, ödete auf der Versammlung am Freitag alle an. Während das Ärzteteam unter ziemlichem Zeitdruck die Dossiers der Kranken Revue passieren ließ und sich auf die wichtigen Probleme konzentrieren mußte, schweifte Jocelyne unaufhörlich vom Thema ab. Alle möglichen Vertraulichkeiten, die sie am einen oder anderen Krankenbett erfahren hatte, erzählte sie weiter und schilderte auf theatralische Weise, welche psychischen Nöte die Patienten litten und wie sie sie getröstet hätte. Die Krankenschwestern faßten das als eine Art Eigenlob auf und ärgerten sich über Jocelyne; die Ärzte ertrugen nur schwer diese Unterbrechungen, die von den medizinischen Problemen der Patienten ablenkten.

Ein Chefarzt ging dazu über, Jocelyne jedesmal brüsk zu unterbrechen, sobald sie wieder etwas beisteuern wollte. Zunächst war sie überrascht, aber bald standen ihr die Tränen in den Augen. Bis zum Ende der Versammlung machte sie den Mund nicht mehr auf. Beim nächsten Mal erschien sie mit einer neuen Frisur und versuchte, mit einer besonders dramatischen Story, die ein Patient ihr enthüllt hatte, die Aufmerksamkeit zurückzugewinnen, doch die Ärzte fuhren ihr auf noch rüdere Weise in die Parade. Ihre Bemühungen, noch einmal zu Wort zu kommen, schlugen fehl, und schließlich verabschiedete sie sich mit lautem Türenknallen aus der Versammlung.

Alle waren ein wenig betreten, weil sie zu spät bemerkten, daß sich die Gruppe zu einer Abfuhr-Reaktion hatte hinreißen lassen, wo doch Jocelyne im Grunde manchmal auch eine für die weitere Behandlung des Patienten wichtige Information lieferte.

Am nächsten Tag kam Jocelyne nicht zur Arbeit. Wir erfuhren, daß sie für zwei Wochen krankgeschrieben war.

Die Geschichte veranschaulicht zwei Tatsachen. Zunächst zeigt sie, wie nervtötend histrionische Persönlichkeiten sein können (auch für ihren Psychotherapeuten); sie demonstriert des weiteren, daß das Verhalten einer solchen Person sich noch verschlimmert, wenn man sie zurückweist. Man könnte annehmen, daß ein histrionisches Verhalten gerade aus diesem Grunde »erlernt« worden ist, zum Beispiel als einziges Mittel, die Aufmerksamkeit einer distanzierten Vaterfigur auf sich zu lenken. Je heftiger die Gruppe Jocelyne abblitzen ließ, desto mehr versuchte sie, durch immer spektakulärere Verhaltensweisen die Beachtung zurückzuerobern, was die anderen jedoch immer feindseliger machte – bis Jocelyne die Situation noch mehr »dramatisiert«, indem sie sich in die Krankheit verabschiedet.

Sie sind vielleicht versucht zu sagen: Warum merkt Jocelyne nicht, daß ihre ausufernden Beiträge allen auf die Nerven gehen? Warum ändert sie nicht ihre Taktik und nimmt sich in den Sitzungen ein wenig zurück? Hätte Jocelyne eine »normale« Persönlichkeit, würde sie die Situation berücksichtigen und ihr Verhalten ändern. Aber sie hat ja eben in unserem Buch ihren Platz gefunden, weil sie eine »schwierige Persönlichkeit« ist, das heißt, sie hat Mühe, ihr unangebrachtes Verhalten zu modifizieren, und wiederholt es sogar auf die unflexibelste Weise.

Die Geschichte ist noch nicht zu Ende. Die Kollegen konsultierten einen Psychiater, um mit ihm über den »Fall Jocelyne« zu sprechen. Nachdem er alle angehört hatte, gab er ihnen einige Ratschläge, wie sie sich gegenüber Jocelyne geschickter verhalten könnten.

Am Tag, als Jocelyne wieder zu arbeiten begann, grüßten sie alle freundlich. Als sie den Versammlungsraum betrat, empfingen ihre Kollegen sie mit einem kleinen Lied nach der Melodie von »Happy birthday«. Jocelyne war überrascht und zugleich entzückt. Bei der Durchsicht der Dossiers konnte sie es sich nicht verkneifen, ihre unter den Kranken zusammengetragenen Vertraulichkeiten auszubreiten. Diesmal ließ der Chefarzt sie ausreden und erklärte dann, daß ihre Informationen wichtig seien, um die Patienten besser zu verstehen.

Dann bat er sie, vor jeder Versammlung ein schriftliches Resümee anzufertigen, so daß man bei jedem Patienten schnell auf die Probleme zu sprechen kommen könnte. Jocelyne sah sich also mit einer wahren »Rolle« betraut; danach hatte sie immer getrachtet. Und tatsächlich: mit dem Notizheft in der Hand und ernster Miene trug sie künftig ihre Anmerkungen zu jedem Dossier rasch vor. Das erlaubte dem Team, effizientere Sitzungen abzuhalten und wichtige Informationen über die Patienten zur Kenntnis zu nehmen.

Alles klar? Die Gruppe hat es geschafft, Jocelyne zu einem angemesseneren Verhalten zu bringen, indem man ihr Aufmerksamkeit schenkte und zugleich die Spielregeln vorgab. Lassen Sie einer histrionischen Persönlichkeit also ihren Auftritt, aber setzen Sie Grenzen.

* Bekunden Sie Interesse, wenn er sich einmal »normal« verhält.

Manchmal, besonders wenn sie sicher ist, Ihre Aufmerksamkeit gewonnen zu haben, wird die histrionische Persönlichkeit ihr theatralisches oder manipulatorisches Verhalten ein paar Augenblicke lang beiseite legen. Lassen Sie diesen lichten Moment nicht ungenutzt verstreichen! Jetzt müssen Sie ihr zeigen, daß Sie es schätzen, wenn sie sich so verhält. Charles, ein umsichtiger Leiter, erzählte dazu:

Sophie ist für manche Aufgaben eine gute Mitarbeiterin. Insbesondere hat sie ein feines Gespür für die Atmosphäre in einem Unternehmen, und sie hat uns schon vor einigen Fehlern bewahrt. Andererseits redet sie auf Versammlungen zuviel, sie spricht zu oft über sich selbst, und sie kann es nicht lassen, unter verschiedenen Vorwänden in mein Büro zu kommen, meistens bloß, um meine Aufmerksamkeit auf sich zu lenken. Ich habe folgende Taktik entwickelt: Jedesmal, wenn ich finde, daß sie nur redet und nichts sagt, antworte ich einsilbig und tue so, als wäre ich mit den Gedanken woanders. Wenn sie mir hingegen handfeste Informationen liefert, schaue ich sie an, nicke anerkennend und stelle ihr Fragen, die zeigen, daß ich interessiert zuhöre. Ich wende diese Methode seit einem Vierteljahr regelmäßig an, und meiner Meinung nach hat sich Sophie schon sehr gebessert.

Dieses Beispiel erinnert an einen Grundsatz, der gleichermaßen für die Kindererziehung, die Personalführung und den Umgang mit schwierigen Persönlichkeiten gilt: *Oftmals kann man ein störendes Verhalten am besten entmutigen, indem man das umgekehrte Verhalten lebhaft ermuntert, wenn es sich einmal zeigt.*

* Rechnen Sie damit, heute als Held und morgen als Schuft zu gelten (und umgekehrt).

Histrionische Persönlichkeiten neigen dazu, die Personen ihrer Umgebung zu idealisieren oder verächtlich zu machen. Warum? Vielleicht, weil sie auf der Suche nach intensiven Emotionen sind, nach Emotionen, die sie in der Wirklichkeit schlecht verkraften. Bestimmte histrionische Persönlichkeiten scheinen mit einer Art »Sicherung« versehen zu sein, die sie von ihren tiefen Emotionen, die mit vollem Bewußtsein zu schwer zu ertragen wären, rechtzeitig abtrennt. Also müssen Ersatzemotionen her, um eine gewisse Gefühlsaktivität aufrechtzuerhalten. Vielleicht durchleben sie auch aufs neue eine Kindheitssituation, in der sie bei einem distanzierten und idealisierten Vater Beachtung finden wollten? Ihre histrionische Mitarbeiterin wird Sie bewundern, ganz wie ein Groupie seinen Lieblingssänger vergöttert, aber wenn Sie sie einmal enttäuschen, wird sie Ihr Bild (symbolisch) in lauter kleine Stücke reißen und Sie als abgrundtief böses und erbärmliches Geschöpf hinstellen. Beunruhigen Sie sich darüber nicht zu sehr; wenn Sie von neuem Interesse zeigen, werden Sie Ihren Platz im Pantheon bald wieder einnehmen.

Was Sie lassen sollten

* Machen Sie sich nicht lustig über ihn.

Histrionische Persönlichkeiten wirken oftmals ein bißchen lächerlich und fordern den Spott ihrer Mitmenschen heraus. Das liegt wohl daran, daß ihr so unübersehbar präsentiertes Verlangen nach Aufmerksamkeit auch in uns existiert, nur geschickter versteckt. Wir machen uns um so lieber über dieses Bedürfnis lustig, desto weniger wir es in uns selbst wiederfinden möchten. Ein bißchen so, als lachte man über ein zweijähriges Kind, das eine große Szene macht, sobald man seinem neugeborenen Schwesterchen zuviel Aufmerksamkeit widmet.

Man spottet auch gern über hysterische Leute, weil sie mit ihrer leichten Erregbarkeit und ihrer Empfindlichkeit gegenüber der Meinung der anderen keine wirklich furchteinflößenden Gegner sind. (Man erlebt viel seltener, daß jemand über einen Paranoiker spottet!) Dabei wird Gespött eine histrionische Persönlichkeit vielleicht noch empfindlicher treffen als uns alle, und es könnte sie dazu treiben, Ihre Aufmerksamkeit mit allen verfügbaren Mitteln wiedererlangen zu wollen: mit Tränenausbrüchen, mit Selbstmordversuchen oder Arbeitsausfall.

* Lassen Sie sich nicht durch sein Verführungsverhalten rühren.

Die histrionische Persönlichkeit ist zu allem bereit, wenn es darum geht, Ihre Aufmerksamkeit zu wecken. Sie wird dazu neigen, die Beziehungen zu »sexualisieren«, und das sogar in einem beruflichen Kontext. Unaufdringlich provokante Kleidung, bezauberndes Lächeln und bedeutungsvolle Blicke können bei naiven Leuten den Eindruck hervorrufen, eine »Freifahrkarte« zu haben. Wie groß wird ihr Erstaunen sein, wenn sie einen Annäherungsversuch starten und von der histrionischen Persönlichkeit verwundert oder sogar empört zurückgewiesen werden! Sie hatten nicht begriffen, daß all das zur Schau gestellte Verführungsverhalten nur zum Ziel hatte, Beachtung hervorzurufen und zu bezirzen, ohne daß der geringste Wunsch nach mehr Intimität im Spiel gewesen wäre. So geraten histrionische Frauen oft in den Ruf einer Femme fatale.

Mit der allgemeinen Befreiung der Sitten gehen manche histrionische Frauen noch weiter und setzen gezielt Sex ein, um Aufmerksamkeit zu erlangen. Sie geben sich sehr emanzipiert, wechseln häufig den Partner, stellen sich als freizügige und erfahrene Geliebte hin, ohne daß sie immer von wirklichem Verlangen getrieben wären. Vielmehr möchten sie eine Aura um sich schaffen, die sie für anziehend halten (und die es, wenigstens für gewisse Zeit, auch sein kann). Auch mancher histrionische Mann wird auf Frauen verwirrend wirken, weil sie nicht herausfinden, wo seine wirklichen Absichten liegen, kommt er doch nicht offen zur Sache, obgleich er ständig voller Charme und Verführungskraft ist. Der Begriff Homme fatal ist zwar ungebräuchlich, aber er könnte gewisse histrionische Verhaltensweisen beim Mann gut charakterisieren. (Davon zu unterscheiden sind Männer, die aus Schüchternheit oder Skrupelhaftigkeit zögern, aufs Ganze zu gehen.)

* Lassen Sie sich nicht zu sehr erweichen.

Mit ihrer Emotivität und (im Grunde) Fragilität, ihren irgendwie kindlichen Verhaltensweisen, schaffen es die histrionischen Persönlichkeiten schnell, Sie zu rühren und in Ihnen den Beschützerinstinkt zu wecken. Welcher Mann hat sich niemals in eine schöne Histrionikerin verguckt, die er zärtlich lieben und beschützen wollte? Achtung! Wenn Sie zu wenig Distanz halten, laufen Sie Gefahr, den Stimmungsumschwüngen dieser Person ausgesetzt zu sein, durch ihre wechselhaften Haltungen aus der Fassung gebracht und selbst in ihre theatralischen Aktionen hineingezogen zu werden. Wenn Sie ihren Wünschen zu sehr nachgeben, werden Sie ihr nicht mehr helfen können.

Von Anfang an war meine Beziehung zu Claire sehr anstrengend. Einmal hatten wir zum Beispiel ein herrliches Abendessen, und beim Dessert brach sie plötzlich in Tränen aus, ohne ein Wort zu sagen. Ich war ganz niedergeschmettert und bestürmte sie mit Fragen. Am Ende sagte sie mir, daß es das gleiche Dessert gegeben hätte, als sie das letzte Mal mit ihrem Vater essen war. Mit dem war sie seit drei Jahren völlig zerstritten. Als wir von einem Abendessen bei Freunden zurückkamen, machte sie mir eine schreckliche Szene, weil ich angeblich meine Tischnachbarin angebaggert hätte, was überhaupt nicht stimmte. Ich verteidigte mich und wurde am Ende wütend, woraufhin sie gleich wieder wie ein kleines Mädchen zu weinen anfing und ich mich als der Schuldige fühlte.

Allmählich habe ich verstanden, daß alle diese Szenen für sie wie ein Reflex waren, um zwischen uns einen Austausch von Emotionen zu provozieren. Ich bin auf dieses Spiel nicht mehr eingegangen. Sobald es wieder mit ihr durchging, sagte ich ihr, sie könne ruhig aufhören damit, oder ich verschob das Gespräch auf später. Nach und nach hat sie sich beruhigt, und inzwischen können wir normaler und aufrichtiger miteinander reden. Eines Tages sagte sie zu einer ihrer Freundinnen, ich wäre der erste Mann, der ihr widerstehen könne, und im Grunde beruhigte sie dieser Gedanke.

Vergessen Sie nicht, daß Sie für eine histrionische Persönlichkeit das Publikum verkörpern. Ein zu »einfaches« Publikum würde sie bald uninteressant finden. Abschließend erinnern wir daran, daß die von uns beschriebene histrionische Persönlichkeit nur einen Aspekt der zahlreichen Symptome bietet, die man früher unter dem Begriff »Hysterie« zusammenfaßte, dieser mysteriösen Störung, aus deren Geschichte sich weiterhin interessante Debatten unter Psychiatern und Psychologen nähren.

Haben Sie selbst Züge einer histrionischen Persönlichkeit?

	eher richtig	*eher falsch*
1. Der Blick der anderen wirkt auf mich wie ein Reizmittel.		
2. Man hat mir schon vorgeworfen, ich würde »eine Show abziehen«.		
3. Ich bin schnell aufgewühlt.		
4. Ich spiele gern den Verführer, selbst wenn ich keine Lust habe, aufs Ganze zu gehen.		
5. Damit die anderen mir helfen, muß ich vor allem meinen Charme spielen lassen.		
6. In einer Gruppe fühle ich mich schnell unbehaglich, wenn mir nicht alle ihre Aufmerksamkeit widmen.		
7. Ich neige dazu, mich in kühle oder unerreichbare Personen zu verlieben.		
8. Man hat mich schon darauf hingewiesen, daß meine Kleidung zu exzentrisch oder zu provokant sei.		
9. In einer peinlichen Situation bin ich schon einmal in Ohnmacht gefallen.		
10. Ich frage mich oft, welchen Eindruck ich auf andere Leute mache.		

Kapitel IV
Die zwanghaften Persönlichkeiten

»Habe ich mich erst einmal entschieden, beginne ich lange zu zögern.«

Jules Renard

Eines Tages hatte ich die Nase voll davon, immer nur für andere zu arbeiten, und so beschloß ich, mein eigenes Unternehmen zu gründen, erzählt Daniel (38). *Ich wußte, daß ich die erforderlichen Fähigkeiten mitbrachte: ich habe einen Sinn für gute Geschäfte, bin ziemlich kreativ und stecke voller Energie. Aber ich wußte auch, wo meine Schwächen lagen: ich mache nicht gern Abrechnungen, die ganze Verwaltungsstrecke langweilt mich, und ich bin kein guter Buchhalter. Da kam mir der Gedanke, meinen Schwager Jean-Marc mit ins Geschäft zu nehmen. Ich kannte ihn seit Jahren, wir hatten uns auf Familientreffen gesehen, und er schien mir ein verläßlicher Typ zu sein. Er war ernsthaft und schuftete oft so sehr, daß meine Schwester sich beklagte, weil sie fand, er sei zu selten zu Hause. Jean-Marc war eher zurückhaltend, bescheiden und sehr um die Erziehung seiner Kinder besorgt, was ihn mir gleich sympathisch gemacht hatte.*

Von meiner Schwester hatte ich erfahren, daß auch er meinte, in seinem Unternehmen nicht genug Anerkennung für seine Arbeit zu finden, und so schlug ich ihm ein Zusammengehen vor. Er wirkte überrascht und ein wenig beunruhigt, dann bat er um Bedenkzeit. Während der nächsten Wochen rief er mich regelmäßig an, um immer neue Detailinformationen über das Projekt, die Bedingungen des Zusammenschlusses usw. einzuholen. Schließlich habe ich mich aufgeregt und ihm gesagt, daß ich mit ihm kein Unternehmen aufbauen könne, wenn er mir nicht vertraue. Kurz darauf rief mich meine Schwester an. Sie erklärte mir, daß es hier nicht um mangelndes Vertrauen ginge, Jean-Marc zweifle nicht an meiner Ehrlichkeit, er brauche nur immer ein Maximum an Informationen, ehe er eine Entscheidung treffe, egal ob es sich um die Anschaffung einer

Waschmaschine oder die Planung des nächsten Urlaubs handelt. Als ich den Hörer auflegte, dachte ich, daß Jean-Marc und ich uns gut ergänzten und daß er auf Details achten würde, die mich nur langweilten.

Unser Unternehmen kam gut aus den Startlöchern, weil einige meiner alten Kunden weiter mit mir zusammenarbeiten wollten. Jean-Marc arbeitete hart an der Einrichtung der Verfahren und Normen; er machte seine Sache gut, selbst wenn ich den Eindruck hatte, daß er zuviel Zeit damit verbrachte. Meine Schwester lag mir in den Ohren, weil ich ihrem Mann zuviel Arbeit aufbürdete und er alle seine Wochenenden vor dem Computer zubrachte!

Ich versuchte, mit Jean-Marc darüber zu reden, und bat ihn, ein bißchen kürzer zu treten und sich nicht so sehr in jede Einzelheit zu versenken. Aber ich habe es bald aufgegeben, denn jedesmal, wenn ich bei ihm vorbeikam, erklärte er mir lang und breit das Wie und Warum seines Tuns, ich kam überhaupt nicht mehr zu Wort. Das raubte auch mir am Ende Zeit!

Bald konnten wir zehn Personen beschäftigen. Dann, vor einem Vierteljahr, erhielten wir den Auftrag, von dem jeder kleine Firmenchef träumt. Eine Supermarktkette bestellte bei uns Verpackungen für ihre Milchprodukte. Es gelang mir, einen Vertrag zu ziemlich günstigen Bedingungen abzuschließen. Sie können mir glauben, daß das mit solchen Leuten kein Kinderspiel ist!

Ich ärgerte mich ein wenig über Jean-Marc, weil er, statt begeistert zu sein, den Vertrag x-mal durchlas und mir dann sagte, daß ich diese oder jene Eventualität (von der Sorte, wie sie nie wirklich passieren) nicht bedacht hatte. Schließlich mußte er zugeben, daß es ein gutes Geschäft war. Aber als wir dann an die Herstellung gingen, erklärte er mir, daß wir die Verpackungen nicht in der gewünschten Schnelligkeit produzieren könnten, wenn wir die Normen einhalten wollten. Dabei war unser Kunde mit den schon gelieferten Verpackungen zufrieden gewesen! Aber Jean-Marc bestand darauf, die sehr strengen statistischen Normen zu befolgen. Er wollte, daß wir neue Technik kauften, was zu dieser Zeit völlig über unsere Möglichkeiten ging. Ich schlug ihm vor, statt dessen lieber eine Qualitätskontrolle einzurichten, damit alle defekten Verpackungen ausgesondert werden könnten. Er war einverstanden. Dann ersann er ein so umständliches Verfahren, daß die Leute aus der Herstellung in mein Büro kamen, weil sie sich weigerten, es anzuwenden.

Am Ende habe ich Jean-Marc mit seinem Einverständnis von allen Verantwortlichkeiten in Produktion und Vermarktung befreit. Jetzt kümmert er sich nur noch um die Buchhaltung und die Verwaltung, und ich versichere Ihnen, daß dort alles in bester Ordnung ist! Neuerdings spricht meine Schwester von Scheidung. Nicht nur, daß Jean-Marc pausenlos arbeitet – wenn er nach Hause kommt, fällt ihm die eine oder andere Kleinigkeit auf, und er meint, daß sie den Haushalt nicht im Griff hätte!

Was soll man von Jean-Marc denken?

Jean-Marc achtet offenbar besonders darauf, daß alles tadellos ist: die Verträge, die Verpackungen, die Herstellungsverfahren und sogar die Hauswirtschaft! Man kann ihn einen Perfektionisten nennen. Er widmet den Details enorme Aufmerksamkeit, verliert darüber aber das Ganze aus den Augen: durch sein Herumdiskutieren über den Gesellschaftervertrag überwirft er sich beinahe mit Daniel. Wo ein gutes Geschäft winkt, sieht er nur die juristischen Schwierigkeiten. Er richtet Verfahren ein, die so strikt sind, daß sie darauf hinauslaufen würden, dem Kunden überhaupt keine Verpackungen mehr zu liefern. Schließlich merkt er nicht, wie frustriert seine Frau durch seine ständige Abwesenheit ist, sondern verärgert sie noch zusätzlich, indem er sich über ein paar Staubkörnchen aufregt.

Weist man ihn darauf hin, daß er übertreibt und sich zu sehr auf die Einzelheiten konzentriert, argumentiert er eisern drauflos, bis er seinen Gesprächspartner ermüdet, indem er ihm immer wieder vor Augen führt, daß seine eigene Vorgehensweise genau die richtige sei. Seine Hartnäckigkeit erschöpft die anderen. Dennoch hielt Daniel Jean-Marc für bescheiden, und wahrscheinlich hatte er recht. Jean-Marc verteidigt seinen Standpunkt nicht, um persönlichen Ruhm einzustreichen oder den anderen zu zeigen, daß sie weniger intelligent als er wären. Lediglich die Sorge, alles richtig zu machen, läßt ihn derart starrköpfig sein. Er meint, daß einzig seine Methode Perfektion garantiere, was in gewisser Weise auch stimmt, selbst wenn er durch seine Regel- und

Detailbesessenheit manchmal Gefahr läuft, dem großen Ziel zu schaden.

Im übrigen scheint sich Jean-Marc über den ganzen Ärger, den er auf Arbeit und zu Hause auslöst, nicht besonders aufzuregen. Andererseits zeigt er auch bei einem frohen Ereignis wenig Freude. Man kann sagen, daß es ihm schwerfällt, Emotionen auszudrücken.

Daniel hat es letztendlich verstanden, sich Jean-Marc anzupassen. Als guter Unternehmenschef hat er ihm die Aufgaben übertragen, denen er am besten gewachsen ist. Er hat nämlich begriffen, daß der Perfektionsdrang seines Gesellschafters im Verwaltungs- und Finanzbereich von Nutzen sein kann. Außerdem kann er ihm voll vertrauen, hat er doch bemerkt, wie ehrlich und gewissenhaft Jean-Marc ist.

Jean-Marc vereint alle typischen Merkmale einer zwanghaften Persönlichkeit.

Die zwanghafte Persönlichkeit

* *Perfektionsdrang:* achtet übermäßig und oft zum Schaden des Endresultats auf die Details, die Verfahrensweisen, aufs Ordnunghalten und die Organisation.
* *Starrsinn:* ist dickköpfig, besteht verbissen darauf, daß alles so läuft, wie er es vorgesehen hat.
* *Beziehungskälte:* hat Mühe, herzliche Gefühle auszudrücken; ist oftmals sehr formell, kalt, verlegen.
* *Zweifel:* hat Schwierigkeiten bei der Entscheidungsfindung, weil er fürchtet, Fehler zu machen; zögert lange und erhebt kleinliche Einwände.
* *Moralische Strenge:* ist extrem gewissenhaft und peinlich genau.

Wie Jean-Marc die Welt sieht

Was Jean-Marc anscheinend am meisten fürchtet, sind mangelnde Perfektion (er achtet auf jedes Detail) und Ungewißheit (er interessiert sich für die Verfahrensweisen und prüft alles genau nach). Er fühlt sich persönlich dafür verantwortlich, in seiner Umgebung die Ordnung aufrechtzuerhalten. Seine Grundüberzeugungen könnten lauten: »Wenn ein jeder die Regeln befolgte, würde alles besser laufen« und »Alles nicht hundertprozentig Gelungene kommt einem Mißerfolg gleich«. Dieses Postulat gilt in seinen Augen sowohl für die Resultate anderer Menschen als auch für seine eigenen.

Man kann also festhalten, daß der Zwanghafte sehr anspruchsvoll den anderen und sich selbst gegenüber ist. In seinem Perfektionsdrang fühlt er sich voller Verantwortlichkeit und findet demgegenüber die anderen unordentlich und unzuverlässig. Eine zwanghafte Person lebt oft im Glauben, daß man »auf die Leute nicht bauen kann und immer kontrollieren muß, was sie tun«. Und jedesmal, wenn sie nach Hause kommt, werden sie ein paar Quadratzentimeter Staub auf dem Kamin oder eine unabgewaschene Kaffeetasse im Spülbecken in ihrer Überzeugung bestärken, daß der andere nicht imstande sei, den Haushalt ordnungsgemäß, also nach ihren perfektionistischen Maßstäben, zu führen.

Die gemäßigten Spielarten

Mit Jean-Marc haben wir eine charakteristische zwanghafte Persönlichkeit beschrieben. Aber auch hier gibt es zahlreiche Zwischenstufen. Manche Menschen widmen der Ordnung, den Details oder den Verfahrensweisen viel Aufmerksamkeit, ohne jedoch das große Ganze aus den Augen zu verlieren. Man kann es lieben, abends in ein sauberes und wohlaufgeräumtes Haus zurückzukehren, ohne daß man sich gleich aufregen würde, wenn die Spielsachen der Kinder herumliegen. Im übrigen sind sich manche Obsessionelle ihrer besonderen Neigung selbst bewußt und versuchen, sich zurückzuhalten. Lionel (43), Buchhaltungsexperte, berichtet:

Soweit meine Erinnerungen zurückreichen, habe ich es immer geliebt, wenn alles in Reih und Glied geordnet war. Als Kind sortierte ich meine Murmeln in kleine Fächer, indem ich sie nach verschiedenen Kriterien klassifizierte: nach der Größe, der Farbe, nach dem

Material und auch danach, wie ich zu ihnen gekommen war – hatte ich sie gekauft, geschenkt bekommen oder beim Spielen gewonnen? Ich änderte das Einteilungskriterium, und schwupps! konnte ich sie von vorn einsortieren. Später, in meiner Studentenzeit, lag es mir am Herzen, daß auf meinem Schreibtisch alles parallel oder rechtwinklig zueinander war: meine Bücher, Lineale, Federhalter und sogar die Schlüssel, die ich übereinander im gleichen Abstand zur Tischkante ausrichtete. Meine Freundinnen waren verwirrt darüber, manche sogar erschrocken. Ich liebte es, perfekte Vorlesungsmitschriften zu haben, und verbrachte Stunden über Stunden damit, sie ins reine zu schreiben und mit verschiedenfarbigen Stiften zu unterstreichen, statt ihren Inhalt zu lernen. So fiel ich bei den Prüfungen im Juni oft durch.

Mir wurde sehr bald klar, daß ich zuviel Zeit mit Aufräumen und Nachprüfen zubrachte, so bemühte ich mich, mein Verhalten zu kontrollieren. Meine Frau hat mir dabei sehr geholfen. Wenn sie meint, daß ich es wieder einmal übertreibe, sagt sie es mir sofort. Aus ihrem Mund akzeptiere ich solche Hinweise, denn sie ist selbst ziemlich ordnungsbewußt. In meinem Beruf werde ich sehr geschätzt, und meine Kunden setzen großes Vertrauen in mich, obgleich ich anfangs Mühe hatte, die Fristen einzuhalten, weil ich alles endlos überprüfte. Die Einführung der Informatik ist mir sehr gelegen gekommen. Meine Mitarbeiter wissen, daß ich einen unfehlbaren Blick dafür habe, wo der Teufel im Detail steckt, und ich glaube, daß ich sie ungewollt unter Druck setze.

Mir war schon immer unbehaglich zumute, wenn ich meine Gefühle ausdrücken mußte, und auch, wenn die anderen mir ihre Zuneigung zeigten oder mir Komplimente machten. Ich weiß dann nie, was ich antworten soll. Ich habe auch Mühe, witzig zu sein und »Konversation zu machen«. Wenn ich ein Thema anschneide, möchte ich es immer von Grund auf behandeln, mit Anfang, Hauptteil und Schluß, während mich die anderen mittendrin unterbrechen oder von anderen Sachen zu reden anfangen. Im Laufe der Jahre habe ich mich gebessert. Auch hier war es, glaube ich, meine Frau, die mir bewußtgemacht hat, daß ich Humor habe und ihn auch einsetzen kann.

Es stimmt schon, daß meine Freunde sich manchmal ein wenig über meine Ordnungsliebe lustig machen. Am Anfang hat mich das verletzt, jetzt nicht mehr. Zunächst einmal, weil ich glaube, daß ich mich gebessert habe. Und dann, weil es in gewisser Weise gerade meine »Fehler« waren, die mir im Beruf zum Erfolg verhalfen.

Ich arbeite heute weniger als früher, habe aber immer noch Mühe, mich zu entspannen. Sogar am Wochenende muß ich immer daran denken, was im Haus repariert werden müßte oder um welche Papiere man sich schon vorfristig kümmern sollte. Doch ich zwinge mich dazu, mich nicht allzusehr in diese Dinge zu vertiefen, sondern die Zeit lieber mit den Kindern zu verbringen.

Lionel konnte sich durch die Erkenntnis seiner Eigenarten mäßigen. Vor allem hatte er doppelt Glück: er wurde auf einen Beruf hingelenkt, in dem seine zwanghaften Züge von Vorteil sind, und er hat eine Frau kennengelernt, die seinen Wertvorstellungen so nahe steht, daß sie ihn akzeptiert, wie er ist, die sich aber trotzdem ausreichend von ihm unterscheidet, um ihn Fortschritte machen zu lassen.

Wenn die Obsession zur Krankheit wird

Neben den zwanghaften Persönlichkeiten stößt man auch auf eine richtiggehende Krankheit, die Zwangsstörung (obsessive-compulsive disorder), von der in den Medien jetzt häufiger die Rede ist. Die an dieser Krankheit leidenden Patienten fühlen sich zu wahrhaften Ritualen des Aufräumens, zu häufigem Waschen und übertriebenem Nachprüfen gezwungen. Dies ist für sie das einzige Mittel, ihr Angstgefühl niederzuhalten. Unfreiwillig kommen ihnen obsessive Gedanken, die gemeinhin um Reinlichkeit, Perfektion oder Schuldbewußtsein kreisen. All dies kann sie täglich mehrere Stunden in Anspruch nehmen, und sie leiden darunter. Hier zwei Beispiele.

Marie litt an einer Zwangsstörung. Wenn sie am Lenkrad saß, fürchtete sie immer, unbemerkt einen Fußgänger überfahren zu haben. War sie am Zielort angelangt, fühlte sie sich gezwungen, wieder eine ganze Strecke zurückzufahren, um sich zu vergewissern, daß sie wirklich keinen Unfall verursacht hatte. Sie wußte, wie absurd dieser Gedanke war, konnte ihr Angstgefühl jedoch erst verrin-

gern, wenn sie sich überzeugt hatte, daß niemand blutend am Straßenrand lag.

Philippe (43) war von dem Gedanken an Schmutz und Staub besessen. Er wusch sich mehrere dutzendmal am Tag die Hände, duldete nicht, daß seine Frau die Hausarbeit machte, und verbot jedem, mit Schuhen in seine Wohnung zu kommen. Dem Händewaschen und der Hauswirtschaft widmete er in einem Zustand angstvoller Anspannung täglich vier bis fünf Stunden.

Die Beziehungen zwischen zwanghafter Persönlichkeit und Zwangsstörung sind weit weniger augenscheinlich, als man von psychoanalytischen Theorien ausgehend annehmen könnte. Verschiedene epidemiologische Untersuchungen haben ergeben, daß tatsächlich nur 50% bis 80% der von dieser Krankheit Betroffenen eine zwanghafte Persönlichkeit haben![24] Und die meisten zwanghaften Persönlichkeiten werden auch nie an einer Zwangsstörung erkranken. Die amerikanische Klassifizierung DSM-IV spricht von »obsessive-compulsive disorder«, wenn Zwangshandlungen und sinnlose Rituale täglich mehr als eine Stunde in Anspruch nehmen.

Und die Medikamente, Herr Doktor?

Bei der Behandlung der Zwangsstörung, die bis in die siebziger Jahre als schwer zu bekämpfen galt, ist seit der Einführung bestimmter Antidepressiva eine wahrhafte Revolution in Gang gekommen. Wirksam sind aber nur solche Antidepressiva, die Einfluß auf Produktion und Abbau des Serotonins haben, eines Moleküls, das man in natürlichem Zustand im Zentralnervensystem findet. Beinahe 70% der an »obsessive-compulsive disorder« Erkrankten fühlen sich erleichtert, wenn man sie einige Wochen lang mit einem serotoninergen Antidepressivum in ausreichender Dosierung behandelt.[25] Wie zahlreiche Studien belegen, verbessert sich das Ergebnis noch, wenn der Patient an einer Verhaltenstherapie teilnimmt. Für die meisten Patienten scheint die Kombination von Antidepressivum und Verhaltenstherapie günstigere Wirkungen zu haben als eine eingleisige Behandlung.[26]

Wie kann man nun den zwanghaften Persönlichkeiten helfen? Psychiater hatten den Einfall, dieselben Antidepressiva einzusetzen, die bei der Zwangsstörung wirkungsvoll waren, spürt man doch eine Verwandtschaft zwischen beiden Störungen. Sie haben sich nicht geirrt! Wenn die zwanghaften Persönlichkeiten deprimiert sind, wirken serotoninerge Antidepressiva, die bei Zwangsstörungen erfolgreich angewendet werden, oft am besten.

Im Falle einer Depression – einverstanden. Aber sonst? Man wird niemandem bis an sein Lebensende ein Medikament verabreichen, um seine Persönlichkeit zu modifizieren. Es fehlt nicht an kritischen Stimmen, welche die Mediziner beschuldigen, »Gleichschalter« zu sein, die man damit beauftragt hat, die Persönlichkeiten so zu beschneiden, daß sie paßgerecht für die Forderungen der Gesellschaft werden. Dieses weite Diskussionsfeld könnte allein ein ganzes Buch füllen,[27] aber in der Praxis wird man immer wieder auf drei grundlegende Fragen zurückkommen:
- Leidet der Patient unter seiner zwanghaften Persönlichkeit?
- Ist das Medikament wirkungsvoll für ihn?
- Hat man ihn ausreichend über die Vor- und Nachteile der Behandlung informiert?

Können alle drei Fragen mit Ja beantwortet werden, ist nicht einzusehen, weshalb man ihm nicht eine Behandlung vorschlagen sollte, die ihm Erleichterung verschaffen könnte. Danach steht es dem Patienten und dem Arzt völlig frei, ob sie sich regelmäßig wiedersehen wollen, um über Fortsetzung oder Abbruch der Behandlung zu entscheiden.

Was die Psychotherapien betrifft, so soll von ihnen zum Ende des Buches die Rede sein.

Kann ein bißchen Zwanghaftigkeit nicht nützlich sein?

In gewissem Sinne könnte man sagen, daß unsere Gesellschaft ständig obsessioneller wird. Die Massenproduktion zwingt die Unternehmen, immer striktere Kontrollprozeduren einzuführen, um abzusichern, daß alle ihre Waren identisch und zuverlässig sind und so die Bedürfnisse des anspruchsvollen Kunden befriedigen, der sonst zu den Produkten der Konkurrenz greifen würde. Die Sorge um ausreichende Sicherheit führt dazu, daß in allen Bereichen Normen geschaffen werden, angefangen von der Joghurtfabrikation über die Herstellung von Babysitzen bis hin zur Montage von Automobilen. Alle diese Kontrollverfahren müssen ihrerseits unablässig evaluiert und überwacht werden. Der moderne Verwaltungsapparat schließlich verlangt, um von Privatpersonen oder Firmen die Steuern einzutreiben oder um die Gesundheit der Bürger zu verwalten, Daten, Daten und nochmals Daten.

Es gibt heute also genügend Betätigungsraum für zwanghafte Leute, doch muß man darauf achten, worauf ihre gutgemeinten Bemühungen hinauslaufen. Seit sich Menschen zu Teams zusammenschließen, um eine bestimmte Aufgabe zu lösen, etwa um ein Wehr zu errichten oder eine Zeitung ins Leben zu rufen, konnte es die Qualität des Endprodukts sichern, wenn man einen gut ausgewählten Zwanghaften unter seinen Mitarbeitern hatte.

Unter entwicklungsgeschichtlichen Gesichtspunkten könnte man annehmen, daß ein Zwanghafter im Zeitalter der Jäger und Sammler nicht gerade von großem Nutzen war (es sei denn, daß man mit ihm weniger Gefahr lief, achtlos giftige Beeren zu verschlingen). Seit dem Übergang zum Ackerbau jedoch erwiesen sich die Zwanghaften mit ihrem Interesse fürs Ordnunghalten und für immer wiederkehrende Aufgaben als besonders begabt bei der Einhaltung der Saattermine, bei der Feldbearbeitung, der Vorsorge und dem Anlegen von Vorräten, so daß sie ihrer Nachkommenschaft bessere Überlebenschancen bieten konnten.

Zwanghafte Persönlichkeiten in Film und Literatur

Sherlock Holmes hat mit seiner Detailbesessenheit, seiner kühlen Art, seinem Interesse für Klassifizierungen und seiner immer gleichen Kleidung vielleicht einige zwanghafte Züge.

In der Fernsehserie *Star Trek* wirkt Mister Spock (der mit den spitzen Ohren) wie die Karikatur eines Obsessionellen: er ist hoffnungslos kalt und logisch und begreift nicht die Gefühlswelt und die irrationalen Reaktionen seiner irdischen Mitreisenden.

In James Ivorys Film *Was vom Tage übrigblieb* (1993) spielt Anthony Hopkins einen Butler, der in allen Einzelheiten, die den Dienst in einem großen Haus betreffen, fanatischer Perfektionist ist. Es gelingt ihm auch, jede Gefühlsregung zu unterdrücken, als er bei einem großen Abendessen von Diplomaten die Gäste weiter bedient, obwohl sein Vater ein paar Stockwerke höher im Sterben liegt. Später ist er unfähig, die Liebe von Emma Thompson zu erwidern, obgleich er sich zu ihr hingezogen fühlt.

In *Die Brücke am Kwai* (1957) von David Lean bietet uns der halsstarrige Colonel Nicholson, den Alec Guinness spielt, ein faszinierendes Beispiel für eine zwanghafte Persönlichkeit. Als Gefangener der Japaner weigert er sich, ihren Befehlen zu folgen, und willigt nur in eine Zusammenarbeit ein, um seinen Männern Repressalien zu ersparen. Er wird mit dem Bau einer Brücke beauftragt, die den japanischen Truppen den Weg nach Burma bahnen soll, und entfaltet seine ganze obsessionelle Begabung, um eine makellose Konstruktion zu errichten, wobei er völlig vergißt, daß sie dem Feind nutzen wird. Er wird es nicht ertragen, daß seine Landsleute dieses Werk zerstören.

In Chantal Ackermans Film *Ein Diwan in New York* (1995) verkörpert William Hurt einen zwanghaften Psychoanalytiker, der seine New Yorker Wohnung mit einer recht bohemehaften Pariserin (Juliette Binoche) tauscht. In Paris angelangt, wird er die Wohnung der jungen Frau pausenlos aufräumen und alle kleinen Defekte ausbessern. Sie hingegen ist beeindruckt von der manischen Ordnung und Symmetrie, die in seiner New Yorker Wohnung herrschen und sogar den Labrador deprimieren. Später, als er sich in Juliette Binoche verliebt, wird der gute Doktor die größten Schwierigkeiten haben, ihr seine Gefühle zu zeigen.

Vom Umgang mit einer zwanghaften Persönlichkeit

Wenn es Ihr Chef ist: Passen Sie auf, daß in Ihren Berichten keine Rechtschreibfehler stecken!

Wenn es Ihr Lebenspartner ist: Übertragen Sie ihm die Führung des Haushaltsbuches und vergessen Sie nicht, die Schlittschuhe ins Regal zu räumen.

Wenn es Ihr Kollege ist: Betrauen Sie ihn mit Kontrollen und lassen Sie ihn allen Dingen den letzten Schliff geben. Setzen Sie die Dauer des Gesprächs fest, ehe er loslegt.

Was Sie tun sollten

* Zeigen Sie ihm, daß Sie seinen Sinn für Ordnung und Strenge zu schätzen wissen!

Vergessen Sie nicht, daß ein zwanghafter Mensch glaubt, im Namen des Guten zu handeln. Wenn Sie ihm zu brüsk widersprechen, um ihm von Anfang an deutlich zu machen, daß er übertreibt, werden Sie in seiner Achtung sinken, da er Sie für jemanden hält, der nicht begreift, was wichtig ist. Zeigen Sie ihm hingegen, daß Sie seinen Hang zur Perfektion zu schätzen wissen, wird er für eventuelle Kritik ein offeneres Ohr haben.

* Respektieren Sie sein Bedürfnis, alles zu planen und zu organisieren!

Die Obsessionellen mögen nichts Unvorhergesehenes und verabscheuen ganz besonders Situationen, in denen sie improvisieren müssen. Sie haben recht, denn unter solchen Umständen sind sie ziemlich ineffizient. Vermeiden Sie also im Rahmen des Möglichen, sie zu überraschen und von ihnen die Erledigung »dringlicher« Dinge zu verlangen. Damit würden Sie ihnen Kummer bereiten, und als Antwort würde man Sie durch Langsamkeit und Widerwillen entnerven. Bevor Sie ihnen eine Aufgabe übertragen, sollten Sie sich selbst um Voraussicht und Planung bemühen. Dazu berichtet Jacques von seiner Gattin:

Alle sagen mir, daß meine Frau eine Menge guter Eigenschaften hat, und ich muß zugeben, daß das stimmt. Sie verfolgt sehr aufmerksam die Ausbildung unserer Kinder, sie kümmert sich hervorragend ums Haus, und ich weiß, daß sie ihren Halbtagsjob zur allseitigen Zufriedenheit erledigt. Aber gerade diese Ernsthaftigkeit ist mir schließlich auf den Geist gegangen. Ich bin zum Beispiel ein ziemlich geselliger Typ; ich bin in einer Familie aufgewachsen, in der Gäste oft ohne große Umstände zum Abendbrot eingeladen wurden, und ich selbst lade gern Freunde oder Arbeitskollegen zum Essen ein. Aber statt ein schlichtes, freundschaftliches Abendessen ohne große Zeremonien zuzubereiten, fühlt sich meine Frau jedesmal verpflichtet, mächtig aufzutafeln und den Tisch vornehm zu decken. Und wenn ich einmal im letzten Augenblick einen oder zwei Gäste mehr einlade, wirft sie die Arme gen Himmel, und ich kriege ihr nicht klargemacht, daß jedermann genauso froh wäre, wenn es ganz schlicht und einfach zuginge! Schließlich haben wir folgende Regeln vereinbart: wenn ich mich selbst um das Abendessen kümmere, darf ich einladen, wen ich will. Bereitet meine Frau es zu, muß ich ihr mindestens drei Tage vorher die endgültige Gästeliste geben.

* Formulieren Sie, wenn er es übertreibt, präzise Kritik mit Zahlen und Fakten!

Es hat keinen Zweck, sich aufzuregen, wenn ein zwanghafter Mensch Ihnen erklärt, man müsse unbedingt auf eine bestimmte Weise vorgehen oder ein bestimmtes Verfahren respektieren, von dem Sie aber genau wissen, daß es nichts als Zeitverschwendung wäre. Wenn Sie Ihren Ärger zeigen, wird er in seiner Idee bestärkt, daß die Leute wirklich unberechenbar und wenig vertrauenswürdig seien. Denken Sie an seine Weltsicht: er meint, im Namen des Guten zu handeln. Nehmen Sie sich also Zeit, ihm auf leicht zwanghafte Weise, gestützt auf Zahlen und Fakten, zu demonstrieren, daß seine Methode mehr Nachteile als Vorzüge hat.

Die folgende Anekdote erzählte uns ein Firmenchef während eines Seminars über den Umgang mit schwierigen Persönlichkeiten.

Der Einkaufsverantwortliche eines kleinen Unternehmens, ein im übrigen sehr kompetenter Mann, wollte sich vergewissern, daß alle auswärts eingekauften Einzelteile, selbst die ganz billigen, im Werk sinnvoll eingesetzt wurden. Er ersann ein extrem komplexes Verfahren, um den Weg jedes einzelnen Teils zu verfolgen. Das bremste die Werkstattverantwortlichen in ihrer Arbeit, und sie beschwerten sich beim Betriebsleiter. Dieser bestellte den Einkaufschef zu sich. Er begann damit, sein Verantwortungsbewußtsein im Beruf und seinen Sinn für Strenge zu loben. Dann ging er mit ihm das neue Verfahren durch und berechnete die zusätzliche Arbeitszeit, die es für die Gesamtheit der Betroffenen mit sich brachte. Der Einkaufschef verfolgte die Berechnung mit großer Aufmerksamkeit. Der Betriebsleiter bestimmte dann die Gesamtkosten dieser Verfahrensänderung, indem er den durchschnittlichen Stundenlohn der betroffenen Beschäftigten zugrunde legte. Dann bat er den Einkaufsverantwortlichen, die Verluste durch unsachgemäßen Einsatz der Einzelteile abzuschätzen, die durch sein Verfahren vermieden werden könnten. Den Taschenrechner in der Hand, machten sie sich gemeinsam an die Kalkulation. Die zweite Summe war niedriger als die erste. Der Betriebsleiter brauchte kaum mehr darauf zu drängen, daß der Einkaufsverantwortliche sein Verfahren zurücknahm. Er hatte ihn überzeugt. Dage-

gen bestand der Leiter darauf, in Zukunft vor der Erprobung eines neuen Verfahrens eine Kalkulation vorgelegt zu bekommen, die dessen Rentabilität beweist. Dem stimmte der Einkaufschef gern zu.

Da er die Weltsicht seines zwanghaften Mitarbeiters verstanden hatte, gelang es dem Firmenchef, ihn zu einer geänderten Vorgehensweise zu bewegen, ohne ihn vor den Kopf zu stoßen. Er vermochte seine Kritik in einem »obsessionellen Gewand« vorzubringen: quantifizierbar, präzis, nach mehr Perfektion strebend. Das ist sicher die beste Weise, eine zwanghafte Person von Ihrem Standpunkt zu überzeugen.

* Zeigen Sie, daß Sie vertrauenswürdig und berechenbar sind!

Unpünktlich sein, ein Versprechen nicht halten, selbst wenn es noch so geringfügig sein mag: das sind todsichere Mittel, um bei einem zwanghaften Menschen dauerhaft in Mißkredit zu geraten. Er wird Sie in die Kohorte all jener verantwortungslosen Leute einreihen, die nicht einsehen wollen, daß die Welt besser funktionieren würde, wenn jedermann die Regeln respektierte. (Haben die zwanghaften Personen da wirklich unrecht?) Gerade ihm sollten Sie nur das zusagen, was Sie auch halten können, Sie sollten Ihre Verpflichtungen erfüllen und ihn, falls doch etwas Unvorhergesehenes dazwischenkommt, schnellstmöglich benachrichtigen. Dabei sollten Sie klar zu verstehen geben, daß es Ihnen leid tut. Verhalten Sie sich so, daß er Sie in seinem Gehirn unter »vertrauenswürdig« und »berechenbar« abspeichert. Das ist das sicherste Mittel, damit er sich ein wenig entspannt und für Ihren Standpunkt aufnahmebereiter ist.

* Lassen Sie ihn entdecken, wieviel Spaß es macht, sich zu entspannen!

Versuchen Sie einmal, sich vorzustellen, unter welcher Anspannung die Obsessionellen leben: sie wollen alles kontrollieren, alles nachprüfen, achtgeben, daß alles perfekt ist – wie ermüdend! Die meisten von ihnen verspüren tief in sich den Wunsch, sich einmal gehenzulassen, aber sie wagen nicht, ihm nachzugeben. Ziehen Sie sie mit, laden Sie sie ein, geben Sie ein Beispiel!

Der Chef eines medizinischen Dienstes lud seine Forschungsgruppe zu einem Picknick am Meeresstrand ein. Alle waren da, auch ein ausländischer Forscher, ein ausgezeichneter Statistiker, der bis zu diesem Tag extrem reserviert gewesen war. Während alle anderen Polohemd und Shorts trugen, hatte er sich ein langärmliges Hemd und lange Hosen angezogen und einen Schlips umgebunden. Er zögerte lange, sich in den Sand zu setzen. Dann spielten die Mitglieder des Forschungsteams eine Runde Volleyball und luden ihn zum Mitmachen ein. Er lehnte zunächst ab, denn er spiele nicht gut genug. Aber man machte ihn darauf aufmerksam, daß ohne ihn die Mannschaften nicht gleich stark waren. Der Appell an seinen Sinn für Gerechtigkeit und Symmetrie hatte durchschlagenden Erfolg: er legte den Schlips beiseite und gesellte sich zu seiner Mannschaft. In dem Maße, wie sich das Spiel steigerte, kam er mehr und mehr in Fahrt. Von den anfeuernden Rufen der amüsierten Zuschauer getrieben, ließ er sich zu akrobatischen Sprüngen hinreißen. Seine Mannschaft siegte, nicht zuletzt dank seinem Spieleifer. Als man ihn zum Sieg gratulierte, war er von neuem sehr verlegen, aber den Rest des Tages entspannte er sich mehr und mehr und tobte später sogar mit seinen Kollegen in den Wellen. Seit jenem Tag gibt er sich auf Arbeit weniger reserviert, er erlaubt sich dann und wann einen kleinen Scherz und nimmt mit Freude Einladungen übers Wochenende an.

* Übertragen Sie ihm Aufgaben, die auf ihn zugeschnitten sind und bei denen seine »Fehler« wie Vorzüge wirken!

Unsere Beispielgeschichten werden Ihnen gezeigt haben, daß zwanghafte Personen besonders gut mit solchen Aufgaben zurechtkommen, bei denen andere Leute mit Erschöpfung oder Langeweile zu kämpfen hätten. Buchführung, finanzielle, juristische oder technische Prozeduren, Qualitätsprüfung – das sind einige der Tätigkeitsfelder, auf denen sich die zwanghaften Persönlichkeiten wohl fühlen; hier können sie ihren Ordnungssinn, ihre Genauigkeit und ihre Ausdauer perfektionieren.

Was Sie lassen sollten

* Sparen Sie sich ironische Bemerkungen über seine Schrullen!

Mit ihrer Ernsthaftigkeit und ihren Manien sind die Obsessionellen höchst verlockende Zielscheiben für Leute, die zu Späßen aufgelegt sind. Geben Sie dieser allzu leichten Versuchung nicht nach. Vergessen Sie nicht, daß zwanghafte Menschen meinen, im Namen des Guten zu handeln und ein bißchen mehr Vollkommenheit in die Welt zu bringen. Wahrscheinlich werden sie die Ursachen für Ihre Ironie gar nicht begreifen. Außerdem sollten Sie sich an die letzte ironische Bemerkung erinnern, die jemand über Sie gemacht hat. Hat sie Ihnen dabei geholfen, sich zu bessern? Oder waren Sie nicht eher überzeugt, daß der andere Sie nicht versteht? Humor kann einen Menschen vorwärtsbringen, aber nur, wenn er wohlwollend ist, und nur im Rahmen einer schon gefestigten Vertrauensbeziehung. Die professionellen Therapeuten wissen, daß dieses Werkzeug mit allergrößter Vorsicht einzusetzen ist. Folgen Sie ihrem Beispiel.

* Lassen Sie sich nicht zu tief in sein System hineinziehen!

In seiner Hartnäckigkeit und seiner Gewißheit, ein Streiter für das Gute und die Ordnung (für ihn so etwas wie Synonyme) zu sein, liegt dem Obsessionellen natürlich sehr daran, die Regeln, die er für richtig hält, auch den anderen aufzuzwingen. Ohne böse Absichten kann er bald in aller Milde ein ganzes Arbeitsteam oder eine Familie tyrannisieren und jeden, der ihm womöglich widerspricht, durch monotone und ständig wiederholte Darlegungen zur Erschöpfung bringen. Zeigen Sie ihm, daß Sie seinen Sinn für Ordnung und Strenge zu schätzen wissen, aber sagen Sie rechtzeitig Halt! Am besten, indem Sie mit quantitativen Argumenten aufwarten.

Ein zwanghafter Ehemann konnte die ganze Unordnung, die seine Frau beim Essenkochen in der Küche anrichtete, schwer ertragen:

Schüsseln standen herum, im Spülbecken sah man Geschirr, verschiedene Zutaten lagen auf der Arbeitsplatte! Er stand also immer neben ihr und räumte jedes Utensil und alle Zutaten weg, kaum daß sie sie aus der Hand gelegt hatte. Weil sie sich ständig überwacht fühlte, wurde sie am Ende so wütend, daß sie erklärte, unter diesen Bedingungen künftig kein Essen mehr zu kochen.

Ihr Mann war einverstanden, ihren Platz einzunehmen, denn er dachte, er würde es sowieso besser können oder zumindest ordentlicher. Nach ein paar Tagen mußte er jedoch feststellen, daß es nicht wie gewünscht lief und die Zubereitung des Abendessens ihm Zeit für andere Beschäftigungen raubte (für Aufräumen und Buchführung nämlich). Er willigte in folgende Abmachung ein: solange seine Frau in der Küche wirtschaftete, war ihm der Zutritt verboten. War das Essen erst einmal fertig, durfte er nach Herzenslust aufräumen und abwaschen.

Hier haben wir ein schönes Beispiel für eine ausgehandelte Lösung. Keiner der beiden versucht, die Meinung des anderen zu ändern und ihm zu beweisen, wie unrecht er habe. Sie haben lediglich nach einem akzeptablen Kompromiß gesucht.

* Bringen Sie ihn nicht durch zuviel Zuneigung, Anerkennung oder zu große Geschenke in Verlegenheit!

Die zwanghaften Persönlichkeiten fühlen sich oft nicht wohl in ihrer Haut, wenn es darum geht, Gefühle auszudrücken. Gleichzeitig empfinden sie ein Bedürfnis nach Symmetrie und Gegenseitigkeit. Das erklärt womöglich, weshalb sie manchmal so verlegen sind, wenn wir ihnen unsere Zuneigung oder Bewunderung zeigen: sie sehen sich genötigt, im gleichen Register zu antworten, fühlen sich aber nicht imstande dazu. Das soll nicht heißen, daß ihnen Komplimente oder Sympathiebekundungen keine Freude bereiteten. Halten Sie also zunächst Maß und beobachten Sie gut ihre Reaktionen, um sie nicht in Schwierigkeiten zu bringen.

In Japan, einem Land, dessen Kultur ein paar deutlich zwanghafte Züge trägt, ist das Schenken übrigens ein streng ritualisierter Vorgang. Es gibt eine ganze Reihe von Geschenken, die perfekt auf den Rang der beschenkten Person und auf die Gelegenheit zugeschnitten sind. Man muß sich nur an ein Fachgeschäft wenden, um beraten zu werden, welches das exakt angemessene Geschenk ist.

Haben Sie selbst Züge einer zwanghaften Persönlichkeit?

	eher richtig	*eher falsch*
1. Ich neige dazu, viel Zeit mit Aufräumen und Nachprüfen zu verbringen.		
2. In Gesprächen bringe ich meine Ideen gern in einer schlüssigen Ordnung vor.		
3. Man wirft mir übermäßigen Perfektionsdrang vor.		
4. Mir ist schon einmal etwas mißlungen, weil ich mich zu sehr auf die Einzelheiten konzentriert hatte.		
5. Unordnung kann ich nur schwer ertragen.		
6. Bei Teamarbeit neige ich dazu, mich für das Endergebnis persönlich verantwortlich zu fühlen.		
7. Geschenke bereiten mir Unbehagen, weil ich mich durch sie verpflichtet fühle.		
8. Man wirft mir vor, ich wäre »knickrig«.		
9. Ich kann nicht leicht etwas wegwerfen.		
10. Ich mache gern eine private Buchführung.		

Kapitel V
Die narzißtischen Persönlichkeiten

>»Was uns die Eitelkeit der anderen unerträglich macht, ist, daß sie die unsere beleidigt.«
>
>La Rochefoucauld

Françoise (29), Werbespezialistin in einer Agentur, berichtet: *Alain ist einer der drei Begründer der Agentur, und ich arbeite direkt für ihn. Beim ersten Hinsehen ist er voller Charme, brillant, witzig und verführerisch. Es dauerte einige Wochen, bis ich merkte, daß er eine sehr schwierige Persönlichkeit hatte. Als ich ihm das erste Mal begegnete, fand ich ihn jedoch beeindruckend. Freilich, er ließ mich erst einmal mindestens eine Stunde warten, aber weil es mein Einstellungsgespräch war, habe ich nicht protestiert. Er hat ein riesiges Büro mit wunderbarer Aussicht. Später habe ich erfahren, daß dieses Zimmer zunächst als großer Versammlungsraum gedacht gewesen war, aber daß Alain sich mit seinen Teilhabern so lange herumgezankt hatte, bis er es in Besitz nehmen konnte.*

Er zog eine große Charme-Nummer ab: »*Wir glauben an junge Menschen wie Sie*« *usw. Da er sehr herzlich und direkt war und mir das Du anbot, gelang es ihm, in mir den Eindruck hervorzurufen, ich müßte einem so bedeutenden Mann dankbar sein, daß er sich für ein junges Ding wie mich interessierte. Er konnte es sich nicht verkneifen, diverse Anekdoten über seine brillante Karriere und seine Erfolge einzuflechten. Ich spielte die respektvolle und staunende Debütantin, und er war davon entzückt. Hinter seinem Schreibtisch hingen, für jedermann gut sichtbar, mehrere Fotos, die ihn an der Seite berühmter Künstler zeigten. Auch alle Trophäen, welche die Agentur auf internationalen Festivals gewonnen hatte, standen herum (heute weiß ich, daß er sich um einige der preisgekrönten Werbekampagnen gar nicht persönlich gekümmert hatte).*

Die Zusammenarbeit mit Alain ist nicht einfach. Natürlich versteht er es, seinen Charme zu versprühen und ein Team zu begeistern, vor allem die Neuankömmlinge, die den weniger angeneh-

men Aspekt seiner Persönlichkeit noch nicht entdeckt haben. In Wahrheit mutet er einem pausenlos Wechselbäder zu. Heute beglückwünscht er dich, und du glaubst, daß er fest an deiner Seite steht, aber morgen kritisiert er deine Arbeit vor anderen Leuten mit ironischen Worten. So sind alle Mitglieder des Werbeteams ganz wild auf seine Anerkennung, bei der leisesten Spur von Zurückweisung hingegen tief gekränkt. Er schafft es, zu einigen seiner Mitarbeiter ein beinahe leidenschaftliches Abhängigkeitsverhältnis aufzubauen, und genau das will er erreichen, denn er möchte sich respektiert und bewundert fühlen. Auf jeden Fall verträgt er es trotz seines »kumpelhaften« Gebarens sehr schlecht, wenn ihm jemand nicht die nötige Ehrerbietung erweist. Und wehe denen, die sich ihm entgegenstellen!

Letztes Jahr hat es Patrick, ein schon bekannter Werbefachmann, der von einer anderen Agentur zu uns gekommen war, auf einer Versammlung gewagt, Alain die Stirn zu bieten, indem er ihm ziemlich unverblümt erklärte, was er von seinem Managementstil hielt. Bleich vor Wut, verließ Alain auf der Stelle die Sitzung und knallte die Tür hinter sich zu. Am nächsten Morgen fand Patrick an der Rezeption alle seine Sachen auf einen großen Haufen geworfen und dazu seine Kündigung wegen schwerer Vergehen. Die anderen Teilhaber fürchteten, daß diese Affäre den Ruf der Agentur beflecken könnte, und versuchten, den Konflikt zu entschärfen. Am Ende mußte Patrick trotzdem gehen, wenn auch mit einer schönen Abfindung.

Man kann sich denken, daß nach einem solchen Exempel niemand mehr wagt, offen zu rebellieren. Solange man Alain ein wenig schmeichelt und ihm nicht widerspricht, ist die Atmosphäre auch nicht schlecht. Mir mißfällt am meisten, daß er es immer schafft, die Ideen aus dem Team als seine eigenen hinzustellen, um am Ende den ganzen Erfolg selbst einzuheimsen. Er schirmt uns von den anderen Teilhabern ab und kann es nicht ausstehen, wenn wir Kontakte zu ihnen haben.

Warum bleibe ich eigentlich in dieser Agentur? Weil es zur Zeit schwer ist, anderswo einen guten Job zu finden. Und dann muß man natürlich zugeben, daß Alain in seinem Beruf ein Star ist und daß sich das in meinem Lebenslauf gut ausnehmen wird. Wo er auch hinkommt, überall beeindruckt er die Leute mit seinem selbstsicheren Auftreten und seiner Eleganz; er sieht immer fabelhaft aus, hat die angemessene Sonnenbräune und wirkt wie aus dem Ei gepellt.

Ein magerer Trost: seine Sekretärin erzählt, er habe Ärger mit dem Finanzamt. Sein Verdienst ist schwindelerregend hoch, aber darüber hinaus hat er über Jahre verstanden, seinen Lebensstil aus Spesenrechnungen und beruflichen Vergünstigungen zu finanzieren. Und jetzt wollen sie von ihm eine saftige Nachzahlung. Daher hört man von ihm ständig Ausfälligkeiten gegen »diese Sch…gesellschaft, in der die kreativen Leute an ihrer Entfaltung gehindert werden«. Um sich zu trösten, läßt er sich von wichtigen Kunden, mit denen er sich angefreundet hat, zu Traumwochenenden einladen. Montag früh berichtet er dann alles haarklein seinen jungen Mitarbeitern, die zehnmal weniger verdienen als er und dazu noch das ganze Wochenende wie die Verrückten gearbeitet haben, um ein dringendes Projekt zu Ende zu bringen.

Was soll man von Alain denken?

Alain hat offensichtlich eine hohe Meinung von sich selbst, und auch die anderen sollen wissen, was er wert ist: er redet gern von seinen Erfolgen und stellt Fotos und Siegeszeichen zur Schau, damit keinem Besucher entgeht, mit was für einer bedeutenden Persönlichkeit er es zu tun hat. Achtung, wir wollen damit nicht sagen, daß jeder, der in seinem Büro Pokale oder Trophäen stehen hat, eine narzißtische Persönlichkeit wäre! In manchen Berufen und manchen Ländern kann das zu den Gepflogenheiten gehören. Man muß dieses Detail in seinem Umfeld betrachten. Alain hat zum Beispiel das schönste Zimmer der Agentur in Besitz genommen, um daraus sein Büro zu machen: er meint, seine Bedürfnisse seien wichtiger als die der anderen und er verdiene Privilegien. Er erwartet, daß man ihn bewundert und seine Außergewöhnlichkeit anerkennt. Kritik verträgt er sehr schlecht *(Zwischenfall mit dem jungen Werbefachmann)*. Offenbar achtet er auch auf seine äußere Erscheinung, sehr sogar; er möchte, daß man ihn stets in Bestform sieht, und ist entzückt davon, mit renommierten Persönlichkeiten Umgang zu pflegen *(Fotos über seinem Schreibtisch)*.

In seinen Beziehungen zu anderen Menschen versteht es Alain, mit ihren Emotionen zu spielen, indem er verführerisches Verhalten, Schmeichelei, Kritik und überraschende Lobesworte einander abwechseln läßt. Er weiß seinem Gesprächspartner gegenüber geschickt das Register zu wechseln. Man könnte sagen, daß sein Verhalten manipulatorisch und somit unaufrichtig ist, zielt es doch darauf, den anderen in einen Gefühlszustand zu versetzen, der ihm für die Verwirklichung seiner eigenen Ziele zugute kommt. Alain scheint den unerfreulichen Emotionen, die er bei anderen auslöst (Furcht, Demütigung, Neid), wenig Beachtung zu schenken; in diesem Sinne kann man sagen, daß er wenig Einfühlungsvermögen an den Tag legt.

Wir wissen nichts über Alains Privatleben (außer daß er es aus Spesen finanziert: einmal mehr meint er, die üblichen Bestimmungen wären nicht für ihn gedacht), aber wir verfügen über genügend Indizien, um annehmen zu dürfen, daß er eine narzißtische Persönlichkeit hat.

Die narzißtische Persönlichkeit

Ihr Selbstverständnis:
* Fühlt sich als Ausnahmewesen, das außerhalb der gewöhnlichen Regeln steht und Besseres als die anderen verdient.
* Hat den Kopf voller Ehrgeiz; will in Beruf und Liebesleben rauschende Erfolge verzeichnen.
* Achtet oft sehr auf ihre physische Erscheinung und ihre Kleidung.

Ihre Beziehungen zu anderen Menschen:
* Erwartet, daß man ihr Aufmerksamkeit und Vorrechte gewährt, fühlt sich ihrerseits aber zu nichts verpflichtet.
* Gerät in Rage, wenn man ihr die Privilegien, die ihr angeblich zustehen, streitig macht.
* Nutzt die anderen aus und manipuliert sie, um die eigenen Ziele zu erreichen.
* Bekundet wenig Empathie und ist von den Gefühlen der anderen kaum berührt.

Wie Alain die Welt sieht

Alle Verhaltensweisen von Alain erscheinen sogleich als zusammenpassend, wenn man begreift, daß er eine hohe Meinung von sich selbst hat und meint, daß jeder (seine Mitarbeiter, seine Teilhaber, die Gesellschaft ganz allgemein) diese Ansicht teilen müsse. Seine Grundüberzeugung ist vielleicht: »Ich bin ein Ausnahmewesen; mir steht mehr zu als den anderen. Jedermann schuldet mir Respekt.«

Wie viele narzißtische Persönlichkeiten ist Alain der Meinung, daß Gesetze und Bestimmungen nur für die gewöhnlichen Leute gemacht sind und für seine Person nicht gelten. Wenn er das Finanzamt betrügt und sich dabei erwischen läßt, ist er nicht bloß bekümmert oder frustriert, sondern empört! Wie kann man einen so außergewöhnlichen Typ wie ihn zwingen wollen, den üblichen Spielregeln zu gehorchen!

Dieses Gefühl, ein Ausnahmewesen zu sein, läßt ihn die Gesellschaft berühmter Leute suchen, sind in seinen Augen doch nur sie es wert, daß man sich regelmäßig mit ihnen abgibt. Ist Alain ein »Snob«? Gewiß enthält der Snobismus, wie man ihn im Alltagsverständnis auffaßt, einen Anteil Narzißmus, aber häufig auch das Bedürfnis, ein negatives Selbstbild aufzubessern: man sucht die Gesellschaft von namhafteren Leuten, um sich seinen eigenen Wert zu bestätigen. Alain hingegen denkt einfach, daß für ihn aufgrund seiner außerordentlichen Verdienste nur ein brillanter sozialer Umgang in Frage komme. Der Alptraum eines narzißtischen Menschen: man sieht ihn in einem schicken Pariser Restaurant in Begleitung einer alten, geschmacklos angezogenen Cousine aus der Provinz! (Er würde es übrigens gewiß so einrichten, daß er sie in ein Bistro am anderen Ende der Stadt einlädt ...)

Wir haben in Alain eine ziemlich ausgeprägt narzißtische Persönlichkeit beschrieben, die, gestehen wir es ein, nicht gerade sympathisch ist. Nicht alle narzißtischen Menschen sind jedoch so extrem. Hören wir Juliette (29), die nach einer Reihe von Fehlschlägen im Privatleben eine Psychotherapie begonnen hat.

Es stimmt schon: selbst in der Grundschule hatte ich immer den Eindruck, größere Aufmerksamkeit zu verdienen als meine Mitschülerinnen. Ich war eine gute Schülerin, ziemlich selbstsicher, und hatte immer einen kleinen Hof von Bewunderinnen um mich, Mädchen, die nicht so gut aussahen oder nicht so selbstbewußt waren wie ich. Schon damals machte es mir Vergnügen, angehimmelt zu werden. Ich merkte bald, daß meine Freundschaft als Privileg betrachtet wurde, und spielte damit. Mein Vater bewunderte und verwöhnte mich, er ließ mir fast jede Kapriole durchgehen. Meine Mutter machte ihm deswegen heftige Vorwürfe, und bald war mein Verhältnis zu ihr schlecht, wie eine Art Rivalität unter Frauen.

Im Beruf habe ich schon viel erreicht, denn ich fand es im Grunde stets natürlich, immer mehr zu verlangen und mehr Geld und Verantwortung zu bekommen. Wenn man etwas mit der nötigen Selbstsicherheit fordert, bekommt man es oft. Natürlich habe ich eine Menge Neid und Konkurrenzdenken geweckt. Ich gestehe, daß ich mir am Anfang meiner Karriere kaum den Kopf zerbrach über solche Empfindlichkeiten, so stark war mein Gefühl, die beste zu sein. Auf Versammlungen fiel es mir leicht, das Wort zu ergreifen, und ich unterbrach Leute, die älter waren als ich, sobald ich dachte, daß meine Idee die bessere wäre. Eines Tages schließlich hat mich einer meiner ersten Chefs zu sich gerufen, um mir zu sagen, daß man allein auf sich gestellt keinen Erfolg haben kann und daß in einer Arbeitsgruppe jeder zählt. Sein vorwurfsvoller Ton ging mir sehr auf die Nerven, und ich verteidigte mich. Weil ich meinen Chef aber sehr verehrte, brachte mich seine Bemerkung zum Nachdenken, und in Zukunft war ich ein wenig rücksichtsvoller.

In meinem Privatleben bin ich dagegen von einem Mißerfolg in den nächsten geschlittert. Ich schaffe es ziemlich schnell, daß mir die Männer zu Füßen liegen; ich gestehe, daß ich dazu neige, sie ein wenig zu manipulieren, sie eifersüchtig zu machen, ihr Selbstvertrauen zu erschüttern, mich heute heißverliebt und morgen von der kühlen Seite zu zeigen. Das Problem ist: sobald sie mich zu sehr lieben, sinkt ihr Wert in meinen Augen, ich finde sie nicht mehr stark oder großartig genug für mich. Zweimal habe ich mich selbst sehr verliebt, aber auch das ging nicht lange gut, denn ich vertrug es nicht, wenn man mir nicht pausenlos die volle Aufmerksamkeit widmete. Mein letzter Freund hatte einen sehr bedeutenden Posten inne, was mir schmeichelte, aber ich war schrecklich sauer auf ihn, sobald er zu spät zu einem Rendezvous erschien oder ein gemeinsames Wochenende absagte, weil er auf Dienstreise mußte. Schnell ging ich zu Racheakten über, indem ich ihn eifersüchtig machte oder mich weigerte, ihn zu treffen. Er hinterließ mir verzweifelte Botschaften auf dem Anrufbeantworter, bis ich ihn schließlich zurückrief. Am Ende hat er mich verlassen und mir noch gesagt, daß er nie zuvor mit einer Frau so glücklich und so unglücklich gewesen sei. Ich wollte ihn zurückhalten, aber es war zu spät. Er heiratete eine junge Frau, die er mir als »nett« beschrieb. Noch heute trauere ich dieser Beziehung Tag für Tag nach, und mir ist jetzt klar, daß ich damals nur an meine eigenen Bedürfnisse gedacht hatte, nie an seine. Aber ich hatte immer das Gefühl, mehr Aufmerksamkeit von ihm zu verdienen. Glauben Sie, daß das alles kommt, weil mein Vater mich so vergöttert hat?

Juliette ist sich eines Merkmals ihrer narzißtischen Persönlichkeit bewußt geworden, nämlich des Gefühls, daß jeder Mann ihr besondere Aufmerksamkeit schulde, weil sie so außergewöhnlich sei. Diese Grundannahme löst bei ihr eine Überempfindlichkeitsreaktion aus, wenn ihr Geliebter verspätet zu einem Rendezvous erscheint, weil er mit Arbeit überlastet ist. Die Psychotherapie hat Juliette geholfen, einige ihrer Grundüberzeugungen selbst zu erkennen (»Ich bin ein Ausnahmewesen«, »Die anderen sind mir Respekt und Beachtung schuldig«) und in Frage zu stellen.

Am Anfang testete sie übrigens ihren Psychiater, indem sie häufig nicht pünktlich zum vereinbarten Termin kam, indem sie versuchte, die Sitzungen über die vorgesehene Zeit hinaus zu strecken, oder indem sie abends anrief, um einen Termin für den nächsten Tag auszumachen. Mehr oder weniger bewußt ertrug sie es nicht, denselben Regeln unterworfen zu sein wie die übrigen Patienten und keine besondere Rücksichtnahme von seiten ihres Psychiaters zu genießen. Dieser nutzte die kleinen Zwischenfälle, um Juliette zu helfen, sich ihrer Grundüberzeugungen bewußt zu werden. Nach und nach gelang es ihr, eine gemäßigtere Sichtweise auf sich selbst und die anderen anzunehmen, weniger aggressiv zu sein und nicht so heftige Gefühlsausbrüche zu zeigen, wenn einmal ein Mann nicht so aufmerksam war, wie sie es sich gewünscht hätte.

Ein typisches Auslösemoment für narzißtische Reaktionen

Ein besonders unter den Intellektuellen renommierter Autor, der häufig in Kultursendungen auftrat, die zu später Stunde ausgestrahlt wurden, fand sich eines Tages im Büro eines bedeutenden Verlegers ein, mit dem er einen Gesprächstermin hatte. Unglücklicherweise hatte die frisch eingestellte junge Empfangssekretärin ihn noch nie gesehen, nicht einmal im Fernsehen, denn wenn sie lange aufblieb, dann eher, um tanzen zu gehen. Als sich der Schriftsteller mit gewichtiger Miene ihrem Schreibtisch näherte und verlangte, daß der Verleger von seiner Ankunft benachrichtigt würde, fragte sie ganz naiv: »Wen soll ich bitte ankündigen?« Der große Mann erstarrte, wurde rot vor Zorn und schritt, ohne sie einer Antwort zu würdigen, an ihr vorbei direkt ins Büro des Verlegers.

Dieser narzißtische Schriftsteller hält seinen Wert für so hoch, daß alle anderen ihn sofort erkennen müssen. Verlangt man von ihm wie von einem gewöhnlichen Sterblichen, daß er sich vorstellt, beißt sich das mit einer anderen Grundüberzeugung der narzißtischen Persönlichkeiten: »Die üblichen Bestimmungen gelten für Leute wie mich nicht.« Ein Zwischenfall derselben Sorte ereignete sich mit einem großen Wirtschaftsboß anläßlich einer Reise von Ministern und Geschäftsleuten, die das Ziel hatte, französische Produkte im Ausland besser abzusetzen. Unsere narzißtische Persönlichkeit, Chef eines bedeutenden Konzerns, kam zu spät zur Abfertigung und forderte, sofort ins Flugzeug gelassen zu werden, obwohl er die nötigen Tickets vergessen hatte. Schon gestreßt von seiner Verspätung, explodierte er vor Wut, als ihn die junge Hostess nach seinem Ausweis fragte.

Auch im Verhalten am Steuer enthüllt sich der Narzißmus mancher Zeitgenossen gut. Es gibt tatsächlich nicht wenige, die sich das Recht nehmen, bestimmte Regeln der Straßenverkehrsordnung zu übertreten, weil sie sich für fähig halten, die Risiken selber abzuschätzen. Diese Leute erklären Ihnen häufig, ihre Reflexe und ihr Wagen wären so toll, daß sie sich Geschwindigkeitsüberschreitungen ohne Gefahr leisten könnten.

Ist ein bißchen Narzißmus nicht nützlich?

Denken Sie einmal über die Leute aus Ihrer Bekanntschaft nach, die es »geschafft« haben. Erinnern Sie sich auch an Fernsehinterviews mit Berühmtheiten. Schien es Ihnen nicht so, daß sich etliche dieser Leute besonders selbstzufrieden und selbstsicher gaben, daß sie sich mit schmeichelhaften Worten beschrieben und Komplimente wie einen ihnen zustehenden Tribut entgegennahmen?

Natürlich könnte man glauben, daß es der Erfolg war, der ihnen ihre Selbstsicherheit und Zufriedenheit gegeben hat, aber umgekehrt ist der Satz wahrscheinlich ebenso wahr: dieses Selbstvertrauen, diese Unbekümmertheit, sich in die erste Reihe zu drängen, also die narzißtischen Charakterzüge, sind vielleicht die Komponenten ihres Erfolgs.[28] Man darf annehmen, daß bei gleichen Talenten ein narzißtischer Mensch sehr gute Chancen hat, einen bescheidenen aus dem Rennen zu schlagen. Die narzißtische Persönlichkeit wird sich besser zu »verkaufen« wissen, ist sie doch von ihrer Überlegenheit überzeugt. Sie wird auch weniger Skrupel im Konkurrenzkampf haben, da sie ja glaubt, Platz eins stünde ihr von Rechts wegen zu. Hat sie erst einmal das Sagen, wird sie weniger Angst vor dem Scheitern haben, denn sie schätzt sich selbst als befähigter als die anderen ein. Wo es darum geht, sich auf eine Wettbewerbsatmosphäre einzustellen, kann ein bißchen Narzißmus ein entscheidender Vorteil sein.

Vom stammesgeschichtlichen Standpunkt her gesehen, ist der Narzißmus, verbunden mit anderen Stärken, wahrscheinlich ein Hilfsmittel gewesen, um sich das größte Stück des von der Horde erlegten Wildes zu sichern oder um den Chef abzulösen.

Mehrere Führungskräfte aus Unternehmen haben uns erklärt, daß ihre besten regionalen Absatzverantwortlichen ihnen oftmals ein bißchen narzißtisch vorkamen. Voll Selbstsicherheit, zufrieden mit ihrer äußeren Erscheinung, die sie ganz besonders pflegen, und ein bißchen manipulatorisch, erschüttert es sie kaum, wenn sie eine Abfuhr einstecken müssen (es ist ja nicht ihre Schuld ...). Der Narzißmus nährt wahrscheinlich ihre Erfolgsambitionen und gestattet ihnen, in Situationen ihren Mann zu stehen, die oft schwierig und für andere entmutigend sind.

Im Alltag kann sich eine Spur von Narzißmus häufig als nützlich erweisen. Narzißtische Personen sind nicht besonders sensibel für die Bedürfnisse und die Schwierigkeiten ihrer Gesprächspartner, und so können sie ohne Gewissensbisse um die Durchsetzung ihrer eigenen Wünsche kämpfen. Hören wir, was Louise (31), Lehrerin, von einer ihrer Freundinnen erzählt:

Ich habe den Kontakt zu meinen alten Freundinnen vom Gymnasium nie abreißen lassen. Wir treffen uns regelmäßig, um abends ins Restaurant zu gehen, gemeinsam das Wochenende zu verbringen oder in den Ferien ein paar Tage an einen angenehmen Ort zu reisen.

Von allen meinen Freundinnen unterscheidet sich Coralie am meisten von mir: während ich vorsichtig, zurückhaltend und ein wenig schüchtern bin, ist sie extravertiert und selbstsicher. Im Gymnasium nannten sie alle den »Star« wegen ihrer besonderen Art, sich zu kleiden und sich in den Vordergrund zu drängen, und wegen ihrer Kapriolen und Ansprüche.

Noch immer verblüfft sie mich mit ihrer Dreistigkeit. Wenn wir im Restaurant sind, und das winzigste Detail ist nicht in Ordnung – das Brot könnte frischer sein, das Wasser kühler, die Musik ein wenig leiser –, schreckt sie nicht davor zurück, die ganze Geschäftsleitung zusammenzutrommeln und so lange zu palavern, bis sie ihren Willen durchgesetzt hat. Eines Tages erlebte ich, wie sie sich von einer Fluggesellschaft ein Freiticket überreichen ließ, nachdem sie einen großen Skandal gemacht hatte, weil sie auf dem Flugplatz zwei Stunden hatte warten müssen. Genauso stellt sie es auch an, um systematisch im Restaurant den besten Tisch oder im Hotel das schönste Zimmer zu bekommen.

Ein bißchen peinlich ist es schon, an ihrer Seite zu sein, wenn sie sich wie im Zirkus aufführt (»Glauben Sie etwa, daß ich das akzeptieren werde? Sie träumen ja wohl!«), aber man muß zugeben, daß sie Erfolg damit hat. Meistens erreicht sie das Gewünschte. Wo wir abwinken und sagen: »Alles in allem ist es nicht der Mühe wert, hier einen großen Aufstand zu machen«, ja wo uns nicht einmal die Idee käme, uns zu beschweren, ist Coralie bereit, sich mit Krallen und Zähnen dafür einzusetzen, daß sie etwas Besseres bekommt.

Wie es aussieht, ist es ihr ganz egal, ob sie bei ihren Ansprechpartnern schlecht ankommt. Aber der Gipfel ist, daß die meist überhaupt nicht sauer auf Coralie sind! Im Gegenteil, man könnte sagen, daß sie an Achtung gewinnt! Ich glaube, ich sollte mich bisweilen von ihrer Vorgehensweise inspirieren lassen ...

Die Psychiater haben diese narzißtische Dimension, die in jedem von uns steckt, *Selbstachtung* genannt. Sie wissen, daß eine ungenügende Selbstachtung an der Wurzel verschiedener Arten von psychischen Schwierigkeiten zu finden ist, so etwa bei Schüchternheit[29], depressiven Zuständen[30] usw.

Wenn der Narzißmus verletzlich macht

Haben Sie Talent oder Charme, werden die anderen Ihren Narzißmus besser ertragen. Sie werden von Ihrer Selbstsicherheit verzaubert, beeindruckt oder überzeugt sein. Aber oft ist das Problem der narzißtischen Menschen, daß sie immer mehr wollen und am Ende unausstehlich werden. Juliette hatte zum Beispiel zu spät gemerkt, daß sie bei ihrem Liebhaber, obwohl er sehr verliebt in sie war, am Ende die Schmerzgrenze überschritten hatte.

In der Firma kann ein narzißtischer Chef Groll und Demotivierung auslösen und so seinem Unternehmen letztendlich schweren Schaden zufügen. Seine Überlebens- und Erfolgschancen werden in einem großen Konzern, in dem die Folgen schlechten Managements nicht so schnell offenkundig werden, höher liegen als in einem kleinen oder mittleren Unternehmen.

Übrigens lassen uns verschiedene Untersuchungen annehmen, daß narzißtische Persönlichkeiten ein überdurchschnittliches Risiko eingehen, während ihrer »midlife crisis«[31] an Depressionen zu erkranken. Wahrscheinlich verkraften sie es schlechter als andere Leute, die ehrgeizigen Ziele aus ihrer Jugend nicht erreicht zu haben. Das stellt ihr Selbstverständnis als Ausnahmewesen, denen alles glückt, in Frage. Wir alle können von dieser Desillusionierung über uns selbst und unser Leben betroffen sein, aber bei jemandem, der überzeugt war, daß ihm alles gelingen müsse, wird der Schock noch härter ausfallen. Außerdem hindert sie ihre Art oft, mit anderen Menschen vertraute und warmherzige Beziehungen aufzubauen. Dabei ist es ein Schutzfaktor gegen zahlreiche Krankheiten, wenn man Menschen in seiner Nähe hat, denen man sich anvertrauen kann.[32] Gerade daran mangelt es aber vielen narzißtischen Persönlichkeiten.

So ist es oft ein Mißerfolg im Privat- oder Berufsleben, der die narzißtischen Persönlichkeiten veranlaßt, einen Psychiater aufzusuchen oder um eine Psychotherapie zu bitten, wie es Juliette getan hat.

Narzißtische Persönlichkeiten in Film und Literatur

In Prousts *Auf der Suche nach der verlorenen Zeit* ist die Figur des Barons de Charlus ein glänzendes Beispiel für eine narzißtische, histrionisch angehauchte Persönlichkeit. Sobald er einen Salon betritt, zieht der Baron mit seiner brillanten und boshaften Konversation alle Aufmerksamkeit auf sich und duldet nicht den geringsten Mangel an Achtungsbezeugungen. Außerdem spielt er häufig auf seine hohe Abstammung an. Aber er wird sich wie verrückt in jemanden verlieben, der auf der sozialen Stufenleiter viel weiter unten steht, in den soziopathischen Geiger Morel.

Die von Tim Robbins verkörperte Figur des Filmproduzenten in Robert Altmans *The Player* (1992) weist zahlreiche narzißtische Züge auf. Sein Leben wird ganz durch seinen Ehrgeiz bestimmt, es ist ihm gleichgültig, wenn seine Umgebung unter ihm leidet, und er verführt ohne Schuldgefühle die Frau eines Mannes, den er versehentlich getötet hat.

In Francis Ford Coppolas *Apocalypse Now* (1979) spielt Robert Duvall einen narzißtischen und selbstsicheren Colonel, der seine Hubschrauber dicht neben einem dem feindlichen Feuer ausgesetzten Strand landen läßt, weil es ihm Vergnügen bereitet, seinen Führungswillen durchzusetzen und seine Soldaten mit den hohen Wellen kämpfen zu sehen. Später lernt der Held des Films eine weitere narzißtische Persönlichkeit kennen, einen Colonel bei den Fallschirmspringern (Marlon Brando), der beschlossen hat, den Krieg auf seine eigene Weise zu führen, und der über einen Stamm rebellischer Bergbewohner wie ein König herrscht (der Traum aller narzißtischen Leute).

In *Wege zum Ruhm* (1958) von Stanley Kubrick gibt es einen narzißtischen und ruhmsüchtigen General des Ersten Weltkriegs, der seine Soldaten durch einen schlecht geplanten Angriff in den Tod schickt. Wütend über das Fehlschlagen seiner Attacke, macht er die Soldaten dafür verantwortlich und schleift sie vor ein Standgericht, worüber sich Colonel Dax (Kirk Douglas) empört.

Vom Umgang mit narzißtischen Persönlichkeiten

Wenn es Ihr Chef ist: Bringen Sie Ihre Eigenliebe nicht zu sehr ins Spiel, wenn Sie mit ihm zusammen sind. Treten Sie ein wenig zurück. Erinnern Sie sich an folgenden Satz von La Rochefoucauld: »Wenn man an Fürsten Eigenschaften lobt, die sie nicht besitzen, ist dies eine Art, sie zu beleidigen.«

Wenn es Ihr Lebenspartner ist: Wenn Sie sich ihn ausgesucht haben, dann gewiß, weil er andere Qualitäten hat. Lesen Sie trotzdem das Kapitel noch einmal durch.

Wenn es Ihr Kollege ist: Passen Sie auf, daß er nicht Ihren Platz einnimmt!

Was Sie tun sollten

* Zeigen Sie ihm jedesmal, wenn er aufrichtig ist, Ihre Anerkennung.

Erinnern Sie sich: die narzißtische Persönlichkeit glaubt, Ihre Bewunderung zu verdienen. Wenn Sie gute Beziehungen mit ihr aufrechterhalten wollen, sollten Sie nicht zögern: Gratulieren Sie ihr zu ihren Erfolgen! Beglückwünschen Sie sie zu ihrem neuen Kleid oder zum erfolgreichen Kundenfang, loben Sie ihre Rückhand beim Tennis, ihren Schneider, ihre Rede! Das hat mehrere Vorzüge: die narzißtische Persönlichkeit wird Sie für einen intelligenten Menschen halten, der ihren Wert anzuerkennen weiß; sie wird weniger versucht sein, Sie um jeden Preis beeindrucken zu wollen; in Ihrer Gegenwart wird sie weniger reizbar sein, und schließlich werden Sie in ihren Augen mehr Gewicht haben, wenn Sie sie kritisieren.

Wir sprechen natürlich von aufrichtiger Anerkennung, denn mit unehrlicher Schmeichelei läuft man Gefahr, schnell in ein Räderwerk zu geraten, aus dem man sich nicht mehr befreien kann. Im übrigen macht ihr Hunger nach Bewunderung die narzißtischen Menschen oft zu Experten auf diesem Gebiet, und die intelligenteren unter ihnen können zwischen einem aufrichtigen Kompliment und einer niedrigen Schmeichelei so gut unterscheiden wie zwischen einem Grand Cru und einem gepanschten Billigverschnitt.

* Erklären Sie ihm die Reaktionen der anderen.

Ist es Ihnen erst einmal gelungen, das Vertrauen einer narzißtischen Persönlichkeit teilweise zu gewinnen, werden Sie sich oft ihre Klagen über andere Leute anhören müssen. Sie wird Ihnen anvertrauen, wie mies, dumm, undankbar und bösartig die Leute sind, was im allgemeinen bedeutet, daß man ihr nicht den Respekt und die Aufmerksamkeit gezollt hat, die sie zu verdienen glaubte. Manchmal können Sie ihr helfen, indem Sie ihr den Standpunkt des anderen erläutern, so wie Sie ihn verstehen. Aber aufgepaßt, es geht nicht darum, zu sagen, der andere habe recht, sondern Sie müssen der narzißtischen Persönlichkeit zeigen, daß jedermann seine eigene Sichtweise hat.

Daniel, ein junger und narzißtischer leitender Angestellter, kommt von einer Zusammenkunft mit dem Chef wütend zurück und schüttet seinem Freund François sein Herz aus. Der Firmenchef hatte Daniel eine Gehaltserhöhung gewährt, die dieser ungenügend und sogar beleidigend fand. Er hatte die besten Ergebnisse des ganzen Teams erreicht, und nun sollte er eine Zulage bekommen, die kaum höher lag als die seiner Kollegen! François läßt ihn ausreden; er bestätigt, daß Daniel außerordentliche Resultate erzielt hat, und gratuliert ihm dazu. Dann macht er ihn, ohne seine Leistungen bei der Arbeit zu schmälern, darauf aufmerksam, daß der Firmenchef nicht in allem freie Hand habe. Wahrscheinlich verfüge er nur über ein begrenztes Budget für alle Gehaltserhöhungen. Hätte er Daniels Zulage sehr hoch bemessen, wäre für die anderen automatisch weniger übriggeblieben. »Aber ihre Resultate waren ja auch nicht so gut wie meine«, wendet Daniel starrköpfig ein. Gewiß, aber hatten nicht auch sie ihre Ziele erreicht oder übertroffen? Eine zu geringe Prämie würde sie demotivieren. Auch das müsse der Chef bedenken.

Nachdem er mit seinem Freund eine halbe Stunde diskutiert hatte, beruhigte sich Daniel. Er hatte den Standpunkt des Chefs begriffen, wenngleich er noch immer meinte, mehr verdient zu haben. François hatte geschafft, was dem Chef nicht gelungen war: er hatte ganz einfach Daniels Sicht akzeptiert, indem er Verständnis zeigte. Der Chef hingegen hatte sich, über Daniels Arroganz verärgert, unzugänglich gezeigt, indem er ihm vorwarf, »extravagante« Forderungen zu stellen, die »nicht den Regeln entsprechen«, was Daniels Wut nur noch mehr anfachen konnte.

Wir stoßen in diesem Beispiel wieder einmal auf eine Regel, die wir schon häufig angeführt haben: um jemanden zu überzeugen, beginnt man am besten damit, ihm zu erklären, daß man seinen Standpunkt versteht (was nicht bedeutet, seine Meinung zu teilen).

* Respektieren Sie gewissenhaft die Formen und Gebräuche.

Vergessen Sie niemals, daß ein narzißtischer Mensch meint, wichtiger als Sie zu sein, und daß er deshalb den gebührenden Respekt erwartet. Zu spät kommen, nachlässig grüßen, sich beim Vorstellen in der Rangfolge irren, ein wenig zu vertraulich tun – so kann man leicht seinen Zorn erregen. Vergessen Sie auch nicht, daß Sie es mit einer empfindlichen Person zu schaffen haben, die selbst auf solche Details achtet, die Ihnen bedeutungslos scheinen. Hören wir Élisabeth, eine Journalistin.

Einmal war ich zu einer Abendgesellschaft eingeladen, auf der man viele wichtige Leute aus meinem Metier treffen konnte. Weil ich wußte, daß mein Freund Gérard, der gerade aus den USA zurückgekehrt war, berufliche Kontakte brauchte, schlug ich ihm vor, mich zu begleiten. Wir haben eine ganze Menge Leute getroffen, und ich habe ihm alle vorgestellt, die ich kannte. Zu meinem großen Erstaunen wirkte er den ganzen Abend sehr angespannt, und als wir wieder gingen, war er schlicht und einfach eingeschnappt. Ich fragte ihn schließlich nach dem Grund: er antwortete in gereiztem Ton, ich hätte mehrere Male damit begonnen, ihn Leuten vorzustellen, die jünger waren als er oder die er für weniger wichtig hielt. Dagegen hätte es sich gehört, es umgekehrt zu machen und diese Leute zunächst ihm vorzustellen.

Vergessen Sie nicht, daß manches in Ihren Augen bedeutungslose Detail von einem narzißtischen Menschen als Zeichen mangelnden Respekts wahrgenommen wird.

* Kritisieren Sie ihn nur, wenn es unvermeidlich ist, und tun Sie es sehr präzise.

Wie können wir, nachdem wir gerade über die extreme Empfindlichkeit der narzißtischen Menschen gesprochen haben, Ihnen empfehlen, sie zu kritisieren? Ganz einfach: weil aufrichtige Kritik, die auf ein genau umgrenztes Verhalten zielt, zu den grundlegenden Hilfsmitteln beim Umgang mit schwierigen Persönlichkeiten gehört. Natürlich ist ein solches Manöver bei den narzißtischen Persönlichkeiten mit ihrer Empfindlichkeit eine heikle Sache. Um die Gefahr zu begrenzen, daß der andere vor Wut explodiert, sollten Sie sich deshalb auf Kritik beschränken, die Sie für unbedingt notwendig halten. Denken Sie daran, daß Ihre Kritik nicht das Ziel haben soll, den anderen zu einer veränderten Welt- und Selbstsicht zu bringen, sondern daß sie ihn lediglich zur Modifizierung bestimmter Verhaltensweisen veranlassen soll.

Wir raten Ihnen beispielsweise dringend davon ab, einer narzißtischen Person vorzuwerfen, sie »halte sich immer für etwas Besseres« oder sie sei »egoistisch«. Das wäre ungeschickt und nutzlos zugleich. Solche Kritiken sind unpräzise, sie greifen die Person an (mit dem Unterton »So bist du ja immer!«) und werden bei narzißtischen wie bei allen anderen Leuten nichts als Zorn hervorrufen und den Wunsch, Ihnen zu zeigen, wie unrecht Sie haben.

Wenn Sie Kritik üben, sollten Sie daher ein isoliertes Verhalten zum Anlaß nehmen, das sich zeitlich festmachen läßt und nicht die Person in ihrer Ganzheit berührt: »Ich kann es nicht leiden, wenn du zu spät kommst, ohne mich zu benachrichtigen«; »Es wäre schön, wenn du aufhören würdest, mir das Wort abzuschneiden«; »Ich verstehe, daß du deine Gründe hast, auf Dupont sauer zu sein, aber können wir nicht über etwas anderes reden?«. Die narzißtische Person wird Ihre Kritik noch besser (oder etwas weniger schlecht) vertragen, wenn Sie unsere erste Empfehlung beherzigt haben: Sie haben ihr so oft wie möglich aufrichtige Komplimente gemacht.

All das scheint unkompliziert, aber trotzdem ist eine solche Reaktion nicht gerade die natürlichste. Viel häufiger wird es so ablaufen wie bei Catherine, die einen sehr narzißtischen Gatten hat, der als Verkaufsverantwortlicher nicht seinesgleichen kennt.

Jean-Pierre hört wirklich nie auf, sich zu rühmen: wie er es schafft, seine Kunden zu überzeugen, was er auf dem Tennisplatz leistet oder wie seine Mitarbeiter sich für ihn ein Bein ausreißen. Er ist immer auf der Jagd nach Komplimenten, und das nervt mich der-

art, daß ich ihm nie welche mache. Daraufhin wird er mürrisch, er ist mir böse und organisiert seinen Zeitplan ohne Rücksicht auf mich. Nun ja, und am Ende explodiere ich vor Ärger und sage ihm, er denke immer nur an sich.

Hüten Sie sich also davor, in die von Catherine beschriebene Spirale gegenseitiger Repressalien zu geraten. Anstelle dieses natürlichen, aber wirkungslosen Verhaltens sollten Sie, wo es angebracht ist, lieber Komplimente machen und zwischendurch präzise Kritik üben.

* Schweigen Sie über Ihre eigenen Erfolge und Privilegien.

Keinem von uns ist der Neid fremd, diese wenig erfreuliche Emotion, die uns überwältigt, wenn wir merken, daß jemand Vorteile genießt, von denen auch wir gern profitieren würden – und von denen wir glauben, wir hätten sie ebenso verdient! Bei einem narzißtischen Menschen ist dieses Gefühl noch zehnmal stärker. Da er glaubt, etwas Besseres als Sie zu verdienen, wird er Ihre Privilegien nämlich als brennende Ungerechtigkeit auffassen. Vermeiden Sie es also, ihm von den herrlichen Ferien zu berichten, die Sie gerade verlebt haben; erwähnen Sie nicht, daß Ihnen eben eine Erbschaft zugefallen ist, daß Sie zu einer brillanten Abendgesellschaft eingeladen wurden, daß Leute, mit denen Sie seit der Kindheit befreundet sind, heute wichtige Ämter bekleiden, oder daß man Sie gerade befördert hat. All das wird ihn noch mehr leiden lassen als andere Leute, und Ihre Beziehungen werden ebenso darunter leiden. Hören wir Yannick (32), der bei einer Immobilienagentur angestellt ist.

Ich komme mit meiner Chefin ziemlich gut zurecht, weil ich im Gegensatz zu meinen Kollegen verstanden habe, daß man ihr nur hin und wieder ein paar Komplimente zu machen braucht, sei es für ihren neuen Schneider oder für die Art und Weise, wie sie uns einen wichtigen Kunden geangelt hat. Daher herrscht sie mich nicht so oft an wie die anderen, und ich kann mir sogar erlauben, manchmal ihre Weisungen zu diskutieren.

Leider habe ich nicht an alles gedacht. Zufällig ist meine Frau

Stewardeß, und das berechtigt uns, zu Spottpreisen mit dem Flugzeug zu reisen. Deshalb verbringen wir unseren Urlaub jedesmal am anderen Ende der Welt, und an den Wochenenden schauen wir uns die europäischen Hauptstädte an. Eines Tages konnte ich mir nicht verkneifen zu erzählen, welch herrliches Wochenende wir in Wien verlebt hatten. Meine Chefin horchte auf und fragte mich schließlich, wie ich so oft reisen könne. Als sie meine Erklärung hörte, versteinerte sich ihre Miene. Danach hatte sie den ganzen Tag die scheußlichste Laune. Seitdem ist unser Verhältnis nicht mehr dasselbe. Freilich verdient sie eine Menge Geld und könnte sich problemlos die gleichen Reisen leisten wie ich, aber daß ich ihr ein Privileg voraushabe, ärgert sie maßlos. Ich glaube, ich werde mir anderswo einen Job suchen müssen.

Dieses Beispiel ist interessant, weil es zeigt, daß eine narzißtische Persönlichkeit sogar auf ein Vorrecht eifersüchtig sein wird, um das es keinerlei Wettbewerb zwischen Ihnen gegeben hat.

Was Sie lassen sollten

* Opponieren Sie nicht systematisch gegen ihn.

Die narzißtischen Persönlichkeiten sind manchmal ganz schön nervtötend, um nicht zu sagen unausstehlich. Die Verärgerung, die sie auslösen, kann Sie dazu verleiten, sie richtiggehend zu »blockieren«. Sie bekommen Lust, ihnen systematisch zu widersprechen, ihnen eine feindselige Miene zu präsentieren oder sie sogar in ihrer Eigenliebe zu verletzen. Das wird Ihnen vielleicht für den Augenblick Erleichterung verschaffen, die Beziehung aber noch schwieriger gestalten. Im übrigen wird die narzißtische Person Ihr Verhalten ganz und gar ungerechtfertigt und sogar skandalös finden, und Sie riskieren, in ihren Augen zu einem Feind zu werden, den man kaltstellen muß. Wir wiederholen also unseren vorigen Ratschlag: Machen Sie ihr Komplimente und finden Sie anerkennende Worte für ihre Erfolge, sooft es möglich ist. Das wird Ihnen Spielraum für Kritik verschaffen.

* Fallen Sie nicht auf seine Manipulationsversuche herein.

Narzißtische Menschen sind oft ziemliche Charmeure; sie faszinieren oder verführen die anderen, am Anfang wenigstens. Vielleicht ist es diese Verführungskraft, die ihnen sehr früh den Eindruck vermittelt, besondere Achtung zu verdienen. (Denken Sie an das Beispiel von Juliette.) Ihr Charme, ihre Selbstsicherheit und ihre Geringschätzung der anderen machen aus ihnen gefährliche Manipulateure. Manipulieren heißt, vorsätzlich mit den Emotionen unserer Mitmenschen zu spielen, damit sie unseren Standpunkt annehmen. Hören wir dazu Charlotte, die Assistentin eines Architekten.

Mein Chef erreicht von uns immer, was er will, und das schlimmste ist, daß man meist den Eindruck hat, es aus freien Stücken getan zu haben. Sein großer Trick besteht darin, Schuldgefühle zu wecken: wenn Sie ihm erklären, Sie hätten keine Lust, ihn am Sonnabend zu einem Kunden zu begleiten (er tritt gern mit einer Eskorte von ein, zwei Mitarbeitern auf, darunter wenigstens eine schöne Frau, denn das gibt ihm ein noch wichtigeres Aussehen), schaut er betrübt drein und fragt Sie, ob Sie böse auf ihn seien, ob Ihnen irgend etwas mißfallen habe. Kurz und gut, er macht einen so enttäuschten Eindruck, daß Sie fast Lust bekommen, ihn zu trösten, und so opfern Sie schließlich Ihren Sonnabend. Aber wenn er merkt, daß die Masche mit den Schuldgefühlen nicht zieht, ändert er augenblicklich die Taktik: er erklärt, er könne sehr wohl zwischen den wahrhaft motivierten Mitarbeitern und den übrigen unterscheiden, und gibt Ihnen zu verstehen, in welche Kategorie er Sie eingruppieren würde, wenn Sie ihn nicht begleiten. Das gleicht einer Drohung, aber er vergißt nicht hinzuzufügen, er würde es sehr gut verstehen, wenn Sie nicht kommen könnten. Sie haben aus der Botschaft freilich den Unterton herausgehört, und so willigen Sie ein.
  Ich habe schließlich herausgefunden, welche vier Strategien er benutzt, um Sie zu überzeugen:
– *die Schmeichelei: »Sie als beste Mitarbeiterin ...«*
– *das Auslösen von Schuldgefühlen: »Nach allem, was ich für Sie getan habe ...«*
– *die Einschüchterung: »Nehmen Sie sich in acht, wenn Sie ...«*
– *die Kameradschaftlichkeit: »Wir sitzen doch im selben Boot ...«*

Und das verrückteste ist, daß es ihm gelingt, im gleichen Gespräch von einer Strategie zur nächsten zu wechseln!

Bei einem solchen Scharfblick hätte es Charlotte verdient, Verantwortung im Management zu übernehmen.

* Gewähren Sie ihm keine Gunst, die Sie ihm nur ein einziges Mal gewähren möchten.

Wie bei vielen schwierigen Persönlichkeiten ist es auch bei einer narzißtischen Person sehr wichtig, daß sie ziemlich genau abschätzen kann, was Sie akzeptieren und was Sie ihr nicht mehr durchgehen lassen. So wird sie weniger dazu neigen, Ihre Toleranzgrenze zu testen. Sobald Sie merken, mit wem sie es zu schaffen haben, sollten Sie versuchen, auf einer virtuellen Karte Ihre Territorien abzustecken, indem Sie festlegen, welchen Forderungen der narzißtischen Person Sie nachkommen und welche Sie systematisch ablehnen wollen.

Hier ein Beispiel für eine solche Karte. Yannick hat sie für die Beziehung zu seiner Chefin entworfen.

Ich werde akzeptieren,
– ihr Komplimente zu machen, wenn sie darauf aus ist,
– sie vor Besuchern häufig »Madame« zu nennen,
– wenn sie dem großen Chef kleinere Vertragsabschlüsse, die ich unter Dach und Fach gebracht habe, als ihre eigenen Erfolge hinstellt.

Ich werde es ablehnen,
– ihr dauernd Kaffee zu kochen (nur gelegentlich, wenn ich selbst welchen möchte),
– einzustimmen, wenn sie den Direktor, die Konkurrenz oder meine Kollegen schlechtmacht,
– daß sie mich von Sitzungen mit dem Direktor ausschließt, wenn es um wichtige Dinge geht.

Wie Sie sehen, ist es nicht gerade erholsam, wenn man einen narzißtischen Menschen in seiner Nähe hat! Es erfordert von Ihnen eben auch, anders zu sein als er: Machen Sie nicht aus jeder Kleinigkeit eine Frage der Eigenliebe!

* Erwarten Sie nicht, daß er sich für einen Gefallen revanchiert.

Wenn Ihnen jemand einen Gefallen tut, meinen Sie manchmal, in seiner Schuld zu stehen, und möchten sich bei der nächsten Gelegenheit revanchieren. Solch eine Dankbarkeit ist womöglich kein besonders natürliches Gefühl (natürlicher wäre vielleicht, den Leuten, denen man »etwas schuldig« ist, aus dem Weg zu gehen). Aber die Erziehung, die Höflichkeitsregeln, der Blick der anderen und manchmal unser ureigenstes Interesse führen uns dazu, denen unsere Erkenntlichkeit zu zeigen, die sie verdienen. Bei einer narzißtischen Persönlichkeit läuft das oft anders, wie uns Fanny (31), Journalistin bei einer Frauenzeitschrift, berichtet.

Véronique kam als Praktikantin zu uns; ich selbst hatte sie empfohlen, denn sie war eine meiner Kommilitoninnen an der Universität. Sie arbeitete so gut, daß der Personalchef beschloß, sie einzustellen, und so fanden wir uns plötzlich auf derselben Hierarchiestufe wieder. Dazu arbeiteten wir noch für dasselbe Ressort: Reisen und Tourismus. Auf den Redaktionssitzungen begann Véronique bald, sich in den Vordergrund zu schieben und die interessantesten Themen zu ergattern, mit schönen Reisen frei Haus. Sie hat ein sehr selbstsicheres Auftreten, sie ist geschickt, und der Chefredakteur hat ein Auge auf sie geworfen.

Mir und den anderen Kollegen, uns ging das langsam auf den Geist. Eines Tages war ich schneller als Véronique und erhielt den Auftrag für eine Reportage über Sankt Petersburg, während sie die Schönheiten der inneren Provence erkunden sollte, was auch nicht übel war. Nach der Versammlung kam sie zu mir; sie kämpfte mit den Tränen. Sie warf mir vor, ihr die Reportage »weggeschnappt« zu haben, wo ich doch wissen müßte, daß sie sich schon immer für Rußland interessiert habe, daß sie auf dem Gymnasium im Russischkurs gewesen sei und seit jeher davon träume, dorthin zu fahren. Sie machte das wirklich überzeugend; ich war gerührt und erlaubte ihr, den Chefredakteur anzurufen, um unsere beiden Reisen zu tauschen. Sobald sie das Gewünschte erhalten hatte, triumphierte sie von neuem, und ich merkte, daß sie mir gegenüber keine Dankbarkeit verspürte.

Ich empfinde ihre Gegenwart wie einen unaufhörlichen Druck, der mich ins Abseits drängen will, und ich werde sehr wachsam sein müssen. Und wenn ich daran denke, daß ich selbst ihr die Tür zu unserer Redaktion aufgestoßen habe …!

Dieses Beispiel zeigt, daß die Strategie des wechselseitigen Gebens und Nehmens bei einer narzißtischen Persönlichkeit oftmals unangebracht ist. Sie wird sich selbstverständlich überhaupt nicht zu Gegenseitigkeit verpflichtet fühlen, denkt sie doch, daß ihr zustehe, was Sie ihr gewähren. Richten Sie sich also nicht nach dem Prinzip: »Je freundlicher ich zu ihr bin, desto freundlicher wird sie mich behandeln.« Das ist eine Art von Beziehung, wie Sie sie in Ihrer Kindheit von liebevollen Eltern erlernt haben. In Wettbewerbssituationen ist sie jedoch zum Scheitern verurteilt!

Haben Sie selbst Züge einer narzißtischen Persönlichkeit?

	eher richtig	*eher falsch*
1. Ich habe überdurchschnittlich viel Charme.		
2. Alles, was ich erreicht habe, verdanke ich mir selbst.		
3. Ich freue mich, wenn man mir Komplimente macht.		
4. Ich bin schnell neidisch, wenn andere Leute Erfolg haben.		
5. Ich habe schon einmal ohne schlechtes Gewissen geschummelt.		
6. Ich kann es nicht vertragen, wenn man mich warten läßt.		
7. Ich verdiene es, in meinem Beruf weit an die Spitze der Hierarchie aufzusteigen.		
8. Ich rege mich schnell auf, wenn man mir nicht die gebührende Achtung erweist.		
9. Ich nehme gern Privilegien und Vergünstigungen in Anspruch.		
10. Ich befolge nicht gern Regeln, die für alle Welt gemacht sind.		

Kapitel VI
Die schizoiden Persönlichkeiten

> »Ich fürchte mich vor Versammlungen, auf denen Leute sind.«
>
> *Eugène Labiche*

Ich habe Sébastien, meinen zukünftigen Mann, in der Unibibliothek kennengelernt, erzählt uns Carole (33), Mutter von zwei Kindern. *Dort brachte er nämlich seine ganze Zeit zu. Er war ein ziemlich gutaussehender junger Mann, und seine Ernsthaftigkeit beeindruckte mich. Weil er das Buch, in dem ich etwas nachsehen wollte, gerade in Benutzung hatte, sind wir ins Gespräch gekommen. Er wirkte freundlich, aber extrem reserviert. Weil ich ihn attraktiv fand, wollte ich die Unterhaltung gern fortsetzen. Das war sehr schwierig, denn er antwortete nur mit Ja oder Nein, wodurch ich den Eindruck gewann, ihn bei der Arbeit zu stören. Ich war es gewohnt, daß sich die Männer für mich interessierten, und seine Zugeknöpftheit machte mich neugierig. Es war eine Art Herausforderung: ich wollte es schaffen, sein Interesse zu erregen. Und ich habe es geschafft! Zwei Monate später sind wir gemeinsam ausgegangen. Im Grunde war ich es, die alles eingefädelt hat. Heute frage ich mich manchmal, ob ich mir wirklich diese ganze Mühe hätte machen sollen.*

Sehr bald bemerkte ich, daß Sébastien wenig Kontakte zu den anderen Studenten hatte. Zwischen den Kursen flitzte er in die Bibliothek, statt mit den anderen in die Caféteria zu gehen. Auch heute hat er, soweit ich weiß, nur einen engen Freund: Paul, den er seit der Kindheit kennt und der sich ebenfalls für Astronomie begeistert. Als sie klein waren, trafen sie sich am Abend, um mit einem Fernrohr, das Sébastiens Eltern ihnen geschenkt hatten, den Himmel zu beobachten. Paul ist tatsächlich Astronom geworden, und er verbringt das halbe Jahr in Hochgebirgsobservatorien verschiedener Länder. Sébastien und er schreiben sich weiterhin regelmäßig, heute kommunizieren sie per Internet.

Zu der Zeit, als ich noch darunter litt, daß Sébastien so wenig mit mir redete, war ich beinahe eifersüchtig auf diesen Freund. Ich stellte mir vor, daß Sébastien ihm Eindrücke und Gefühle anvertraute, die er mir verschwieg. Schließlich habe ich heimlich einige seiner Briefe gelesen. Sébastien schilderte sein tägliches Leben auf anderthalb Zeilen: »Mit meiner Familie bin ich ans Meer gefahren« oder »Ich habe ein neues Auto gekauft«. Der Rest widmete sich wissenschaftlichen oder philosophischen Reflexionen zu Astronomie und Informatik. Sie empfahlen sich auch gern gegenseitig Science-fiction-Bücher, die ihnen gefallen hatten.

Sébastien hat alle Prüfungen und Wettbewerbe bestanden und fand sich schließlich als Mathelehrer in einer Vorortschule wieder. Das war eine Katastrophe, denn er konnte mit der Klasse nicht umgehen, und die Schüler begannen bald, in seinen Stunden Radau zu machen. Aber er konnte sich nicht dazu durchringen, mir seine Probleme anzuvertrauen; er kam mit bekümmerter Miene nach Hause und verzog sich gleich an seinen Computer. Der Aggressivität der Leute kann er wirklich nicht die Stirn bieten. Wenn ihm im Alltag jemand in den Weg tritt, regt er sich nicht auf; er sagt nichts und geht weiter. In einer Klasse mit schwierigen Jugendlichen, die sicher sofort seine bizarre Seite wahrgenommen hatten, konnte er sich nicht durchsetzen.

Glücklicherweise hatte er gute Kontakte zu einem seiner Professoren aufrechterhalten. Dieser ermutigte ihn, eine Dissertation zu schreiben, um die universitäre Laufbahn einschlagen zu können. Der Aufwand war enorm. Diese Dissertation beschäftigte Sébastien Tag und Nacht, auch während der Ferien, und das fünf Jahre lang. Aber sie hat ihm eine Forschungsstelle an der Universität eingebracht, bei der er nur vier Stunden pro Woche unterrichten muß. In der restlichen Zeit treibt er seine Forschungen auf einem hochkomplizierten Gebiet voran, ich glaube, es ist die Differentialtopologie; er kann mir nicht einmal erklären, worum es sich handelt.

Meine Freundinnen finden ihn nett, er zeigt immer viel guten Willen, aber man kann nicht auf ihn bauen, wenn es darum geht, die Konversation zu beleben. Sind wir im Urlaub, spüre ich, wie er trotz allem Lust hat, ein paar Stunden ganz für sich allein zu sein. Er geht spazieren und nimmt ein Buch mit (vor allem mag er Science-fiction-Romane). Eine Zeitlang ging er gern surfen, was mich beunruhigte, denn er wagte sich sehr weit aufs Meer hinaus und war dabei völlig allein.

Als wir frisch verheiratet waren, habe ich mich oft über ihn aufgeregt; ich hätte ihn im Alltag gern offener und vor allem kämpferischer gesehen. Allmählich habe ich verstanden, daß ich ihn nicht ändern würde. Und dann habe ich begonnen, ihn so zu lieben, wie er ist. Mit der Zeit wurde mir auch klar, daß er meinem Vater ähnelte, der ebenfalls nicht gerade gesprächig war und dessen Aufmerksamkeit ich stets zu wecken versucht hatte.

Was soll man von Sébastien denken?

Sébastien wirkt gegenüber neuen Bekannten sehr reserviert, und er ändert dieses Verhalten auch kaum, wenn die Beziehung länger anhält. Er hat bei der Arbeit, im Familienleben und während seiner Freizeitaktivitäten einen ausgeprägten Hang zur Einsamkeit. Es fällt ihm schwer, seine Gefühle auszudrücken; die Reaktionen der anderen scheinen ihm oft gleichgültig zu sein, sei es im freundschaftlichen Umgang (geselliges Abendessen) oder in Konfliktsituationen (feindlich eingestellte Klasse). Er zieht es vor, mit sich selbst und seiner inneren Welt zu kommunizieren, wenn er seine Forschungen betreibt oder Science-fiction-Bücher liest. Sébastien besitzt zahlreiche Merkmale einer schizoiden Persönlichkeit.

Die schizoide Persönlichkeit

* Scheint oft leidenschaftslos, unbeteiligt und schwer ergründlich.
* Komplimente oder die Kritik der anderen sind ihr scheinbar gleichgültig.
* Wählt häufig Beschäftigungen, bei denen man allein ist.
* Hat kaum enge Freunde, oft nur im Kreis der Familie. Geht nicht leicht Bindungen ein.
* Sucht nicht spontan die Gesellschaft der anderen.

Achtung: Die schizoiden Persönlichkeiten sind keine Schizophrenen! Wenn man »schizoid« sagt, bedeutet das keinesfalls »schizophren«, selbst wenn beide Worte dieselbe griechische Wurzel *schizo* (»abgeschnitten« im Sinne von »abgeschnitten von der Welt«) haben. Aber die Schizophrenie ist kein Persönlichkeitstyp, sondern eine richtiggehende Krankheit. Die an Schizophrenie leidenden Patienten haben Anfälle von Wahnideen, und ihre geistigen Fähigkeiten sind gestört.[33] Das ist bei Sébastien, der ein großartiger Wissenschaftler bleibt, keineswegs der Fall.

Wie Sébastien die Welt sieht

Es ist nicht leicht, die Welterfahrung der schizoiden Persönlichkeiten zu begreifen, neigen sie doch nicht dazu, von sich zu erzählen. Wie soll man erraten, was diese Menschen über andere und über sich selbst denken, wenn man sie stets zurückgezogen, leidenschaftslos und schweigsam erlebt? Die Psychologen nehmen an, daß ihre Grundüberzeugung in etwa sein könnte: »Beziehungen zu anderen Menschen sind schwer kalkulierbar, sie sind anstrengend und eine Quelle von Mißverständnissen; deshalb meidet man sie besser.«

Ein jeder weiß, daß die anderen unberechenbar und oftmals anstrengend sind. Trotzdem werden wir nicht allesamt schizoid! Weshalb ist der Umgang mit den Mitmenschen für die schizoide Person besonders anstrengend? Zunächst einmal, weil der Schizoide vielleicht weniger geschickt darin ist, die Reaktionen der anderen zu verstehen. Er findet sie schwer zu »dechiffrieren«. Die Kommunikation mit anderen erfordert von ihm eine größere Anstrengung. Erinnern sie sich, wie es war, als Sie sich letztens mit Ausländern, deren Sprache Sie schlecht beherrschen, ein wenig unterhalten mußten? Nun, so wie Sie es damals strapaziös fanden, werden vielleicht auch manche schizoide Personen durch die Anstrengung, mit anderen zu kommunizieren, schnell erschöpft sein.

Daß die Schizoiden wenig Appetit auf Kontakte verspüren, hat vielleicht noch einen Grund: anscheinend sind ihnen die Meinung der anderen, ihre Bewunderung und ihr

Beifall weniger wichtig als den meisten von uns. Sie gehen selten auf die Jagd nach Komplimenten, denn Komplimente kümmern sie wenig. Im Vergleich zu anderen schwierigen Persönlichkeiten, die dauernd die Zustimmung und Bewunderung ihrer Umgebung suchen (narzißtische und histrionische Menschen), ist der Schizoide viel autonomer. Er findet Befriedigung in seiner Innenwelt und im einsamen Gebrauch seiner Fähigkeiten. Er liebt es zu träumen, allein zu arbeiten, sich seine Umgebung selbst zu schaffen; dem Beifall seiner Mitmenschen wird er nicht hinterherlaufen.

Sie können sich vorstellen, daß schizoide Persönlichkeiten einen Hang zu Berufen haben, bei denen man sich über weite Strecken allein beschäftigen muß: man findet viele Schizoide unter Informatikern und Entwicklungsingenieuren, in bestimmten Handwerksberufen und bei einsamen Tätigkeiten (es braucht ja nicht gleich die eines Leuchtturmwärters zu sein). Sie sind in ihrer Disziplin oft hervorragende Spezialisten und versenken sich gern völlig in ihre Materie. Wie Sébastien fühlen sie sich stärker zu den abstrakten oder technischen Fachrichtungen hingezogen als zu denen, die mit Menschen zu tun haben.

Lesen wir den Bericht von Marc (29). Mit sechzehn hat er auf Anraten der Eltern, die von seiner Vereinzelung beunruhigt waren, eine Psychotherapie absolviert.

Es stimmt schon, daß ich mich immer am glücklichsten fühlte, wenn ich allein war. Als Kind stieg ich mit Vorliebe auf den Dachboden, wo ich Stunden damit zubrachte, angeregt durch Bücher, die ich gerade las, Geschichten von Entdeckern und geheimnisvollen Inseln zu erfinden. Ich träumte mit offenen Augen. Die Geschichten schrieb ich in ein Schulheft, das ich aber niemandem zeigte. Warum sollten die anderen das lesen, was nur mir dazu diente, die verschiedenen Inseln, die ich ersonnen hatte, und ihre imaginäre Geographie festzuhalten? Oft waren diese Inseln ohne eine Spur menschlichen Lebens, und meine Rolle als Entdecker bestand vor allem darin, die Fauna und Flora zu klassifizieren. Ich ließ mich von alten Naturgeschichtsatlanten inspirieren.

Als ich zehn war, konnte ich die Namen aller Arten und Unterarten von Vögeln und Säugetieren herbeten. Aber die Einteilung interessierte mich mehr als die Tiere selbst. In der Schule lief es nicht besonders. Ich war ein guter Schüler, aber nicht gerade populär. Ich fühlte, daß ich nicht so war wie die anderen Kinder, sie kamen mir lärmend und aufgeregt vor, und die Spiele der übrigen Jungen reizten mich nicht. Ich bekam den Spitznamen »Bizarro« verpaßt und wurde sehr bald links liegengelassen. Sie spotteten über mich, von allen Seiten hörte ich sie »Bizarro« rufen. In der Sechsten hatte mich der Anführer der Klasse auf dem Kieker, und ich wurde zum Sündenbock für alles. Zum Glück fand ich einen Freund, der mir ein bißchen ähnelte, aber viel kräftiger war, so daß man uns in Ruhe ließ. (Er ist übrigens bis heute mit mir befreundet, und wir arbeiten im selben Unternehmen, weil ich ihn benachrichtigt hatte, als eine Stelle frei geworden war.)

Am unglücklichsten habe ich mich in der Jugend gefühlt. Die anderen gingen gemeinsam weg und baggerten die Mädchen an; ich blieb für mich. Wenn wir abends zusammen waren, wußte ich nie, was ich sagen sollte. Eine Unterhaltung zu führen, strengte mich schrecklich an, und außerdem hatte ich immer den Eindruck, nicht zu begreifen, was die anderen von mir erwarteten. Ich hätte beschließen können, in meinem Winkel zu bleiben und mich in die Arbeit zu versenken, aber letztendlich fühlte ich mich doch von den Mädchen angezogen. Das trieb mich dazu, aus meiner Einsamkeit herauszutreten.

Leider bin ich, wie mir heute klar ist, mit ihnen sehr ungeschickt umgegangen. Ich wußte nicht, was ich ihnen sagen sollte; wenn ich mit ihnen sprach, dann über Dinge, die mich begeisterten: ich versuchte ihnen zu erklären, wie sich ein Flugzeug in der Luft hält oder wie man sich auf hoher See an den Sternen orientieren kann. In den ersten Minuten reizte ich ihre Neugier, dann begann ich sie zu langweilen. Ich wußte es, konnte das Register aber nicht wechseln. Außerdem zog ich mich, sobald sich ein anderer Junge für sie interessierte, gleich aus dem Wettbewerb zurück, denn einer solchen Lage fühlte ich mich nicht gewachsen.

Die Therapie hat mir sehr genützt. Zunächst half mir der Psychologe, alle Situationen zu beschreiben, in denen ich mich unwohl fühlte, und in gewisser Weise hat mich das trainiert, einen verborgenen, persönlichen Standpunkt zu äußern, was mir im täglichen Leben nie geglückt war. Diese Erfahrung war sehr nützlich. Dann half er mir, ein wenig besser zu begreifen, welche Erwartungen an ein Gespräch die anderen hatten und was ich bei der Kommunikation falsch machte.

Auf dieser Stufe angelangt, fühlte ich mich stark genug, um an einer Gruppentherapie teilzunehmen; zunächst hatte ich das abgelehnt. Es war eine Selbstsicherheits-Trainingsgruppe. Wir machten Rollenspiele, die von Situationen des täglichen Lebens ausgingen. Ich habe zum Beispiel folgende gespielt: »Sie sitzen im Seminar neben einer Studentin. Beginnen Sie eine Unterhaltung mit ihr und laden Sie sie zu einem Kaffee ein.« Ein Mädchen aus unserer Gruppe übernahm die Rolle der Studentin. Ich stellte mich ungeschickt an und brachte alles durcheinander, aber den anderen aus der Gruppe ging es auch nicht besser, doch der Therapeut baute eine sehr beruhigende Atmosphäre auf, in der jeder Mut schöpfte. In einem Jahr machte ich große Fortschritte.

Heute habe ich noch immer eine Vorliebe für die Einsamkeit und für geistige Arbeit, aber ich finde den Kontakt mit anderen Menschen amüsanter als früher, denn ich fühle mich jetzt ungezwungener. Und meine Frau und ich, wir ergänzen uns ziemlich gut. Sie ist viel lebhafter und geselliger als ich, organisiert unseren gesellschaftlichen Umgang, spricht Treffen ab und entdeckt neue Freunde. Sie kennt mich aber auch so gut, daß sie mich nicht zwingt, meine »Beziehungsdosis« zu überschreiten. Ich glaube, daß es mir nie geglückt wäre, eine Frau wie sie kennenzulernen und zu heiraten, wenn ich die Therapie nicht absolviert hätte.

Marc hatte Glück: er fand sehr früh einen guten Freund, der ihm half, sich ein besseres Selbstbild aufzubauen, indem er ihm das Gefühl gab, nicht zurückgewiesen zu werden. Zum zweiten Mal hatte er Glück, als er schon in seiner Jugend einen Therapeuten fand, dessen Vorgehen sich an die realen Bedürfnisse anpaßte, indem er versuchte, so schnell wie möglich Marcs Kontaktfähigkeit zu verbessern.

Wenn man an seiner Schizoidität leidet

In einer traditionellen agrarischen Gemeinschaft (der Umgebung, in welcher wir über Tausende von Jahren gelebt haben) war es bestimmt nicht so schlimm, schizoid zu sein.

Sie brachten Ihr Leben inmitten der Bewohner Ihres Dorfes zu, also unter Leuten, die Sie kannten; Sie brauchten keine neuen Bekanntschaften zu schließen, und man wußte ganz einfach, daß Sie ein bißchen »verschlossen« waren, was Sie im übrigen vielleicht gerade befähigte, die einsamen Stunden bei der Feldarbeit besser als andere Leute durchzustehen oder, wenn Sie eine Frau waren, schweigend vor sich hin zu spinnen oder zu weben. Als Jugendlicher fehlte es Ihnen natürlich an Leichtigkeit im Umgang mit jungen Leuten vom anderen Geschlecht. Wenn Sie ein Junge waren, wußten Sie nicht, wie man den Mädchen, diesen komplizierten und unberechenbaren Wesen, den Hof macht. Als schizoides Mädchen wußten Sie nicht, wie Sie auf die Annäherungsversuche der Jungen reagieren sollten, und es war erholsamer, ihnen ganz und gar aus dem Weg zu gehen. Aber auch hier erleichterte der Gesellschaftstyp, in dem Sie lebten, die ganze Sache: Im allgemeinen war Ihre Heirat schon seit langem »arrangiert« – zwei Familien von ähnlichem Status hatten überlegt, welche ihrer Kinder man am vernünftigsten miteinander paaren könnte. So brauchten Sie sich beim Werben um die Versprochene kaum zu bewähren. In diesen Gesellschaften ging es um die Sicherung des Lebensunterhalts, und bei Männern sah man es nicht als Hauptaufgabe an, daß sie eine amüsante und abwechslungsreiche Konversation führen konnten, selbst wenn diese Fertigkeit beim abendlichen Zusammensein geschätzt war. Man erwartete von ihnen vielmehr, daß sie arbeitsam, körperlich robust und nicht so händelsüchtig waren. Frauen sollten bei der Arbeit ausdauernd sein, ihren Männern untertan und gute Mütter. All diese Eigenschaften, die (abgesehen von der guten Aussteuer) besonders viel galten, konnte eine schizoide Schöne ohne weiteres in sich vereinen. (Wenigstens mal eine, die sich nicht beklagt, wenn ihr Mann nicht mit ihr redet!)

Vom entwicklungsgeschichtlichen Standpunkt her gesehen, dürfen wir sogar annehmen, daß es für Individuen, die lange Zeiträume in völliger Einsamkeit zubringen mußten (Trapper, Hirten, Fischer), von Vorteil war, schizoid zu sein.

Heute ist alles anders geworden. Der überwiegende Teil

der Weltbevölkerung lebt in Städten, und wir begegnen ständig neuen Leuten, sei es in der Schule, an der Uni, bei der Arbeit, auf der Straße oder im Urlaub. Man muß wissen, wie man sich mit einem Fremden bekannt macht, wie man Kontakte knüpft und einen guten Eindruck hinterläßt. Für bestimmte Menschen ist das sehr schwierig, besonders aber für die schizoiden, die an eine andersartige Umwelt perfekt angepaßt waren. Unsere Gesellschaft stellt unbarmherzige Anforderungen im Bereich der Kommunikation: Egal ob Sie einen Partner verführen oder beim Einstellungsgespräch überzeugen wollen, ob Sie erreichen möchten, daß man Ihnen die Verantwortung für eine Arbeitsgruppe überträgt oder Ihr Projekt akzeptiert, immer müssen Sie reden, reden, reden. Unsere berufliche und private Existenz hängt ab von unserer Fähigkeit, mit anderen gut zu kommunizieren.

Schizoide Personen laufen also Gefahr, in ihrem Privatleben und ihrem sozialen Umgang isoliert dazustehen und im Beruf auf untergeordneten Posten dahinzuvegetieren. Daher möchten manche von ihnen eine Psychotherapie in Angriff nehmen, die sie zwar nicht in Stimmungskanonen verwandeln wird, ihnen jedoch helfen kann, in den kleinen Kämpfen des Alltags auf angemessene Weise ihren Mann zu stehen.

Alle auf Kommunikationstraining ausgerichteten Therapien können den änderungswilligen schizoiden Personen wahrscheinlich helfen, sofern sie Situationen von allmählich wachsendem Schwierigkeitsgrad anbieten; es fehlt aber noch an Untersuchungen, die diese Vermutung bestätigen.

Schizoide Persönlichkeiten in Film und Literatur

Es spricht manches dafür, daß der Erzähler in *Der Fremde* von Camus eine schizoide Persönlichkeit ist: seine distanzierte Sicht auf die Realität, seine Gleichgültigkeit gegenüber den Reaktionen der anderen und sein Rückzug in die Innenwelt.

Dies könnte man auch von den Helden mancher Romane von Patrick Modiano behaupten, die aus ihrer schizoiden und verträumten Eingekehrtheit nur wegen der Liebe zu einer jungen Frau heraustreten, welche ihnen aber oftmals entwischt, so besonders in *Villa Triste*.

In *Moon Palace* von Paul Auster ist der Hauptheld am Ende seiner Ressourcen angelangt und läßt sich in seiner Wohnung still verhungern. Statt Hilfe zu suchen, indem er zu seinen Mitmenschen Kontakt aufnimmt, verschließt er sich in seiner schizoiden Träumerei.

Im Kino könnte man all die einzelgängerischen und eiskalten Rächerhelden, die wenig Worte verlieren und denen es gleichgültig ist, wenn die Frauen und die Menge sie bewundern, als »aktive« Schizoide betrachten. Clint Eastwood und Charles Bronson haben sich spezialisiert auf die Darstellung solch unbewegter Charaktere, die mit den Bösewichtern abrechnen, um dann wieder zu ihrem einzigen Weggefährten zurückzukehren: ihrem Pferd. Clint Eastwood verkörperte eine solche Rolle zum Beispiel in dem Film *The Pale Rider* (1985).

Vom Umgang mit schizoiden Persönlichkeiten

Wenn es Ihr Chef ist: Lassen Sie ihm lieber eine Notiz zukommen, als daß Sie ihn persönlich aufsuchen.

Wenn es Ihr Lebenspartner ist: Finden Sie sich damit ab, für das soziale Leben des Ehepaars verantwortlich zu sein.

Wenn es Ihr Kollege oder Mitarbeiter ist: Lassen Sie ihn lieber zu einem hervorragenden Experten werden als zu einem schlechten Manager.

Was Sie tun sollten

* Respektieren Sie sein Bedürfnis nach Einsamkeit.

Denken Sie daran, daß das Leben in Gesellschaft für eine schizoide Persönlichkeit viel anstrengender ist als für Sie. Die Einsamkeit ist ihr Sauerstoff, sie gestattet ihr, nach der Anstrengung wieder Kräfte zu sammeln. Die Einsamkeit erlaubt ihr auch, sich auf die Aufgaben zu konzentrieren, bei denen sie sich am wohlsten fühlt. Hören wir dazu Marine, die Ehefrau von Marc, dessen Bericht Sie weiter oben gelesen haben.

Jedesmal, wenn wir von Freunden zum Abendessen eingeladen werden, spüre ich, daß Marc ein bißchen verstimmt ist, selbst wenn er sich nichts anmerken läßt. Natürlich hat er eingesehen, daß wir uns nicht in eine Höhle zurückziehen können und daß es mir Spaß macht, Leute zu treffen. Aber ich fühle, daß er lieber zu Hause bleiben und lesen würde. Trotzdem nimmt er ohne viel Hin und Her Einladungen an.

Wenn der besagte Abend naht, merke ich, sobald Marc von der Arbeit kommt, daß er unglücklich ist. Er wirkt traurig und verschlossen. Aber er beklagt sich nicht, er ist weiterhin nett zu mir und setzt sich vor den Fernseher, während ich mich zurechtmache.

Kaum sind wir bei den Leuten angekommen, scheint er sich zu verwandeln: er erzählt, macht Späße und legt viel Humor an den Tag. Die anderen mögen ihn und denken, er wäre gern da. Nur ich weiß, daß diese Ungezwungenheit erst mit den Jahren gekommen ist, indem Marc die anderen beobachtet und sich eine gewisse Leichtigkeit antrainiert hat, daß sie für ihn aber eine Anstrengung bedeutet. Wenn sich das Abendessen dem Ende zuneigt, wird er im übrigen weniger gesprächig, er »setzt sich auf Sparflamme«, als hätte er sein Maximum schon hergegeben. Dann schiebe ich vor, wir müßten am nächsten Morgen sehr früh aufstehen, und gebe damit das Signal zum Aufbruch. Sein Blick wird wieder lebhafter, ein bißchen wie bei einem Hund, der sieht, daß sein Herrchen zur Leine greift und ihn also bald wieder in seine Hütte zurückbringen wird. Dieser Vergleich ist von Marc selbst – Sie sehen, er hat wirklich Humor.

Im Grunde machen wir beide eine Anstrengung: Marc, indem er einwilligt, abends auszugehen und das Spiel der Konversation mit-

zumachen, ich, indem ich nicht jede Einladung annehme und früher gehe, als ich eigentlich möchte; so verstehen wir uns letztendlich ganz gut. Übrigens sagt er mir, daß er im Laufe der Zeit mehr Interesse an der Gesellschaft der anderen gewonnen hat.

Was sollen wir nach einem solchen Bericht noch über die nötige Rücksichtnahme auf das Einsamkeitsbedürfnis der Schizoiden hinzufügen?

* Übertragen Sie ihm angemessene Aufgaben.

Armelle ist eine exzellente Dokumentalistin, erzählt uns Patrick (38), der Chef einer Universitätsbibliothek. *Sie ist sehr kompetent, wenn es darum geht, Informationen ausfindig zu machen, sie jongliert mit den verschiedensten Datenbanken. Den größten Teil ihres Arbeitstages verbringt sie vor ihrem Computerbildschirm; den Kontakt mit den Lesern reduziert sie auf ein Minimum. Sie ist ziemlich hübsch, macht sich aber so zurecht, daß es kaum jemandem auffällt, sie lächelt niemals, sie drückt sich die Wände entlang, und ich glaube, daß sie sehr wenige Freunde hat. Sie lebt allein in einem Zimmer über der Wohnung ihrer Eltern.*

Weil ich ziemlich überlastet bin, habe ich ihr vorgeschlagen, mich bei den Versammlungen mit anderen Funktionsträgern der Universität zu vertreten. Ich spürte, daß sie nur zögernd zustimmte. Wenn sie von den Versammlungen zurückkam, gab sie mir eine Zusammenfassung von allem, was zur Sprache gekommen war, aber ich stellte fest, daß sie kaum selbst einmal das Wort ergriffen hatte. Besonders dort, wo man die Position der Bibliothek hätte verteidigen müssen, hat sie es oft nicht getan. Ich machte sie darauf aufmerksam. Sie verzog keine Miene. Später fand ich in meinem Postfach einen Brief von ihr. In einem sehr nüchternen, beinahe unpersönlichen Stil erklärte sie mir, daß es ihr schwerfalle, sich auf die Äußerungen der Leute zu konzentrieren, daß es sie sehr anstrenge und ermüde und daß sie den Eindruck habe, dort keine gute Arbeit zu leisten. Was sollte ich auf so einen Brief antworten? Ansonsten ist sie ja eine hervorragende Mitarbeiterin. Ich habe sie also von den Versammlungen freigestellt und sie wieder an ihren Computerbildschirm verschwinden lassen. Inzwischen beobachte ich einen Fortschritt: sie lächelt mir zu, wenn sie »Bonjour« sagt.

Die von Patrick beschriebene Situation gibt es sicher sehr häufig: Einer schizoiden Person, die wegen ihrer technischen Fähigkeiten sehr geschätzt ist, werden Verantwortlichkeiten im Management übertragen. Und dort, in Funktionen, die nicht zu ihrer Persönlichkeit passen, sorgt sie für Enttäuschungen, sie leidet und fährt schlechte Resultate für sich selbst wie für das Unternehmen ein.

Hier ist der Bericht von Luc, einem brillanten Ingenieur, der beinahe einem »Karriereunfall« zum Opfer gefallen wäre.

Ich habe mich schon immer für die Mathematik und fürs Studieren begeistert. Es war also kein großes Wunder, daß ich einen Studienplatz an einer renommierten Ingenieurhochschule bekam. Aber im Unterschied zu vielen meiner Kommilitonen, die von einer Karriere als Vorstandschef oder Minister träumten, wollte ich wirklich Ingenieur sein! Nach dem Studium fand ich mühelos einen Posten in einem Bereich, für den ich eine Passion habe, in der Flüssigkeitsdynamik. Nach zwei Jahren übertrug man mir die Leitung eines Teams von drei Ingenieuren, und obgleich das viel anstrengender für mich war, erreichte ich, daß sie gut zusammenarbeiten.

Dann ernannte man mich zum Projektleiter. Nun hatte ich es mit verschiedenen Teams zu tun, ich mußte der Direktion Rechenschaft ablegen und etliche Stunden in Versammlungen oder auch mit den Kunden zubringen. Bald war ich schrecklich erschöpft und gestreßt. Was mich interessierte, war die Forschung und nicht die Politik. Es gelang mir zwar, die Aufgaben zu bewältigen, aber nur unter enormer Anstrengung. Meiner Meinung nach war ich nicht der Geeignetste für diesen Posten.

Am Ende bekam ich Depressionen und mußte einen Psychiater aufsuchen. Auf Sitzungen war ich eine blasse Erscheinung; mein Chef ließ mich bereits spüren, daß er von mir wieder bessere Leistungen erwartete, und zwar bald.

In dieser Situation erhielt ich glücklicherweise ein Angebot von einer ausländischen Firma, die einen hochqualifizierten Experten brauchte. Ich habe sofort zugesagt. Heute habe ich vier Mitarbeiter, alles Forscher; ich bringe drei Viertel meiner Zeit mit dem zu, was ich gern mache, und nur ein Viertel mit Verwaltungsdingen. Dieses Unternehmen hat verstanden, mich richtig einzusetzen. Natürlich sind manche meiner Studienkameraden in meinem Alter schon für Hunderte von Personen verantwortlich, aber so etwas habe ich mir nie gewünscht.

Auf einen Luc, der ein Unternehmen gefunden hat, in dem man eine richtige Karriere als Spezialist machen kann, kommen wahrscheinlich unzählige andere, die scheitern und mit abgebrochener Karriere aufs Abstellgleis geschoben werden, weil man von ihnen Managementkompetenzen verlangt, die sie nicht besitzen.

Aber aufgepaßt! Wir wollen nicht behaupten, daß schizoide Personen nicht imstande wären, ein Team zu führen (in einer Umgebung, die ihm zusagt, schafft Luc es ja durchaus), sondern nur, daß man ihre Möglichkeiten auf diesem Gebiet sehr sorgfältig abschätzen muß und den Qualifikationsgrad nicht mit der Befähigung fürs Management verwechseln darf.

* Versuchen Sie, etwas von seiner inneren Welt zu erlauschen.

Im Gegensatz zu seiner sehr zurückhaltenden Erscheinung hat der Schizoide oft ein reiches Innenleben. In der Schule sind es solche Jungen, die sich für die Mädchen nicht zu interessieren scheinen, aber heimlich lange Liebesgedichte verfassen, manchmal für eine imaginäre Dulcinea. Durch ihre Tagträume und ihre Einbildungskraft haben schizoide Menschen oft reichhaltige und originelle Gedanken, und ihre (wenn auch manchmal etwas »verbaute«) Sensibilität kann wahre Schätze an Frische und Poesie offenbaren. Diese originelle Sichtweise auf die Dinge erklärt, weshalb man unter schöpferischen Menschen wie Künstlern, Wissenschaftlern oder Schriftstellern viele schizoide Persönlichkeiten findet.

Wenn Sie Zugang zu diesen Reichtümern haben wollen, sollten Sie Ihren Lieblingsschizoiden nicht durch zuviel Konversation vor den Kopf stoßen. Ermutigen Sie ihn einfach zum Sprechen, indem Sie zeigen, daß Sie ihm zuhören. Bringen Sie ein Thema ein, das ihn interessiert. Respektieren Sie seine Schweigepausen. Und wenn Sie genügend Geduld und Aufmerksamkeit beweisen, haben Sie vielleicht das Glück, originelle Worte zu hören und eine faszinierende Welt zu entdecken, ganz wie ein rares Geschenk, das nur den wenigen Privilegierten zuteil wird, die eine Atmosphäre zu schaffen wissen, in der er sich wohl fühlt.

* Schätzen Sie ihn wegen der Stille, die ihn umgibt.

Natürlich ist ein schizoider Mensch nicht gerade redselig. Aber haben Sie auch an all jene gedacht, die Sie zur Erschöpfung treiben, indem sie *zuviel* reden? Ist Ihnen Ihr Büronachbar nie auf den Wecker gefallen, wenn er Ihnen seine Wochenendabenteuer schilderte, während Sie eine dringende Arbeit fertigstellen mußten? Oder Ihre Freundin, wenn sie am Telefon ihren Liebeskummer ausbreitete, obwohl Sie schon durchblicken lassen hatten, daß Sie gern auflegen wollten? Oder der joviale Tischgast, der Sie mit seiner Fragerei, seinen Witzchen und seinen Anekdoten über Hinz und Kunz ermüdet? Und die Leute, die es lieben, eine Versammlung auszudehnen, weil sie nicht genug davon bekommen können, zu reden und sich selbst reden zu hören? Mit einem schizoiden Menschen riskieren Sie nichts von alledem. Wenn Sie Ruhe, Stille und Konzentration suchen, ist er genau der richtige. Denken Sie an ihn, wenn Sie einen Wandergefährten suchen, ein Besatzungsmitglied für die Kreuzfahrt oder jemanden, der Sie zum Angeln begleitet. Nehmen Sie ihn auf ein Studien- und Lektürewochenende mit. Mit ihm können Sie schweigen, ohne unterbrochen zu werden!

Was Sie lassen sollten

* Erwarten Sie nicht von ihm, daß er intensive Gefühle ausdrückt.

So wie es sinnlos wäre, von einer Familienlimousine das gleiche Fahrverhalten zu erwarten wie von einem Sportwagen, so nutzlos ist es auch, von einem Schizoiden zu verlangen, er solle seine Emotionen, seien es Freude oder Zorn, offen zeigen.

Schon auf unserer Hochzeitsreise habe ich geglaubt, daß ich es mit meinem Mann nicht lange aushalten würde. Ich war eine ziemlich verschwatzte junge Frau, ich machte gern Späße und war eher emotiv, das heißt, ich konnte sowohl Freude als auch Kummer sehr stark empfinden. Wir reisten durch Norditalien, und ich begeisterte mich für die Landschaften, die wir dort entdeckten. Wenn ich enthusiastisch ausrief: »Ist das herrlich!«, antwortete mein Mann mit unbewegter Stimme: »Ja.« Oder noch schlimmer, er sagte gar nichts! Wenn wir uns liebten, schien ihm das Vergnügen zu bereiten, aber hinterher, wenn ich mich in seine Arme kuschelte, war er ganz unfähig, ein zärtliches Wort zu sagen.

Ein paar Tage darauf traf in unserem Hotel ein Telegramm ein, das uns vom plötzlichen Tod seines Onkels informierte. Als ich daran dachte, wie mein Mann das aufnehmen würde, befürchtete ich das Schlimmste, denn ich wußte, daß dieser Onkel für ihn fast wie ein Vater gewesen war. Die Augen voller Tränen, sah ich zu ihm hinüber, als er das Telegramm noch einmal las. Er sagte keinen Ton. Schließlich blickte er mich an und meinte: »Wir werden wohl nach Hause müssen.«

Es dauerte eine Weile, bis ich mich an seinen Mangel an Gefühlsausdrücken gewöhnt und besonders, bis ich seine Vorzüge entdeckt hatte. Und dann hat er sich durch das Zusammenleben mit mir auch ein bißchen gebessert, gleichzeitig habe ich meine Ansprüche zurückgeschraubt. Heute können wir manchmal schon darüber scherzen.

* Erschlagen Sie ihn nicht mit zu viel Konversation.

Weil die schizoiden Persönlichkeiten nicht viel reden und einen kaum einmal unterbrechen, können sie wie gute Zuhörer wirken. So werden sie manchmal ungewollt Leute anziehen, die versessen darauf sind, ungestört ihr Herz auszuschütten, und die endlos lange wie ein Wasserfall reden ... Wenn diese Quasselstrippen ihren Gesprächspartner aufmerksam beobachteten, würden sie Anzeichen von Ermüdung oder Langeweile wahrnehmen.

Meine Frau ist Buchhalterin, erzählt uns Germain (42), ein Landwirt. *Sie ist, wie man so sagt, ein »ernsthaftes Mädchen«. Sie arbeitet hart, man hört von ihr kein lautes Wort, und sie kümmert sich gut um unsere beiden Kinder. Das einzige Problem ist, daß ich eher redselig bin und sie nicht. Als ich ihr den Hof machte, beeindruckte mich ihr Schweigen. Ich erzählte ihr wunder was, und sie schaute mich an, ohne viel zu antworten. Ich dachte, sie interessiere sich nicht für mich, und machte noch größere Anstrengungen in Konversation, ich erzählte ihr Geschichten, machte Witze, aber das Resultat war mager.*

Eines Tages, als wir aus dem Kino kamen, wo wir gerade »Rain Man« gesehen hatten, habe ich endlich begriffen. Am Anfang machte ich meine Kommentare zum Film, aber sie antwortete nicht, und schließlich sagte sie: »Ich denke gern über einen Film nach, den ich gerade gesehen habe, aber ich mag nicht über ihn reden.« Mit einemmal wurde mir bewußt, daß ich schon wochenlang zu viel auf sie eingeredet hatte. Sogar heute sprechen wir kaum einmal länger als zehn Minuten miteinander. Ich habe mich daran gewöhnt, und für meinen Redebedarf habe ich meine Freunde, mit denen ich abends in einer Männerrunde zusammensitze. Meine Frau macht übrigens nie Schwierigkeiten, wenn ich ein- oder zweimal die Woche abends weggehe. Sie setzt sich vor den Fernseher, schaltet den Ton ab und löst Kreuzworträtsel.

Hier ein guter Rat, der nicht nur für den Umgang mit Schizoiden gilt: Wenn Sie mit jemandem sprechen, sollten Sie versuchen, Ihre Aufmerksamkeit ein wenig von dem, was Sie gerade sagen, abzuwenden und statt dessen die nonverbalen Reaktionen Ihres Gesprächspartners beobachten – seinen Blick, seine Mimik und seine Körperhaltung. Sie werden daraus manchmal mehr erfahren als aus seiner Antwort. Und bei einer schizoiden Person werden Sie eher merken, wann Sie sie zu langweilen beginnen.

* Passen Sie auf, daß er sich nicht völlig isoliert.

Überläßt man ihn seiner natürlichen Neigung, wird der Schizoide Gefahr laufen, als Einsiedler zu enden. Noch vor ein, zwei Jahrzehnten stieß man in Forschungslaboren bisweilen auf Wissenschaftler, die ihr Büro nicht mehr verließen und sogar dort schliefen; sie vereinfachten die Anforderungen des Alltags, indem sie ihre Pantoffeln anbehielten, wenn sie ihren täglichen Ausflug in Richtung Kaffeeautomat machten. Sie redeten nur noch mit ihrer Sekretärin, und auch das nur, wenn sie gefragt wurden, oder mit dem Chef ihres Forschungsprojekts, wenn er einmal höchstpersönlich nachschauen kam, wie weit sie mit ihrer Arbeit waren. Die Anforderungen der modernen Forschung, welche oft von Teams realisiert wird, die von einem Ende der Welt zum anderen in einer Kooperations- und Konkurrenzbeziehung stehen, haben diesen Forschertyp nach und nach verschwinden lassen (man kann ihn nur noch in gewissen wohlbehüteten staatlichen Forschungseinrichtungen antreffen), oder sie haben die anpassungsfähigsten Schizoiden dazu gebracht, mit ihresgleichen besser zu kommunizieren, weil die Umgebung stimulierender geworden ist. Stimulierender, wenn auch nicht zu sehr, denn ein Forschungslabor ist immer auch ein Ort, an dem man Zonen des Schweigens und der Einsamkeit akzeptiert.

Wenn Sie also einen Schizoiden kennen, sollten Sie ihn natürlich nicht durch zu häufige Anwesenheit oder zuviel Gerede ermüden, aber sie sollten ihn dennoch von Zeit zu Zeit besuchen, ihn einladen oder zu Zusammenkünften mitnehmen. So werden Sie ihm helfen, seine Beziehungskompetenzen funktionstüchtig zu halten, und ihm wird durch dieses Training das soziale Leben weniger anstrengend vorkommen, wie wir am Anfang unseres Kapitels am Beispiel von Caroles Ehemann gesehen haben.

Haben Sie selbst Züge einer schizoiden Persönlichkeit?

	eher richtig	*eher falsch*
1. Wenn ich den Tag mit anderen Leuten verbracht habe, verspüre ich dringend das Bedürfnis, allein zu sein.		
2. Manchmal habe ich Mühe, die Reaktionen der anderen zu begreifen.		
3. Ich bin nicht besonders versessen darauf, neue Bekanntschaften zu machen.		
4. Selbst in Gegenwart anderer Leute bin ich manchmal nicht bei der Sache, weil ich an etwas anderes denke.		
5. Wenn sich meine Freunde versammelten, um meinen Geburtstag zu feiern, würde mich das eher ermüden als erfreuen.		
6. Man wirft mir vor, ich wäre manchmal geistesabwesend.		
7. Meine Freizeit verbringe ich meist allein.		
8. Rechnet man meine Familie nicht mit, habe ich nur einen oder zwei Freunde.		
9. Mich interessiert nicht besonders, was die Leute von mir denken.		
10. Ich mag keine Gruppenaktivitäten.		

Kapitel VII

Die Verhaltensweisen vom Typus A

Luc (36), leitender Angestellter in der Handelsabteilung eines Telekommunikationsunternehmens, berichtet: *Schon bei meinem Einstellungsgespräch spürte ich, daß mein Chef ein schwieriger Typ war. Wenn er mir eine Frage gestellt hatte, wartete er oft nicht einmal ab, bis ich mit der Antwort fertig war, sondern stellte schon die nächste. Er schien es eilig zu haben, wirkte ungeduldig, und ich hatte den Eindruck, ihm seine Zeit zu rauben. Ich dachte, er hätte längst beschlossen, mich nicht zu nehmen, und würde mich nur der Form halber empfangen. Aber von wegen: er hat mich eingestellt! Später verstand ich, daß diese eilige und ungeduldige Art bei ihm der Normalfall war.*

Auf Versammlungen ist es noch schlimmer: sobald wir uns ein bißchen ausführlicher über etwas auslassen, unterbricht er. Manchmal bringt er sogar unseren Satz selbst zu Ende. Spontanen Einspruch verträgt er nur schlecht. Sobald man ihm widerspricht, argumentiert er so lange, bis der andere seine Position aufgibt. Wenn man ihn dagegen zwei Tage später wiedersieht, kann er die Information, die man ihm zu übermitteln versucht hatte, inzwischen durchaus verdaut haben, und dann benimmt er sich so, als wäre er schon immer einverstanden gewesen. Darüber amüsieren sich alle meine Kollegen, in seiner Abwesenheit natürlich.

Wir respektieren ihn trotzdem, denn man muß zugeben, daß er eine überquellende Aktivität an den Tag legt. Morgens ist er als erster auf Arbeit, er überfrachtet seinen Kalender mit Gesprächsterminen und Versammlungen und geht abends spät nach Hause. Von einem Büro zum andern bewegt er sich stets im Laufschritt. Wenn man ihm ein Problem unterbreitet, trifft er unverzüglich eine Entscheidung, und meist ist es die richtige. In zwei oder drei Fällen ist er dennoch zu übereilt vorgegangen, ein wenig Überlegung hätte uns kostspielige Irrtümer erspart. Er ist kein schlechter Kerl, aber er regt sich schnell auf, und selbst wenn es ihm gelingt, nicht an die Decke zu gehen, sieht man ihm seinen Zorn nur zu deutlich an.

Einmal bemerkte er, daß ihm die Sekretärin aus Versehen ein falsches Dossier mitgegeben hatte. Ich beobachtete, wie sein Gesicht vor Wut buchstäblich anschwoll, aber weil Kunden dabei waren, riß er sich zusammen und sagte nichts. An manchen Tagen wirkt er so abgehetzt und angespannt, daß wir spüren, wir sollten ihm am besten nicht über den Weg laufen. An solchen Tagen kann er schnell unausstehlich werden, mit verletzender Kritik um sich werfen und schon bei kleinen Anlässen maßlos in Wut geraten. Ich weiß nicht, wie seine Frau es mit ihm aushält! Aber vielleicht ist er zu Hause ja ruhiger. Auf jeden Fall bekommt sie ihn bei seinem Zeitplan sowieso kaum zu Gesicht.

Sogar am Wochenende muß er Mühe haben, sich zu entspannen. Ich erinnere mich, daß wir letztes Jahr zu einem Seminar gefahren sind, das in traumhafter Umgebung stattfand. Es gab auch einen Tennisplatz. Nun ja, und dort hat er sich mit dem Chef der Exportabteilung ein so verbissenes Match geliefert, daß er sich eine Zerrung holte. Man hätte glauben können, er spiele auf dem Tenniscourt um seine Karriere! Selbstverständlich überschüttet er auch uns mit Aufträgen und erwartet, daß wir alle nach seinem Rhythmus arbeiten. Aber ich habe keine Lust, mich am Ende im Krankenhaus wiederzufinden!

Was soll man von Lucs Chef denken?

Immer ist er in Eile und ungeduldig, ständig auf dem Sprung, seine Arbeitstage ähneln einem Rennen gegen die Stoppuhr: Lucs Chef scheint gegen die Zeit anzukämpfen.

Seine Beziehungen zu den anderen sind nicht einfach. Er neigt dazu, sie zu unterbrechen, sie anzutreiben, wenn sie für seinen Geschmack zu langsam sind oder wenn sie Irrtümer begehen, die seine Pläne durcheinanderbringen. Man könnte sagen, daß er die anderen als Bremsklötze bei seinem Rennen gegen die Zeit ansieht. Außerdem hat er einen übersteigerten Wettkampfgeist, egal ob es sich um eine Diskussion handelt, bei der er den Sieg davontragen will, oder um ein Tennismatch, bei dem es eigentlich um nichts Besonderes geht. Immer fühlt er sich in einer Wettbewerbssituation, selbst wenn eine maßvollere Haltung vorteilhafter wäre. Diese Wahrnehmung der anderen als Hemmschuhe oder als Konkurrenten bringt ihn oft dazu, gegen seine Mitmenschen anzukämpfen.

Schließlich hat man den Eindruck, daß Lucs Chef nicht anders kann, als seine volle Energie zu mobilisieren, sobald ein Ziel auftaucht: wenn ein Kunde überzeugt oder eine Sitzung durchgezogen werden soll, wenn es darum geht, pünktlich anzukommen oder ein Tennismatch zu gewinnen. Seine Mitarbeiter sind frappiert, mit welchem Einsatz er seine Aufgaben angeht.

Kampf gegen die Zeit, Kampf gegen die anderen, voller Einsatz beim Handeln: Lucs Chef zeigt die typischen Merkmale eines Verhaltens vom Typus A.

Das Verhalten vom Typus A

* *Kampf gegen die Zeit:* ist ungeduldig, will immer noch schneller vorankommen, stopft eine maximale Zahl von Aktivitäten in einen kleinen Zeitrahmen, sorgt sich sehr um Exaktheit, kann die Langsamkeit der anderen nicht tolerieren.
* *Wettbewerbssinn:* neigt dazu, überall »gewinnen« zu wollen, selbst in harmlosen Situationen des täglichen Lebens, in Gesprächen oder beim Freizeitsport.
* *Engagement im Handeln:* arbeitet viel, nimmt seine Aktivitäten sehr ernst und verwandelt seine Freizeit in eine Aufgabe, bei der ein Ziel erreicht werden soll.

Lucs Chef ist eine ziemlich extreme Persönlichkeit vom Typus A. Bei entsprechenden Tests würde er sich sicher in der Kategorie A 1 wiederfinden, und zwar mit der maximalen Punktzahl. Man kann nämlich jeden Menschen auf einer Skala situieren, die von A 1 (höchstgradige Verhaltensweisen vom Typus A) bis B 5 (Gegenteil des Typus-A-Verhaltens) reicht. Die B 5-Personen sind ruhig, sie nehmen sich Zeit zum Handeln oder Nachdenken, hören ihrem Gesprächspartner bedächtig zu und haben selten ein Gefühl der Dringlichkeit. Wenn man nach Beispielen aus den Reihen der Politiker sucht (die freilich nicht unbedingt treffend sein müssen, denn die Medien zeigen uns nur das öffentliche Auftreten dieser Politiker, und wir erleben sie nicht bei ihrer täglichen Arbeit), so darf man annehmen, daß Alain Juppé jemand vom Typus A 1 ist. Raymond Barre hingegen zeigt in der Öffentlichkeit eher Verhaltensweisen vom Typus B 5.

Die folgende Tabelle ist ein Versuch, einige berühmte Persönlichkeiten auf der A-B-Achse einzuordnen.

Verhalten vom Typus A	*Verhalten vom Typus B*
Louis de Funès	Bourvil
De Mesmaeker	Gaston Lagaffe
Joe Dalton	Averell Dalton
General Alcazar	Señor Olivera
Rick Hunter	Columbo
Donald	Mickey

Wie jemand vom Typus A die Welt sieht

Für den Typus A stellt sich jedes Ereignis des täglichen Lebens wie eine Herausforderung dar: er will alle Situationen meistern. Bei jedem Anlaß mobilisiert er schnell alle seine Kräfte, egal ob es darum geht, über einen wichtigen Vertragsabschluß zu verhandeln oder die Werkstattrechnung zu diskutieren. Jeder von uns rafft seine Energie zusammen, wenn etwas Wichtiges auf dem Spiel steht, aber für den Typus A wird jedes Spiel wichtig. Die kanadische Psychologin Ethel Roskies[34] resümiert diesen Charakterzug in folgendem Vergleich: »Für den Typus A ist jeder Konflikt ein Nuklearkrieg.« Die Devise eines Menschen vom Typus A könnte sein: »Ich muß es schaffen, alle Situationen zu kontrollieren« oder »Alles, was ich in die Hand nehme, muß mir gelingen«. Arielle (52), Oberschwester in einem Krankenhaus, berichtet:

Wie unser gesamtes Personal, so stehe auch ich ständig unter Druck. Ich muß mich um Verwaltungsangelegenheiten, um das Budget und die Materialbestellungen kümmern, aber gleichzeitig auch die persönlichen Probleme zwischen den Krankenschwestern regeln; ich muß es so einrichten, daß die Personalrotation keine schlechten Folgen für die Qualität des Dienstes hat, und habe die manchmal gegensätzlichen Wünsche der Ärzte und der Verwaltung zu berücksichtigen. Schließlich muß ich ein offenes Ohr für die Bitten der Familien haben und die komplizierten Probleme der Unterbringung nach dem Krankenhausaufenthalt lösen. Mit anderen Worten, meine Arbeitstage sind lang, und ich habe keine freie Minute!

Zwischen den Sitzungen, der Visite, der Verwaltungsarbeit und dem Notdienst renne ich ständig gegen die Zeit an. Andere hätten an meiner Stelle bald aufgegeben, aber auf mich wirkt Streß in gewisser Weise wie ein Dopingmittel. Ich erledige gewöhnlich zwei Dinge gleichzeitig: ich schreibe einen Bericht, während ich jemandem zuhöre, oder ich laufe von einem Ende des Krankenhauses zum anderen und lese dabei ein Rundschreiben. Mit wachsender Erfahrung funktioniere ich schneller und schneller. Der Chef unserer Abteilung hat mir den Spitznamen »weißer Tornado« verpaßt.

Alles läuft glatt, solange ich den Eindruck habe, die Lage zu beherrschen, aber sobald ich in Verzug gerate oder merke, daß die anderen nicht schnell genug sind, werde ich gereizt. Ich ertrage nur schlecht Versammlungen, die sich ewig hinziehen, während ich an all das denke, was erledigt werden muß. Dann neige ich schnell dazu, den Leuten das Wort abzuschneiden, was meine Krankenschwestern mir vorwerfen. Wie dem auch sei. Wer mich nicht leiden kann, bittet um seine Versetzung und bleibt nicht lange in unserer Abteilung. Das ist auch besser, denn so arbeiten in unserem Team die meisten nach meinem Rhythmus.

Ich habe seit jeher auf diese Weise »funktioniert«, aber mein Mann meint, in meinem Alter sollte ich mich ein wenig zügeln. »Tritt doch ein bißchen auf die Bremse«, sagt er. Da hat er gut reden! Ich möchte ihn mal auf einer Arbeit erleben, bei der die kleinste organisatorische Panne katastrophale Folgen haben kann. Aber es stimmt, daß ich abends immer häufiger erschöpft bin und daß meine Stimmung darunter leidet. Ich glaube, ich habe nicht mehr dieselbe Spannkraft wie vor einigen Jahren. Mein Mann sagt, ich wäre zu gestreßt. Aber der Streß ist mein Leben!

Arielle beschreibt gut, wie die Eile für sie ein »Doping« ist. Sie zeigt übrigens noch andere Merkmale eines Verhaltens vom Typus A: Sie erledigt alles schnell, mehrere Sachen auf einmal, sie kniet sich voll in ihre Arbeit. Ihr Chef wird sich zweifellos freuen, eine so effiziente Mitarbeiterin zu haben.

Aber wie denkt Arielle selbst darüber? Sie mag ihre Arbeit, merkt andererseits jedoch, daß sie immer leichter ermüdet. Wenn sie erschöpft nach Hause kommt, muß ihr Mann ihre schlechte Laune ertragen. Zahlt Arielle nicht einen zu hohen Preis?

Wer von beiden hat recht? Der Ehemann, wenn er meint, sie wäre zu gestreßt, oder Arielle, die glaubt, der Streß wäre ihr Leben? Und zunächst einmal, was ist eigentlich Streß?

Kleiner Umweg über den Streß

Streß ist eine natürliche Reaktion unseres Organismus, die jedesmal auftritt, wenn wir uns anstrengen müssen, um uns an eine Situation anzupassen. Wenn wir zum Beispiel unseren Schritt beschleunigen, um rechtzeitig zu einer Verabredung zu erscheinen, zeigen wir eine Streßreaktion. Sie kann in drei Elemente zerlegt werden[35]:
- Die *psychologische Komponente*: Wenn wir auf die Uhr schauen, schätzen wir zwei Dinge ab: die uns verbleibende Zeit und die noch zurückzulegende Distanz (also die Anforderungen unserer Umgebung), aber auch unsere Fähigkeit, zügiger zu gehen oder ein schnelleres Transportmittel zu finden (also unsere Ressourcen). Scheint uns die Differenz zwischen den Anforderungen unserer Umgebung und unseren Ressourcen zu beträchtlich (es bleiben uns z. B. nur zehn Minuten bis zu einem wichtigen Gespräch, aber wir haben noch zwei Kilometer

zurückzulegen, und kein Taxi ist in Sicht), wird die Streßreaktion heftig ausfallen und sich auch auf physiologischer Ebene manifestieren.
- Die *physiologische Komponente*: In unserem Beispiel wird der Organismus verschiedene Hormone ausstoßen, vor allem Adrenalin. Das Adrenalin wird unseren Herzschlag und unsere Atemfrequenz beschleunigen, es wird die Blutgefäße der Haut und der Eingeweide zusammenziehen, damit das Blut vor allem in die Muskeln und das Gehirn fließt, und es wird unseren Blutzuckerwert erhöhen, damit unsere Muskeln leicht verfügbare Glukose vorfinden. All diese physiologischen Reaktionen bereiten uns auf eine physische Anstrengung vor.
- Die *Verhaltenskomponente*: Wir werden schneller gehen oder sogar den Laufschritt einlegen.

Wie man sieht, ist die Streßreaktion natürlich und nützlich zugleich: Sie bereitet uns darauf vor, einer komplizierten Situation angemessen zu begegnen. Stellen Sie sich jetzt die gleiche Situation vor, nur daß Sie diesmal am Lenkrad Ihres Autos sitzen und im Stau stecken. Dieselbe Reaktion wird auftreten: Sie fühlen, wie Ihr Puls sich beschleunigt und wie Ihre Muskeln sich spannen. Dabei ist es ganz unnütz, sich im Auto auf eine physische Anstrengung vorzubereiten, denn Ihre gespannten Muskeln werden den Stau auch nicht auflösen. Dennoch hat sich dieselbe Streßreaktion ereignet. Warum?

... und zurück zur Evolution

Ganz einfach, weil uns die Streßreaktion seit tiefsten Urzeiten eigen ist. Schon bei unseren tierischen Vorfahren ist sie durch die natürliche Auslese so geformt worden, daß sie uns in der Wildnis beim Überleben half. Die hauptsächlichsten Streßsituationen für unsere Primaten-Ahnen waren die Konflikte mit einem Rivalen, die Flucht vor einem Raubtier oder Naturkatastrophen wie Waldbrände oder Überschwemmungen. Wollte man all diese Situationen erfolgreich meistern, erforderte das eine gewaltige physische

Anstrengung; und die Streßreaktion war dazu da, diese Anstrengung leichter zu ermöglichen. Wir alle sind die Nachfahren der Überlebenden, also derer, die dank einem kräftigen Spritzer Adrenalin schneller laufen oder härter zuschlagen konnten.

Heute, in unserem Leben als Städtebewohner, können wir mit den meisten Streßsituationen, die auf uns zukommen, ohne heftigen physischen Einsatz wie etwa Flucht oder Kampf fertig werden. Geht es darum, eine Prüfung zu bestehen, beim Einstellungsgespräch eine gute Figur zu machen oder einen defekten Apparat wieder in Gang zu bringen, ist physische Anstrengung praktisch sinnlos. Ein guter Teil der Streßreaktion ist also unangemessen geworden. Trotzdem wirken das Adrenalin und sein Gegenstück, das Noradrenalin, auch auf die Psyche: sie lassen uns hellwach werden und verkürzen die Reaktionszeit. Das kann von Nutzen sein, wenn man eine dringende Arbeit abschließen oder mit einem zähen Verhandlungspartner fertig werden muß.

Wählen wir ein anderes Beispiel: Sie sollen vor einem Publikum eine kleine Rede halten und hinterher in der Lage sein, auf Fragen zu antworten. Verspüren Sie überhaupt keinen Streß (Sie kennen den Gegenstand gut, und es steht nicht viel auf dem Spiel), dann laufen Sie Gefahr, Ihre Reserven nicht ausreichend zu mobilisieren, aus Unachtsamkeit etwas zu vergessen und auf die Fragen ein wenig lasch zu antworten. *Eine ungenügende Streßreaktion erlaubt Ihnen keine Bestleistungen.* Ist Ihre Streßreaktion hingegen sehr intensiv (Sie kennen Ihren Gegenstand nicht so gut, das Publikum ist anspruchsvoll, und für Sie hängt viel davon ab, daß diese Vorstellung gut verläuft), dann riskieren Sie, Lampenfieber zu zeigen (Herzklopfen, feuchte Hände, zugeschnürte Kehle). Diese Zeichen sind nichts anderes als die physiologische Komponente der Streßreaktion und Ihres angstvollen Zustandes mit Gedanken wie »Wenn ich herumstottere, gibt das eine Katastrophe« oder »Alle merken, daß ich Bammel habe«. Auf der Verhaltensebene riskieren Sie, tatsächlich zu stammeln, einen »Aussetzer« zu haben und die Fragen jämmerlich zu beantworten. *Anders gesagt: Eine zu intensive Streßreaktion beeinträchtigt Ihre Leistung.*

Wie Sie sich denken können, gibt es auch eine Streßreaktion, die zwischen diesen Extremen liegt: Sie kommen ein wenig angespannt an den Ort des Geschehens, Ihr Herz schlägt ein bißchen schneller, Ihr Geist späht unruhig nach allen Richtungen. Bei einem solchen Streßniveau sind Sie vollkommen mobilisiert für das Erreichen Ihres Zieles, eine erfolgreiche Vorstellung zu liefern.

Man kann die Beziehung zwischen der Qualität Ihrer Leistung und der Intensität Ihrer Streßreaktion in folgender Kurve schematisieren:

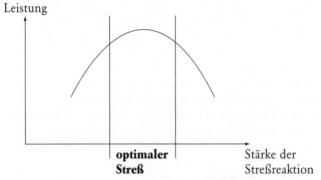

Streß-Leistungs-Kurve von Yerkes-Dodson

Es gibt also einen Bereich von optimalem Streß, der Sie am besten mobilisiert, eine erfolgreiche Leistung zu erbringen. (Dieses Niveau hängt natürlich von der Art der Aufgabe, die Sie zu erfüllen haben, sowie von ihrer Dauer ab.)

Diese Streßreaktion ist mit einem Energieaufwand verbunden, und hinterher muß man eine Erholungsphase einschalten. Nach Ihrer Vorstellung werden Sie das Bedürfnis haben, eine lockere Unterhaltung zu führen oder sich ein wenig zurückzuziehen, um in Ruhe wieder Energie zu speichern. Wenn Ihre Streßreaktion zu lange andauert oder sich zu bald wiederholt, werden Ermüdungserscheinungen auftreten.

»Gut und schön«, werden Sie jetzt sicher sagen, »aber was hat das alles mit dem Typus A zu tun?«

Zurück zum Typus A

Nun, der Typus A neigt dazu, überdurchschnittlich intensive, langanhaltende und häufige Streßreaktionen zu haben.

Oftmals respektiert er die Erholungsphase nicht, was ihm nichts ausmacht, solange er jung und in bester Form ist. Aber je älter er wird, desto eher droht er »heißzulaufen«.

In einigen Studien hat man die physiologischen Reaktionen eines Menschen vom Typus A untersucht, der einer mittelmäßig streßerzeugenden Situation ausgesetzt war. Man hat zum Beispiel Leute vom Typus A und vom Typus B am Computer gegeneinander spielen lassen. Dabei beobachtete man, daß bei den Spielern vom Typus A die Herzfrequenz, der Blutdruck und der Adrenalinspiegel schneller und höher stiegen als bei denen vom Typus B. Und noch höher kletterten sie, wenn sich der gegnerische Spieler darin gefiel, während des Spiels ironische Bemerkungen zu machen (»Dich muß man wohl erst aufwecken, oder was?«). Wenn ihre Streßreaktion auf ein solches Niveau getrieben worden war, begannen die Spieler vom Typus A mehr Fehler zu machen als die vom Typus B, und ihre Leistungen verschlechterten sich.[36]

Dieses Experiment zeigt uns, daß man einen Typus A nicht übermäßig stressen darf, denn das kriegt er selbst schon gut genug hin.

Vorteile des Typus A	*Risiken des Typus A*
großer Einsatz beim Handeln	kann keinen Abstand gewinnen
produktiv	schwer zu bremsen
ehrgeizig	opfert sein Familienleben auf
kämpferisch	zu konfliktbereit
für seine Arbeit anerkannt	wegen seiner autoritären Art abgelehnt
wirkt mobilisierend	entmutigt andere Menschen

Vorteile des Typus A	Risiken des Typus A
energiegeladen	Gesundheitsprobleme durch exzessiven Streß
rapider Aufstieg im Beruf	Karriere droht zu stagnieren, weil Abstand und Überblick fehlen
gelungene Karriere	Karriereunfall durch einen Konflikt, Gesundheits- und Ehesorgen

Typus A: Vorteile und Risiken

Schaut man sich diese Tabelle an, wird man verstehen, weshalb wir uns entschieden haben, in diesem Buch über schwierige Persönlichkeiten auch vom Typus A zu sprechen. Ein Mensch vom Typus A kann schwierig für die anderen sein, für seine Mitarbeiter oder seine Familie, aber er kann sich auch selbst Schwierigkeiten bereiten: Er übernimmt sich, setzt sich zu hohem Streß aus und riskiert gesundheitliche Probleme.

Internationale epidemiologische Studien haben über Jahre hinweg den Weg Tausender Menschen vom Typus A verfolgt. Sie haben mehrere übereinstimmende Ergebnisse erbracht:
- Das Risiko von Herzstörungen (Angina pectoris und Infarkt) liegt beim Typus A doppelt so hoch wie beim Typus B.[37]
- Die »feindseligsten« Leute vom Typus A, die sich am leichtesten über andere aufregen, sind am stärksten gefährdet.[38]
- Der Anfälligkeitsfaktor für Herzstörungen vervielfacht sich, wenn andere Risikofaktoren hinzukommen (Nikotin, Cholesterol, Übergewicht, Bluthochdruck, Bewegungsmangel).

Diese Gesundheitsprobleme der Leute vom Typus A haben die Aufmerksamkeit großer nordamerikanischer Konzerne auf sich gezogen.[39] Ihre Kader vom Typus A sind sicher produktiv, aber an dem Tag, wo sie ihren Infarkt erleiden, kommen sie dem Unternehmen teuer zu stehen, und zwar durch den Produktionsausfall und die Behandlungskosten, die von privaten Versicherungen übernommen werden, deren Prämie und Malus die Firmen zahlen müssen. Das Unternehmen ist also daran interessiert, seine Mitarbeiter vom Typus A ausfindig zu machen und ihnen ein Programm der Streßbewältigung und der Reduzierung anderer Risikofaktoren für Herz- und Gefäßkrankheiten anzubieten

vorgeschlagene Technik	Ziel
Entspannung	die physiologische Komponente der Streßreaktion dämpfen; sich erholen lernen
Kommunikationstraining	aggressive Verhaltensweisen vermindern
kognitives Durcharbeiten	relativieren lernen, Abstand gewinnen

Ermunterung zu einer gesunden Lebensweise:
  ausgewogene Ernährung
  Einstellen des Rauchens
  regelmäßige sportliche Betätigung
  regelmäßige Freizeit
	die Widerstandsfähigkeit gegenüber Streß erhöhen; die übrigen Risikofaktoren für Herz und Gefäßkrankheiten vermindern

Die üblichen Elemente von Streßbewältigungsprogrammen und ihr Ziel

Die Programme, die man einem Typ A anbieten kann, sind also sehr vielgestaltig in ihren Inhalten (je nach den verwendeten Elementen) und ihrer Dauer (regelmäßige Sitzungen über mehrere Monate hinweg; mehrtägiges Seminar). Sie können in Einzelkonsultationen oder in Gruppen angewendet werden. Ihr gemeinsames Ziel ist, der Person vom Typus A zu helfen, sich ein persönliches Streßbewältigungsprogramm aufzubauen. Es soll ihr also gelingen, auf Dauer neue Gewohnheiten anzunehmen. Lesen wir, was Serge (43) darüber schreibt. Er hatte sich freiwillig für ein von seinem Unternehmen angebotenes Streßbewältigungsprogramm gemeldet.

Seit einiger Zeit beschäftigt unseren Personaldirektor immer mehr das Problem des Stresses am Arbeitsplatz. Wir haben eine starke Fluktuation unter unseren kaufmännischen Angestellten, was ein Anzeichen für übermäßigen Streß ist. Außerdem war unser Finanzdirektor nach einem Herzinfarkt mehrere Monate arbeitsunfähig. Man hatte ihn operieren und ihm einen Bypass legen müssen. Ich selbst leide ziemlich regelmäßig unter Kopfschmerzen, und bisher konnte ich alle möglichen Medikamente versuchen, die mir verschiedene Ärzte empfohlen hatten, ohne daß irgendeines darunter besonders wirksam gewesen wäre. Im übrigen wirft meine Frau mir vor, ich würde immer angespannter und gereizter, und hinterher muß ich wirklich oft eingestehen, daß ich mich zu Hause über Dinge aufrege, die es nicht wert sind: Wenn meine Tochter ein bißchen lange telefoniert oder mein Sohn nicht gleich kommt, wenn das Essen auf dem Tisch steht, genügt das schon, damit ich explodiere.

Dazu kommt, daß ich in letzter Zeit immer schlechter einschlief und nach einer schlechten Nacht oft schon müde ins Büro kam. Als unser Personalchef in einem Rundschreiben auf ein auswärtiges Konsultationskabinett hinwies, das uns bei der Streßbewältigung helfen könnte, habe ich die Chance also wahrgenommen. Der vorgeschlagene Zeitplan war realistisch für sehr beschäftigte Leute: eine zweistündige individuelle Sitzung alle vierzehn Tage, und das über ein halbes Jahr hinweg, also insgesamt zwölf Sitzungen. Dazu kam noch je eine »Auffrischungs«-Sitzung in den beiden folgenden Monaten, was alles in allem auf vierzehn Konsultationen hinauslief.

Die Vorgehensweise des Beraters hat mir sofort gefallen: wir gingen von konkreten streßerzeugenden Situationen aus, die mir zwischen den Sitzungen begegnet waren, und analysierten sie gemeinsam. Seit der ersten Sitzung ließ er mich eine gewisse Anzahl Fragebögen über meine persönlichen Streßanzeichen, meine Kommunikationsgewohnheiten, mein Verhältnis zur Zeit und meinen Lebensstil ausfüllen. Das half mir, manches zu bemerken: Die anderen entnervten mich oft, ich neigte jedoch dazu, mich entweder zurückzuhalten und nicht weiter darauf einzugehen, oder aber ich ging gleich in die Luft. Der Berater erläuterte mir, daß diese beiden Haltungen bedeutende Streßfaktoren seien. Darüber hinaus wurde mir auch bewußt, daß ich schon seit Jahren keine Zeit mehr für mein persönliches Vergnügen einplante: Arbeit und Familienleben füllten alles aus, von zwei Stunden Tennis pro Woche einmal abgesehen, aber sogar die wurden stressig, denn ich versuchte, meine Form von vor zehn Jahren zu halten, ohne daß es mir gelang. Schließlich haben wir meinen Perfektionismus genauer beleuchtet, der schuld ist, daß ich wahrscheinlich nicht genug Arbeit weiterreiche und deshalb so überlastet bin. Im Laufe der Wochen erarbeiteten wir mein persönliches Streßbewältigungsprogramm, das um vier Ziele kreiste:

- Den anderen gegenüber mit ruhigem Nachdruck auftreten, *sobald sie mich aufregen, das bedeutet also, weder gehemmt noch aggressiv zu kommunizieren. Ich analysierte mit dem Konsultanten Situationen aus meinem Büroalltag; dann gingen wir zu Rollenspielen über, bei denen er die Stelle meiner üblichen Ansprechpartner einnahm. Nach und nach lernte ich, Kritik wirkungsvoll anzubringen, indem ich nämlich meinen Standpunkt offen ausdrückte, aber dabei eher das Verhalten als die Person kritisierte. Früher war es so: wenn mir meine Assistentin die Dossiers nicht wunschgemäß vorbereitet hatte, sagte ich ihr die ersten Male nichts, denn sie hat eine Menge zu tun, und ich wollte sie nicht wegen einer Kleinigkeit stressen, aber eines Tages schließlich platzte ich und brüllte etwas in der Art von: »Verdammt noch mal! Sie haben mir die Dossiers in der falschen Reihenfolge vorbereitet! Können Sie denn nicht aufpassen? Aber Sie pfeifen wohl auf meine Arbeit!« Danach war sie mir böse, ich ärgerte mich über mich selbst, und alle hatten Streß. Inzwischen gelingt es mir zu sagen: »Ich möchte, daß Sie beim nächsten Mal meine Dossiers in der richtigen Reihenfolge vorbereiten, denn sonst kostet mich das Zeit.« Sehe ich, daß sie bereits ein bißchen gestreßt ist, füge ich hinzu: »Ich weiß, daß Sie schon an eine Menge Sachen denken müssen, und nun kommt noch etwas hinzu, aber es ist wirklich wichtig für mich.« So spreche ich jetzt mit allen meinen Mitarbeitern, und jedermann gewinnt an Effizienz.*
- Mehr Arbeit delegieren. *Mir ist es immer schwergefallen, Arbeit weiterzureichen, denn ich hatte den Eindruck, die Dinge würden besser erledigt, wenn ich alles selbst übernehme. Das stimmt oftmals sogar, denn meine Mitarbeiter haben weniger Erfahrung als ich. Aber auf diese Weise habe ich weniger Zeit zum Überlegen, und ich kann keinen Abstand gewinnen, um*

andere Dinge zu tun, für die ich auch bezahlt werde. Der Konsultant hat mir geholfen, eine Liste der Aufgaben aufzustellen, die ich weiterreichen könnte. Das zwang mich, mit ihm gemeinsam über meinen Perfektionismus nachzudenken.
- Meine Widerstandsfähigkeit gegen Streß erhöhen. *Schon seit der ersten Sitzung brachte er mir bei, wie ich mich durch Atemtechniken binnen weniger Minuten entspannen kann. Wenn ich regelmäßig übe, reichen schon ein paar Atemzüge. Ich praktiziere es mehrmals täglich, sobald ich spüre, wie meine Anspannung wächst, etwa zwischen zwei Telefonaten, an der roten Ampel oder sogar in der Versammlung – mit offenen Augen natürlich! So fühle ich mich nicht so schlapp und reizbar, wenn ich nach Hause komme. Von Kopfschmerzen werde ich nur noch halb so oft geplagt.*
- Über meine Prioritäten nachdenken. *Diese Phase des Programms ist noch nicht abgeschlossen. Der Konsultant machte mir bewußt, wie wichtig es ist, ein Leben außerhalb der Arbeit zu haben, selbst wenn meine Karriere für mich vorrangig ist. Wir gehen in kleinen Schritten voran und überlegen, wie ich meinen Zeitplan ändern könnte, um mehr freie Stunden für mich und meine Frau zu gewinnen.*

Alles in allem bin ich mit diesem Programm sehr zufrieden. Vorher hatte ich bei »Streßbewältigung« an Whirlpools und Kräutertee gedacht, aber jetzt habe ich begriffen, daß es überhaupt nicht in diese Richtung geht! Statt dessen ist es ein richtiggehendes Erlernen neuer Gewohnheiten für das Alltagsleben.

Serge berichtet uns von einem geglückten Versuch der Streßbewältigung: Es ist ihm gelungen, so zu kommunizieren, daß er sich und die anderen weniger streßt, er nutzt aus gutem Grund Entspannungstechniken, er hat seine Prioritäten überdacht, und sein berufliches und privates Leben wird zufriedenstellender sein. Dank der Hilfe des Konsultanten hat er also das Stadium hinter sich gelassen, in dem man eine Liste guter Vorsätze aufstellt, die man dann doch nie hält.

Verschiedene Studien haben ergeben, daß sich die Streßreaktivität der Menschen vom Typus A nach einem gut durchgeführten Streßbewältigungsprogramm mäßigte. Eine solche Mäßigung konnte bestätigt werden, als man die Veränderung des Herzrhythmus und des Blutdrucks der betreffenden Personen maß.[40]

Verhaltensweisen vom Typus A in Film und Literatur

In *Das Arrangement* (1969) von Elia Kazan spielt Kirk Douglas einen gestreßten und ehrgeizigen Werbefachmann, der nach einem Autounfall plötzlich all seine Karriereprioritäten neu überdenkt.

Der bemerkenswerte Film *Die Intriganten* (1954) von Robert Wise schildert einen Machtkampf zwischen fünf Führungskräften eines großen Möbelunternehmens, die auf den Platz des eben verstorbenen Vorstandschefs rücken wollen. William Holden stellt hierbei extreme Typus-A-Verhaltensweisen zur Schau und trägt am Ende den Sieg davon.

In *Sieben Tote auf Rezept* (1975) von Jacques Rouffio ist Dr. Berg (Gérard Depardieu) ein ungeduldiger und herrischer Chirurg, der es sich zur Ehre anrechnet, seine Eingriffe in Rekordzeit zu beenden. Er zeigt auch eine Reizbarkeit und einen Sinn für scharfe Entgegnungen, wie sie für den Typus A 1 charakteristisch sind. Seine Freude am Glücksspiel und sein Gefallen am Risiko liefern ihn leider Charles Vanel aus, einem hinterhältigen Typus B.

Sie haben nun gesehen, wie sich jemand vom Typus A selbst helfen kann. Was können Sie aber tun, um richtig mit ihm umzugehen, besonders wenn er nicht die geringste Ahnung von Streßbewältigung hat?

Vom Umgang mit Menschen vom Typus A

Wenn es Ihr Chef ist: Verdienen Sie sich durch effiziente Arbeit seinen Respekt, aber lassen Sie sich nicht seinen Rhythmus aufzwingen.

Wenn es Ihr Lebenspartner ist: Ermuntern Sie ihn zu einer gesunden Lebensführung, damit er Ihnen nicht vorzeitig dahinscheidet.

Wenn es Ihr Kollege oder Mitarbeiter ist: Bremsen Sie ihn, ehe er zusammenklappt oder Sie von Ihrem Posten verdrängt.

Was Sie tun sollten

* Seien Sie zuverlässig und exakt.

Der Typus A erträgt das Warten nicht, er wird ungeduldig und reizbar. Haben Sie also mit ihm zu tun, sollten Sie die Situation nicht von vornherein verkomplizieren, indem Sie zu spät kommen. Wenn Sie merken, daß Sie nicht zur vereinbarten Zeit erscheinen können, sollten Sie ihn unbedingt telefonisch benachrichtigen und ihm die voraussichtliche Uhrzeit Ihres Eintreffens mitteilen. Das wird ihn sofort beruhigen, glaubt er doch, die Kontrolle über seinen Zeitplan wiederzufinden: Er wird die frei gewordene Wartezeit sogleich mit einer anderen Aktivität ausfüllen. Aber Achtung! Respektieren Sie die neue Frist und gehen Sie kein neues Risiko ein. Wenn Sie ihm Ihre Ankunftszeit mitteilen, sollten Sie eine Sicherheitsspanne einplanen, um ihn nicht durch eine weitere Verspätung von neuem unter Druck zu setzen.

Denken Sie daran, daß der Typus A seine Umgebung stets zu kontrollieren versucht. Wenn Sie ihn bei Laune halten wollen, sollten Sie ihm den Eindruck vermitteln, daß ihm das gelingt: Tun Sie, was Sie vorgesehen haben, und vermeiden Sie Versäumnisse und Unachtsamkeiten. Andernfalls würden Ihre Beziehungen leiden.

* Treten Sie jedesmal mit Bestimmtheit auf, wenn er Sie unter seine Kontrolle zu bringen versucht.

Laure ist eine junge Ärztin. Sie berichtet von ihren Beziehungen zu einem Chef vom Typus A.

Am Anfang wußte ich nicht, wie ich mich gegenüber meinem Chef verhalten sollte. Weil er umfangreiche Forschungen betreibt, gab er mir immer eine Menge Arbeit: mal sollte ich eine Aufsatzreihe lesen und ein Resümee anfertigen, mal die Ergebnisse der Arbeitsgruppe für einen Artikel aufbereiten, mal ein Forschungsprojekt bei ihm einreichen, damit er Fördermittel beschaffen könnte. Er ist ein hyperaktiver Mann mit einem eisernen Arbeitsrhythmus, und er neigt dazu, diesen Rhythmus auch anderen aufzuzwingen. So gab er mir immer Aufgaben mit sehr kurzer Erledigungsfrist, und weil ich ihm nicht zu widersprechen wagte, mußte ich Tag und Nacht arbeiten, um die Termine zu halten.

Mein Freund fand, daß mein Leben auf diese Weise zur Hölle würde. Außerdem wurde ich manchmal zu spät fertig, was meinen Chef schrecklich aufbrachte. Schließlich riet mir mein Freund, die Abgabefristen, die ich mir bisher aufzwingen lassen hatte, künftig auszuhandeln. Ich fand das schwierig; weil mein Chef selbst so hart arbeitet, wagt keiner, ihm zu erklären, daß er einem zu viel auflädt. Und dann ist er so ein autoritärer Mann, der eine junge Forscherin wie mich sehr beeindruckt.

Mein Freund arbeitet als Kaufmann und ist es gewohnt, mit wichtigen Kunden zu verhandeln, die auch oft schwierige Leute sind. Er schlug mir vor, die Szene mit ihm durchzuspielen. Er übernahm die Rolle meines Chefs und gab sich so reizbar, wie ich es beschrieben hatte. Wir haben die Szene mehrmals wiederholt, und zunächst ist es ihm stets gelungen, mich zum Nachgeben zu bringen. Er erklärte mir, welche Fehler ich beim Verhandeln machte: so verkündete ich von Anfang an, welche Frist ich wollte, ich verlangte immer einen zu knappen Zeitraum, beharrte zunächst strikt auf meinen Positionen und ließ plötzlich alles fahren, wenn mein Verhandlungspartner mir nicht entgegenkam.

Alles in allem hat mir dieses kleine Training sehr geholfen. Als mir mein Chef wieder einmal eine seiner verrückt kurzen Fristen setzen wollte, blickte ich ihm fest in die Augen und sagte ruhig: »Ich übernehme diese Arbeit gern, aber diese Frist ist mir zu knapp.« Dann ließ ich ihn reden, so wie mein Freund es mir beigebracht hatte. Ich schaffte es, daß er mir die Zwei-Wochen-Frist gewährte, die ich wirklich wollte (aber zunächst hatte ich ihn um drei Wochen gebeten). Ich glaube, er war überrascht, und beim nächsten Mal wollte er mir wieder einen Termin aufzwingen, aber ich hielt gut dagegen.

Jetzt ist eine Gewohnheit daraus geworden, und er fragt mich von selbst, wieviel Zeit ich bei einer neuen Aufgabe für nötig halte. Und mehr noch, ich spüre, daß er mich jetzt mehr anerkennt als früher! Ich habe gemerkt, daß eines der wichtigsten Dinge im Leben ist, verhandeln zu können. Schade, daß man es nicht in der Schule lernt!

* Helfen Sie ihm beim Relativieren.

Der Typus A tendiert dazu, jede Situation, in der man ein Ziel erreichen muß, zu dramatisieren. Dafür ist er bereit, in sich eine maximale Streßreaktion auszulösen, ohne Rücksicht auf seinen Organismus. Versuchen Sie also, ihn dazu zu bringen, daß er einmal aufblickt und bemerkt, daß nicht alles so furchtbar wichtig ist. Gérard, ein Kardiologe, hatte einen Patienten, der ein Unternehmen leitete und ein extremer Vertreter des Typus A war:

Kam Herr M. zu seinem Termin in die Praxis, erriet ich das schon am Zuknallen der Türen und den eiligen Schritten auf dem Flur. Mit rotem Gesicht und außer Atem stürzte er in mein Sprechzimmer und sagte mir, daß er stolz sei, unter keinen Umständen zu spät zu kommen. Ich erklärte ihm, daß diese Situation ein gutes Beispiel für sein typisches Verhalten sei – zuviel Streß! Wir sprachen darüber und gelangten zu folgendem Schluß: 1. Lieber fünf oder zehn Minuten später kommen, als sich in einen solchen Zustand zu versetzen! 2. Wenn er sich derart abhetzen mußte, dann weil er meist zu knapp plante; er hatte seinen Terminkalender für die Stunden vor dem Arztbesuch zu vollgestopft. Wie alle Leute vom Typus A neigte er dazu, die Zeit »auszufüllen«. Er mußte also lernen, großzügiger zu planen. Ich riet ihm, mindestens 10 % der Dinge, die er an einem Tag schaffen wollte, wieder aus dem Programm zu streichen. »Na schön«, sagte er, »aber wenn sie nun nicht rechtzeitig erledigt werden?« Ich bat ihn, seinen Kalender zur Hand zu nehmen und zu prüfen, was unbedingt eine so knappe Frist erforderte, wie er vorgesehen hatte. Am Ende pflichtete er mir bei, daß er nicht genug Prioritäten setzte und daß ihm alles gleichermaßen wichtig war.

Gérard hatte in einem Rehabilitationszentrum für Herzkranke gearbeitet. Daher hatte er schon viel Erfahrung mit Leuten von Typus A, die nach dem Denkzettel ihres ersten Infarkts zu ihm kamen.

* Lassen Sie ihn entdecken, welchen Spaß es macht, sich zu entspannen.

Marie-Laure (43) ist Mutter einer Familie und hat einen Mann vom Typus A, der sie selbst am Wochenende vor Probleme stellt:

Mein Mann arbeitet die ganze Woche über hart, und sogar am Wochenende schafft er es, sich unter Druck zu setzen. Zunächst einmal kann er es nicht lassen, einen Zeitplan aufzustellen: aufstehen um soundsoviel Uhr, zwei Stunden radfahren; dann nimmt er sich Handwerksarbeiten vor und setzt sich ein Ziel, das er bis zum Abend erreichen will. Daher ist er entnervt, wenn die Kinder ihn stören oder Freunde unangekündigt vorbeischauen – all das bringt ihn in Verzug.

Als wir im Urlaub verreisten, war es genauso: er setzte für die ganze Familie ein Besichtigungsprogramm fest, legte seinen Reiseführer nie aus der Hand und ärgerte sich, wenn wir die vorgesehene Etappe nicht respektierten.

Am Ende haben die Kinder rebelliert, und nach zwei, drei großen Szenen, in denen alle herumschrien, hat er nachzudenken begonnen. Bei kühler Überlegung mußte er zugeben, übertrieben zu haben. Wenn er uns seitdem wieder einmal seinen Rhythmus aufzwingen wollte, gaben wir ihm ein ironisches Zeichen, und er mäßigte sich. Nach und nach habe ich ihn geschult, auch einmal Aktivitäten ohne festes Ziel zu unternehmen, etwa einen kleinen Ausflug aufs Land zu machen oder im Urlaub ein paar Tage am Strand zu bleiben (aber das will er gleich wieder für einen Wasserski-Kurs ausnutzen ...).

Dieses Beispiel verdeutlicht den Unterschied zwischen Verhaltensweisen vom Typus A und dem, was man eine Persönlichkeit vom Typus A nennen könnte. Es gibt nämlich Menschen, die Verhaltensweisen vom Typus A nur dann entwickeln, wenn ihre Umgebung sie unter Druck setzt. Sobald sie können, werden sie sich jedoch entspannen und ihren Rhythmus ändern. Im Urlaub oder am Wochenende werden sie sich Zeit zum Spazierengehen und für private Lektüre nehmen, und wenn sie Sport treiben, dann nicht, um unbedingt den Sieg davonzutragen.

Der Ehemann von Marie-Laure gehört jedoch zu den Menschen, denen es gelingt, sich sogar Streß zu bereiten, wenn sie nichts dazu zwingt. Sie werden sich selbst im Urlaub Tagespläne schreiben und Ziele setzen. Solche Menschen könnte man als Persönlichkeiten vom Typus A bezeichnen.

Es ist klar, daß sich Leute vom Typus A das Leben nicht allzu schwer machen, solange sie noch die Energie ihrer Jugendjahre haben. Beginnen ihre Kräfte aber abzunehmen, wird ihr Verhaltensstil für sie strapaziös.

Das Verhalten vom Typus A ist letztendlich eine *Reaktionsweise*, die sich auf die Zeiteinteilung und die Kontrolle der Umgebung richtet. Es kann mit anderen schwierigen Charakterzügen in Verbindung treten: Typus A – paranoide Persönlichkeit, Typus A – narzißtische Persönlichkeit, Typus A – ängstliche Persönlichkeit usw.

Was Sie lassen sollten

* Verhandeln Sie mit ihm nicht, solange er noch auf hundertachtzig ist.

Der Typus A hat von Natur aus einen ausgeprägten Wettbewerbssinn. Wenn Sie ihm widersprechen, wird er sofort »gewinnen« wollen, und die Debatte droht sich auf beiden Seiten zu erhitzen, besonders wenn Sie zu verhandeln beginnen, während er schon durch eine andere Sache gestreßt ist. Bernard, der Chef einer Reinigungsfirma, berichtet uns von seinem Teilhaber, einer Persönlichkeit vom Typus A:

Es ist wichtig, sich mit seinem Teilhaber gut zu verstehen, aber zugleich darf man ihn nicht zu sehr die Oberhand gewinnen lassen.

Henri und ich, wir ergänzen uns ziemlich gut. Er paßt auf alles auf, will alles von Anfang bis Ende kontrollieren und verausgabt sich vollkommen für Aufgaben, die mich langweilen würden. Weil er ziemlich autoritär und leicht reizbar ist, sind der menschliche Aspekt der Probleme und das Management im Unternehmen eher meine Domäne. Aber ich habe Mühe, ihn zu kontrollieren. Oft kann er es nicht lassen, an meiner Stelle einzugreifen oder Entscheidungen zu treffen, ohne sich mit mir abzusprechen. In der ersten Zeit ging ich, sobald ich von einem solchen Fall erfahren hatte, sofort zu ihm, versuchte ihm zu beweisen, wie sehr er im Unrecht war, und wollte unverzüglich eine neue Definition unserer jeweiligen Funktionen erreichen. Er geriet in Wallung, hielt erfolgreich dagegen, und das Gespräch glich bald einem Dialog unter Schwerhörigen.

Nach und nach begriff ich, wie ich es besser machen könnte. Ich nutze einen Augenblick aus, in dem wir beide ziemlich entspannt sind, etwa nach der Unterzeichnung eines guten Vertrages, und dann sage ich ihm zum Beispiel: »Weißt du, letzte Woche habe ich erfahren, daß du das und das entschieden hast, ohne mich zu fragen. Vielleicht hatten wir nicht ordentlich festgelegt, wer von uns beiden für diese Sache zuständig war. Könnten wir Montag noch mal darüber reden?« So hat er Zeit zum Nachdenken, und oft ist er es selbst, der mir schließlich eine Regelung vorschlägt, die mir entgegenkommt, ganz als käme der Anstoß von ihm. Tatsächlich schaffe ich es inzwischen, ihn fast alles so machen zu lassen, wie ich es will, vorausgesetzt, ich erwische den richtigen Augenblick und lasse ihm die nötige Zeit, sich die Entscheidung zu eigen zu machen.

Bei diesem feinen Verständnis für den anderen verwundert es nicht, daß Bernard ein guter Manager ist.

* Lassen Sie sich nicht in unnützes Kräftemessen hineinziehen.

Leute vom Typus A haben oft eine ärgerliche Manie: immer wollen sie den Sieg davontragen. Während eines gemeinsamen Abendessens wollen sie den besten Scherz machen und das letzte Wort haben. Sie zögern auch nicht, ein etwas verletzendes Bonmot in die Runde zu werfen, denn sie erleben dieses Abendessen wie einen Wettkampf. Lassen Sie sich in ein solches Spiel, bei dem der Typus A die Regeln vorgibt, nicht hineinziehen: es wird Sie weniger amüsieren als ihn, und außerdem laufen Sie Gefahr, aus Mangel an Training zu unterliegen. Amüsieren Sie sich lieber damit, diesen Menschen zum Bewußtsein zu bringen, daß sie sich schon wieder in einer Wettbewerbssituation zu befinden glauben.

Lassen Sie sich auch zu nichts überreden, was den Typus A mehr motivieren würde als Sie: wenn er Sie beim Tennis schlagen will, wenn er mehr Kilometer rennen will als Sie, wenn er beim Skilaufen schneller sein oder beim Schachspiel gewinnen will. Sofern Ihnen dieser Wettkampf nicht selbst Spaß macht, sollten Sie sich kein Streßklima aufzwingen lassen!

* Dramatisieren Sie Ihre Konflikte mit Menschen vom Typus A nicht.

Leute vom Typus A sind reizbar und oft jähzornig. Wenn sie aber frei von anderen Persönlichkeitsstörungen sind, kann ihr Zorn so schnell verrauchen, wie er gekommen ist. Für den Typus A ist Zorn eine genauso normale und natürliche Emotion wie Traurigkeit oder Freude. Wenn Sie hingegen eher still veranlagt und nicht so leicht in Harnisch zu bringen sind, hat Zorn für Sie eine ganz andere Bedeutung: Wenn Sie wütend werden, ist das ein schwerwiegendes und außergewöhnliches Ereignis und oftmals das Zeichen für einen endgültigen Bruch. Die Gefahr ist nun, daß Sie glauben, für den Typus A hätte Zorn dieselbe Bedeutung wie für Sie. Ganz und gar nicht! Passen Sie auf seine Wutausbrüche auf, besonders wenn er Ihr Chef ist, aber machen Sie keine Tragödie daraus!

Lesen wir, was Laure noch über ihren Chef zu berichten weiß:

Seine Wutausbrüche kennt man im ganzen Krankenhaus. Als ich den ersten erlebte, war ich fassungslos. Die Oberschwester hatte ihm gerade mitgeteilt, daß sie keine zusätzliche Planstelle für eine Krankenschwester ergattert hatte, obwohl uns von der Verwaltung seit einem Jahr eine versprochen war. Er wurde rot wie eine Tomate und tobte los, wobei er sie beschuldigte, die Interessen unserer Abteilung nicht verfochten zu haben!

Ich war empört, denn wir alle wußten, daß sich die Oberschwester für ihre Arbeit aufopferte und daß es wirklich nicht ihre Schuld war, wenn andere Abteilungen, die unter noch schlimmerem Personalmangel litten, uns vorgezogen worden waren. Ich fand es total ungerecht und rüpelhaft, deswegen in Zorn zu geraten.

Was mich aber am meisten erstaunte, war die Reaktion der Oberschwester. Sie sah ihn an, blieb völlig ruhig und fragte ihn, als er fertig war, ob sie nun gehen könne. Er schaute verblüfft drein, und sie verließ den Raum. Am nächsten Tag sah ich, wie sie bei der Visite miteinander sprachen, als wäre nichts gewesen. Die Oberschwester kennt unseren Chef seit zehn Jahren; sie weiß, daß es keinen Sinn hat, ihm zu widersprechen, solange er auf hundertachtzig ist. Sie wartet einfach, daß es vorübergeht, und es geht tatsächlich vorüber. Aber ich weiß nicht, ob ich imstande wäre, genauso ruhig zu reagieren.

Vielleicht wäre sie wirklich nicht dazu fähig, denn niemand ist verpflichtet, ständig ungerechten Zorn zu ertragen. Vielleicht könnte die Oberschwester an einem Tag, an dem ihr Chef guter Laune ist, das Problem seiner Wutausbrüche einmal mit ihm besprechen. Ist er nichts weiter als ein Typus A, wird ihm sein Fehler wahrscheinlich bewußt werden, und er wird sich bemühen, künftig nicht so schnell in Rage zu geraten, denn auch für ihn ist so ein Ausbruch vermutlich nicht angenehm. Wenn er hingegen noch dazu narzißtische oder paranoide Züge trägt, wird es schwierig sein, ihm die Sichtweise der anderen verständlich zu machen!

Zeigen Sie selbst Verhaltensweisen vom Typus A?

	eher richtig	*eher falsch*
1. Ich bin nicht gern untätig, selbst im Urlaub nicht.		
2. Ich rege mich oft über Leute auf, weil sie zu langsam sind.		
3. Meine Nächsten klagen darüber, daß ich zu viel arbeite.		
4. Ich habe einen sehr entwickelten Wettkampfgeist.		
5. Ich neige dazu, meinen Zeitplan zu sehr vollzustopfen.		
6. Ich esse zu schnell.		
7. Warterei kann ich schwer ertragen.		
8. Wenn ich an einer Sache arbeite, denke ich schon daran, was ich anschließend tun werde.		
9. Ich habe mehr Energie als die meisten Leute.		
10. Ich fühle mich häufig unter Zeitdruck.		

Kapitel VIII
Die depressiven Persönlichkeiten

»Ich möchte in keinem Club sein, der mich als Mitglied nimmt.«

Groucho Marx

Ein lustiger Typ ist Vater nie gewesen, erzählt uns Madeleine. *Aus meinen Kindertagen habe ich ein Bild sehr klar vor mir; ich muß damals ungefähr sechs gewesen sein. Ich machte Mittagsschlaf in einem Sessel, und dann wachte ich plötzlich auf. Mein Vater saß neben mir und schaute mich an. Aber dabei sah er traurig und niedergeschlagen aus, überhaupt nicht wie ein glücklicher Vater. Sein Gesichtsausdruck hat mich so überrascht, daß ich zu weinen anfing, ohne recht zu wissen, weshalb. Er nahm mich schnell in seine Arme, um mich zu trösten. Viele Jahre später habe ich mit ihm darüber gesprochen, und auch er erinnerte sich sehr gut an diese Szene. Er erklärte mir, daß er, als er mich so niedlich und schutzlos schlafen sah, an all die Schwierigkeiten des Lebens dachte, die auf mich warteten, an alle Unglücke, vor denen er mich nicht beschützen könnte, und das hätte ihn sehr traurig gemacht.*

Das war typisch für meinen Vater: er sah immerzu die finstere Seite der Dinge. Er sieht seine Tochter schlafen, aber er freut sich nicht, ein so reizendes kleines Mädchen zu haben, nein, er denkt an alle Risiken ihres späteren Lebens! – Ich erinnere mich auch, wie es war, wenn wir während meiner Kindheit umzogen. Während meine Brüder und meine Mutter im allgemeinen ganz wild darauf waren, unser neues Haus zu erkunden, spazierte Vater mit finsterem Blick von einem Zimmer zum anderen und bemerkte alles, was nicht in Ordnung war, sogar den kleinsten Riß im Gips. Dann machte er sich gleich Sorgen, bis alles vollständig repariert war.

Dieser Sinn fürs Detail ist ihm in seinem Beruf zugute gekommen: er arbeitete bei der Straßenmeisterei. Ich bin sicher, daß er in einem Dossier für eine Brückenkonstruktion oder einen Autobahnzubringer sofort die fehlerhaften Stellen aufspürte.

Mein Vater lachte so selten, daß es allen Leuten auffiel. Manchmal geschah es aber doch, nämlich wenn er alte Filme mit Charlie Chaplin oder Laurel und Hardy guckte. Ich glaube, daß er sich vor dem Bildschirm, einer fiktiven Welt gegenüber, endlich berechtigt fühlte, sich ein bißchen gehenzulassen, und so lachte er. Das wirkliche Leben brachte ihn nie zum Lachen.

Es war meine Mutter, die sich um die Freizeitgestaltung kümmerte, denn außerhalb seiner Arbeit ergriff mein Vater nie die Initiative. Sie schlug vor, welche Spaziergänge wir machen und welche Museen wir besuchen wollten, und mein Vater ließ sich mitschleifen.

Er arbeitete viel und brachte oft Akten mit nach Hause. Er wirkte immer müde, und wenn er sich einmal ausruhte, setzte er sich in seinen Sessel und blickte mit trauriger Miene ins Leere.

Wenn meine Eltern zu Freunden eingeladen waren, gelang es ihm, einen guten Eindruck zu machen, er lächelte und zeigte sich sogar humorvoll. Er beeindruckte die Leute durch seine ernsthafte Art und sein Renommee als hartnäckiger Arbeiter. Aber solche Abende langweilten ihn sehr, für ihn waren sie eine Pflichtübung.

Einige Jahre nach seinem Tod (er hatte Bauchspeicheldrüsenkrebs) sah ich in meinem Elternhaus alte Papiere durch und stieß dabei auf sein Tagebuch. Ich zögerte zunächst, aber dann wollte ich es lesen, um vielleicht besser zu verstehen, was für ein Mensch mein Vater gewesen war. Auch sein Tagebuch war nicht gerade fröhlich. Er schilderte die alltäglichen Ereignisse seines Lebens, aber vor allem die Vorwürfe, die er sich machte, weil er bestimmte Dinge nicht gesagt oder nicht getan hatte: »Hätte Dupont sagen müssen, daß er sich besser um die Akte Machin kümmern soll« oder »Habe einen etwas zu groben Auftritt mit X. gehabt. Er war beleidigt. Ich bin meinen Aufgaben nicht gewachsen« oder »Ich kümmere mich nicht genug um die Kinder, ich werde niemals ein guter Vater sein«. Dabei würde ich sagen, daß er ein recht guter Vater war, er war aufmerksam und ließ uns auch manche Freiheiten. Meine Brüder sind derselben Meinung. Und was den Beruf betrifft, so weiß ich, daß alle Leute, die mit ihm zusammenarbeiteten, ihn sehr schätzten.

Was soll man von Madeleines Vater denken?

Madeleines Vater zeigt einen ziemlich konstanten Pessimismus. In ganz unterschiedlichen Situationen nimmt er stets die möglichen Gefahren wahr, sei es für seine kleine Tochter, beim Einzug in ein neues Haus oder bei einem neuen Dossier. Er ist gewöhnlich trübe gestimmt, wie es sein trauriger und besorgter Gesichtsausdruck zeigt. Angenehme Aktivitäten plant er keine, vielleicht weil ihm nichts wirklich angenehm scheint. Diese Schwierigkeit, Vergnügen zu empfinden, wird von den Psychiatern *Anhedonie* genannt und ist auch in Depressionszuständen wiederzufinden. Aus der Lektüre seines Tagebuchs erfahren wir außerdem, daß er häufig Schuldgefühle hat und zur Selbstentwertung neigt.

Dieser gute Vater ist auch sehr arbeitsam und gewissenhaft; er macht sich das Leben nicht leicht. Er ist recht ungesellig, die Gesellschaft der anderen ermüdet ihn, weil er wahrscheinlich meint, als Gesprächspartner nicht mithalten zu können.

Madeleines Vater hatte diese Eigenschaften offenbar sein ganzes Leben lang. Es handelt sich in seinem Fall also nicht um eine vorübergehende Depression, sondern durchaus um eine depressive Persönlichkeit.

Die depressive Persönlichkeit

* *Pessimismus:* sieht stets die finstere Seite der Dinge, die möglichen Risiken, überschätzt den negativen und vernachlässigt den positiven Aspekt.
* *Traurige Stimmung:* ist gewöhnlich traurig und verdrossen, selbst wenn sich nichts Unerfreuliches ereignet hat.
* *Anhedonie:* empfindet wenig Vergnügen, auch nicht bei gemeinhin als angenehm betrachteten Dingen (Freizeit, erfreuliche Ereignisse).
* *Selbstentwertung:* fühlt sich nicht »auf der Höhe«, hat ein Gefühl von Untauglichkeit oder von Schuld, selbst wenn die anderen ihn schätzen.

Das sind Merkmale, die man bei depressiven Persönlichkeiten oft antrifft, aber die Liste ist nicht unbedingt vollständig, wenn man den einzelnen Fall betrachtet. Wie zahlreiche depressive Persönlichkeiten ist Madeleines Vater eher uneigennützig und gewissenhaft: Er arbeitet hart und möchte seine Sache gut machen, er sorgt sich um die Menschen in seiner beruflichen und privaten Umgebung. Diese Variante einer depressiven Persönlichkeit wird von den Psychiatern *Typus melancholicus*[41] genannt. Es gibt jedoch andere Typen depressiver Persönlichkeiten, die weniger aktiv und schneller erschöpft sind oder die sich weniger Sorgen um ihre Mitmenschen machen.[42]

Wie Madeleines Vater die Welt sieht

Daß er das Leben nicht in rosigen Farben sieht, ist wohl das mindeste, was man sagen kann. Er hat auch keine hohe Meinung von sich selbst (obwohl er als Vater und als Beamter geachtet ist). Und dann vertraut er natürlich nicht auf die Zukunft, die für sich und die Seinen Bedrohliches bereitzuhalten scheint. Man könnte sagen, daß er eine dreifach negative Sicht hat:
- *auf die eigene Person:* »Ich bin den Anforderungen nicht gewachsen.«
- *auf die Welt:* »Die Welt ist hart und ungerecht.«
- *auf die Zukunft:* »Für mich und meine Familie wird es schlimm ausgehen.«

Diese dreifach negative Sichtweise wird als *depressive Triade* bezeichnet. Der amerikanische Psychiater A. T. Beck[43] hat sie an Personen beobachtet, die an heftiger Depression litten, aber auch bei depressiven Persönlichkeiten kann man sie in wechselnder Intensität antreffen. Hören wir Sabine, Assistentin in einer Apotheke und depressive Persönlichkeit.

Ich habe das Leben immer schwer gefunden. Dabei führe ich, objektiv gesehen, eher eine glückliche Existenz: ich habe einen Beruf, einen Mann, der mich liebt, und zwei gesunde Kinder. Aber ich habe stets den Eindruck, daß ich verletzlich bin und nur mit Mühe meine Aufgaben meistere. Meine Arbeit langweilt mich ein wenig, mit meinem Pharmaziestudium hätte ich in die Arzneimittelindustrie gehen können. Ich fürchtete jedoch, daß ich als Führungskraft ganz unfähig wäre, im Konkurrenztreiben mitzuhalten, daß es zu hart wäre für eine empfindliche Person wie mich. Und wenn mein Mann erzählt, was er im Büro erlebt, sage ich mir, daß ich recht hatte. Ich hätte mich natürlich auch niederlassen und eine eigene Apotheke eröffnen können, um so das Gefühl zu haben, für mich selbst zu arbeiten. Aber ich schreckte davor zurück, einen Kredit aufzunehmen, den ich über lange Jahre hätte abzahlen müssen: ich war mir nicht sicher, daß ich so lange durchhalten würde. Was wäre geschehen, wenn ich eines Morgens nicht mehr die Kraft zum Weitermachen gehabt hätte?

Meine Kinder entwickeln sich gut, sie haben mich lieb, aber ich finde, ich habe sie nicht lieb genug. Wenn ich einen schlechten Tag habe, an dem mir alles eine Last ist, sage ich mir fast, daß die Anwesenheit meiner Kinder eine Bürde mehr ist, eine Verantwortung, die zu tragen ich nicht fähig bin. Wenn ich es mir recht überlege, habe ich trotzdem immer die Anforderungen gemeistert, immer zu Ende gebracht, was ich in Angriff genommen hatte, aber das genügt nicht, um mir Selbstvertrauen zu geben.

Manchmal habe ich das Gefühl, mein Leben total verpfuscht zu haben, ohne daß ich sagen könnte, weshalb. Ich denke mir, irgendwie hatte ich erwartet, glücklicher zu sein. Trotzdem gebe ich mir keinen Ruck, um auszugehen, Freunde zu treffen oder mich auch nur wieder ans Klavier zu setzen, was ich als Kind so liebte.

Mein Mann ist das genaue Gegenteil von mir, sehr positiv und energisch, und so muß er auch sein, um es mit mir auszuhalten. Manchmal, wenn ich ihn damit nerve, daß ich alles in schwarzen Farben sehe oder nicht das geringste angenehme Projekt habe, sagt er mir, ich wäre genau wie meine Mutter. Und das schlimmste ist, daß er recht hat!

Sabine beschreibt gut den Eindruck, ein »schweres Leben« zu führen, in dem jeder Schritt zur Anstrengung wird. Darunter leiden viele depressive Persönlichkeiten. Dazu kommt das Gefühl, verletzlich zu sein, weniger stark als die anderen. Das hindert sie daran, in ihrem Beruf eine Karriere anzustreben. Sabine zeigt ebenfalls wenig Initiative bei der Suche nach angenehmen Beschäftigungen. Die depressiven Persönlichkeiten suchen selten spontan nach vergnüglichen Aktivitäten, sei es, weil die Anfangsanstrengung sie entmutigt, sei es, daß ihr Pessimismus sie nichts Gutes ahnen läßt oder daß sie einfach schon vergessen haben, was Vergnügen ist, und deshalb keine Vorfreude mehr empfinden können. Wollen Sie sie zu einem zauberhaften Abendessen, zu einem Theater- oder Kinobesuch überreden, werden sie es oft vorziehen, zu Hause zu bleiben.

Die depressive Persönlichkeit: Persönlichkeitstyp oder Krankheit?

Gewisse Formen chronischer Depressionen von mittlerer Stärke werden von den Psychiatern mit dem Namen *Dysthymie* bezeichnet. Um nach der Klassifizierung der amerikanischen Psychiatrie, der DSM-IV, als Dysthymie zu gelten, muß die depressive Störung mindestens zwei Jahre anhalten. Personen, die an Dysthymie leiden, laufen eher Gefahr, an einem bestimmten Punkt ihres Lebens eine schlimmere depressive Episode durchzumachen.

Wenn man den Untersuchungen folgt, sollen zwischen 3% und 5% aller Menschen im Laufe ihres Lebens an Dysthymie erkranken. Wie auch bei den Depressionen sind doppelt so viele Frauen wie Männer betroffen. Weil jede zweite Dysthymie vor dem 25. Lebensjahr beginnt und dann unendlich anzudauern scheint, ist sie oft nicht leicht von einer Persönlichkeitsstörung zu unterscheiden.

Im übrigen leiden viele Personen, die von anderen Persönlichkeitsstörungen betroffen sind (besonders die dependenten und selbstunsicheren), auch an Dysthymie, ohne daß man so einfach feststellen könnte, ob tatsächlich die depressive Störung für das Auftreten der Persönlichkeitsstörung verantwortlich war, oder ob im Gegenteil die von der Persönlichkeitsstörung verursachten Mißerfolge die Patienten dazu brachten, in eine Dysthymie zu versinken.[44]

Die Unterscheidung zwischen den verschiedenen Formen

von Dysthymie und den in anderen Klassifikationen beschriebenen depressiven Persönlichkeiten ist Gegenstand einer intensiven Debatte unter den Spezialisten für Stimmungsstörungen. Diese Debatte wird ständig von neuen Studien genährt und geht über den Themenkreis eines praktischen Leitfadens wie des unseren hinaus.[45]

Trotzdem eine wichtige Anmerkung: die medikamentösen Behandlungen und die Psychotherapien, die bei »gewöhnlichen« Depressionen wirksam sind, scheinen in manchmal abgewandelter Form auch bei Dysthymien und depressiven Persönlichkeiten effizient zu sein.

Daher muß einer unserer Ratschläge für depressive Persönlichkeiten sein, einen Mediziner oder Psychologen aufzusuchen.

Und woher kommt das alles, Herr Doktor?

Sabine stellt fest, daß sie ihrer Mutter sehr ähnelt. Was soll man davon halten? Weil es unanfechtbare Beweise gibt, daß bei Depressionen die Vererbung eine Rolle spielt, ist es wahrscheinlich, daß es für die depressiven Persönlichkeiten, die eine Art gemilderte, aber permanente Depression haben, genauso aussieht. Im familiären Umfeld depressiver Persönlichkeiten findet man denn auch überdurchschnittlich viele nahe oder entferntere Verwandte, die eine Periode schwerer Depressionen durchgemacht haben.[46] Aber die Rolle der Erziehung darf ebenfalls nicht unterschätzt werden. In Sabines Fall kann man sich vorstellen, wie das Bild einer depressiven und erschöpften Mutter, die vor jedem angenehmen Projekt zurückwich, ihr ein Modell geliefert hat, welches sie bis heute in den Situationen, denen man als Mutter und Ehefrau gewöhnlich begegnet, unbewußt nachahmt.

Wahrscheinlich kann alles, was in der Erziehung dazu beiträgt, dem Kind ein negatives Bild von sich selbst zu vermitteln, das Risiko erhöhen, daß es eine depressive Persönlichkeit entwickelt, besonders wenn es schon die biologische Veranlagung dafür mitbringt. Gewisse herkömmliche Erziehungsmuster, bei denen man dem Kind ein Perfektionsideal auferlegt, welches es nie zu erreichen imstande ist, können ein Gefühl von Unzulänglichkeit und Schuld zurücklassen, das die Herausbildung einer depressiven Persönlichkeit begünstigt. Lesen Sie, was Thibaut, ein einunddreißigjähriger Notar, der gerade in therapeutischer Behandlung ist, dazu berichtet:

Ich glaube, mir wurde die Grundidee anerzogen, daß ich nicht verdiene, glücklich zu sein. Mein Vater hatte einen Landwirtschaftsbetrieb, er opferte sich für seine Arbeit total auf und gönnte sich nie Ruhe. Unaufhörlich war er in Sorge und stellte sich vor, am Rande des Ruins zu stehen. Es stimmt freilich, daß ihn die Krise der Landwirtschaft voll getroffen und daß es schwierige Perioden gegeben hat.

Meine Brüder und ich haben eine sehr strenge christliche Erziehung genossen, die sich auf den finsteren Aspekt des Christentums konzentrierte. Wir waren alle Sünder, wir mußten uns pausenlos daran erinnern, daß Christus sein Leben hergegeben hatte, um uns von unserer Schuld freizukaufen, und wir sollten nie vergessen, daß Gott uns in jedem Augenblick sah, selbst wenn wir allein waren. Sie können sich vorstellen, welche Wirkung das auf ein leicht beeindruckbares und nicht sehr selbstsicheres Kind wie mich hatte.

In der religiösen Einrichtung, in der ich später die Oberschuljahre verbrachte, war die Atmosphäre zum Glück fröhlicher als zu Hause. Damals erhielt ich die ersten Einladungen in die Elternhäuser mancher Schulkameraden, und ich merkte, daß man als Christ nicht unbedingt düster sein mußte.

Aber meine Erziehung hat ihre Spuren hinterlassen: ich fühle mich sehr schnell schuldig und werfe mir oft vor, egoistisch zu sein und nur an mich zu denken. (Genau das hatte mir meine Mutter immer angekreidet.) Dennoch mögen mich meine Freunde, und meine Frau sagt, daß ich im Gegenteil eher dazu neige, mich in andere Leute hineinzuversetzen und meinen eigenen Standpunkt nicht zu verteidigen.

Es stimmt schon: sobald es darum geht, sich klar und bestimmt zu äußern und etwas zu fordern, ziehe ich es vor, mich zurückzunehmen, als wäre es »egoistisch«, sich zu verteidigen. Mein Leben ist heute glücklicher als früher, aber das löst nicht alle Probleme. Wenn eine gute Nachricht oder ein erfreuliches Ereignis in mir eine Anwandlung von Fröhlichkeit auslösen, habe ich sogleich das Gefühl, daß hinterher eine Katastrophe kommen würde, als ob jedes Glück durch ein Unglück »bestraft« werden müßte. Ich habe den Eindruck, mein Glücklichsein nicht zu verdienen, und ich denke, daß es meine Eltern waren, die mir diese Weltsicht vermacht haben – die Ärmsten, wo sie es doch nur gut meinten!

Thibaut ist sich durchaus bewußt, daß seine Wahrnehmung des Lebens und des Glücks durch eine zu strenge und Schuldgefühle einflößende Erziehung verbogen worden ist. Diese Erkenntnis hindert ihn jedoch nicht daran, weiterhin »Schuldreflexe« zu zeigen; im Gegensatz zu einer verbreiteten Meinung genügt sie nicht, um eine Besserung herbeizuführen. Ganz im Gegenteil, manche depressiven Persönlichkeiten können hundertmal alle alten und in der Erziehung begründeten Ursachen für ihren gegenwärtigen Zustand durchgehen, ohne daß sie es schaffen, sich daraus zu befreien. Die Bewußtwerdung ist eine oftmals nützliche Etappe, die aber selten ausreicht.

Schätzen die depressiven Persönlichkeiten die Chancen, daß ihnen geholfen werden kann, mit Recht pessimistisch ein?

Häufig suchen die depressiven Persönlichkeiten nicht die Hilfe eines Spezialisten, und dies aus mehreren Gründen.

Acht Gründe, weshalb depressive Persönlichkeiten sich nicht in medikamentöse oder psychotherapeutische Behandlung begeben

1. Sie betrachten ihren Zustand nicht als eine »Krankheit«, sondern glauben, es wäre einfach eine Frage des »Charakters«.

2. Solange sie mit ihren Aufgaben in Beruf und Familie einigermaßen fertig werden und ihre »Pflicht« erfüllen, sehen sie keinen zwingenden Grund, nach einer Lösung für ihr Problem zu suchen.

3. Sie glauben an die Macht des »Willens«. Gewiß fühlen sie sich schlecht, aber sie meinen, es könnte besser gehen, wenn sie sich »rühren« und »den richtigen Willen aufbringen« würden. Diese Überzeugung wird oft von ihren Mitmenschen geteilt, die nicht mit wohlfeilen Ratschlägen dieser Art sparen.

4. Sie denken, die Medizin oder die Psychologie könne nichts für sie tun, ihr Fall sei ein besonderer, und es bringe nichts, sich einem Spezialisten anzuvertrauen.

5. Sie meinen, daß Medikamente ihnen nicht helfen würden, daß es Drogen wären, von denen man abhängig werden kann, oder daß sie nicht die »wirkliche Ursache« des Problems lösen könnten.

6. Sie haben sich so daran gewöhnt, sich schlecht zu fühlen, daß sie sich nicht mehr vorstellen können, wie es ist, wenn es einem gut geht, und deshalb sehnen sie sich auch nicht mehr danach.

7. Es gelingt ihnen, ihr Selbstwertgefühl aufzubessern, indem sie sich als »hart im Leidertragen« hinstellen. Das paßt aber nicht damit zusammen, daß man einen Arzt um Hilfe ersucht.

8. Ihre Schwierigkeiten geben ihnen zum Ausgleich bisweilen ein paar Entschädigungen: eine gesteigerte Beachtung durch ihre Umgebung, Druckmittel, um ihren Kindern, die nicht mehr zu Besuch kommen, Schuldgefühle einzuflößen usw.

Eine nicht behandelte Depression verursacht beträchtliche ideelle und sogar wirtschaftliche Kosten, und man kann nur hoffen, daß umfangreichere Informationen immer mehr Menschen dazu führen, einen Arzt oder Psychologen aufzusuchen. Oft werden sie auch von ihrer Umgebung dazu angehalten.

Sowohl die Medizin als auch die Psychologie können ihnen, wenn schon keine Wunderheilungen, so doch oft wirkungsvolle Hilfen bieten, nämlich Psychotherapien und Medikamente.

Die Psychotherapien

Unter den Psychotherapien ist die Auswahl ziemlich groß, und wir werden ihnen das letzte Kapitel unseres Buches widmen. Für die Behandlung von Depressionen sind drei Formen besonders wichtig:

Die psychoanalytisch orientierten Psychotherapien wollen dem depressiven Patienten helfen, sich seiner bisher unbewußten »Hemmungen«, die ihn daran hindern, Lust zu empfinden, bewußt zu werden. Es geht nicht um eine simple Erklärung, sondern um eine Bewußtmachung dieser unbewußten Mechanismen, auch wenn sie sich zum Beispiel in der Beziehung zwischen Patient und Therapeut manifestieren (die »Übertragung«). Die psychoanalytisch orientierte Psychotherapie muß sich auf die besonderen Probleme der depressiven Persönlichkeit einstellen. Es ist besser, wenn der Therapeut eher interaktiv ist und selbst spricht (der Patient wird ein zu langes Schweigen schlecht verkraften, kann er es doch als Zeichen von Zurückweisung und von Desinteresse an seiner, wie er glaubt, uninteressanten Person auffassen). Er sollte auch nicht zögern, mit dem Patienten die unmittelbaren Probleme des Alltagslebens zu erörtern. Der Therapeut muß ebenso in der Lage sein, den Patienten schnell zu einem verschreibungsberechtigten Arzt zu schicken, wenn es zu einem Rückfall in tiefe Depressionen kommen sollte, der eine Behandlung mit Antidepressiva notwendig macht.

Die kognitiven Therapien sind jüngeren Datums und wurden speziell für die Behandlung von Depressionen konzipiert. Etwas vereinfachend gesagt, sehen sie eine Verbindung zwischen der Depression und Anomalien bei der Informationsverarbeitung durch den Patienten. Ihr Ziel ist, dem Patienten zu helfen, seine pessimistische Sicht auf die eigene Person und die Welt selbst in Frage zu stellen. Der Therapeut greift vor allem ein, um dem Patienten Fragen nach dem Vorbild von Sokrates zu stellen. Damit soll er zu eigenen Reflexionen über seine depressiven Grundannahmen geführt werden. Diese Therapien haben den Vorteil, durch rigorose Untersuchungen auf ihre Wirksamkeit bei Depressionen überprüft worden zu sein. Man hat bewiesen, daß sie in ihrer Erfolgsquote den besten Antidepressiva nahekommen.[47]

Eine dritte Form, die *interpersonelle Therapie*, die aus der Ich-Psychologie hervorgegangen ist, hat bei Depressionen ebenso gute oder sogar bessere Resultate erbracht.[48] Wir werden auf sie noch zu sprechen kommen.

Und die Medikamente?

Die Autoren dieses Buches sind beide Psychotherapeuten und glauben also, daß eine Behandlung mit Worten vielen Menschen helfen kann. Aber wir müssen eingestehen, daß wir zahlreiche depressive Persönlichkeiten kennengelernt haben, die schon jahrelang verschiedene Psychotherapien ausprobiert hatten, alle von kompetenten Therapeuten gut durchgeführt, und die sich weiterhin mit denselben Problemen herumschlugen, bis eines Tages ein Mediziner die Eingebung hatte, ihnen das richtige Antidepressivum zu verschreiben! Hören wir, was Hélène, eine zweiundvierzigjährige Journalistin, über ihre Odyssee berichtet.

Seit meiner Jugend spürte ich, daß ich größere psychische Probleme hatte als die meisten anderen Leute. Ich fühlte mich fragiler als meine Freundinnen, es genügte schon eine kleine Enttäuschung, damit ich alles in schwarzen Farben sah. In der Gruppe wußte ich oft nichts zu sagen, während meine Freundinnen stundenlang schwatzen konnten und sich dabei gut amüsierten. Ich habe mein Studium erfolgreich absolviert, aber vor jeder Prüfung hatte ich das Gefühl, daß ich es nicht schaffen würde, daß alles zu kompliziert für mich wäre. Glücklich war ich im Grunde nur sehr selten, außer vielleicht, wenn ich ruhig in meinen vier Wänden saß und niemand von mir eine Anstrengung verlangte. Ich habe den ersten jungen Mann geheiratet, der sich für mich interessierte, denn ich fürchtete zu sehr, es könnte der letzte sein. Das Leben mit ihm hat für mich eine gute und eine schlechte Seite. Eine schlechte, weil er mir meine Zerbrechlichkeit und Untauglichkeit ständig vor Augen führt: Er kritisiert mich wegen meiner Schwarzseherei und weil ich mich nicht genug rühre; wenn er auf mich hören würde, bekämen wir überhaupt keinen Menschen mehr zu Gesicht. Eine gute Seite, weil er stabil und couragiert ist und ich mich stets auf ihn verlassen kann. Das ist ein beruhigendes Gefühl für jemanden, der kein Vertrauen in seine eigenen Kräfte hat. Weil viele meiner Freundinnen damals eine Psychotherapie machten, wollte ich es natürlich auch einmal probieren. Ich sagte mir nämlich, daß ich meine Probleme vielleicht lösen könnte, wenn ich ihre Ursache begriff.

Ich habe also eine Psychoanalyse begonnen. Ich fand mich auf der Couch ausgestreckt wieder, hinter mir ein Psychoanalytiker, der nicht ein einziges Wort sprach. Für jemanden, der nicht recht weiß, was er sagen soll, ist das sehr beängstigend. Mit schrecklicher Anstrengung gelang es mir schließlich, über mein Leben, meine Kindheit und meine Traurigkeit zu sprechen. Aber der Psychoanalytiker sagte noch immer nichts! Ich fühlte mich total mißachtet und sagte ihm das auch. Daraufhin wachte er auf und fragte mich, ob ich zum ersten Mal ein solches Gefühl hätte. Ich ging meine Erinnerungen durch, und er sank in sein Schweigen zurück. Nach einem halben Jahr habe ich die Therapie abgebrochen. Ich denke, seine besondere Art war vielleicht für andere Leute geeignet, aber nicht für mich. Für jemanden, der fürchtete, uninteressant zu sein und zurückgewiesen zu werden, war es einfach zu hart.

Eine Freundin hat mir dann einen anderen Tip gegeben. Auch sie empfahl mir eine Psychoanalytikerin, aber eine, die Therapien von Angesicht zu Angesicht machte. Das lief viel besser, sie reagierte auf meine Erzählungen, ich sprach von meiner Kindheit, meinem Verhältnis zu den Eltern, aber ich konnte sie auch in dringenden Problemen um Rat bitten. Ich glaube, daß sie mir sehr geholfen hat. Ich habe etwas mehr Selbstvertrauen gefunden. Schon daß sie sich wirklich für mich interessierte, gab mir das Gefühl, etwas wert zu sein. Ich habe auch den Mechanismus verstanden, mit dem mir meine Mutter, die auch depressiv gewesen war, Schuldgefühle eingeflößt hatte. Die Therapie wurde in gemeinsamem Einvernehmen nach vier Jahren beendet, denn ich war in ganz guter Verfassung, und gleichzeitig begann sich eine gewisse Monotonie breitzumachen.

Nach dieser Therapie fühlte ich mich ein bißchen besser, aber ich hatte noch immer Schwierigkeiten, besonders in meiner Beziehung zu anderen Menschen: noch immer den Eindruck, daß ich nicht so »gut« war wie meine Gesprächspartner und daß ich doppelt soviel Mühe aufwenden mußte wie sie, um ein normales Leben zu führen.

Nachdem ich einen Zeitschriftenartikel gelesen hatte, bin ich zu einem Psychiater gegangen, der kognitive Therapien anwendete. Diese unterschieden sich sehr von den vorhergehenden. Wir gingen systematisch von Ereignissen meines täglichen Lebens aus, und ich sollte ihm alle traurigen Gedanken aufzählen, die mir in diesen Situationen in den Sinn gekommen waren. Das nannte er meinen »inneren Diskurs«. Dann nahmen wir gemeinsam diese selbstwertzerstörenden Gedanken unter die Lupe, und er half mir, sie in Frage zu stellen. Diese Therapie dauerte nicht so lange, sie war auf sechs Monate angelegt, bei einer Sitzung pro Woche. Ich habe den Eindruck, daß sie mir gute Reflexe vermittelt hat. Kamen mir künftig triste Gedanken von der Sorte wie »ich bin nicht so gut wie die anderen« oder »das schaffe ich nie«, gelang es mir viel schneller, sie zu relativieren. Ich konnte auch mit mehr Selbstvertrauen sprechen.

Insgesamt haben mir diese beiden Therapien also geholfen, selbst wenn mich das tägliche Leben noch immer viele Anstrengungen kostete.

Dann, im vergangenen Winter, habe ich mich wirklich deprimiert gefühlt. Ich begann von neuem, alles in den schwärzesten Farben zu sehen. Mein Hausarzt überzeugte mich schließlich, ein Antidepressivum zu versuchen. Ich habe es mit ziemlichem Widerwillen genommen, denn ich dachte, meine Probleme seien sehr tiefliegend, und mit einer kleinen Pille könne man sie nicht lösen.

Nun ja, es gab wirklich einen Umschwung! Zuerst spürte ich nichts Besonderes, aber nach und nach wachte ich morgens mit mehr Schwung auf, und nach einem Monat fühlte ich mich in Bestform! Verstehen Sie mich bitte richtig, es war keine Rückkehr zum Zustand vor der Depression, sondern ich fühlte mich so gut in Form, wie ich es nie zuvor gekannt hatte! Ich ging meine Aufgaben mit mehr Energie an, fühlte mich viel seltener erschöpft, und wenn ich unter Leuten war, kannte ich keine Verlegenheit mehr: ich wußte immer etwas zu sagen! Alle, die mich kannten, waren über diese Besserung verblüfft.

Als mir mein Arzt ein halbes Jahr darauf vorschlug, die Behandlung einzustellen, zögerte ich zunächst, folgte dann aber seiner Empfehlung. Am Anfang habe ich keinen Unterschied verspürt, aber ein paar Wochen später war ich wieder in das zurückgefallen, was ich meinen »grauen Zustand« nennen möchte. Ich mußte mich sehr überwinden, meinen Arzt von neuem zu bitten, mir das Antidepressivum zu verschreiben, das bei mir so gut angeschlagen hatte. Und wieder habe ich meine gute Form zurückgefunden. Wenn man die letzten drei Jahre resümiert, kann man sagen, daß ich nach Absetzung des Antidepressivums jedesmal nach einigen Monaten in meinen üblichen Zustand zurückgefallen bin. Ich habe andere Ärzte konsultiert, auch Psychiater und Professoren.

Schließlich habe ich mich mit der Idee abgefunden, daß ich dieses Medikament wahrscheinlich bis ans Ende meiner Tage einnehmen werde, ein bißchen so, wie ein Hypertoniker ein Medikament gegen seinen Bluthochdruck nehmen muß. Inzwischen sage ich mir, daß ich durch mein Antidepressivum meinen Normalzustand erreiche und vom Leben profitieren kann wie die anderen Leute. Natürlich sagen manche, das sei nicht natürlich, aber im Grunde sind auch Brillen nicht natürlich, und niemand käme deshalb auf die Idee, die Kurzsichtigen in ihrer verschwommenen Welt zu lassen! Es ist nicht meine Schuld, daß ich mit einer auf »traurig« eingestellten Stimmung geboren wurde. Wenn mir ein Medikament zu einer normalen Sichtweise verhelfen kann, weiß ich nicht, warum ich darauf verzichten sollte. Hätten Sie mir das vor zehn Jahren erzählt, wäre ich schockiert gewesen! Seine Probleme mit einer Tablette lösen! Aber seither habe ich einen langen Weg zurückgelegt, und mein Leben ist glücklicher geworden.

Wir haben diesen langen Zeugenbericht zitiert, weil er vielen anderen ähnelt: in bestimmten Fällen kann ein Antidepressivum für eine depressive Persönlichkeit von großem Nutzen sein, und es wäre schade, es nicht auszuprobieren. Dennoch darf man nicht vergessen, daß sich die Wirkung eines solchen Medikaments erst nach einigen Wochen einstellt. Außerdem gibt es noch keine Laboruntersuchungen, mit denen man voraussagen könnte, welches Antidepressivum für welche Person am besten geeignet ist. Man muß sich also darauf einstellen, daß beim ersten Versuch nicht unbedingt das beste Mittel gefunden wird, vielleicht auch nicht im zweiten Anlauf. Sie sollten Ihrem Arzt ein paar Monate Zeit lassen, um das Medikament zu finden, das bei Ihnen Wirkung zeigt.

Depressive Persönlichkeiten in Film und Literatur

Georges Duhamels Romanfigur Salavin ist mit ihrer Neigung zu Selbstentwertung und Schuldgefühlen ein gutes Beispiel für eine depressive Persönlichkeit (mit einigen zwanghaften Zügen); am Ende wird er übrigens sein Leben opfern.

Cesare Paveses *Tagebuch* legt Zeugnis von der bedrückten Stimmung und dem schwachen Selbstwertgefühl des Autors ab und läßt auf eine depressive Persönlichkeit schließen, die sich durch Mißerfolge im Gefühlsleben noch verfestigt hat.

Manche Helden aus François Nourissiers Romanen, so etwa in *Der Hausherr*, ähneln mit ihrem verdrossenen Dahinbrüten über ihre eigene Unfähigkeit und die Härte des Lebens depressiven Persönlichkeiten.

In Alain Corneaus Film *Die siebente Saite* verkörpert Jean-Pierre Marielle einen Musiker des 17. Jahrhunderts, der in eremitenhafter Zurückgezogenheit lebt, griesgrämig und verschlossen ist und sich und seiner Umgebung jedes Vergnügen verwehrt. Gewiß ist er durch den Tod seiner angebeteten Frau niedergeschlagen, aber eine solche Verbissenheit in der Selbstkasteiung läßt uns annehmen, daß ihn seine Persönlichkeit für eine so überlange Trauerreaktion empfänglich gemacht hat.

Vom Umgang mit depressiven Persönlichkeiten

Wenn es Ihr Chef ist: Überprüfen Sie regelmäßig die Gesundheit Ihres Unternehmens.

Wenn es Ihr Lebenspartner ist: Geben Sie ihm/ihr dieses Kapitel zu lesen.

Wenn es Ihr Kollege oder Mitarbeiter ist: Finden Sie jedesmal, wenn er positiv denkt, anerkennende Worte.

Was Sie tun sollten

* Stellen Sie ihm Fragen, die sein Interesse auf das Positive lenken.

Eine depressive Persönlichkeit wird dazu neigen, an jeder Situation den negativen Aspekt wahrzunehmen. Für sie ist eine Flasche nie halbvoll, sondern immer halbleer ...

Adeline (27), Dokumentalistin in einem großen Unternehmen der mechanischen Industrie, ist gerade auf einen Posten in der technischen Überwachung befördert worden. Sie meint dazu: »Das wird viel stressiger werden«, »Ich werde das nicht bewältigen« oder auch »Die technische Überwachung ist in dieser Firma überhaupt nicht organisiert«.

Natürlich ist die Versuchung groß, zu Adeline zu sagen: »Du siehst immer nur schwarz! Hör auf, dich zu beklagen!« Solche Äußerungen werden ihr jedoch nicht helfen. Sie wird das Gefühl haben, mißverstanden oder abgewiesen zu werden, und das wird ihre depressive Sicht auf das Leben noch verstärken. Wenn man ihre Aufmerksamkeit hingegen *in Form von Fragen* auf die positiven Aspekte der Situation lenkt, ohne ihren Standpunkt zurückzuweisen, wird ihr das vielleicht eine ausgewogenere Sicht ermöglichen.

Sagen Sie ihr zum Beispiel: »Anstrengender wird es ganz bestimmt, besonders in der Anfangszeit, aber wird es nicht auch interessanter sein?«; »Warum meinst du, daß du das nicht schaffen wirst? Meinst du das nicht jedesmal ein bißchen, und am Ende klappt es doch meistens?«; »Die technische Überwachung ist nicht organisiert? Aber das bedeutet, daß sie dir eine wirkliche Verantwortung übertragen!«.

Entscheidend ist, daß man der depressiven Persönlichkeit nicht brüsk in die Parade fährt, sondern eher versucht, ihre Aufmerksamkeit auf die »halbvolle Flasche« zu lenken.

Sie können sie auch an vergangene Situationen erinnern, in denen sie auf das Ereignis oder die eigene Person eine pessimistische Sicht hatte, die sich schließlich nicht bewahrheitete.

* Beziehen Sie ihn in angenehme Aktivitäten mit ein – im Rahmen seiner Möglichkeiten.

Depressive Persönlichkeiten neigen häufig dazu, die Gelegenheiten, sich Vergnügen zu bereiten, nicht zu nutzen. Diese ablehnende Haltung ist oft mehreren ineinanderspielenden Faktoren geschuldet: ihrer Müdigkeit, ihrer Furcht, der Situation nicht gewachsen zu sein, ihren Schuldgefühlen bei der Hingabe an alles Vergnügliche und vor allem ihrer Voraussicht, daß die Situation für sie selbst gar nicht angenehm sein würde.

Im Umgang mit einer depressiven Persönlichkeit muß man sich vor zwei extremen Haltungen hüten:
- Man darf sie nicht sich selbst überlassen und ihr nichts mehr vorschlagen. »Alles in allem muß sie sich bloß mal selbst ein bißchen rühren!« Eine solche Haltung wird die depressive Persönlichkeit in ihrem negativen Denken bestärken.
- Man darf ihr keine Aktivitäten oder Situationen aufzwingen, die über ihre Kräfte gehen. Catherine (18) erzählt uns von ihren Eltern folgendes:

Im Urlaub kommen mein Vater und meine Mutter überhaupt nicht miteinander zurecht. Sie ist eher depressiv und hat keine Lust, großartig was zu unternehmen; sie würde gerne den ganzen Tag auf dem Liegestuhl verbringen und lesen oder fernsehen. Mein Vater ist dagegen voller Elan, er will um jeden Preis, daß sie sich zu etwas aufrafft. Resultat: er zwingt sie dazu, mit an den Strand zu gehen, auch wenn sie keine Lust hat, er schleift sie auf Fahrradtouren mit, er lädt zum Abendessen Freunde ein, denn er hat gern Leute um sich. Dieses Programm eine Woche lang, und meine Mutter ist mit den Nerven am Ende. Sie weint, und für den Rest der Ferien sind sie aufeinander böse.

Catherines Vater täte gut daran, den Standpunkt seiner Gattin etwas besser zu verstehen. Er könnte sie zum Beispiel jeden zweiten Tag in Frieden lassen und ihr den Rest der Zeit ein paar weniger anstrengende Aktivitäten vorschlagen. Etwa indem er seinen Wunsch als gefühlsbetonte Bitte for-

muliert und nicht wie einen Befehl. Zum Beispiel: »Weißt du, ich hätte große Lust, mit dir einen Spaziergang zu machen. Ich weiß, das kostet dich Überwindung, aber ich glaube, am Ende wird es uns beiden gefallen.«
Wir unterschätzen nicht die Schwierigkeit, einer wirklich depressiven Persönlichkeit gegenüber derart ruhig, positiv und verständnisvoll zu bleiben.

* Zeigen Sie ihm gezielt Ihre Wertschätzung.

Die depressiven Persönlichkeiten haben von sich selbst oft eine schlechte Meinung, was zu ihrer Traurigkeit noch beiträgt.

Eines der besten Medikamente, das Sie ihnen verabreichen können, ist Ihre Zuneigung und Wertschätzung – unter der Bedingung, daß sie aufrichtig ist.

Täglich eine kleine positive Bemerkung zu dem, was sie gesagt hat, und es wird, ohne daß sie es merkt, ihr Selbstwertgefühl ein wenig nähren. Aber um wirkungsvoll und überzeugend zu sein, muß Ihr Lob sehr präzise sein und sich auf ein bestimmtes Verhalten und nicht auf die Person beziehen.

Wenn Sie zu Ihrer depressiven Assistentin zum Beispiel sagen: »Sie sind eine sehr gute Mitarbeiterin«, wird sie entweder denken, daß Ihnen ihre Unzulänglichkeiten entgangen sind, oder sie wird annehmen, daß Sie ihre Schwächen zwar bemerkt haben, aber aus Mitleid mit ihrer schlechten Verfassung nach irgendwelchen Trostworten suchen.

Wenn Sie ihr hingegen sagen: »Ich finde, Sie haben sich um diese Sache mit dem verpatzten Termin bei X. sehr gut gekümmert«, wird sie dieses partielle Lob, das auf einem präzisen Fakt beruht, leichter akzeptieren können.

* Bewegen Sie ihn dazu, einen Arzt oder einen
   Psychologen zu konsultieren.

Dieser Ratschlag knüpft an die Informationen an, die wir weiter oben zu den Behandlungsmöglichkeiten für depressive Persönlichkeiten gegeben haben. Diese Persönlichkeitsstörung (oder Krankheit, wenn wir der Meinung sind, es handle sich um eine Dysthymie) zählt sicher zu denen, die dank der Fortschritte der Wissenschaft heute mit Medikamenten oder Psychotherapien am besten behandelt werden können. Es wäre also schade, eine vielleicht wirkungsvolle Hilfe nicht in Anspruch zu nehmen.

Auch hier sind Geduld und diplomatisches Geschick vonnöten, um die depressive Person zu bewegen, einen Spezialisten aufzusuchen. Sollte sie sich weigern, zum »Psychiater« zu gehen, schlagen Sie ihr vor, mit einem Allgemeinmediziner darüber zu sprechen. Das wird sie weniger abschrecken, und dieser Arzt kann sie später womöglich überzeugen, eine Behandlung mit Antidepressiva zu erproben oder doch einen Psychiater zu konsultieren.

Was Sie lassen sollten

* Sagen Sie ihm nicht, er solle sich endlich mal rühren.

»Rühr dich endlich mal ein bißchen«, »Wo ein Wille ist, ist auch ein Weg«, »Reiß dich doch mal zusammen« – Ratschläge dieser Sorte sind depressiven Persönlichkeiten millionenfach erteilt worden, seit die Menschheit existiert. Wahrscheinlich werden sie pausenlos wiederholt, weil sie so wirkungslos sind. Die depressive Persönlichkeit wird sich zurückgewiesen, mißverstanden und abgewertet fühlen, selbst wenn sie sich Ihren Ermahnungen fügt.

* Halten Sie keine Moralpredigt.

»Hast du denn keine Willenskraft?«, »Du läßt dich einfach so gehen«, »Es ist schlimm, alles bloß durch die schwarze Brille zu sehen«, »Schau mich an, ich reiße mich auch zusammen« – da haben wir noch eine ganze Liste sehr schlechter Medikamente! Glauben Sie, daß man sich freiwillig aussuchen würde, eine depressive Persönlichkeit zu sein?

Selbstverständlich nicht. Eine moralisierende, Schuldgefühle einflößende Haltung ist genauso angemessen, als wenn man einem Kurzsichtigen vorwirft, alles verschwommen zu sehen, oder jemanden, der sich den Knöchel verstaucht hat, wegen seines Hinkens tadelt.

Und wahrscheinlich ist es sogar noch schlimmer, denn viele depressive Persönlichkeiten fühlen sich ohnehin schon schuldig, weil sie so sind, wie sie sind; es hat also gar keinen Sinn, da noch etwas draufzulegen.

* Lassen Sie sich nicht in seinen Trübsinn hineinziehen.

Ohne es zu wollen, veranlassen uns die depressiven Persönlichkeiten dazu, ihre Weltsicht und ihre Lebensweise zu übernehmen. Wenn wir sie in ihrem Trübsinn erleben, macht uns das selbst betrübt, oder wir verspüren am Ende eine unbestimmte Schuld, weil wir ihren Kummer nicht teilen. Aber ebensowenig wie es hilft, sie grob anzufahren, werden wir ihren Zustand bessern können, wenn wir in ihre Traurigkeit und Verzagtheit einstimmen. Wahren Sie Ihr Bedürfnis nach Freiheit und Fröhlichkeit, auch wenn es manchmal im Umgang mit einer depressiven Persönlichkeit verschüttet zu werden droht. Jacques (32), dessen Ehefrau Marianne eine depressive Persönlichkeit ist, berichtet:

In der ersten Zeit nach unserer Heirat habe ich die winzigsten Stimmungsschwankungen bei Marianne aufmerksam beobachtet, und ich war stets auf dem Sprung, um sie zu trösten und zu beruhigen. Weil sie sich in Gesellschaft nicht wohl fühlte, habe ich allmählich aufgehört, meine Freunde zu treffen. Ich fuhr am Wochenende gern weg, aber vor solchen Ausflügen war ihr bange, und so bin ich sonntags mit ihr zu Hause geblieben. Am Ende fühlte ich mich so frustriert und eingesperrt, daß ich einen Psychiater konsultierte. Er machte mir klar, daß ich auch meiner Frau nicht half, wenn ich jedem ihrer Wünsche nachgab. Ich habe ihr deshalb von neuem vorgeschlagen, gemeinsam auszugehen oder übers Wochenende zu verreisen. Zuerst lehnte sie es wieder ab, also fuhr ich zu ihrem großen Erstaunen allein weg. Wir hatten deswegen ein paar große Szenen. Ich erklärte ihr, ich könne gut verstehen, daß sie nicht immer Lust zum Ausgehen hat, und ich würde ihre Bedürfnisse respektieren, aber sie müsse auch die meinen tolerieren. Nach einer Periode der Konfrontation, in der sie mir mit ihrer Gekränktheit Schuldgefühle einflößte (auch hier half mir mein Psychiater zu relativieren), kam es eines Tages so weit, daß sie ihre Sachen zusammensuchte, um mit mir gemeinsam wegzufahren. Seitdem klappt es viel besser; wir schaffen es beinahe einmal pro Monat, übers Wochenende zu verreisen, und sie begleitet mich zu meinen Freunden. Jetzt werde ich versuchen, sie zu überzeugen, selbst einen Psychiater zu konsultieren.

Unsere Empfehlung, einen Spezialisten zu konsultieren, richtet sich auch an Sie, wenn Sie einen depressiven Angehörigen haben. Die Ratschläge eines Experten können Ihnen, wie Sie am Beispiel von Jacques gesehen haben, eine wertvolle Hilfe zur Meisterung der Lage sein. Ein Psychiater kann Sie darauf aufmerksam machen, daß Ihr Verhalten ungewollt die depressive Haltung des anderen begünstigt. Er wird Ihnen auch Tips für die Bewältigung konkreter Alltagssituationen geben. Schließlich kann er Ihnen zeigen, wie Sie den anderen dazu bringen, selbst einen Arzt oder Psychologen aufzusuchen, was wir, um es noch einmal zu wiederholen, bei einer depressiven Persönlichkeit für oft sehr nützlich halten.

Haben Sie selbst Züge einer depressiven Persönlichkeit?

	eher richtig	*eher falsch*
1. Ich glaube, ich liebe das Leben weniger als die meisten Leute.		
2. Manchmal wünsche ich mir, ich wäre nie geboren.		
3. Man wirft mir oft Schwarzseherei vor.		
4. Es ist schon vorgekommen, daß ich in erfreulichen Situationen nicht die geringste Freude empfinden konnte.		
5. Manchmal habe ich den Eindruck, meinen Nächsten eine Last zu sein.		
6. Ich entwickle leicht Schuldgefühle.		
7. Ich neige dazu, meinen früheren Mißerfolgen nachzugrübeln.		
8. Ich fühle mich den anderen oft unterlegen.		
9. Ich bin oft müde und energielos.		
10. Ich verschiebe manche Freizeitaktivitäten auf später, obwohl ich jetzt die Zeit und die Mittel für sie hätte.		

Kapitel IX

Die dependenten Persönlichkeiten

»Allein: in schlechter Gesellschaft.«
Ambrose Bierce

Ich bin ein übertrieben geselliger Typ, erzählt Philippe, ein siebenundvierzigjähriger Buchhalter. *Darin liegt im Grunde mein Problem: ich brauche die anderen zu sehr.*

Das reicht weit zurück. Ich erinnere mich sehr gut an meine frühe Schulzeit, als ich panische Angst hatte, nicht einbezogen zu werden, wenn sich eine Gruppe zum Spielen zusammenfand, oder auf dem Pausenhof nicht in die Sportmannschaften gewählt zu werden. Ich war bereit, die schlechtesten Rollen und die undankbarsten Positionen zu übernehmen: Beim Fußball war ich Torwart oder Hintermann, wo doch alle im Sturm spielen wollten, um Tore zu schießen; und wo die anderen sich um die Rolle des Cowboys ohne Furcht und Tadel stritten, spielte ich den Indianer oder den Verräter ... Dank dieser Strategie war ich letzten Endes ziemlich geschätzt und gefragt, und wenn die Wortführer unter den Schülern mich in ihre Gruppe wählten, war ich sehr stolz und zu noch mehr Selbstverleugnung bereit ...

Im Grunde war ich nicht gerade selbstsicher und schwamm mit dem Strom. Blicke ich auf diese Jahre zurück, wird mir bewußt, daß ich niemals selbst eine Idee einbrachte oder die Initiative ergriff. Ich fürchtete zu sehr, daß man meine Vorstellungen ablehnen oder kritisieren würde – und mich mit ihnen ... Ich hätte nie gewagt, meinen Kameraden zu widersprechen. So kam es auch, daß ich einmal zu den schlimmsten Dummheiten verleitet wurde. In jenem Schuljahr hatte ich ein paar Kumpel, deren Anführer eine starke Persönlichkeit war. Wir plünderten ein Haus, während die Bewohner im Urlaub waren, wir stahlen in der Schule Sportgeräte und unternahmen noch ein paar andere Sachen vom gleichen Kaliber ... Nachdem ich da hineingeraten war, glaubte ich, nicht hinter den anderen zurückstehen zu dürfen, und ich war nur zu glücklich, einer so halsbrecherischen Gruppe anzugehören ... Als man uns erwischte, dachten meine Eltern und die Lehrer, ich wäre verrückt geworden, denn normalerweise benahm ich mich wirklich nicht wie ein kleiner Straftäter, sondern gehörte eher zu der Sorte, die auf der Straße den Erwachsenen brav »Guten Tag« sagt ... Aber ich habe niemals zugegeben, zu diesen Dingen nur verleitet worden zu sein, obwohl man mir, um meinen Rauswurf von der Schule zu verhindern, solch ein Geständnis nahegelegt hatte ...

Es stimmt, daß es mir völlig an Selbstvertrauen mangelt. Ich habe stets das Gefühl, die anderen wären mir von Natur aus überlegen, ihre Ideen wären besser, ihre Entscheidungen fundierter, und es wäre also in meinem eigenen Interesse, ihnen zu folgen und von ihren guten Eigenschaften und ihren Initiativen zu profitieren. Ich kann zu den Leuten nie auf Distanz gehen und merke immer erst nachher, daß ich mich in ihnen vielleicht getäuscht habe. Und dann macht mich das unglücklich, aber ich sage es ihnen nie ins Gesicht. Ich bin mir nicht sicher genug über mein Urteil.

Ich gehöre zu den sehr anhänglichen Leuten. Für mich ist es wichtig, von Freunden und guten Bekannten umgeben zu sein, von Menschen, bei denen ich sicher bin, daß sie mich mögen. Im allgemeinen werde ich ziemlich geschätzt, denn ich bin uneigennützig und stets bereit, anderen einen Gefallen zu tun. In der Firma nutzt man das, glaube ich, ein bißchen aus: meine Kollegen haben begriffen, daß sie so ziemlich alles erreichen können, wenn sie nett zu mir sind. Aber ich muß hinzufügen, daß auch sie mir helfen: Häufig bin ich unentschlossen und frage sie um Rat. Ich habe eine panische Furcht vor Irrtümern oder Fehlschlägen. Ich glaube, ich habe nie eine wichtige Entscheidung getroffen, ohne vorher so ziemlich jeden, der in Reichweite war, nach seiner Meinung gefragt zu haben. Und wenn ich recht überlege, sind in meinem Leben viele wichtige Entscheidungen, die mich betreffen, von anderen getroffen worden ...

Es war meine Mutter, die mich in meiner Kindheit beim Fußballklub anmeldete, während ich anfangs nicht gerade versessen darauf war; schließlich hat sich gezeigt, daß ich ein guter Spieler war, voller Mannschaftsgeist und Disziplin; die Trainer mochten mich sehr. Mein Vater suchte den Beruf für mich aus: Auf seinen Rat habe ich dasselbe Betriebswirtschaftsstudium absolviert wie er. Ich selbst wäre lieber in die Geisteswissenschaften gegangen, aber ich meinte, daß er besser beurteilen könne, was gut für mich sei und wo ich Arbeit finden würde ...

In meinen jungen Jahren gefiel ich den Mädchen: ich sehe nicht übel aus, bin gesellig, sportlich, diskret, ich kann gut zuhören und stemple niemanden einfach ab ... Ich hatte eine Reihe von Freundinnen, und trotzdem wohnte ich noch ziemlich lange bei meinen Eltern; das war recht praktisch, ich verstand mich gut mit ihnen, sie konnten mir nützliche Ratschläge geben, besonders meine Mutter, mit der ich viel über die Mädchen sprach, mit denen ich ausging ... Aber auch dabei war es selten ich, der die Wahl traf; eher suchten die Mädchen mich aus. Außerdem fiel es mir immer schwer, ein solches Abenteuer abzubrechen, selbst wenn wir beide uns offenkundig geirrt hatten. Ich fragte mich stets, ob ich nicht gerade eine Dummheit beging. Und dann mochte ich es auch gar nicht, zwischen zwei Flirts allein dazustehen. Ich mußte von einem Mädchen gleich zum nächsten wechseln, das beruhigte mich. Wenn ich recht überlege, habe ich nie allein gelebt! Ich war wirklich wie geschaffen für das Eheleben!

Das hat mir jedenfalls meine jetzige Frau erklärt, die meine Persönlichkeit sehr bald verstanden hatte. Anfangs zog sie mich nicht besonders an; sie war ein bißchen älter als ich, nicht unbedingt mein Typ von Frau und dazu ziemlich autoritär. Sie beeindruckte mich, denn sie war höher qualifiziert als ich. Die ganze Annäherungsarbeit mußte sie selbst übernehmen ... Aber im Grunde ergänzen wir uns gut, und unsere Ehe läuft nicht schlecht. Sie ist sehr selbstsicher, anspruchsvoll und sogar ein wenig schroff, nicht gerade einfach im Umgang; ich bin flexibler, nachgiebiger und geselliger. Ich gebe zu, daß ich mich in allen Entscheidungen, die den Haushalt, den Urlaub und die Erziehung der Kinder betreffen, ganz auf sie verlasse ...

Trotz meines Familienlebens bin ich mit vielen Leuten in Kontakt geblieben. Ich brauche ständig einige sehr enge Freunde, die ich um Rat bitten kann; ihnen vertraue ich mich restlos an. Aber ich bin außerdem mit so vielen ehemaligen Freunden wie möglich noch in Kontakt; meine Frau wirft mir das manchmal vor und nennt es meine »Beziehungskollektionitis«. So wie es Leute gibt, die nichts wegwerfen können, kann ich eben niemanden verlassen! Ich kriege es fertig, Leuten, die ich seit zwanzig Jahren nicht gesehen habe und wahrscheinlich nie wiedersehen werde, Weihnachtskarten zu schicken! So bin ich eben; ich investiere viel in meine Verbindungen mit anderen; wenn dann eine Beziehung aufhört, habe ich das Gefühl, ein Stück von mir selbst zu verlieren ...

Damit nicht genug; manchmal macht mir die Vorstellung angst, ein Ereignis könnte sich ohne mich abspielen: ein Treffen unter Freunden, zu dem man mich nicht eingeladen hat, oder eine Arbeitsberatung in meinem Betrieb, zu der ich nicht bestellt worden bin. Als würde ich ständig befürchten, am Straßenrand zurückgelassen zu werden ... Das ist noch immer die alte Furcht aus den Kindheitstagen, nicht ausgewählt zu werden und am Ende ganz allein dazustehen ...

Manchmal hadere ich mit mir selbst, daß ich so bin. Ich spüre, wie oft ich dadurch schon Chancen verpaßt habe. Ich bedaure zum Beispiel, nicht an die Geisteswissenschaftliche Fakultät gegangen zu sein oder wenigstens meine Betriebswirtschaftsstudien ein wenig weitergetrieben zu haben. Aber ich fühlte mich an meiner Hochschule nicht besonders wohl, und es war mir nicht gelungen, dort wirkliche Freunde zu finden. Und dann wollte meine zukünftige Frau, daß wir heirateten und ziemlich bald ein Kind bekämen, denn sie mochte wegen ihres Alters nicht zu lange damit warten. Aber alles in allem ist es auch so ganz gut ... Hätte ein Diplom mehr oder weniger mein Leben etwa verändert?

Was soll man von Philippe denken?

Über seinen ganzen Bericht hinweg unterstreicht Philippe sein tiefes Bedürfnis, von den anderen akzeptiert zu werden und einen Platz in der Gruppe zu haben, selbst wenn diese nicht völlig seinen eigenen Werten oder Erwartungen entspricht.

Um sich seiner Integration zu versichern, ist Philippe zu zahlreichen Kompromissen bereit: Er übernimmt, ohne mit der Wimper zu zucken, die Ansichten der anderen, hütet sich, eine abweichende Meinung zur Sprache zu bringen, und erledigt ohne Murren Dinge, welche die anderen nicht tun mögen ...

Es ist nicht nur der Wunsch, zu einem anderen Menschen

eine Beziehung aufzubauen, der Philippe so heftig nach Gemeinschaft streben läßt. Ebenso und vor allem ist es seine Furcht, sonst am Ende womöglich allein dazustehen. Einsamkeit ist für ihn gleichbedeutend mit Verletzlichkeit.

Philippe fürchtet nämlich, nicht fähig zu sein, allein die richtige Wahl oder die besten Entscheidungen zu treffen. Daher rührt seine Neigung, vor jedem Entschluß Rückversicherung zu suchen und im Grunde so oft wie möglich eigene Initiativen zu meiden. Er ist überzeugt, daß die anderen mit Kompetenzen ausgestattet sind, die ihm abgehen.

Sein Leben hängt sehr von anderen Menschen ab. Da er seine Partner die Wahl treffen läßt, überläßt er ihnen letztlich auch, seine ganze Existenz zu bestimmen, und setzt sich so der Gefahr aus, ein Leben zu führen, das ihm nicht wirklich gefällt ...

Die dependente Persönlichkeit

* Bedürfnis nach Bestärkung und Unterstützung durch die anderen:
- zögert, ohne Rückversicherung etwas zu entscheiden,
- läßt oft andere die Entscheidungen treffen, die für sie persönlich wichtig sind,
- hat Mühe, Projekte einzubringen; schwimmt eher mit dem Strom,
- mag nicht allein sein oder etwas allein tun.

* Furcht vor Bindungsverlust:
- sagt immer ja, um nicht zu mißfallen,
- ist sehr betroffen und ängstlich, wenn man sie kritisiert oder tadelt,
- übernimmt undankbare Arbeiten, um sich anderen Leuten gefällig zu zeigen,
- ist bei Trennungen sehr verstört.

Wegen seiner Persönlichkeit läuft Philippe Gefahr, in jeder Beziehung, die er zu einer Person oder einer Gruppe entwickelt, ziemlich regelmäßig folgende drei Phasen zu durchlaufen:

- Eine erste Phase der Verankerung, bei der er angestrengt untersucht, ob man ihn auch tatsächlich akzeptieren wird.
- Eine Phase der Abhängigkeit, in der er sich sehr auf die Person oder Gruppe verläßt, indem er von ihr erreicht, daß sie ihn bestärkt und für ihn Entscheidungen trifft. Es handelt sich um eine Art Gleichgewichtsphase, in der Philippe zufrieden ist mit der Symbiose, die er mit seiner Umgebung eingeht.
- Eine Phase der Verletzlichkeit, in welcher er sich seiner extremen Abhängigkeit vom anderen bewußt wird und den Tag zu fürchten beginnt, an dem sich die Beziehung zerschlagen oder abkühlen könnte. Die Personen mit pathologischen Abhängigkeitszügen, von denen wir später sprechen werden, erreichen diese Phase sehr schnell.

Wie Philippe die Welt sieht

Zwei tief verwurzelte Überzeugungen kennzeichnen die dependente Persönlichkeit: erstens, daß man nichts erreichen kann, wenn man allein ist; zweitens, daß die anderen stärker sind als wir selbst und daß sie uns helfen können, falls sie uns wohlgesonnen sind. Also ist es lebenswichtig, ständig ihre Unterstützung zu suchen und sich so fest wie möglich an sie zu klammern.

Ein dependenter Mensch wird daher bei den Personen seiner Umgebung herausfinden wollen, worin sie ihm womöglich helfen und ihn unterstützen können. Die Vorstellung, die er sich von seiner eigenen Person macht, wird ihm vor allem über das Bild vermittelt, das die anderen von ihm haben. »Akzeptiere alles von den anderen, denn du brauchst sie unbedingt zum Leben, und unternimm nichts auf eigene Faust, denn dazu reichen deine Fähigkeiten nicht aus«, faßte einmal ein Patient zusammen, als er erklärte, welche Botschaft er von seinen Eltern empfangen zu haben glaubte ...

Der Dependente ist überzeugt, für ihn gebe es auf Erden keinen anderen Platz als den des Hintermannes, des »Wasserträgers«, wie die Sportler ein Mannschaftsmitglied nennen, das sich für einen brillanteren Kameraden aufopfert. Aber dieses Opfer ist auch nicht umsonst, denn der Sieg des großen Stars gibt dem Mannschaftskameraden, der im Schatten bleibt, eine gewisse Sicherheit ... Genau das beschreibt Georges (33), der als Handelsbeauftragter arbeitet:

Ich war schon immer auf die Nebenrollen abonniert. Wenn ich mich als Kind in eine Gestalt aus Büchern oder Filmen hineinversetzte, dann niemals in den Helden, sondern stets in seinen Begleiter: Ich war lieber Little John als Robin Hood, eher Kapitän Haddock als Tim, lieber Robin als Batman. Ich wollte dieselben Abenteuer erleben wie der Held, ohne jedoch die Last der Initiative tragen zu müssen. Heute geht es so weiter, obgleich ich mir über diesen Mechanismus längst klargeworden bin. Noch immer neige ich dazu, solche beruflichen Aufträge abzulehnen, bei denen ich zu sehr im Rampenlicht stehe, zu sehr dem Blick der anderen ausgesetzt oder zu isoliert bin. Ich entfalte mich nur richtig in einer Arbeitsgruppe oder besser noch in Tandemarbeit mit jemandem, der erfahrener ist und mir genau sagt, was ich tun soll ...

Sind wir nicht alle dependent?

Die Abhängigkeit gehört zur Natur des Menschen. Ein menschliches Wesen kommt in einem Zustand totaler Abhängigkeit zur Welt: wir reproduzieren uns in einem Larvenzustand, und unser Überleben hängt seit den ersten Minuten unserer Existenz völlig von unserer Umgebung ab. Auch später als Kleinkind sind wir von unserer Umgebung sehr abhängig, nicht nur, um physisch zu überleben, sondern auch für die psychische Entwicklung.

Die Dialektik von Abhängigkeit und Autonomie steht also im Zentrum der menschlichen Psyche. Schon sehr früh haben die Menschen begriffen, daß ein bestimmter Grad von Abhängigkeit ein Schutzmittel ist. So spricht in der Bibel der Prediger Salomo die folgenden Worte, die wie eine Devise der dependenten Persönlichkeiten klingen: »So ist's ja besser zu zweien als allein ... Weh dem, der allein ist, wenn er fällt! Dann ist kein anderer da, der ihm aufhilft.« Man weiß, daß das Gleichgewicht eines Individuums oftmals von seiner Fähigkeit abhängt, auf beiden Registern zu spielen, also je nach Kontext sowohl seine Autonomie als auch seine Abhängigkeit unter Beweis zu stellen ... Ebenso wie die Unfähigkeit zur Autonomie ein Handicap ist, zeugt auch die Unmöglichkeit, bisweilen einen gewissen Grad von Abhängigkeit (die Psychiater nennen ihn Regression) zu akzeptieren, nicht gerade von guter seelischer Gesundheit.

Zahlreiche Forscher haben dazu spannende Thesen aufgestellt. Zu den bemerkenswertesten zählt sicher die des englischen Psychoanalytikers Michael Balint, der in mehreren seiner Bücher[49] beschreibt, wie die Bedürfnisse eines jeden menschlichen Wesens es im Grunde dazu bringen, nach der sogenannten »primären Liebe« zu streben (und sie sich das ganze Leben lang auszumalen), das heißt, nach einem Beziehungstyp, der alle Bedürfnisse eines Individuums befriedigen kann. Der Säugling soll zunächst seine ganze Umgebung auf diese Weise wahrnehmen (daher seine Wut, wenn die Nuckelflasche zu spät kommt oder die Milch zu heiß ist). Dann erkennt das Kind sehr bald, daß die Welt und die Individuen, aus denen sie besteht, nicht unumschränkt zu seinen Diensten stehen. Zwei große Reaktionsmöglichkeiten, eine so radikal wie die andere, werden sich ihm dann eröffnen.

Die erste entspricht einer Sehnsucht und der Suche nach dem verlorenen Paradies: wenn wir es richtig anstellen, ist es möglich, daß uns die anderen Menschen die meisten unserer Bedürfnisse erfüllen. Alternativen dazu gibt es auch gar nicht, denn wenn wir allein bleiben würden, wären wir überhaupt nicht imstande, unsere Bedürfnisse zu stillen. Diese Weltsicht nennt Balint Oknophilie nach dem griechischen Verb *okneo* (»sich anklammern«, aber auch »zögern, befürchten«). Sie kommt der dependenten Haltung sehr nahe.

Die zweite Reaktionsweise besteht darin zu erklären, die Welt sei eine Enttäuschung, Befriedigung könne uns letztendlich nicht aus unserer Umgebung zuteil werden, und Abhängigkeit von den anderen sei die allerschlimmste Gefahr. Balint nennt diese Haltung Philobatismus (Wortneuschöpfung nach dem Muster von »Akro-bat«: jemand, der auf Händen und Füßen läuft und keinen festen Boden unter sich hat). Sie tritt bei Personen auf, die ihre Autonomie über alles stellen und vor jeder Form von Dependenz und selbst Engagement zurückscheuen.

Oknophilie und Philobatismus sind zwei extreme Reaktionsweisen auf das Bedürfnis nach Abhängigkeit, welches in uns allen präsent ist: man wehrt sich oder gibt sich ihm hin, beide Male übertrieben heftig ... Gute Beispiele für diese beiden Haltungen finden sich in der Literatur, etwa dort, wo archetypisches Liebhaberverhalten dargestellt wird: Don Juan ist in seinen Beziehungen zu Frauen ein eingefleischter Philobat, während Tristan mit seiner Abhängigkeit von Isolde und König Marke ein bemerkenswertes Porträt des Oknophilen abgibt ...

Warum wird man dependent?

Selbst wenn die Tendenz zur Regression wohl in unser Erbteil eingeschrieben ist, muß man sich fragen, weshalb manche Menschen dependenter sind als andere. Man weiß noch nicht, ob bestimmte angeborene Neigungen und biologische Faktoren bei der Herausbildung dependenter Merkmale eine Rolle spielen. Manche Spezialisten sind überzeugt, daß es auf alle Fälle Früherkennungszeichen gibt: so sollen etwa gewisse Arten von Trennungsangst darauf hindeuten, daß der betreffende Mensch als Erwachsener eine dependente Persönlichkeit ausbilden wird.

Manche Verhaltensweisen der Eltern, gewisse Erziehungshaltungen und prägende Erlebnisse stehen stark im Verdacht, dauerhafte dependente Persönlichkeitsmerkmale herbeiführen zu können.

Verhaltensweisen der Eltern

Hier der Bericht von Nathalie (26), Lehrerin:

Ich erinnere mich, daß ich in meiner Kindheit eine Weile überzeugt war, meine Großeltern wären meine wirklichen Eltern. Meine tatsächlichen Eltern kamen mir nämlich nur wie große Geschwister vor, die sich auf ungeschickte und unentschlossene Weise um mich zu kümmern versuchten ... Meine Mutter war noch sehr jung, als ich auf die Welt kam, und ihr Vater hatte gefordert, daß meine Eltern sich im »Familienstammsitz« niederließen, denn sie hatten damals beide noch keinen Beruf. Ich hatte stets den Eindruck, daß mein Großvater ein Übermensch sei, der jedes Problem lösen konnte und im Besitz jedweder Wahrheit war. Immer wenn jemand anderer Meinung war als er, ging das schlecht aus: Zunächst entbrannte ein Konflikt, und am Ende gaben die Tatsachen jedesmal meinem Großvater recht. Zumindest kam es mir damals so vor.

Weil meine Eltern dauernd so abhängig von ihm waren und mir selbst so wenig Sicherheit gaben, wurde es mir zur Gewißheit, daß man stets versuchen müsse, von starken Personen geliebt und beschützt zu werden ... Ich habe lange gebraucht, bis ich die Nachteile einer solchen Haltung begriff. Und erst vor kurzem entdeckte ich, daß dieser allwissende und allmächtige Großvater auch ein schrecklicher Despot war, der alle Persönlichkeiten in seiner Umgebung eingeschüchtert hatte ...

Kinder sind ausgesprochen pragmatische Individuen und machen nicht immer, was die Eltern ihnen empfehlen; viel eher reproduzieren sie das Verhalten ihrer Eltern, denn sie meinen wahrscheinlich, die Wahrheit über einen Menschen finde sich eher in seinen Taten als in seinen Worten. Wenn ein Elternteil oder gar beide eine stark dependente Haltung gegenüber jeder äußeren Autorität zeigen, werden sie ihre Sprößlinge unfehlbar »anstecken«, selbst wenn sie von ihnen pausenlos fordern mögen, selbständig zu werden.

Erziehungshaltungen

Damit ein Kind seine Selbständigkeit entwickeln kann, muß es zwei Etappen durchlaufen. Zunächst muß es über eine solide »Rückzugsbasis« verfügen, ehe es sich zu Entdeckungen aufmacht; Autonomie bedeutet anfangs, sich von dem, was man liebt, zu entfernen. Ein Kind kann nur selbständig auftreten, wenn es sicher ist, daß die von ihm geliebten Personen es selbst genug lieben, um seine Entfernung zu akzeptieren und zu verkraften. Die zweite Etappe ist dadurch gekennzeichnet, daß das Kind in seinen Autonomiebestrebungen von genau jenen Leuten bestärkt und ermutigt wird, von denen es sich entfernt. Falls nicht, würde das Schuldgefühl zu stark sein und jeden Versuch zur Selbständigkeit entmutigen.

So ist klar, daß zwei Typen von elterlichen Haltungen das Zutagetreten dependenter Persönlichkeitszüge erleichtern können:

- Eltern, die ihrem Kind kein ausreichendes Sicherheitsgefühl vermitteln, es nicht ihrer Liebe und Achtung versichern und ihm nicht genügend Interesse bekunden, laufen Gefahr, bei ihren Sprößlingen die Überzeugung auszulösen, man müsse sich mit doppelter Kraft an seine Eltern klammern, von denen doch das Überleben abhängt.
- Eltern, die ihre Kinder im Gegensatz dazu übertrieben behüten, werden bei ihnen die Idee hervorrufen, sie seien höchst verwundbar, und die Welt stecke voller Gefahren, denen man zwar lebendig entkommen könne, aber nur unter der ausdrücklichen Bedingung, stets auf die Personen zu hören, die »Bescheid wissen«.

Prägende Erlebnisse

Lauschen wir den Berichten mancher Patienten, so scheinen schließlich auch gewisse Ereignisse, besonders langanhaltendes Getrenntsein von einem Elternteil (oder manchmal beiden), im Kind die Überzeugung entstehen zu lassen, es sei nicht fest genug mit ihnen verbunden (daher ihr Verschwinden). Später werden diese Menschen oft dazu neigen, sich an jeden, der des Weges kommt, klammern zu wollen ... Viviane (56), Geschäftsfrau, erzählt:

Als ich vier war, bin ich plötzlich erkrankt. Ich weiß nicht einmal, was ich eigentlich hatte, man hat es mir niemals erklärt, Tuberkulose vielleicht ... Auf jeden Fall war es für jene Jahre wohl etwas Ernstes, so schlimm immerhin, daß der Arzt meine Eltern anwies, mich für ein halbes Jahr in ein Kindersanatorium zu bringen, welches weit entfernt von unserer Stadt lag. Dort führte man mich in den Park, wo es eine Schaukel geben sollte. Ich erinnere mich an meine schreckliche Bestürzung, als ich vom Spielen zurückkam und feststellen mußte, daß meine Eltern ohne mich abgefahren waren. Die Leute vom Sanatorium haben mir sicher alles erklärt, aber daran erinnere ich mich überhaupt nicht mehr. Ich war überzeugt, meine Eltern nie wiederzusehen.

Nach einigen Tagen hörte ich auf zu sprechen und zu essen. Dann hängte ich mich an eine der Krankenschwestern, die mir Aprikosen aus ihrem Garten mitbrachte. Ich mochte nichts als nur diese Aprikosen. Nach und nach gelang es ihr, mich einzugewöhnen, und ich begann wieder, mich wie ein normales vierjähriges Mädchen zu benehmen, zu spielen und zu sprechen ...

Sechs Monate später kamen mich meine Eltern wieder abholen. Ich erkannte sie nicht mehr, es war schrecklich, ich wollte nicht von der Krankenschwester weichen. Meine Eltern bekamen solche Schuldgefühle, daß sie von da an völlig auf meine Masche und meine Furcht eingingen: ich machte nicht die kleinste Bewegung, wenn sie mir vorher nicht grünes Licht gegeben hatten ... Seit dieser Zeit kann ich selbst die geringste Trennung nicht mehr verkraften, und ich brauche ständig die Unterstützung und Zustimmung der anderen ...

Wenn die Dependenz verschleiert daherkommt ...

Wie bei den anderen Persönlichkeitsprofilen existieren auch bei der Dependenz ziemlich diskrete Formen, die nur bei gewissen Gelegenheiten sichtbar werden. Diese ähneln im allgemeinen den Umständen, unter denen die betreffende Person dependent wurde. Martine (38), Beamtin, erzählt:

In meinen Freundschaftsbeziehungen und auf Arbeit bin ich ziemlich selbständig. Meine Vorgesetzten zögern zum Beispiel nicht, mir wichtige Verantwortung zu übertragen, und mir macht das keine Angst. Meine Probleme treten vor allem in Partnerbeziehungen auf. Solange ich mich noch nicht zu sehr an jemanden gebunden habe, fühle ich mich ungezwungen, aber sobald jemand anfängt, sehr auf mich zu bauen, muß ich mich gewaltig anstrengen, nicht immer an seinem Rockschoß zu hängen. In meinem Liebesleben muß ich immer gegen den Wunsch nach einer festen Bindung ankämpfen. Das ist nicht besonders rätselhaft: ich habe erlebt, wie mein Vater meine Mutter verließ, die nicht zärtlich genug zu ihm gewesen war. Sie bekam das Sorgerecht für die Kinder, aber sie kümmerte sich um uns nicht gerade auf ausgesprochen warmherzige Weise. Ich suchte immer die Zuneigung der Lehrer, der Klassenkameraden und aller Erwachsenen, mit denen ich zu tun hatte. So wollte ich mich selbst davon überzeugen, daß ich ein interessantes kleines Mädchen war, obgleich meine Mutter so wenig Interesse an mir zeigte ...

In anderen Fällen enthüllt gerade die übertriebene Zurückweisung jeder Form von Regression, selbst einer zeitweiligen, daß sich die Person im Grunde verletzlich fühlt und an sich zweifelt. Hier ist der Bericht von Éric (50), dem Leiter eines mittelständischen Unternehmens.

Ich weiß, daß ich mir mit meinem zügellosen Drang nach Autonomie selbst schade. Zweimal in meinem Leben hatte ich ernste Probleme; einmal war ich ein ganzes Jahr arbeitslos, das andere Mal erkrankte ich ziemlich schwer. In beiden Fällen mußte ich mich auf meine Familie und meine Freunde stützen. Aber statt daß es mich tröstete, versetzte es mich geradezu in Panik, wenn sie mir halfen ... Ich hatte den Eindruck, ein Parasit zu sein, und meinte, mich nie mehr aus dieser Lage befreien zu können, wenn es so weiterginge. Die Menschen in meiner Umgebung verstanden nicht, weshalb ich so garstig wurde. Erst viel später konnte ich über alles ruhig nachdenken und es ihnen erklären. Und inzwischen weiß ich, daß ich aufhören muß, die Unabhängigkeit als einziges Markenzeichen für die Stärke eines Individuums zu kultivieren.

Schließlich präsentieren sich die dependenten Persönlichkeiten manchmal als liebenswürdige Wesen, die niemandem Ärger bereiten und stets für eine Hilfeleistung parat stehen, selbst wenn es ihnen ungelegen kommen muß ... Der griechische Autor Theophrast beschrieb diese Haltung in seinem Porträt des »Gefälligen«: »Jemand, der diese Leidenschaft hat, braucht kaum einen Menschen am anderen Ende des Platzes zu erblicken, schon begrüßt er ihn, indem er ausruft: ›Ah, da kommt ja einer, den man wirklich einen guten Mann nennen muß!‹ Er tritt an seine Seite, bewundert ihn für jede Kleinigkeit und hält ihn mit beiden Händen fest, damit er ihm nicht entspringt. Und ist er mit ihm ein paar Schritte gegangen, wird er ihn mit Fragen bedrängen, an welchem Tag er ihn wiedertreffen könne, und sich erst nach tausend Lobesworten entfernen ...« Aber nach und nach entdeckt der Gesprächspartner das unersättliche affektive Bedürfnis dieser Personen, ihren besitzergreifenden Charakter und ihre manchmal anmaßenden Wünsche – und wird lieber das Weite suchen.

Wenn die Dependenz zur Krankheit wird

Die Neigung zur Dependenz, die normalerweise in jedem von uns schlummert, wächst sich bisweilen zu einer wahrhaft pathologischen Existenzweise aus und zieht dann für das Individuum äußerst negative Folgen nach sich.

Wenn das Bedürfnis nach Dependenz übersteigert ist, ruft es bei der betroffenen Person beträchtliche Forderungen an ihre Umgebung hervor. Es kann passieren, daß sie auf die anderen einen starken, Schuldgefühle einflößenden Druck auszuüben beginnt: »Du kannst mich doch nicht einfach allein lassen. Wenn du das tust, wird es mir ganz elend ergehen, und du bist schuld!« Untersuchungen an Personen, die einen Psychiater konsultierten, haben ergeben, daß 25 % bis 50 % von ihnen Merkmale einer dependenten Persönlichkeit aufwiesen,[50] während man den Anteil der Dependenten an der Gesamtbevölkerung nur auf rund 2,5 % schätzt, wobei die Frauen überwiegen. Bei Patienten mit Depressionen und Platzangst zeigen sich sehr häufig dependente Persönlichkeitszüge,[51] was den Therapeuten übrigens vor zahlreiche Probleme stellt. Auch bei vielen anderen Persönlichkeitsstörungen, so bei den histrionischen und den selbstunsicheren Persönlichkeiten, kann man auf dependente Züge stoßen.

Ehetherapeuten beobachten darüber hinaus, daß dependente Persönlichkeiten sich oft pathologische Partner suchen, mit einer Vorliebe für die Herrschsüchtigen und die Besitzergreifenden. Viele Frauen von gewalttätigen Männern oder von Alkoholikern erweisen sich als dependente Persönlichkeiten.

Schließlich muß man darauf aufmerksam machen, daß eine dependente Person, die sich unablässig einredet, wie unfähig sie zu selbständigem Handeln sei, am Ende tatsächlich diese Fähigkeit verliert ... Ihre Strategien zum Vermeiden eines jeden Wagnisses, einer jeden Initiative oder eines jeden Konflikts in der Beziehung machen aus ihr einen wahrhaft verwundbaren Menschen. Lesen wir den Bericht von Luce (66), Rentnerin:

Nach dem Tod meines Mannes habe ich einen richtigen Alptraum durchlebt: ich merkte, daß ich eine totale »soziale Analphabetin« war. Niemals war ich allein zur Bank oder zum Notar gegangen, ich wußte nicht, wie man mit einem Scheckheft umgeht, wie man eine Landkarte liest oder eine Steuererklärung ausfüllt ... Um all diese Sachen hatte sich immer mein Mann gekümmert, was für mich äußerst bequem war. Nun mußte ich allein alles von vorn lernen. In dieser Situation war die Versuchung groß, daß ich mich wiederum an Hilfe von außen klammerte, an meine Freunde und die Familie, und daß ich die ganze Welt zu meiner Rettung herbeibemühte! Aber der Psychiater, bei dem ich wegen einer schweren Depression in Behandlung war, riet mir entschieden davon ab. Er half mir, meine Angelegenheiten selbst in die Hand zu nehmen. Ich habe mehrere Jahre gebraucht, aber jetzt glaube ich, daß es geschafft ist.

Dependente Persönlichkeiten in Film und Literatur

Don Quichotte und Sancho Pansa, Don Juan und Leporello, Sherlock Holmes und Dr. Watson ... Im Kielwasser eines jeden Helden treibt eine dependente Persönlichkeit, eine zurückhaltende, ihm treu ergebene Figur ohne eigene Meinung und ohne ein autonomes Leben außerhalb der Abenteuer, die sie gemeinsam mit ihrem Helden durchlebt. Auch Comicserien haben eine ganze Reihe solch berühmter Tandems hervorgebracht: Obelix und Kapitän Haddock etwa weisen zahlreiche Merkmale einer dependenten Persönlichkeit auf.

Abhängigkeit in Liebesdingen ist eine weitere Inspirationsquelle für Schriftsteller. In *Die Schöne des Herrn* zeichnet Albert Cohen in der Figur der Ariane das Porträt einer extremen Dependenz vom geliebten Wesen. *Mrs. Stone und ihr römischer Frühling* von Tennessee Williams beschreibt, wie eine fünfzigjährige Frau infolge der Liebe, die sie für einen viel jüngeren Mann empfindet, ihre Identität und Würde verliert.

Die Hauptgestalt in Pascal Lainés Roman *Die Spitzenklöpplerin* ist das ergreifende Abbild einer jungen dependenten Frau, die zu einer selbständigen Existenz ganz unfähig ist. Ein eingebildeter junger Intellektueller findet sie erst verführerisch, dann wird er ihrer überdrüssig.

Auch im Kino sind dependente Persönlichkeiten keine Mangelware. In Edouard Molinaros *L'Emmerdeur* (1974) verkörpert Jacques Brel einen Handelsvertreter, der sich auf komische Weise an Lino Ventura hängt, nachdem ihn dieser bei einem Selbstmordversuch gerettet hat. Stanley Kubricks Film *Barry Lyndon* (1975) zeigt Marisa Berenson in der Rolle der Lady Lyndon, einer schönen Aristokratin, die immer im Schatten von Männerfiguren lebt und niemals auch nur die geringste Anwandlung von Selbständigkeit zeigt, es sei denn durch rätselhafte und schmerzerfüllte Blicke ... Aber die vollendetste dependente Person bleibt wohl die von Woody

Allen in seinem Film *Zelig* (1984) verkörperte Titelgestalt. Hier werden die Schwierigkeiten eines Menschen geschildert, der nicht weiß, wer er wirklich ist, denn er neigt gegenüber seinen jeweiligen Gesprächspartnern zu einer totalen Mimikry, übernimmt ihre Ansichten, ihren Lebensstil und sogar ihre physischen Merkmale und ihre typische Kleidung.

Vom Umgang mit dependenten Persönlichkeiten

Wenn es Ihr Chef ist: Werden Sie seine unersetzliche rechte Hand und verlangen Sie eine Lohnerhöhung.

Wenn es Ihr Lebenspartner ist: Selbst wenn es Ihnen zunächst schmeicheln mag – vergessen Sie nicht, daß Sie eines Tages genug davon haben werden, alle wichtigen Entscheidungen allein zu treffen.

Wenn es Ihr Kollege ist: Weisen Sie ihn freundlich auf seine eigene Verantwortlichkeit hin.

Was Sie tun sollten

* Bestärken Sie ihn eher in seinen Initiativen als in seinen Erfolgen; helfen Sie ihm, Fehlschläge nicht so tragisch zu nehmen.

Die Angst vor Fehlschlägen und ihren Folgen ist der Hauptgrund dafür, daß zahlreichen dependenten Persönlichkeiten das Handeln schwerfällt. Da er sich von lauter kompetenteren Personen umgeben glaubt, fürchtet der Dependente Kritik an seinen Initiativen. Bestärken Sie ihn also nicht in dieser Sichtweise und achten Sie stets darauf, bei einer notwendigen Kritik seine Aktivitäten hoch zu bewerten, selbst wenn die Ergebnisse nicht gerade berauschend sind ... Félix, ein einundzwanzigjähriger Student, berichtet:

Einer der ersten Menschen, die mir halfen, Selbstvertrauen zu gewinnen, war mein Sportlehrer am Gymnasium. Ich wollte Tennis lernen, und meine Eltern hatten mich in einen seiner Privatkurse eingeschrieben. Ich hatte eine panische Angst, mich lächerlich zu machen und ihn zu enttäuschen, aber er nahm mich gleich zu Beginn zur Seite und sagte: »Deine Resultate sind mir völlig schnurz. Ich verlange von dir nicht, daß du gut Tennis spielst. Ich will aber, daß du etwas wagst und daß du dich dahinterklemmst, denn nur so wirst du es lernen. Am Anfang ist es ganz normal, wenn es nicht klappt.« Ich weiß nicht weshalb, aber in meinem Kopf machte es richtiggehend klick; niemand hatte je so mit mir gesprochen. Er lobte mich, wenn ich versucht hatte, ans Netz zu gehen, oder wenn ich mich bemüht hatte, einen harten Aufschlag zu liefern, selbst wenn alle meine Bälle die ganze Stunde sonstwo landeten. Und nach dem Training verstand er es immer, auf das hinzuweisen, worin ich mich am meisten angestrengt hatte ...

* Fragen Sie ihn, wenn er Sie um Rat bittet, zunächst nach seinem eigenen Standpunkt.

Die dependente Person zeigt eine tückische Neigung, die Entscheidungen auf Ihre Schultern abzuwälzen. Sie werden oft versucht sein, auf ihr Spiel einzugehen, sei es, um ihr zu helfen oder um Zeit zu gewinnen, sei es, weil Sie glauben, von Ihrem Standort aus tatsächlich besser entscheiden zu können, oder weil Sie es schmeichelhaft finden, in die Position eines Experten oder Weisen gerückt zu werden. Sie sollten sich aber an ein chinesisches Sprichwort erinnern: »Wenn du einem Menschen helfen willst, gib ihm keinen Fisch, sondern lehre ihn lieber das Fischen.« Genau das beschreibt Mélanie, eine sechsundzwanzigjährige Sekretärin:

Ich erinnere mich an ein Mädchen, das als Praktikantin in unser Büro gekommen war. Sie war ganz unfähig zur kleinsten Eigeninitiative und kam mich pausenlos um Rat fragen. Im allgemeinen machen es die Neuen zunächst alle so, aber mit der Zeit kommen sie dann allein klar. Doch bei ihr lief es nicht so ... Nach einer Weile hatte ich ihr Problem begriffen und hörte auf, ihr einfach zu antworten. Statt dessen sagte ich jedesmal: »Ich werde dir meinen Rat geben, aber sag zuerst mal, was du machen würdest und wie du darüber denkst.« Am Anfang war sie ein wenig irritiert, sie glaubte, ich wollte sie verspotten oder in die Enge treiben, indem ich ihre Kenntnisse überprüfte. Schließlich hat sie sich darauf eingelassen. Später brauchte sie immer seltener eine Rückversicherung, sie fragte uns nur noch manchmal um Rat und versuchte nicht mehr, uns ihre Aufgaben miterledigen zu lassen.

* Zeigen Sie ihm, daß auch Sie Schwächen und Zweifel haben; zögern Sie nicht, selbst um Rat und Hilfe zu bitten.

Eine solche Haltung wird doppelt von Vorteil sein. Zunächst wird sich die dependente Person nach und nach aufgewertet fühlen, denn Sie haben die Rollen vertauscht und ihr geholfen, aus der Figur des ewigen Bittstellers und Ratempfängers herauszutreten.

Außerdem werden Sie ihr helfen, die anderen nicht als in allen Dingen überlegen anzusehen. Eines der besten Mittel, um Menschen zu ändern, ist nicht, daß man ihnen erklärt, was sie tun oder denken sollen, sondern daß man ihnen ein Beispiel gibt. Wenn Sie der dependenten Person zeigen, daß auch Sie manchmal Selbstzweifel haben oder daß ihre Ratschläge Sie interessieren, werden Sie ihr damit viel gründlicher als durch lange Reden beweisen, daß man zwar selbstsicher und autonom sein kann (wie Sie es natürlich sind), aber dennoch die Hilfe der anderen braucht. Hören wir dazu Joël, einen vierzigjährigen Versicherungsangestellten.

Als ich meine ersten Berufserfahrungen machte, hatte ich das Glück, einem außergewöhnlichen Vorgesetzten zu begegnen: er war stets bereit, mir Ratschläge zu erteilen und mich von seiner Erfahrung profitieren zu lassen, aber er schreckte auch nicht davor zurück, mir seine eigene Unschlüssigkeit zu zeigen und mich regelmäßig um Rat zu fragen, wenn er zögerte. Zuerst war mir dabei schrecklich zumute, denn ich dachte, ich könnte ihm uninteressante und vor allem falsche Dinge sagen – welch ein Horror, wenn er durch meine Schuld eine falsche Entscheidung getroffen hätte! Aber er hatte auch eine besondere Begabung, Mißerfolge zu akzeptieren und zu entdramatisieren. Es hat mir wirklich gutgetan zu entdecken, daß jemand, den ich so sehr bewunderte, zu Zweifeln fähig war und selber den Rat der anderen brauchte.

* Bringen Sie ihn dazu, seine Aktivitäten auszudehnen.

Sie können einer dependenten Person helfen, die Gelegenheiten für Begegnungen und für einen Austausch zu vervielfältigen, wenn Sie bereit sind, sie bei diesen Aktivitäten zunächst zu begleiten. Selbst wenn sie sich dann an andere Leute klammern sollte, ist es doch schon ein erster Schritt zur Selbständigkeit, wenn man die Objekte seiner Dependenz vervielfacht ... Hier der Bericht von Virginie, einer zweiunddreißigjährigen Grafikerin.

Als meine Schwester nach Paris kam, fiel ihr die Integration ziemlich schwer. Sie war immer sehr von meinen Eltern abhängig gewesen und neigte nun dazu, sich an mich zu klammern; laufend hing sie mir am Rockzipfel. Ich konnte ihr hundertmal sagen, sie solle sich in Sportklubs oder in einen Chor einschreiben oder vielleicht ihre Bürokollegen einmal einladen, es half alles nichts ... Da habe ich den Stier bei den Hörnern gepackt und zwei Monate lang alles für sie eingefädelt: wir beschlossen, uns gemeinsam einem Wanderklub anzuschließen, und manchmal lud sie Kollegen und einige meiner Freunde, die ich ihr vorgestellt hatte, zu sich zum Abendessen ein. Nach einer Weile konnte ich mich aus dem Kreislauf zurückziehen, denn sie wußte sich ohne mich zu helfen. Oder jedenfalls hatte sie andere Leute gefunden, an die sie sich hängen konnte.

* Versuchen Sie ihm klarzumachen, daß es nicht
  gleich eine Abfuhr ist, wenn Sie mal etwas ohne ihn
  tun wollen.

Unterhalten Sie mit einer dependenten Person regelmäßige berufliche oder freundschaftliche Kontakte, wird sie sich, ohne es direkt auszusprechen zu wagen, von der Tatsache tödlich verletzt fühlen, daß Sie auch noch ein Leben ohne ihr Beisein führen. So etwa, wenn Sie einen Abend im Freundeskreis organisieren und sie nicht einladen oder wenn Sie ein neues berufliches Projekt auf die Beine stellen, ohne sie einzubeziehen. Versuchen Sie nicht, ihr solche Initiativen zu verheimlichen, und geben Sie nicht Ihren Schuldgefühlen nach, indem Sie sie nachträglich doch noch hinzuziehen ... Halten Sie sie aufrichtig auf dem laufenden und erklären Sie ihr, weshalb Sie sie nicht eingeladen haben. Zumindest beim ersten Mal, wenn Sie sie eine solche Behandlung »erleiden« lassen, sollten Sie ihr unverzüglich einen Beweis dafür liefern, daß sie noch immer Ihre Wertschätzung genießt, etwa indem Sie sie zu einem anderen Abend oder einer anderen Besprechung einladen. Jean, ein neunundzwanzigjähriger Informatiker, erzählt:

In meiner Firma habe ich einen Kollegen, der sehr nett ist, aber auch sehr besitzergreifend. Ich habe erst nach einiger Zeit begriffen, wie es mit ihm lief, denn er sagte mir die Dinge nie ins Gesicht; er war nur ein bißchen eingeschnappt oder setzte eine traurige Miene auf. Er verträgt es nicht, wenn etwas ohne ihn geschieht. Einmal haben wir eine Arbeitsgruppe gegründet, um über die multimedialen Entwicklungen und ihre Auswirkungen auf unseren Beruf nachzudenken. Für mich war das eher ein anstrengendes Pensum, denn immerhin saßen wir zwei Abende pro Monat daran. Weil ich wußte, daß mein Kollege Frau und Kinder hat, lud ich ihn zu unseren Sitzungen nicht ein. Er hat das sehr schlecht verkraftet. Er muß gedacht haben, daß wir ihn inkompetent oder uninteressant fänden. Ein andermal hatte eine Kollegin eine Fete organisiert und ihn, weil ihre Wohnung sehr klein ist, nicht eingeladen, denn sie waren nicht eng befreundet. Als er am nächsten Tag davon erfuhr, sagte er nichts, aber die nächsten zwei Wochen erlebten wir ihn in einer Art depressivem Zustand, bis ich mit ihm schließlich über die Ursachen sprach. Er fühlte sich aus dem Kollegenkreis ausgeschlossen. Jetzt wissen wir, daß wir ihm ähnliche Situationen erklären müssen, damit er sich nicht so abgewiesen fühlt.

Was Sie lassen sollten

* Entscheiden Sie nicht an seiner Stelle, selbst wenn er Sie ausdrücklich darum bittet; eilen Sie nicht ständig zu seiner Hilfe herbei, wenn er in Schwierigkeiten ist.

Für naive oder gutwillige Personen ist die Versuchung groß, den dependenten Menschen beizuspringen: die Verzweiflung, mit der diese Menschen vor zahlreichen alltäglichen

Entscheidungen stehen, ist echt, und es handelt sich nicht (oder nur selten) um Gerissenheit oder Faulheit. Aber jede Hilfe und jeder direkte Rat verstärken die Neigung, beim nächsten Mal wieder um Unterstützung zu bitten, und was noch schlimmer ist, im dependenten Individuum wird das Gefühl der Unfähigkeit und des eigenen Unwerts anwachsen. Dazu berichtet Maxime, ein sechsundvierzigjähriger Ingenieur, folgendes:

Meine erste Frau war eine sehr dependente und unreife Person. Sie mochte wahrscheinlich an mir, daß ich immer selbstsicher wirke, sogar dann, wenn ich es nicht bin: Manchmal ist das nur mein Trick, um mir selbst Mut zu machen! Aber ich bin ihr total in die Falle gegangen; sie verließ sich völlig auf mich, was mir in der Anfangszeit schmeichelte und mein Selbstwertgefühl stärkte. Nach einer Weile verschlechterte sich die Lage. Ich bin von Natur aus eifersüchtig, und so vertrug ich es nicht, wenn sie etwas ohne mich unternahm. Und weil sie ziemlich gut aussah, machten ihr oft andere Männer den Hof. Wir hatten deswegen ganz schön heftige Auseinandersetzungen. Sie warf mir vor, ich würde sie erdrücken und nichts tun, um sie Selbstsicherheit gewinnen und Fortschritte machen zu lassen! Ich glaube, im Grunde wollte sie anderen Männern den Kopf verdrehen, um sich ihren eigenen Wert zu bestätigen. Aber ich konnte das nicht tolerieren. Am Ende haben wir uns getrennt.

* Kritisieren Sie nicht rundheraus seine Aktivitäten, auch nicht die mißlungenen.

Es kostet eine Menge Geduld, eine dependente Person zu ermutigen, nicht mehr dependent zu sein. Haben Sie sie erst einmal überzeugt, selber Entscheidungen zu treffen und Initiativen zu wagen, werden Sie auch die Folgen in Kauf nehmen müssen, denn das dependente Individuum wird immer wieder auf Sie zukommen, um Ihre Meinung über die Resultate zu erfahren oder um Ihnen mitzuteilen, in welchem Desaster alles geendet hat ... Sie müssen Realist bleiben – ein dependenter Mensch mag nicht so inkompetent sein, wie er selber meint, aber er ist vielleicht viel inkompetenter, als Sie es für möglich gehalten hatten! Hüten Sie sich also,

Ihre Bewertungsmaßstäbe an ihn anzulegen, indem Sie ihm womöglich erklären, er solle von gewissen Initiativen lieber die Finger lassen. Jeder seiner Versuche muß bestärkt werden, selbst wenn Sie das Recht haben, die Ausführung zu kritisieren und die Ergebnisse nicht zu beschönigen. Martin (52), Arzt, erzählt dazu:

Ich glaube, ich habe bei der Erziehung meiner Kinder schwere Fehler gemacht, besonders bei meiner ältesten Tochter. Ich war ein zu strenger Vater, und meine Frau behütete das Kind zu sehr. Ich wollte meine Tochter leistungsfähig und selbständig machen, aber damals glaubte ich, dazu müßte ich um so strenger und anspruchsvoller sein, je unmotivierter das Kind war. Ich habe immer gedacht, meiner Tochter wäre alles piepegal, sie wäre zwar begabt, aber faul. Wahrscheinlich stimmte das sogar ein wenig, doch indem ich die Latte zu hoch hängte, zweifelte sie wohl nur noch mehr an ihren Fähigkeiten. Jahre später hat sie mir das vorgeworfen. Sie sagte, ich sei schuld daran, daß sie so abhängig vom Rat der anderen ist und keine Entscheidung zu treffen wagt, weil sie fürchtet, man könne ihr Vorwürfe machen, ganz wie ich ihr damals ihre mißglückten Initiativen vorgeworfen hatte. Es ist schon wahr, daß ich herumschimpfte, wenn sie nichts unternahm, daß ich aber auch nicht zufrieden war, wenn sie etwas tat und das Resultat nicht untadelig war, zumindest nach meinen Kriterien nicht ...

* Überlassen Sie ihn nicht völlig seinem Schicksal, »damit er lernt, selbst zurechtkommen«.

Aus Überdruß oder aus Berechnung werden Sie manchmal versucht sein, einen dependenten Menschen zum Handeln zu treiben, ganz wie man jemanden ins Wasser stößt, um ihn zu zwingen, schwimmen zu lernen. Diese Strategie führt bei dependenten Personen selten zum Erfolg. Meist werden sie aus solch einem Versuch verängstigt hervorgehen, und ihre Überzeugung, unfähig zu sein und nicht allein zurechtzukommen, wird sich noch verschärfen. Will man ihnen beim Selbständigwerden helfen, sollte man lieber schrittweise vorgehen. Das ist aber auch der schwierigste Weg, denn er erfordert große Wachsamkeit: der Dependente wird zwar dem Anschein nach das Prinzip, mehr Selbständigkeit zu erlernen, gutheißen, doch in Wirklichkeit wird er dauernd Gründe suchen, die ihm gestatten, neuerlich Hilfe zu erbitten oder von seinen Zielen abzuweichen. Jean-Michel (65), Lehrer im Ruhestand, berichtet:

Unser Sohn war sehr abhängig von uns, denn seine Mutter hatte ihn stets übertrieben behütet. Als er mit achtzehn ein Studium beginnen wollte, beschloß ich, ihn aus dem Nest zu stoßen und mehr von ihm zu verlangen als früher: Ich gab ihm jeden Monat eine gewisse Summe und sagte ihm, ansonsten müsse er künftig ohne uns zurechtkommen. Ich bewegte ihn dazu, sich an einer Universität am anderen Ende von Frankreich einzuschreiben, denn dort wurde sein Wunschfach angeboten. Diese Erfahrung endete schnell in einer Katastrophe. Er telefonierte jeden Abend stundenlang mit uns, und später erfuhr ich, daß er auch tagsüber seine Mutter anrief; er fand keinen einzigen Freund und stopfte sich jenseits aller Vernunft voll. Als meine Frau ihn einige Wochen später besuchen fuhr, ist sie fast in Ohnmacht gefallen, so dreckig und chaotisch sah es in seiner Studentenbude aus. Kein Wunder! Bei uns zu Hause hatte sie immer hinter ihm gestanden, um sein Zeug aufzuräumen, um sauberzumachen und ihm jeden Wunsch zu erfüllen; er war nicht imstande, sich ein Ei zu kaufen und zu braten ... Wir mußten seinen Bitten nachgeben und ihm erlauben, sich in der Nähe unserer Stadt für ein anderes Fach einzuschreiben, denn außerdem war er auch höchst unglücklich gewesen, so weit von uns entfernt zu wohnen ...

* Lassen Sie ihn nicht den Preis für seine Abhängigkeit zahlen (indem er Geschenke anbietet oder die Dreckarbeiten macht).

Um sich Ihres Wohlwollens zu versichern, wird der Dependente es zu »kaufen« versuchen; er wird sich extrem dienstfertig zeigen und Ihnen Geschenke machen, und er wird sich zu allen mühsamen oder eintönigen Arbeiten bereitfinden. Dadurch zieht er Sie in ein subtiles Räderwerk, werden Sie sich doch verpflichtet fühlen, sich ihm so erkenntlich zu zeigen, wie er es gern möchte: Sie werden seinen Beschützer spielen und ihn in Ihrem Kielwasser akzeptieren. Die Bewunderung und die Ergebenheit der dependenten Persönlichkeiten in Ihrer Umgebung haben ihren Preis ... Hier der Bericht von Octave (28), einem Biologen.

Als mich meine Eltern erstmals in ein Ferienlager schickten, beunruhigte mich der Gedanke, welche Aufnahme mir die anderen Kinder und die Betreuer wohl bereiten würden. Nun, und so meldete ich mich freiwillig für alle undankbaren Dienste: Tisch abräumen, Geschirr spülen, Mülleimer fortbringen ... Von dem Taschengeld, das meine Eltern mir gegeben hatten, kaufte ich für das ganze Zimmer Süßigkeiten und Comics. Es dauerte nicht lange, bis sich der Erfolg einstellte: ich war der Liebling mancher Betreuer und durfte bei meinen Kameraden mitspielen. Ich hatte damals den Eindruck, daß es für mich kein anderes Mittel gab, um mir einen Platz an der Sonne zu sichern.

* Dulden Sie nicht, daß er Ihnen ständig am Rockzipfel hängt.

Die bisweilen anrührende Verletzlichkeit der dependenten Persönlichkeiten, ihre echte Bekümmernis und ihr Talent, sich nach und nach in das Leben der anderen hineinzudrängen, machen sie manchmal zu sympathischen Parasiten unserer Existenz. Wenn wir ihnen in all ihrem Verlangen nach Hilfe und ihrem Widerwillen gegen Einsamkeit keine klaren Grenzen setzen, werden sie uns am Ende, ohne daß wir es recht merken, völlig in Beschlag nehmen. Und auch hier sollte man die Dependenz nicht verharmlosen: sie wirkt bisweilen störend für denjenigen, an den sich der Dependente klammert, aber außerdem ist sie für den Betroffenen selbst äußerst entwürdigend, wird er doch einmal mehr seine geringe Bedeutung bestätigt sehen, indem die anderen ihn so einfach an ihrer Seite akzeptieren, ohne ihm groß Aufmerksamkeit zu schenken. Hören wir dazu Olivier (32), der als Unternehmensberater in Personalfragen arbeitet:

Ich erinnere mich an einen Kommilitonen, den ich ständig auf dem Hals hatte. Am Ende nahm ich mir ihm gegenüber Freiheiten heraus, die ich mir bei anderen Menschen nie erlaubt hätte. Rief er mich an, dauerte das oft stundenlang, und so erledigte ich gleichzeitig andere Dinge: ich las ein Buch, räumte das Zimmer auf, schrieb Briefe ... Manchmal war er aus meiner Wohnung nicht fortzukriegen, und dann ging ich eben meinen üblichen Beschäftigungen nach und warf ihm hin und wieder noch ein paar Worte zu. Am Ende war er für mich zu einer Art Grünpflanze oder Haustier geworden, er hockte sich mit einem Buch in die Ecke, und ich vergaß ihn ...

Haben auch Sie Züge einer dependanten Persönlichkeit?

	eher richtig	*eher falsch*
1. Vor wichtigen Entscheidungen frage ich andere um Rat.		
2. Mir fällt es schwer, ein Gespräch zu beenden oder mich von jemandem zu verabschieden.		
3. Ich zweifle oft an meinem Wert.		
4. In Gruppen schlage ich selten Aktivitäten, Gesprächsthemen oder neue Ideen vor. Ich neige eher dazu, mit dem Strom zu schwimmen.		
5. Ich brauche unbedingt Menschen in meiner Nähe, auf die ich bauen kann.		
6. Ich bin fähig, mich für andere aufzuopfern.		
7. Aus Furcht vor einem Konflikt mit meinen Gesprächspartnern verberge ich oft meine Meinung.		
8. Ich mag es nicht, Leute aus den Augen zu verlieren oder mich von ihnen zu trennen.		
9. Ich bin sehr feinfühlig bei Unstimmigkeiten und bei Kritik.		
10. Man sagt mir oft, ich hätte es im Leben weiter bringen können.		

(Füllen Sie diesen Fragebogen ganz allein aus, ohne vorher Vertrauenspersonen aus Ihrer Umgebung um Rat zu fragen!)

Kapitel X

Die passiv-aggressiven Persönlichkeiten

Carole (28) erzählt uns von ihrer Kollegin Sylvie, mit der sie in einem Kreditinstitut im selben Büro arbeitet: *Wenn man nicht so genau hinschaut, ist Sylvie eine Angestellte wie die anderen auch. Dem Anschein nach erledigt sie ihre Arbeit, sie kommt mit ihren Kollegen zurecht und macht kein »Gewese«. Das dachte ich jedenfalls, als ich neu in dieses Büro kam. Doch nach ein paar Wochen begriff ich, daß unter dieser ruhigen Oberfläche ein richtiger Kampf zwischen Sylvie und unserem Chef André tobte. Vor allem fiel mir in jeder Versammlung auf, daß Sylvie, wenn André jeden dazu auffordert, seine Meinung zu äußern, fast nie etwas sagt. Dafür setzt sie eine bockige und unfreundliche Miene auf, als langweile sie sich. Wenn André sich direkt an sie wendet, antwortet sie ihm dennoch mit freundlichem Gesicht; aber wir merken, daß es nur aufgesetzt ist, und er merkt es genauso.*

Sobald wir nach der Sitzung wieder im Büro sind, beginnt Sylvie an Andrés Entscheidungen oder den neuen Weisungen der Bankdirektion herumzumäkeln. Weil sie intelligent ist, legt sie mit großem Talent den Finger auf die Schwachstellen. Hinterher richtet sie es so ein, daß sie zwar die neuen Verfahrensweisen respektiert, sie aber so strikt und übereifrig anwendet, daß ihre Arbeit beträchtlich gebremst wird. Sie ist sich dessen durchaus bewußt und hat sich wahrscheinlich für diesen Trick entschieden, um die Arbeit zu »sabotieren«, ohne daß ihr jemand etwas vorwerfen könnte. Sie versucht uns zu überzeugen, daß wir uns immer hereinlegen ließen, daß André weniger kompetent wäre als wir und daß die Bank uns wie den letzten Dreck behandelte.

Hat man ständig mit ihr zu tun, gewöhnt man sich natürlich an diese Leier und weiß, was man davon zu halten hat. Aber vor einigen Monaten gelang es ihr, Isabelle, eine frisch eingestellte junge Kollegin, zu beeinflussen und auf ihre Seite zu ziehen. Völlig »aufgeputscht«, ging Isabelle dazu über, Andrés Entscheidungen auf Versammlungen zu diskutieren und außerplanmäßige Arbeiten zu verweigern. André begriff schnell, woher der Wind wehte: er bestellte Sylvie zu sich, um ihr den Marsch zu blasen. Am Ende knallte Sylvie wütend die Tür hinter sich zu. Am nächsten Morgen kam sie nicht zur Arbeit, und wir erfuhren, daß sie sich für zwei Wochen hatte krank schreiben lassen.

Während ihrer Abwesenheit hat sich Isabelle beruhigt und am Ende auch unseren Standpunkt begriffen: André hat sicher seine Fehler, aber insgesamt ist er in Ordnung, er ist ziemlich gerecht und achtet darauf, daß alles klargeht. Als Sylvie wieder anfing, bin ich zu ihr gegangen, um ihr zu erklären, daß wir alle im selben Boot sitzen und uns deshalb bemühen müssen, ein gutes Arbeitsklima aufrechtzuerhalten. Aber sie bestritt, auch nur für den kleinsten Konflikt verantwortlich gewesen zu sein. André und die Arbeitsbedingungen wären ganz allein schuld an der schlechten Atmosphäre.

Sie begann von neuem, in den Versammlungen ein Gesicht zu ziehen und ihre Arbeit zu spät abzugeben. André hat gerade ihre Versetzung gefordert. Aber sie hat sich geweigert und die Gewerkschaft eingeschaltet. Das Arbeitsklima in unserem Büro wird langsam unerträglich.

Am seltsamsten ist aber, daß Sylvie außerhalb der Arbeit eher sympathisch ist. In der ersten Zeit gingen wir am Wochenende manchmal ins Kino oder einkaufen, und sie war freundlich und gutgelaunt. Aber sobald sie das Büro betritt, verwandelt sie sich in eine böse Fee. Ich glaube, ihr Problem kommt teilweise daher, daß sie für die Arbeit, die sie machen muß, eigentlich überqualifiziert ist. Sie hat einen Magister in Geschichte, also einen viel höheren Abschluß als wir anderen, aber bei der heutigen Arbeitsmarktlage muß sie sich mit einem Verwaltungsposten zufriedengeben. Statt das zu akzeptieren oder zu versuchen, etwas anderes zu finden, grollt sie ihren Vorgesetzten.

Was soll man von Sylvie denken?

Auf Arbeit scheint Sylvie nichts zu tun als zu opponieren. Sie diskutiert die Entscheidungen, läßt ihre Arbeit schleifen und versucht, auch ihre Kollegen zu einer solchen Oppositionshaltung zu bewegen. Man hat den Eindruck, daß sie alles, was die Vorgesetzten von ihr verlangen, als beleidigend empfindet. Wenn wir ihrer Freundin Carole glauben dürfen, ist André eher ein guter Chef, der die Spannungen zu dämpfen versucht. Wenn Sylvie ihm also übel gesonnen ist, liegt das wahrscheinlich nicht so sehr an seiner Person, sondern daran, daß er eine Autorität repräsentiert. Im übrigen stellt Sylvie ja die gesamte Hierarchie in der Bank in Frage, und sie ist überzeugt, ungerecht behandelt zu werden. Man kann also sagen, daß Sylvie sich dadurch auszeichnet, Befehle nicht ausstehen zu können.

Aber das zeigt sie nicht offen. Sylvie widersetzt sich nicht lauthals ihren Chefs. Sie trödelt mit der Arbeit, die man ihr aufgetragen hat, und beteiligt sich auf Sitzungen nicht an der Diskussion, um hinterher desto besser verdammen zu können, was dort gesagt worden ist. Sie tritt nicht direkt zum Kampf an, sondern begnügt sich, eine junge und etwas naive Kollegin dazu aufzustacheln.

Ihren Vorgesetzten gegenüber leistet Sylvie passiven Widerstand, oder sie stellt sich ihnen auf indirekte Weise entgegen.

Außerhalb ihrer Arbeitszeit, wo man nichts von ihr verlangt, kann Sylvie eine wirklich angenehme Gefährtin sein. Das beweist, daß ihr Problem um Situationen kreist, in denen Autorität eingesetzt wird.

Widerwille vor dem Kommandiertwerden, passiver Widerstand: Sylvie zeigt die typischen Merkmale einer passiv-aggressiven Persönlichkeit.

Die passiv-aggressive Persönlichkeit

* Widersetzt sich im beruflichen oder im persönlichen Bereich gewöhnlich den Forderungen der anderen.

* Diskutiert Anweisungen auf übertriebene Art; kritisiert die Autoritätspersonen.
* Das alles jedoch nur indirekt: sie läßt alles »schleifen«, ist absichtlich uneffizient, schnappt ein, »vergißt« Dinge, beklagt sich, verachtet, ungerecht behandelt oder nicht verstanden zu werden.

Beschreibt man solch eine Persönlichkeit den leitenden Angestellten und Führungskräften auf einem Unternehmensseminar, so löst sie zweifellos heftigere Reaktionen aus, als es bei anderen schwierigen Persönlichkeiten der Fall ist. Tatsächlich kann es eine ganz besondere Plage sein, einen passiv-aggressiven Mitarbeiter zu haben. Man darf dann sicher sein, daß die Arbeitsatmosphäre schlecht ist, daß Entscheidungen anscheinend akzeptiert, aber schließlich doch nicht befolgt werden und daß man in der Ausführung der Arbeit bald Verzögerungen und Fehler entdecken wird. Manche passiv-aggressive Persönlichkeiten verstehen es, sich im Rahmen des noch Erträglichen zu bewegen, andere überschreiten diese Grenzen und werden versetzt oder entlassen. Wie kann man dieses bisweilen fast selbstmörderische Verhalten erklären?

Wie eine passiv-aggressive Persönlichkeit die Welt sieht

Die Devise einer passiv-aggressiven Persönlichkeit könnte sein: »Sich unterzuordnen kommt einer Niederlage gleich.« Eine Weisung, manchmal schon eine einfache Bitte, löst bei ihr Frustration aus und ein Gefühl, sich auflehnen zu müssen. Aber sie wird diese Auflehnung selten in aufrichtiger Weise ausdrücken, denn ihre zweite Devise könnte lauten: »Man riskiert zuviel, wenn man sagt, was man denkt.« Ihre Aggressivität gegenüber den Autoritäten wird sich also häufig durch Passivität äußern – von daher auch die Bezeichnung für diesen Persönlichkeitstyp.

Wir sind alle schon Zeugen passiv-aggressiver Verhaltensweisen gewesen: Sie machen im Restaurant den Kellner darauf aufmerksam, daß man Sie noch immer nicht bedient hat, und er schlendert in noch gemütlicherem Tempo Richtung Küche; Sie schicken Ihr Kind zum Hausaufgabenmachen in sein Zimmer, wo es sich lediglich aufs Bett fläzt; Sie erinnern Ihre Tochter daran, sie solle nicht zu lange telefonieren, und hinterher kommt sie ewig nicht an den Essenstisch; im Krankenhaus hat es die Schwester nicht eilig, an Ihr Bett zu kommen, weil sie findet, Sie würden zu oft nach ihr klingeln; Ihre Sekretärin läßt sich krank schreiben, nachdem Sie ihr Vorwürfe gemacht haben. All diesen Situationen ist gemeinsam, daß sie zwei Personen betreffen, zwischen denen ein Hierarchieverhältnis besteht: Betriebsleiter und Mitarbeiter, Kunde und Personal, Eltern und Kind.

Und Sie selbst, haben Sie niemals passiv-aggressive Verhaltensweisen gezeigt? »Wenn man mich nicht freundlich um etwas bittet, werde ich es so einrichten, daß es nicht erledigt wird.« Würden Sie diesen Satz mit »eher richtig« oder »eher falsch« beantworten? Ist also nicht jeder von uns passiv-aggressiv?

Passiv-aggressiv: Persönlichkeitsmerkmal oder Verhalten?

Damit eine Persönlichkeitsstörung als solche anerkannt wird, müssen bestimmte Verhaltensweisen regelmäßig auftreten, und zwar in allen Lebensbereichen eines Individuums und sein ganzes Leben lang. So ist es leicht, auf Personen zu stoßen, die in gewissen Situationen, in denen sie nicht gehorchen wollen, passiv-aggressive *Verhaltensweisen* zeigen. Nicht so einfach ist es vielleicht, eine passiv-aggressive *Persönlichkeit* ausfindig zu machen, die lebenslang in fast allen Situationen, in denen man sie um etwas bittet oder ihr etwas befiehlt, passiv-aggressive Verhaltensweisen zeigt.[52]

Viele Jugendliche machen zum Beispiel eine Phase der Auflehnung gegen Autoritäten durch und nehmen dann zu Hause oder in der Schule ein passiv-aggressives Verhalten an: Sie sind eingeschnappt, machen ihre Arbeit nicht, erzürnen ihre Eltern, indem sie im Haushalt keine Hand rühren usw. Aber hier handelt es sich um eine normale Etappe in ihrer psychischen Entwicklung und der Herausbildung ihrer Identität. Oftmals legt sich ihre Opposition gegen die Eltern übrigens schon, wenn sie den elterlichen Herd verlassen. Sie werden aufhören zu trödeln, wenn sie eine Beschäftigung finden, die sie reizt. Es handelt sich demnach keinesfalls um eine Persönlichkeitsstörung, sondern um einen vorübergehenden Verhaltensstil, wie er für dieses Alter häufig ist.

Aber gibt es nicht trotzdem richtiggehend passiv-aggressive Persönlichkeiten, für die eine indirekte Opposition gegen jedwede Form von Autorität wahrhaft zum Lebensstil geworden ist? Lesen wir den Bericht von Laurence (33), die nach einer Kette beruflicher und privater Fehlschläge eine Psychotherapie in Angriff nahm:

Je länger wir über mein Leben sprechen, desto deutlicher wird mir bewußt, daß sich eine bestimmte Situation seit meiner Jugend ständig wiederholt: sobald ich den Eindruck habe, daß mich jemand zu etwas zwingt, seien es meine Eltern, mein Chef oder mein Freund, kann ich ihn nicht mehr ertragen, ich richte es dann so ein, daß er zum Äußersten getrieben wird, und am Schluß steht der endgültige Bruch. Ich weiß nicht, wie es die anderen schaffen: sind sie alle fügsamer als ich, oder verstehen sie es, auf diplomatischere Weise ihre Rechte zu verteidigen?

Zum Beispiel gibt es in jeder Beziehung, die ich mit Männern habe, immer den Moment, wo ich finde, daß sie Entscheidungen fällen, ohne mich vorher zu fragen, ganz als wäre es völlig normal, daß ich mich nach ihnen richtete. Alain rief mich zum Beispiel im Büro an und sagte: »Weißt du, dieses Wochenende habe ich vor, daß wir einen kleinen Ausflug in die Normandie machen.« Das brachte mich sofort auf die Palme, aber ich sagte nichts. Ich mag die Normandie, konnte es aber nicht ertragen, daß er für mich mit entschieden hatte. Also richtete ich es so ein, daß ich Freitag abend ewig lange im Büro herumtrödelte und ihm sagte, ich hätte noch einen Haufen Arbeit. Wenn er meinte, ich solle mich beeilen, fand ich im Gegenteil stets noch ein paar andere Dossiers, die auf den neuesten Stand gebracht werden mußten. Schließlich kam ich so spät von der Arbeit, daß wir nicht mehr am selben Abend losfahren konnten und alles auf Sonnabend früh verschieben mußten. Aber am nächsten Morgen klagte ich, ich wäre erschöpft, und überhaupt wäre das Wochenende doch viel zu kurz für eine solche Reise.

Die ersten Male war Alain echt betrübt, aber schließlich regte er sich immer mehr über mich auf. Daraufhin übte ich Vergeltung, indem ich ihm oft sagte, ich hätte keine Lust auf Sex. Natürlich endete es damit, daß er mich verließ, und hinterher merkte ich, daß er ein charmanter Mann war, den sich eine Menge Frauen als Liebhaber erträumt hätten.

In der Firma zeige ich die gleiche Haltung. Mir genügt schon der leiseste Verdacht, daß eine Entscheidung ein bißchen ungerecht oder eine Empfehlung eine Spur zu autoritär sei, damit ich sogleich alle Zügel schleifen lasse und auf die heimliche Art opponiere oder eingeschnappt spiele. Alle meine Chefs hatten mich nach kurzer Zeit auf dem Kieker, aber es gelang mir, meine Stellen ziemlich lange zu behalten, weil ich ansonsten eher kompetent bin und ganz zufriedenstellend arbeitete, wenn sie mir ein bißchen Selbständigkeit gewährten. So hätte es vielleicht klappen können, aber ich war niemals zufrieden und verlangte immer mehr Autonomie und Freiheiten, bis es schließlich zum Bruch kam.

Mir ist inzwischen bewußt, daß diese Unverträglichkeit gegenüber jeder Form von Autorität alle Bereiche meines Lebens berührt. Wenn ich an meiner Windschutzscheibe einen Strafzettel finde, zerreiße ich ihn sofort, obwohl das schon unangenehme Folgen gehabt hat: einmal hat man alle überfälligen Gebühren samt einer Geldbuße von meinem Konto zwangsabgebucht. Sogar im Hotel ärgere ich mich, wenn ich am Abreisetag mein Zimmer bis Mittag räumen soll, und trödele extra lange.

Ich weiß nicht, warum ich so bin. Oder vielleicht ahne ich es doch ein bißchen. Mein Vater war ein sehr autoritärer Typ, der wollte, daß alle nach seiner Pfeife tanzten. Viele Jahre lang habe ich miterlebt, wie meine Mutter mit ihm schmollte, indem sie klagte, sie wäre so erschöpft. Wenn sie vorhatten, abends auszugehen, machte sie sich stundenlang zurecht, bis mein Vater schließlich vor Wut platzte. Mir und meiner Schwester gegenüber wollte er ebenso autoritär sein. Er wollte kontrollieren, wie oft und für wie lange wir das Haus verließen oder wie wir uns kleideten, und er suchte uns die Freunde aus, mit denen wir Umgang haben durften. Meine ältere Schwester hat sich ihm brüsk entgegengestellt (sie ähnelt ihm übrigens) und sehr bald die Tür zum Elternhaus hinter sich zugeschlagen. Das wagte ich aber nicht, ich fürchtete seine Zornausbrüche, und so bin ich dazu übergegangen, genau wie meine Mutter ver-

steckteren Widerstand zu leisten, indem ich bummelte, in der Schule schlecht lernte und mich am Essenstisch schlecht benahm. Wenn ich es schließlich schaffte, meinen Vater wütend zu machen, zog ich daraus eine finstere Genugtuung. Ich glaube, daß das Beispiel meiner Mutter nicht folgenlos an mir vorübergegangen ist.

Laurence ist es gelungen, sich über ihr Problem weitgehend klarzuwerden. Das ist eine oftmals notwendige, wenn auch nicht hinreichende Stufe, um eine wirkliche Veränderung herbeizuführen. Sicher wird sie weitere Fortschritte machen.

Passiv-aggressive Persönlichkeiten in Film und Literatur

In Pierre Granier-Deferres Film *Die Katze* (1971); (nach einem Roman von Simenon) verkörpern Jean Gabin und Simone Signoret zwei alternde Eheleute, die sich mit Schimpfkanonaden und passiv-aggressiven Verhaltensweisen gegenseitig zerfleischen. Sollte man sich nicht ansehen, wenn man vorhat, in nächster Zeit zu heiraten.

Die Caine war ihr Schicksal von Herman Wouk (verfilmt von Edward Dmytryk 1954) haben wir schon wegen der paranoiden Persönlichkeit des Kommandanten erwähnt. Einer der Zweiten Offiziere, Leutnant Keefer, ordnet sich scheinbar seinem Chef unter, um hinterher seine Befehle zu diskutieren und die Besatzung gegen ihn aufzubringen. Die meiste Zeit verbringt er ausgestreckt auf seiner Koje, wo er sich einer typisch passiv-aggressiven Genugtuung hingibt.

Vom Umgang mit passiv-aggressiven Persönlichkeiten

Wenn es Ihr Chef ist: Suchen Sie sich einen anderen, oder er wird Sie bei seinem Sturz mit hinabziehen.
Wenn es Ihr Lebenspartner ist: Schulen Sie ihn darin, sich offen auszudrücken.
Wenn es Ihr Kollege ist: Lesen Sie noch einmal dieses Kapitel, ehe Sie sich mit ihm anlegen.

Was Sie tun sollten

* Seien Sie liebenswürdig.

Die passiv-aggressiven Persönlichkeiten reagieren sehr empfindlich auf alles, was ihnen nach einem Mangel an Respekt aussieht. Verlangt man von ihnen etwas auf brüske Art oder von oben herab, wird das sogleich ihre Feindseligkeit erwekken. Aber stellen Sie sich doch einmal an ihren Platz: wie haben Sie reagiert, als Ihnen Ihr Chef letztens ein wenig schroff befahl, dies oder jenes zu erledigen? Selbst wenn Sie mit seiner Entscheidung einverstanden waren, werden Sie Lust verspürt haben, sie nicht umzusetzen, weil seine autoritäre Art Sie geärgert hat. Stellen Sie sich also vor, daß die passiv-aggressiven Persönlichkeiten häufig dieses Gefühl hinuntergeschluckten Zorns empfinden, und Sie werden einsehen, daß ein freundlicher Umgang mit ihnen die Chancen erhöht, daß alles in Ordnung geht.

Nehmen Sie sich also, selbst wenn zwischen Ihnen eine gewisse Hierarchiebeziehung besteht, ruhig eine Sekunde mehr Zeit, um ein freundliches Gesicht zu machen oder eine kleine empathische Bemerkung anzuschließen, die zeigt, daß Sie die Sichtweise des anderen verstehen.

Ein Beispiel: Sie sind im Restaurant und haben vor mehr als zehn Minuten bestellt, und nichts passiert. Sie machen die Kellnerin, die eher mürrisch dreinblickt, darauf aufmerksam. Vergleichen Sie folgende Versionen:

Variante 1: »Ich warte schon zehn Minuten! Das ist wirklich unerhört! Rühren Sie sich mal ein bißchen!«

Variante 2: »Ich bin sehr in Eile. Ich weiß, daß Sie eine Menge Gäste zu bedienen haben, aber es wäre schön, wenn Sie mir das Essen so schnell wie möglich bringen könnten.«

Keine der beiden Versionen garantiert einen hundertprozentigen Erfolg, aber bei der ersten dürfen Sie sicher sein, eine neue passiv-aggressive Reaktion auszulösen. Die Kellnerin wird Ihnen vielleicht schnell das Essen bringen, Sie aber auf andere Weise bestrafen, indem sie vielleicht das Besteck »vergißt«, spurlos verschwindet, wenn Sie zahlen wollen, oder gleich neben Ihnen lärmende Gäste plaziert.

In einem Stück von Jean Anouilh wird der Butler einer gutbürgerlichen Familie infolge einer Revolution zum Aufseher der Leute, die er früher bediente. (Die Revolutionäre beschließen nämlich, diese bourgeoise Familie in ihrem Haus wohnen zu lassen. Es wird aber in ein ständiges Museum umgewandelt, damit das Volk jederzeit vorbeikommen und sich anschauen kann, wie der Alltag der Bourgeoisie vor der Revolution aussah.) Der Butler gesteht ihnen, daß er sich zu Zeiten des alten Regimes auf hinterhältige Weise an ihnen rächte, wenn ihn ihr autoritäres Benehmen aufgebracht hatte: Bevor er ihnen die Suppe servierte, pinkelte er hinein! Das ist wohl der Gipfel eines passiv-aggressiven Verhaltens: eine Aggression, die nicht nur indirekt ist, sondern für das angepeilte Opfer sogar völlig unsichtbar bleibt! Gute Manieren erleichtern also das Leben in der Gesellschaft und noch mehr die Beziehungen zu passiv-aggressiven Persönlichkeiten.

Hier ein weiteres Beispiel: Es ist ganz dringend nötig, daß Ihre Sekretärin bis zum Feierabend noch eine Reihe Briefe für Sie schreibt. Weil sie schon eine Menge Arbeit hat, wird sie deshalb länger als geplant im Büro bleiben müssen.

Variante 1: »Hier, das muß bis morgen früh unbedingt getippt sein!«

Variante 2: »Ich sehe, Sie haben heute schon ein volles Programm *(Ausdruck der Empathie)*, aber ich brauche diese Briefe unbedingt bis morgen früh. Wie könnten Sie das einrichten?«

Im zweiten Beispiel lassen Sie der Sekretärin einen Spielraum, eine gewisse Autonomie; sie wird Ihre Briefe tippen, aber Sie sind einverstanden, daß sie dafür vielleicht andere Arbeiten aufschiebt. Sie schlagen ihr gewissermaßen vor, bei der Organisation ihrer Arbeit selbst mitzuwirken. Wir werden noch sehen, weshalb ein solches Vorgehen von Interesse ist.

* Fragen Sie ihn so oft wie möglich nach seiner Meinung.

Ich arbeite in einem Prêt-à-porter-Modehaus, berichtet uns Catherine, *und bin für die Auswahl der Stoffe zuständig. Mein As-*

sistent muß sich dann darum kümmern, sie zu bestellen oder ihre Herstellung in Auftrag zu geben. Ich hatte mir angewöhnt, ihm die Liste der von mir ausgesuchten Stoffe zu geben und ihn das Weitere selbst machen zu lassen. Aber wenn er bei den Herstellern etwas orderte und ein Problem auftrat, machte er sich nicht die geringste Mühe, es zu lösen oder zu verhandeln, sondern er ließ sich den Standpunkt des Lieferanten diktieren. Hinterher, wenn die Stoffmuster nicht so aussahen, wie ich vorgesehen hatte, oder wenn sie zu spät eintrafen, erklärte er mir, daß der Lieferant Schwierigkeiten gemacht hatte. Das stimmte oft auch, aber ich war sicher, er hätte die Probleme meistern können, wenn er nur gewollt hätte, denn er ist ein intelligenter Bursche.

Ich sah den Tag bereits kommen, an dem ich die Probleme mit den Herstellern selbst in die Hand nehmen mußte, aber ich war sowieso schon überlastet, und wozu hatte ich eigentlich einen Assistenten? Beinahe hätte ich einen Riesenauftritt mit ihm gehabt, doch weil ich merkte, wie empfindlich er war, sagte ich mir, daß es auf diese Art schnell zum großen Bruch kommen würde. Vielleicht konnte er das Gefühl schlecht ertragen, ständig nur meine Anweisungen ausführen zu müssen? Beim nächsten Mal zeigte ich ihm meine Auswahl für die neue Kollektion und fragte ihn, was er über sie denke und ob er Vorschläge habe. Er wirkte überrascht und machte dann ein paar Anmerkungen, die übrigens teilweise wirklich gerechtfertigt waren. Ich habe mir alle seine Ideen aufmerksam angehört und einige von ihnen berücksichtigt. Diesmal gab es mit den Fabrikanten überhaupt keine Probleme; er verteidigte erfolgreich meinen Standpunkt, in den ja auch seine Vorstellungen eingeflossen waren.

Viele Leute würden sich eine Chefin wie Catherine wünschen, jemanden, der erst einmal überlegt, ehe er seinen Willen schroff durchzudrücken versucht. Catherine hat eine psychologische Grundweisheit für sich entdeckt, die von vielen Feldstudien bestätigt wurde: *Man ist mit seiner Arbeit desto zufriedener, je stärker man den Eindruck hat, an den sie betreffenden Entscheidungen mitzuwirken.*[53]

Natürlich wird das nicht bei jedem Beschluß möglich sein, aber oftmals achten die Führungsebenen nicht genügend darauf, die Beschäftigten an den Entscheidungen, die ihre Arbeit angehen, teilhaben zu lassen. So lösen sie eine

Menge Bremsaktionen und mehr oder weniger absichtliche »Sabotageakte« aus. Bisweilen ist es eine ganze Arbeitsgruppe, die passiv-aggressiv wird, und das häufig infolge eines Managementfehlers.

* Helfen Sie ihm dabei, sich direkt auszusprechen.

Das passiv-aggressive Verhalten ist eine indirekte Weise, Aggressivität auszudrücken. Wer so handelt, hat das Gefühl, weniger zu riskieren, als wenn er sein Nichteinverständnis direkt äußerte (und manchmal hat er recht). Aber in vielen Fällen gilt: Wenn Sie jemandem helfen, seine gegensätzliche Meinung direkt auszusprechen, können Sie darüber diskutieren und den zugrunde liegenden Konflikt lösen. Hören wir dazu Franck, der verantwortlich für eine Gruppe von Ausbildungsberatern ist.

Michel ist ein junger Konsultant, der erst vor kurzem in unser Team kam. Anfangs hat er auf mich einen guten Eindruck gemacht, er schien mir dynamisch, intelligent und motiviert, gute Arbeit zu leisten. Ich beauftragte ihn, gemeinsam mit Charles, einem erfahreneren Konsultanten, ein Praktikum zu leiten und auszubauen. Nach ein paar Wochen merkte ich, daß irgend etwas nicht klappte. Auf Versammlungen machte Michel eine verdrossene Miene. Seine Beurteilungen durch die Praktikumsteilnehmer lagen am Rande des Erträglichen, und er fand kaum neue Interessenten. Ich fragte Charles, was er davon hielte. Er sagte, daß Michel die Programmteile, für die er verantwortlich war, lasch und lustlos leitete. Außerdem mußte Charles ihn oft zur Ordnung rufen, damit er exakt das Programm, das Charles ausgearbeitet hatte, befolgte.

Ich überlegte eine Weile. Charles ist ein etwas autoritärer Konsultant, der gegenüber den jüngeren Kollegen mit seiner Erfahrung auftrumpft. Ich bestellte Michel zu mir, damit er sich aussprechen konnte. Aber er war dazu nicht fähig. Auf alle meine Fragen entgegnete er, alles wäre in bester Ordnung. Ich konnte ihm seine wirklich mittelmäßigen Resultate vor Augen halten, so lange ich wollte, er mochte nicht mehr sagen.

Schließlich beendete ich das Gespräch mit den Worten: »Ich glaube, daß Sie zu mir nicht aufrichtig sind. Und das ärgert mich, denn wenn wir nicht ordentlich miteinander reden können, habe ich nicht die Möglichkeit, die Lage zu verbessern, und das ist schade für alle Beteiligten.« Er verließ wortlos das Büro. Aber am nächsten Tag kam er ganz verlegen zu mir und erklärte mir in allen Einzelheiten, was ich schon geahnt hatte: Charles wollte alles kontrollieren; unter dem Vorwand, Michel fehle es an Erfahrung, reservierte er für sich selbst die interessanten Programmpunkte; alle Modifikationen, die Michel vorgeschlagen hatte, hatte er zurückgewiesen.

Ich traf mehrere Entscheidungen: Michel sollte künftig mit Julie, einer zugänglicheren Konsultantin, zusammenarbeiten, und ich beauftragte ihn, den Inhalt eines neuen Praktikums in einem anderen Bereich zu entwerfen. Wenn er in unserem Haus erst einmal besser Fuß gefaßt hat, werde ich ihn wieder bitten, mit Charles zusammenzuarbeiten.

Aber weshalb hat er mir das alles nicht gleich beim ersten Gespräch gesagt? Ich glaube, weil er zu höflich ist und gerade erst angefangen hat. Er ist jemand, der fürchtet, die anderen zu verärgern.

Es wäre allzu schön, wenn alle Leute mit passiv-aggressiven Verhaltensweisen ihre Meinung aufrichtig äußerten, sobald Sie sie dazu aufforderten. Einige werden es aus Schüchternheit nicht wagen, ganz wie Michel im gerade geschilderten Fall. Andere haben eher vielschichtigere Gründe, so im folgenden Beispiel, das uns Hervé (36) erzählt, der mit seiner Frau Martine eine Ehetherapie durchläuft.

Was mich an Martines Verhalten mit am meisten aufregte, war ihr Treiben nach dem Abendessen. Während ich meine Zeitung las, räumte sie das Geschirr in den Spülautomaten und wusch selbst ein paar Stücke ab, die man nicht in die Maschine stecken darf. Bei alledem machte sie aber einen Heidenlärm und polterte mit jedem Teil herum. Wenn ich entnervt aufstand, um ihr meine Hilfe anzubieten, antwortete sie mit verkniffener Miene, das sei nicht nötig, es gehe alles in Ordnung, und überhaupt könne sie das viel besser als ich. Ich setzte mich wieder hin, und sie erledigte ihre Aufräumaktion mit weniger Lärm, aber am nächsten Abend ging es von vorn los. Sagte ich ihr, sie mache zuviel Lärm, entgegnete sie, ich könne ja eine Runde spazierengehen, wenn ich mich gestört fühlte.

Schließlich habe ich das Problem im Beisein der Therapeutin zur Sprache gebracht. Es dauerte eine Ewigkeit, bis Martine endlich damit herausrückte, daß sie sich abends über mich ärgerte, weil ich zuwenig mit ihr sprach. Unglaublich! In Wirklichkeit bin ich es, der das Gespräch in Gang zu bringen versucht, aber sie läßt meine Bemühungen im Sande verlaufen! Damals verstand ich, daß sie einen solchen Krach mit dem Geschirr veranstaltete, um mich zu bestrafen, und daß sie einen solchen Widerwillen gegen mich hatte, daß alle meine Bemühungen, die Dinge in Ordnung zu bringen, nichts fruchten würden. Sie hatte zuviel Groll in sich gespeichert.

Ich glaube, ich entspreche nicht ihren Erwartungen von einem Ehemann, und selbst wenn jeder von uns die größtmöglichen Anstrengungen unternimmt, werden wir es nicht schaffen, gut miteinander auszukommen. Wir denken jetzt über Scheidung nach, und die Therapeutin hilft uns, alles ohne zu große Verletzungen über die Bühne zu bringen.

Dieses Beispiel erinnert zunächst einmal daran, daß eine Ehetherapie nicht unbedingt zum Ziel hat, die Partnerschaft um jeden Preis aufrechtzuerhalten. Manchmal will sie auch bei der Trennung helfen. Martines Beispiel zeigt uns weiterhin, daß bestimmte passiv-aggressive Verhaltensweisen vor allem eine Vergeltungsfunktion haben, und daß die betreffende Person nicht unbedingt ein klärendes Gespräch wünscht, weil dieses ihr das Mittel für ihre indirekte Rache wegnehmen würde. In einem solchen Fall sollten Sie sie trotzdem auf ihr Verhalten hinweisen, denn so wird sie nicht mehr vortäuschen können, es geschehe alles unabsichtlich. Wenn Hervé zu seiner Frau gesagt hätte: »Du machst ja einen Riesenlärm. Ich glaube, du willst mir damit etwas sagen?«, hätte sie das sicher abgestritten, aber es wäre für sie schwieriger geworden, weiterhin Krach zu machen.

Eine andere Variante dieser Situation ist nur zu bekannt: »Warum ziehst du denn so ein Gesicht?« – »Nein, überhaupt nicht, ich ziehe überhaupt kein Gesicht.« (Aber ich werde den ganzen Abend lang weiter ein Gesicht ziehen, um dich zu bestrafen, weil du mir nicht genug Aufmerksamkeit geschenkt hast, als wir mit deinen Freunden essen waren.)

* Rufen Sie ihm die Spielregeln ins Gedächtnis.

Heutzutage werden die Kinder viel weniger autoritär erzogen als noch vor ein oder zwei Generationen. Vergleichen Sie einmal die Art und Weise, in der Sie von Ihren Eltern erzogen wurden, mit Ihrer eigenen Praxis gegenüber Ihren Kindern. Sehr oft werden Sie feststellen, daß Sie Ihren lieben Kleinen mehr Freiheiten lassen, als Ihre Eltern Ihnen im gleichen Alter einräumten. Wer verlangt heute noch von seinen Kindern, bei Tisch nicht zu sprechen oder nur dann den Mund aufzumachen, wenn man sie etwas fragt? Die gleiche Entwicklung zeigt sich in der Schule: Es gibt weniger Bestrafungen, und die Lehrer oder der berühmt-berüchtigte Zensor sind nicht mehr so gefürchtet, wie sie es für Generationen von Schülern einst waren. Im Unterricht reden die Schüler mehr mit und sind bereit, die Vorschläge des Lehrers zu diskutieren (der sie im übrigen sogar dazu auffordert). Selbst in der Armee, einer traditionellen Bastion der Autorität, bringen die Stories über autoritäre Feldwebel niemanden mehr zum Lachen, weil sie immer weniger der Realität entsprechen. Anders ausgedrückt: Die junge Generation ist seit der Kindheit gewohnt, sich offen auszusprechen und an den Entscheidungen beteiligt zu werden.

Was passiert also, wenn diese jungen Leute in die Arbeitswelt eintreten und dort mit einem autoritären Chef konfrontiert werden? Gewiß kommen sie damit viel schwieriger zurecht als ihre Ahnen, die seit ihrer Kindheit erst autoritäre Eltern, dann autoritäre Lehrer und Feldwebel gewöhnt waren. Für viele junge Menschen bedeutet heutzutage die Arbeitswelt eine erste Konfrontation mit Zwängen, denen man sich ohne Herumdiskutieren fügen muß. Es erstaunt also nicht, daß viele untergeordnete Mitarbeiter es schlecht vertragen, »kommandiert« zu werden, und daß sie die Legitimität ihres Chefs anzweifeln. Hinzu kommt, daß die jungen Beschäftigten oft bereits ein Qualifikationsniveau mitbringen, das ihr Chef im selben Alter noch nicht besaß. Das ist ein Grund mehr, über seine Entscheidungen herumzudiskutieren – oder eben seine Unzufriedenheit durch passiv-aggressive Verhaltensweisen auszudrücken, wenn einem die offenen Worte angesichts der trüben Lage auf dem Arbeitsmarkt zu riskant scheinen.

Ein Management, welches so oft wie möglich die Mitwirkung der Beschäftigten erlaubt, kann man also nur ermutigen. Es entspricht den Gewohnheiten und Bedürfnissen der neuen Generationen und den Werten einer Gesellschaft, die Beziehungen zwischen gleichwertigen Partnern favorisiert, sei es in der Familie, in der Schule, zwischen Eheleuten oder selbst im Arzt-Patient-Verhältnis, wo die Patienten wollen, daß der Mediziner ihnen seine Therapieentscheidungen erläutert.[54] Aber in der Arbeitswelt wird das nicht immer möglich sein, und so werden passiv-aggressive Verhaltensweisen so lange fortbestehen wie autoritäre Hierarchiebeziehungen.

Wiederholen sich Verhaltensweisen, die von schlechtem Willen zeugen, kann es nützlich sein, die betreffende Person an die geltenden Spielregeln zu erinnern. Wir schlagen Ihnen im folgenden einen kleinen Diskurs vor, den Sie angesichts eines passiv-aggressiven Mitarbeiters anwenden können, falls all Ihre Versöhnungsversuche scheitern sollten. Sein Hauptziel ist, die Autoritätsbeziehung von Emotionen frei zu machen.

»Seit einigen Wochen stellt mich Ihre Haltung bei der Arbeit vor ein Problem. Ich habe z.B. bemerkt, daß ... *(konkrete Verhaltensweisen beschreiben)*. Ich habe den Eindruck, daß Sie es nicht akzeptieren können, bestimmte Aufgaben, die ich Ihnen übertrage, zu erledigen *(Ihre Sichtweise darlegen)*. Ich habe Ihnen Gelegenheit gegeben, Ihren Standpunkt zu erläutern, aber Sie haben es nicht getan *(ein konkretes Verhalten beschreiben)*. Ich verstehe schon, daß es für Sie vielleicht schwierig ist, eine Arbeit erledigen zu müssen, die nicht immer Spaß macht. Vielleicht finden Sie sogar, das würde Ihren Wert schmälern? *(Empathie ausdrücken)*. Aber ich muß Sie daran erinnern, daß es bei uns eine Spielregel gibt. Sie werden dafür bezahlt, daß Sie die Arbeit, die ich von Ihnen erwarte, gut erledigen *(Spielregeln ins Gedächtnis rufen)*. Das ist keine besonders amüsante Regel, und vielleicht meinen Sie, daß Sie eine interessantere Arbeit verdienen *(Empathie ausdrücken)*. Das ist möglich. Vielleicht denken Sie sogar, ich sei nicht qualifiziert genug, um Ihr Chef zu sein, und natürlich steht es Ihnen frei, das zu denken *(Empathie ausdrücken)*. Aber wenn Sie weiterhin mit mir zusammenarbeiten wollen, akzeptieren Sie besser die Spielregeln *(Spielregeln ins Gedächtnis rufen)*. Für die kommenden Wochen erwarte ich von Ihnen also folgendes: ...«

In diesen Worten findet sich eine zweifache Botschaft:
- Sie zeigen dem anderen, daß Sie ihm Aufmerksamkeit widmen, daß Sie ihn als menschliches Wesen mit seinen Emotionen und seinem selbständigen Denken anerkennen.
- Sie erinnern ihn, daß das Hierarchieverhältnis zwischen Ihnen keine *persönlichen* Ursachen hat, also nicht auf einem eventuellen Überlegenheitsgefühl in Ihnen beruht, sondern auf einer Spielregel, die von Ihnen beiden unabhängig existiert und an die betriebliche Situation gebunden ist.

Wir sind nicht so naiv zu glauben, daß ein solcher Diskurs alle Probleme aus der Welt schaffen würde, aber wir empfehlen Ihnen, es einmal damit zu versuchen.

Was Sie lassen sollten

* Tun Sie nicht so, als würden Sie seinen Widerstand nicht bemerken.

Wenn Ihr Lebenspartner oder Ihr Mitarbeiter »eingeschnappt« ist, mag es verlockend sein, darauf gar nicht zu reagieren, sondern zu warten, daß es von allein vorübergeht. In den meisten Fällen ist diese Haltung ein Fehler. Sie dürfen nämlich nicht vergessen, daß ein passiv-aggressives Verhalten eine besondere Art und Weise ist, Ihnen etwas mitzuteilen. Tun Sie so, als würden Sie überhaupt keine Botschaft wahrnehmen, wird der andere versucht sein, seinen Einsatz so lange zu steigern, bis Sie endlich reagieren. Sobald Sie etwas wie schlechten Willen, Eingeschnapptheit oder versteckte Vergeltungsakte bemerken, sollten Sie also unverzüglich mit einer Frage reagieren.

Sagen Sie zum Beispiel zu Ihrem Partner, der eine mürrische Miene aufsetzt: »Ich habe den Eindruck, du ärgerst dich über etwas. Oder täusche ich mich da?« Mit dieser Frage hindern Sie den anderen, sich in seinem passiv-aggressiven Verhalten bequem einzurichten. In einer dauerhaften Beziehung (Lebenspartner, Kollege) werden Sie ihn so schulen, schneller und offenherziger auf die Ursachen Ihrer Meinungsverschiedenheit zu sprechen zu kommen.

* Kritisieren Sie ihn nicht so, wie es Eltern mit ihren Kindern tun würden.

Das passiv-aggressive Verhalten ist eine Art von Revolte gegen die Autorität. Die früheste Verkörperung von Autorität waren für uns die Eltern, was zwei Tatsachen erklärt:
- Wir neigen dazu, unsere Kritik in derselben Weise zu formulieren, wie wir es von unseren Eltern gehört haben, indem wir nämlich einen moralisierenden Diskurs wählen, der sich auf die Begriffe Gut und Böse bezieht.
- Eine so formulierte Kritik vertragen wir sehr schlecht, denn wir wollen nicht wie Kinder behandelt werden.

Sie sollten sich also bemühen, aus der Formulierung Ihrer Kritik Wendungen wie »Ihr Verhalten ist untragbar«, »Es ist eine Schande« oder »Was Sie tun, ist wirklich böswillig« zu verbannen. Statt die Kategorien Gut und Böse zu bemühen, sollten Sie lieber die Folgen des kritikwürdigen Verhaltens beschreiben.

Sagen Sie nicht: »*Sie sind schon wieder zu spät gekommen. Das ist unannehmbar. Ihr Benehmen ist unhöflich gegenüber uns allen* (moralisierender Diskurs).«

Sagen Sie: »*Heute früh sind Sie schon wieder zu spät zur Versammlung erschienen. Das bringt die Arbeit der ganzen Gruppe durcheinander* (Konsequenzen für die Arbeit), *und es ärgert mich auch persönlich* (Konsequenzen für Sie selbst).«

Die ganze Schwierigkeit liegt darin, daß der moralisierende Diskurs uns ganz spontan über die Lippen geht, ist es doch jener, den wir unsere ganze Kindheit und Jugend über, also im lernfähigsten Alter, vernommen haben.

* Lassen Sie sich nicht in eine Kettenreaktion gegenseitiger Vergeltungsakte hineinziehen.

Lesen wir, was Marie-Paule (16) dem Therapeuten über ihre »freudespendende« Beziehung zu ihrer geschiedenen Mutter, die wieder einen Mann kennengelernt hat, berichtet:

Weil mich nervt, daß meine Mutter abends so oft mit ihrem neuen Freund ausgeht, richte ich es so ein, daß ich noch später nach Hause komme als sie. Das macht sie unruhig, und sie bestraft mich, indem sie mir das Taschengeld kürzt, vielleicht weil sie hofft, daß ich dann weniger weggehen kann. (Da irrt sie sich, mein Freund lädt mich immer ein.) Ich zahle es ihr heim, indem ich »vergesse«, bei der Hausarbeit mitzumachen. Sie gibt es mir zurück, indem sie meine Sachen nicht mehr wäscht. Ich sitze stundenlang am Telefon, und ich weiß genau, daß sie das nervt. Resultat: Sie verkündet mir, daß sie das ganze Wochenende mit ihrem Freund wegfahren will. Die Stimmung bei uns zu Hause ist wirklich unerträglich geworden.

Marie-Paule und ihre Mutter sind in einen Teufelskreis gegenseitiger Vergeltungen hineingeraten. Das kommt im Familien- oder Eheleben häufig vor. Bemerkenswert ist dabei, daß die rebellische Jugendliche niemals klar ausgesprochen hat, worum es ihr wirklich geht: Marie-Paule möchte, daß die Mutter ihr mehr Beachtung schenkt. Wahrscheinlich mag sie ein solches Bedürfnis nach Zuneigung und Aufmerksamkeit nicht zugeben, da sie sich als ganz erwachsen betrachtet. In diesem Fall war es notwendig, daß der Therapeut ihr half, sich selbst einzugestehen, wie sehr sie ihre Mutter noch brauchte, und daß er sie dann ermutigte, es direkt auszusprechen.

Haben auch Sie Züge einer passiv-aggressiven Persönlichkeit?

	eher richtig	*eher falsch*
1. Die meisten Chefs verdienen ihren Posten nicht.		
2. Ich ertrage es nur schwer, jemandem gehorchen zu müssen.		
3. Ich habe schon oft absichtlich bei einer Arbeit gebummelt, weil ich auf den, der sie mir auftrug, sauer war.		
4. Man wirft mir vor, die eingeschnappte Leberwurst zu spielen.		
5. Ich bin schon mit Absicht einer Versammlung ferngeblieben und habe hinterher gesagt, daß ich nicht richtig über die Uhrzeit informiert worden wäre.		
6. Ärgere ich mich über jemanden, der mir nahesteht, dann lasse ich ihn links liegen, ohne zu sagen, weshalb.		
7. Wenn man mich nicht freundlich um etwas bittet, mache ich es nicht.		
8. Ich habe schon absichtlich meine Arbeit »sabotiert«.		
9. Je mehr man mich drängt, desto langsamer werde ich.		
10. Ich bin ständig auf meine Vorgesetzten sauer.		

Kapitel XI

Die selbstunsicheren Persönlichkeiten

Als wir Teenager waren, berichtet Marie (28), *ging meine Schwester Lucie viel seltener aus als ich. Sie hatte zwei oder drei alte Freundinnen, mit denen sie sich immer traf, um Geheimnisse auszutauschen, aber abends ging sie kaum einmal weg. Sie benutzte die verschiedensten Ausreden: Müdigkeit, eine dringende Arbeit, die Furcht, sich zu langweilen. Wenn wir gemeinsam ausgingen, wirkte sie verschüchtert, sie folgte mir überallhin, und zunächst mußte immer ich das Gespräch mit Freunden anknüpfen, damit sie schließlich wagte, einige Worte in die Unterhaltung einfließen zu lassen. Sehr selten freilich, und immer nur, um den anderen beizupflichten.*

In der Schule hatte sie gute Noten, aber ihre große Sorge war, beim Abitur in die mündlichen Prüfungen zu müssen; sie sagte mir, davor hätte sie einen solchen Bammel, daß sie bestimmt durchfallen würde. Als es soweit war, schaffte sie das Abitur auf Anhieb mit den schriftlichen Prüfungen.

Zu Hause kam sie gut mit unserer Mutter zurecht, die ein bißchen ist wie sie, sanft und unauffällig. Dagegen hatte ich immer den Eindruck, sie fürchtete sich vor Vater, der ein autoritärer Typ ist, ein ziemlicher Tyrann, immer bereit, über andere zu bestimmen. Als ich begann, gegen meinen Vater zu rebellieren (am Ende verließ ich türenknallend das Haus), zog sie es vor, jedem Konflikt mit ihm auszuweichen.

Sie hatte keinen Freund. Ich weiß, daß sie sehr verliebt in einen Jungen war, aber sie ließ ihn davon nie etwas spüren. Was ihre Ausbildung angeht, hatte sie ausreichend gute Noten, um ein längeres Studium zu absolvieren, aber sie zog es vor, einen Fachschulabschluß in Buchhaltung zu machen.

Sie ist sehr gewissenhaft, ihr Chef schätzt sie sehr, aber ich kann ihr hundertmal sagen, sie soll eine Gehaltsaufbesserung verlangen, sie wird es doch nicht wagen. Wenn ich an sie denke, habe ich im Grunde den Eindruck, daß sie seit jeher ihre Möglichkeiten nicht ausschöpft.

Was soll man von Lucie denken?

Vor allen Situationen, in denen sie Gefahr läuft, zurückgewiesen oder in Verlegenheit gebracht zu werden, empfindet Lucie eine tiefe Angst: vor der mündlichen Prüfung, vor Begegnungen auf einem gemeinsam verbrachten Abend oder davor, einen Menschen, den sie anziehend findet, ihr Interesse spüren zu lassen. Man könnte sagen, daß sie an übermäßiger Empfindlichkeit gegenüber einer möglichen Ablehnung leidet.

Um das Risiko des Zurückgewiesenwerdens auszuschalten, weicht sie allen »riskanten« Situationen aus, indem sie ihre Zeit vor allem mit langjährigen Freundinnen verbringt, von denen sie nichts zu fürchten hat. Neue Bekanntschaften knüpft sie nur unter dem Schutzmantel ihrer Schwester, und sie geht jedem Widerspruch aus dem Weg, indem sie dem Gesagten stets zustimmt. Sie schafft es sogar, jede Konfrontation mit ihrem Vater zu verhüten, und das in einem Alter, in dem Konflikte mit den Eltern eigentlich die Regel sind. Diese übertriebene Furcht vor Fehlschlägen und Abweisung läßt sie Situationen bevorzugen, bei denen sie davon ausgehen kann, daß sie diese meistert. Sie hat nur Kontakte zu langjährigen Freundinnen, deren Wertschätzung ihr gewiß ist. Sie wagt es nicht, sich mit dem Vater anzulegen. Sie wählt einen Beruf, in dem man eine Menge Routinearbeit zu erledigen hat und wo sie sicher ist, dank ihrer Gewissenhaftigkeit akzeptiert zu werden. Sie traut sich nicht, um eine Gehaltserhöhung zu bitten oder sich einen anderen Arbeitgeber zu suchen. Man hat den Eindruck, daß sie findet, ihr Posten sei durchaus gut genug für sie; das läßt auf ein schwaches Selbstwertgefühl schließen.

Lucie vereint in sich alle Merkmale einer selbstunsicheren Persönlichkeit.

Die selbstunsichere Persönlichkeit

* *Hypersensibilität:* fürchtet ganz besonders, kritisiert oder verspottet zu werden; hat Angst, lächerlich zu wirken.
* Meidet die Kontaktaufnahme zu anderen Menschen, solange sie nicht sicher ist, daß der andere ihr sein bedingungsloses Wohlwollen entgegenbringt.
* Meidet Situationen, in denen sie verletzt oder in Verlegenheit gebracht werden könnte: neue Bekanntschaften, Stellenbewerbungen, Entwicklung einer intimen Beziehung.
* *Selbstentwertung:* schwaches Selbstwertgefühl; unterschätzt oft ihre Fähigkeiten und spielt ihre Erfolge herunter.
* Verharrt aus Angst vor dem Mißerfolg oft in einer blassen Hintergrundrolle oder auf Posten, die ihren Fähigkeiten nicht entsprechen.

Den Forschern zufolge soll es zwei Typen selbstunsicherer Persönlichkeiten geben[55]:
– Einige, so vielleicht Lucie, könnte man kennzeichnen als sehr ängstliche Menschen, denen es dennoch glückt, mit ein paar Personen positive Beziehungen anzuknüpfen.
– Andere, die zugleich ängstlich und sehr empfindlich sind, schaffen es nicht, ausreichend Vertrauen für das Anknüpfen dauerhafter positiver Beziehungen zu schöpfen; sie leben in einer schmerzlichen Einsamkeit.

Welcher der beiden Kategorien eine selbstunsichere Persönlichkeit angehören wird, entscheidet sich wahrscheinlich in der Kindheit und hängt von der Qualität ihrer Beziehung zu den Eltern ab.

Um unter die selbstunsicheren Persönlichkeiten eingeordnet zu werden, genügt es natürlich nicht, vor einer mündlichen Prüfung Bammel zu haben, und auch nicht, vor der Person, die man insgeheim liebt, ins Stammeln zu geraten. Es sei noch einmal daran erinnert, daß man von einer Persönlichkeitsstörung nur dann sprechen kann, wenn die in jedem Kapitel aufgeführten Merkmale (hier die Hypersensibilität und das schwache Selbstwertgefühl) von Dauer sind und praktisch alle Lebensbereiche betreffen: die Arbeit, Beziehungen unter Freunden, Straßenszenen oder das Familienleben.

Viele Jugendliche, sowohl Jungen als auch Mädchen, durchlaufen in ihrer Charakterentwicklung eine Phase, die der selbstunsicheren Persönlichkeit sehr ähnlich sieht: sie sind über ihren Wert unsicher, stecken voller »Komplexe«, sind schüchtern, werden rot und fürchten mehr als alles andere, lächerlich oder verlegen zu wirken. Sie schließen sich keiner »Clique« an, wollen abends nicht ausgehen und tauschen lieber mit langbewährten Freunden viele Stunden lang Geheimnisse aus. Aber diese Phase der Unsicherheit und des »linkischen« Benehmens hat nicht viel zu bedeuten; sie ist eine oft unvermeidliche Etappe in der Entwicklung einer Persönlichkeit. Geglückte Erfahrungen und das Gefühl, von den anderen akzeptiert und anerkannt zu werden, geben diesen Personen nach und nach mehr Selbstvertrauen. Und oft werden aus schüchternen Jugendlichen aufgeschlossene Erwachsene.

Bei den selbstunsicheren Persönlichkeiten findet diese segensreiche Entwicklung nicht statt. Sie haben auch weiterhin wenig Selbstvertrauen und suchen Sicherheit um jeden Preis, selbst um den eines etwas dürftigen Lebens.

Wie Lucie die Welt sieht

Lucie lebt in ständiger Furcht, lächerlich und ungeschickt zu wirken und abgewiesen zu werden. Nicht, daß sie die anderen als außergewöhnlich feindselig betrachten würde – sie denkt einfach, sie selbst habe nicht genug zu bieten, um ihnen zu gefallen. Sie fühlt sich nicht »auf der Höhe« und fürchtet, man könne es merken. Eine ihrer Grundannahmen könnte lauten: »Ich bin weniger wert als die anderen.« Eine weitere ist wahrscheinlich: »Der Kontakt mit den anderen könnte mich verletzen.« Diese zweite Grundüberzeugung wird Lucie dazu bewegen, ihre Kontakte zur Außenwelt einzuschränken und sich mit langbewährten Bekannten zu begnügen, die sie so gut kennt, daß sie glaubt, nichts Schlimmes von ihnen erwarten zu müssen.

Lesen wir dazu den Bericht von Jacques (42), Hochschullehrer:

Soweit ich mich erinnere, fühlte ich mich immer »verschüchtert« und den anderen unterlegen. Daß mein Vater Militär war, machte die Sache nicht leichter. Zunächst einmal war er autoritär, ich hatte Angst vor ihm und besonders vor seinen Wutausbrüchen, die auch meine Mutter erschreckten. Ich habe also in meiner Kindheit und Jugend stets gekuscht, weil ich fürchtete, seinen Zorn zu reizen oder auch nur seine Aufmerksamkeit auf mich zu ziehen. Außerdem mußten wir jedesmal umziehen, wenn er eine neue Stelle bekam, und beinahe jedes zweite Jahr fand ich mich in einer anderen Schule wieder. Immer war ich der »Neue«.

Diese Tage des Schulanfangs sind mir wie ein Alptraum im Gedächtnis geblieben; mit pochendem Herzen wartete ich, daß in der neuen Klasse mein Name aufgerufen wurde. Es war für mich eine wahre Folter, unter dem Blick des Lehrers und meiner neuen Kameraden das Klassenzimmer betreten zu müssen. Ich wagte nicht, mich den anderen anzuschließen, und war es mir endlich geglückt, einen oder zwei Freunde zu gewinnen, kam für meinen Vater oft die Versetzung in die nächste Stadt.

Wie Sie sich denken können, hatte ich eine schwierige Jugend. In meinen ersten Jahren an der Universität fand ich endlich Aufnahme in eine »Clique« von Jungs und Mädchen. Ich stimmte allem zu, was sie sagten, als wollte ich völlig in der Gruppe aufgehen. Immer war ich bereit, anderen einen Gefallen zu tun, etwas zu verborgen, beim Umzug zu helfen. Feierte jemand von uns Geburtstag, war es immer ich, der das schönste Geschenk mitbrachte. Natürlich, ich war ständig allzu »nett«, aber damals bin ich mir dessen nicht wirklich bewußt gewesen. Die anderen akzeptierten mich, einige hatten mich gern, glaube ich, aber der eine oder andere Junge konnte es manchmal nicht lassen, mir kleine ironische Bemerkungen zuzuwerfen, auf die ich überhaupt nicht antworten konnte. In einer brutaleren Gruppe wäre ich wohl der Sündenbock geworden. Die Mädchen mochten mich, denn ich war feinfühliger als die übrigen, und sie zogen mich gern ins Vertrauen. Diese Rolle übernahm ich gern. Aber natürlich war es schwer, sich daraus wieder zu befreien, und wenn ich mich in eine von ihnen verliebte, begann ich sehr zu leiden, weil ich nicht wagte, mich offen zu erklären, und meine sporadischen Versuche führten alle zu nichts.

Am Ende fühlte ich mich zu einem Mädchen hingezogen, das sich noch ungeschickter anstellte als ich und vor dessen Urteil mir nicht bange war. Weil sie aus einem »niedrigeren« sozialen Milieu stammte, fühlte ich mich auch von ihrer Familie nicht eingeschüchtert.

Meine Berufswahl hat sich mir geradezu aufgedrängt: Weil ich überzeugt war, mich nie an den rauhen Wettbewerb in der Arbeitswelt anpassen zu können, setzte ich alles daran, dort zu bleiben, wo ich mich wohl fühlte, an der Universität. Ich durchlief alle notwendigen Stufen und erhielt eine Dozentenstelle.

Jetzt begann ich mich besser zu fühlen, war doch die Fakultät eine beruhigendere Umgebung: Meine Kollegen sind nicht böswillig, und ich muß sie ohnehin nicht oft sehen. Außerdem bin ich in meinem Fach ein ziemlich bekannter Experte geworden und trage damit zum Renommee meiner Hochschule bei. Mit meiner Frau langweilte ich mich ein bißchen, aber sie gab mir auch Selbstvertrauen, und ich vergrub mich in die Arbeit.

Alles wurde über den Haufen geworfen, als sich eine meiner Studentinnen in mich verliebte. Natürlich hatte ich Skrupel und steuerte gegen, aber sie war stärker. Sie ähnelte den Mädchen, denen ich mich nicht zu nähern gewagt hatte, als ich zwanzig war. Die Erfahrung, von einer so verführerischen und brillanten jungen Frau geliebt zu werden, gab mir ein Selbstvertrauen, wie ich es vorher nie gekannt hatte. Es hört sich schrecklich an, aber ich glaube, sie ist für mich so etwas wie eine Therapie gewesen.

Schließlich ist unsere Beziehung zu Ende gegangen, und meine Frau hat nie etwas von ihr erfahren (oder jedenfalls tat sie so, als ob sie nichts ahnte). Ich bin ziemlich aufgewühlt, denn dieses neue Selbstvertrauen macht mir Lust auf ein anderes Leben. Ich spüre, daß ich nicht mehr derselbe Mensch bin wie damals, als ich meine Frau heiratete, um mein Selbstgefühl zu stärken. Gleichzeitig fühle ich Zuneigung für sie und möchte sie nicht leiden lassen, ganz abgesehen davon, was mit den Kindern würde. Manchmal sage ich mir, ich würde ruhiger leben, wenn ich schüchtern geblieben wäre.

Dieses Beispiel veranschaulicht, daß eine für das Individuum a priori vorteilhafte Veränderung zur Quelle neuer Schwierigkeiten werden kann, ein Problem, vor dem man manchmal nach einer geglückten Psychotherapie steht. Im übrigen hat der Ehebruch für einen oder mehrere der Beteiligten oft einen hohen psychischen Preis, so daß man ihn nicht als Therapie weiterempfehlen kann!

Wenn die Selbstunsicherheit krankhaft wird

Die Sozialangst ist jene Furcht, die uns ergreift, wenn wir uns dem Urteil der anderen ausgesetzt sehen. Vor einem Publikum das Wort ergreifen zu müssen, in ein Zimmer zu kommen, in dem uns mehrere Personen erwarten, eine Unterhaltung mit einer unbekannten Person zu beginnen – all das sind Situationen, in denen den meisten von uns ein bißchen mulmig zumute ist. Aber bei bestimmten Menschen ist diese Angst zu intensiv und wächst sich zu einer richtigen Phobie aus: sie werden versuchen, alle »riskanten« Situationen, bei denen sie dem Blick und dem Urteil der anderen preisgegeben sind, zu umschiffen. Die Sozialphobien kreisen um bestimmte Situationen: die Angst, öffentlich sprechen zu müssen, jemandem unvorhergesehen zu begegnen, unter dem Blick des anderen einen Scheck auszuschreiben oder zu unterzeichnen, die Furcht zu erröten ...

Zusammenfassend können wir drei Arten von Angst angesichts des Blickes der anderen unterscheiden[56]:
- die »normale« Sozialangst, die wir alle in gewissen Situationen verspüren, so etwa, wenn wir einer einflußreichen Person vorgestellt werden, wenn wir eine mündliche Prüfung oder ein Einstellungsgespräch hinter uns zu bringen haben oder wenn wir uns mit einer Person, die wir anziehend finden, bekannt machen wollen;
- die Sozialphobien, die eine stärkere Angst auslösen und das systematische Umschiffen bestimmter furchteinflößender Situationen bewirken;
- die abgründigere Angst der selbstunsicheren Persönlichkeit, ihre beinahe permanente Furcht, beurteilt und abgelehnt zu werden.

Woher kommt das bloß alles, Herr Doktor?

Studien haben bei manchen drei bis sechs Monate alten Babys eine ausgeprägte Ängstlichkeit vor allem Neuen aufgezeigt, die sich im Erwachsenenalter wiederfand.[57]
Wie bei den anderen Persönlichkeitsstörungen variieren

auch die Ursachen für die Herausbildung einer selbstunsicheren Persönlichkeit von Fall zu Fall. Die Genetik spielt wie bei allen Angststörungen eine Rolle. Die selbstunsicheren Persönlichkeiten haben häufig ängstliche Personen unter ihren Vorfahren oder Geschwistern. Aber man darf annehmen, daß auch Erfahrungen während der Erziehung bei einem Individuum das Gefühl auslösen können, es sei weniger wert als die anderen und laufe Gefahr, zurückgestoßen zu werden. Eine zu strenge Erziehung, ein Bruder oder eine Schwester von offensichtlich »überlegener« Art, Schwierigkeiten in der Schule oder physische Schwächen können in unterschiedlicher Proportion gewiß dazu beitragen, eine selbstunsichere Persönlichkeit auszubilden. Ebenso kann ein sehr selbstunsicheres Elternteil dem Kind modellhaft vor Augen führen, wie man sich den Schwierigkeiten des Lebens gegenüber verhält, ganz abgesehen vom möglichen Anteil, den die Vererbung am ängstlichen Verhalten hat.

Wie bei allen anderen Persönlichkeitsstörungen ist auch hier der Anteil des Angeborenen und der des Erworbenen schwer zu bestimmen.

Und das läßt sich behandeln?

Die selbstunsichere Persönlichkeit zählt sicher zu den Persönlichkeitsstörungen, die von modernen Behandlungsformen am meisten erhoffen dürfen.

Neben den Psychotherapien, von denen wir am Ende dieses Buches sprechen werden, können auch bestimmte Medikamente den selbstunsicheren Persönlichkeiten und den an Sozialphobie leidenden Menschen helfen.

In den achtziger Jahren bemerkten die Psychiater, daß manche Antidepressiva, die man gemeinhin zur Behandlung einer Depression verschrieb, auch bei der »Schüchternheit« selbstunsicherer Persönlichkeiten eine große Wirkung zeigten.

Das Medikament, von dem in den Medien am häufigsten die Rede war, ist das Fluctin. Sein weltweiter Erfolg liegt natürlich darin begründet, daß es ein wirkungsvolles und meist gut verträgliches Antidepressivum ist. Aber dann beschrieben auch Patienten, die bisher schüchtern und unauffällig waren, wie sie sich nach Einnahme dieses Medikaments nicht mehr so ängstlich fühlten, sondern selbstsicherer und ungezwungener im Umgang mit anderen Menschen. Dieser »Fluctin-Effekt« schaffte es bis auf die Titelseiten der Illustrierten. So machten sich viele Leute daran, das Mittel einmal zu »probieren«, sogar wenn sie nicht gerade deprimiert waren. Sie hofften, damit ihr Selbstvertrauen zu stärken und im öffentlichen Auftreten mehr Leichtigkeit zu gewinnen. Sie baten ihren Arzt also um ein Medikament, mit dem sie nicht eine Krankheit kurieren, sondern besser den Anforderungen des modernen Lebens begegnen wollten. Denn, man mag sich darüber freuen oder empören,[58] das Leben in unserer Gesellschaft zwingt uns viele Situationen auf, in denen wir uns neuen Bekanntschaften gegenüber ungezwungen verhalten oder beruflich im Lichte der Öffentlichkeit immer in Bestform sein müssen.

Manche dieser Personen kamen durch eine solche Behandlung tatsächlich viel besser zurecht! Sie fühlten sich weniger verletzlich und wurden im Alltag selbstsicherer. Wenn man diese »Fluctin-Wundergeheilten«[59] allerdings sorgfältig nach ihrem Zustand vor der Behandlung befragt, stellt man fest, daß manche von ihnen vorher Merkmale von selbstunsicheren Persönlichkeiten, von Dysthymien oder Sozialphobien aufwiesen, jedoch nie zielgerichtet behandelt worden waren.

Fluctin ist nicht das einzige Medikament, das auf dieses Gefühl der Verletzlichkeit wirkt. Es gibt inzwischen eine ganze Serie von Antidepressiva derselben Familie. In der Reihenfolge ihres Erscheinens in Frankreich könnte man z. B. Floxyfral, Deroxat, Séropram oder Zoloft aufzählen ... Allen ist gemeinsam, daß sie den Kreislauf des Serotonins, eines natürlicherweise im Gehirn vorhandenen Botenstoffs, modifizieren.

Dennoch sind diese Medikamente keine Wundermittel für alle selbstunsicheren Persönlichkeiten:
- Sie sind nicht in allen Fällen wirkungsvoll.
- Bei manchen Personen wächst die Ängstlichkeit parado-

xerweise sogar noch, so daß man die Behandlung zu Beginn sehr aufmerksam verfolgen muß.
- Sie machen nicht immer eine Psychotherapie überflüssig; oft sind nämlich Medikament und Psychotherapie zusammen wirksamer, als bei isolierter Anwendung. Wenn man ein Medikament einnimmt und gleichzeitig eine Psychotherapie absolviert, ist das kein Widerspruch in sich selbst: sie können ihre Wirkung gegenseitig verstärken. Wenn Sie eine selbstunsichere Persönlichkeit sind, sollten Sie über Ihren Fall mit Ihrem Hausarzt sprechen, der Ihnen vielleicht raten wird, einen Spezialisten aufzusuchen.

Selbstunsichere Persönlichkeiten in Film und Literatur

Jean-Jacques Rousseau schildert in seinen *Bekenntnissen* mehrere Episoden, in denen er extrem verlegen war und in Gesellschaft errötete. Man darf im übrigen annehmen, daß eine selbstunsichere Persönlichkeit sich zu geistigen Arbeiten hingezogen fühlt, die über einen langen Zeitraum reichen und oft eine regelmäßige Lebensführung und relative Einsamkeit erfordern.

Lewis Carroll, der an Stottern litt, schien sich sein ganzes Leben lang im Umgang mit Erwachsenen nicht wohl zu fühlen. Er zog die Gesellschaft kleiner Mädchen vor, insbesondere die von Alice Liddell, für die er *Alice im Wunderland* schrieb. Aber sein Interesse für eine Welt der Träumerei und für die abstrakten Wissenschaften (Logik, Mathematik) könnten auch auf eine schizoide Persönlichkeit hindeuten.

In einer der schönsten Novellen von Tennessee Williams, *Die Glasmenagerie*, beschreibt der Erzähler seine jüngere Schwester, die im Haus ihrer Mutter in völliger Zurückgezogenheit lebt. Ihre Angst vor den anderen hindert sie daran, den Schreibmaschinenkurs zu besuchen, für den ihr die Mutter die Einschreibegebühren bezahlt hat; sie wagt aber nicht, es ihr zu gestehen. Sie lebt in Gesellschaft ihrer beiden Lieblingsbücher und ihrer Sammlung von Glastieren.

»Ich denke nicht, daß meine Schwester wirklich verrückt war«, sagt der Erzähler. »Die Blütenblätter ihres Geistes waren nur einfach wie vor Angst ineinandergefaltet.«

Sobald *Superman*, die von Schuster und Siegel erfundene Gestalt, seinen Übermenschendress ablegt, wird aus ihm wieder Clark Kent, der schüchterne und bebrillte Reporter beim »Daily Planet«. Clark zeigt Merkmale einer selbstunsicheren Persönlichkeit, besonders in der Unfähigkeit, der schönen Kollegin Loïs Lane seine Liebe zu gestehen.

Vom Umgang mit selbstunsicheren Persönlichkeiten

Wenn es Ihr Lebenspartner ist: Bravo! Es ist Ihnen gelungen, ihm keine Angst zu machen.
  Wenn es Ihr Chef ist: Sie arbeiten wahrscheinlich im öffentlichen Dienst ...
  Wenn es Ihr Kollege ist: Lesen Sie noch einmal dieses Kapitel.

Was Sie tun sollten

* Schlagen Sie ihm Ziele mit allmählich wachsendem Schwierigkeitsgrad vor.

Die selbstunsichere Persönlichkeit fühlt sich minderwertig und fürchtet, abgewiesen oder lächerlich gemacht zu werden. Aber man kann ihr auch Vertrauen einflößen. Wie bei allen mit Ängstlichkeit verbundenen Störungen ist das beste Mittel, diese Ängstlichkeit zu verringern, wenn man die Leute in kleinen Schritten an die von ihnen gefürchteten Situationen heranführt und sie selbst bemerken läßt, daß sie dabei gar nicht so schlecht ihren Mann stehen.
  Die Anmerkung »in kleinen Schritten« ist wichtig. Laden Sie eine selbstunsichere Persönlichkeit nicht zu einem Abend mit dreißig ihr unbekannten Personen ein, weil Sie vielleicht hoffen, ihr so zu helfen, ihre Ängste zu überwinden. Sie würde befürchten, sich nicht korrekt vorzustellen,

auf die anderen lächerlich zu wirken und zu so vielen Unbekannten nichts zu sagen zu wissen. Schlagen Sie ihr lieber vor, gemeinsam mit Ihnen und einer Ihrer Freundinnen, die sie ein wenig kennt, ins Kino zu gehen. Einen Film zusammen anzuschauen, ist keine sonderlich schwierige Situation, und wenn Sie hinterher gemeinsam ein Glas Wein trinken gehen, wird es immer Konversationsstoff geben. Wenn es der selbstunsicheren Persönlichkeit auch schwerfällt, ehrlich ihre persönliche Meinung zu äußern ...

Auf Arbeit sollten Sie ihr zunächst Funktionen anvertrauen, bei denen sie auf die Anforderungen gut vorbereitet und der Kritik der anderen nicht zu sehr ausgesetzt ist. Allmählich wird sie genügend Selbstsicherheit gewinnen, um auf eine höhere Ebene aufsteigen zu können. Jean-Luc, Handelsdirektor eines Unternehmens, berichtet:

Es stimmt schon, am Anfang hatte es Maryse in unserer Firma schwer. Sie hatte bei uns ihren ersten Job, nämlich als Handelsbeauftragte, wofür sie allem Anschein nach durch ihre Praktikumserfahrungen und ihren Lebenslauf geeignet war. Sie sollte einige Kunden betreuen, deren Wünsche festhalten und versuchen, sie zufriedenzustellen, indem sie sich mit dem Produktionsteam absprach. Ich habe bald gemerkt, daß diese Arbeit für sie eine Qual war: Sie konnte den Forderungen der Kunden nicht widersprechen, und hinterher war sie nicht in der Lage, diese Forderungen bei den Leuten in der Produktion durchzusetzen. Beim ersten Zwischenfall kamen von allen Seiten Beschwerden: die Kunden sagten, sie hätte ihre Versprechungen nicht gehalten, die Leute von der Produktion meinten, sie ließe sich von den Kunden, die überzogene Ansprüche stellten, am Gängelband führen. Maryse war so entmutigt, daß sie mir sogleich ihre Kündigung brachte. Weil ich aber dachte, daß sie kein schlechtes Entwicklungspotential hatte, nahm ich die Kündigung nicht an.

Wir hatten ein langes klärendes Gespräch. Am Ende sagte sie mir, daß sie, als ich ihr diese Arbeit übertragen hatte, sofort spürte, daß sie über ihre Möglichkeiten gehen würde; sie hatte aber nicht gewagt, es mir zu sagen. Ich erklärte ihr, daß man im Leben mindestens in neun von zehn Fällen genau das sagen sollte, was man denkt; das ist jedenfalls mein Standpunkt. Weil Jean-Pierre, einer meiner Handelsverantwortlichen, seit Monaten eine Assistentin forderte, gab ich ihr schließlich diesen Posten. Sie hat dort eher Verwaltungsaufgaben und macht ihre Arbeit sehr gut. Ich habe von Jean-Pierre auch verlangt, er solle sie mindestens zwei Tage pro Woche mit zu den Kunden nehmen, damit sie erlebe, wie er mit ihnen verhandelt. Sie hat daraus viel gelernt. Inzwischen beginnt er, ihr kleine Verhandlungen zu übertragen. Ich glaube, wir haben eher Glück gehabt mit ihr.

Auch hier kann man annehmen, daß auf eine Maryse, die glücklicherweise in einem Betrieb landete, wo die Menschen und die Umstände ihr erlaubten, Fortschritte zu machen, sicherlich viele andere selbstunsichere Persönlichkeiten kommen, die entmutigt wurden, die man entlassen hat oder die auf einem Posten dahinvegetieren, der weit unter ihren Möglichkeiten liegt.

* Zeigen Sie, daß seine Meinung Ihnen wichtig ist.

Eine selbstunsichere Persönlichkeit neigt zu dem Glauben, ihre Meinung sei von geringem Wert, und noch mehr: Sie denkt, daß Sie sie von sich stoßen würden, falls sie Ihnen widerspricht. Es liegt in Ihrer Hand, sie eines Besseren zu belehren, indem Sie ihr erklären, daß Sie ihre ganz persönliche Meinung zu hören wünschen und nicht bloß ein Echo Ihrer eigenen.

Erwarten Sie nicht, daß Ihnen das beim ersten Anlauf gelänge! Die selbstunsichere Person wird sich Ihnen erst enthüllen, wenn sie durch mehrere ermutigende Begegnungen genügend Vertrauen gewonnen hat.

Sobald sie sich jedoch erst einmal überzeugt hat, daß Sie aufrichtig sind und daß Ihnen ihre Meinung etwas bedeutet, wird sie allmählich mutiger werden, und Sie werden dazu beigetragen haben, ihr Selbstvertrauen wieder aufzubauen. Alain, leitender Angestellter im Marketingbereich, berichtet:

Ich glaube, daß ich meinem ersten Chef eine Menge verdanke. Ich war ein ziemlich schüchterner Typ und fühlte mich nicht wohl in meiner Haut. Sie können sich vorstellen, daß ich auf meiner ersten

Stelle eher die graue Maus spielte. Auf Versammlungen war mir sehr unbehaglich zumute, und besonders fürchtete ich die Fragerunden, in denen einer nach dem anderen seine Meinung äußern sollte. Schlimm war vor allem, daß bei jeder neuen Ansicht die übrigen Anwesenden oft Widerspruch anmeldeten und daß man seinen Standpunkt in einer lebhaften Diskussion mußte verteidigen können. Im allgemeinen begnügte ich mich damit zu sagen, ich sei mit meinem Vorredner einer Meinung. Meinem Chef fiel das auf, und eines Tages nahm er mich als ersten dran. Nun gab es kein Ausweichen mehr!

Mit zitternder Stimme begann ich, daß ich zu diesem Tagesordnungspunkt keine besondere Meinung hätte, was aber nicht stimmte. Alle schauten mich an. Ein anderer hätte vielleicht nachgehakt, aber mein Chef fragte gleich den nächsten in der Runde nach seiner Ansicht. Ich wäre am liebsten im Erdboden versunken. Als die Sitzung vorbei war, bat er mich, ihm in sein Büro zu folgen. Ich geriet in Panik, und das merkte man auch. Um meine Verkrampftheit zu lösen, lobte mich mein Chef zunächst für meine Arbeit in den vergangenen Monaten. Dann fragte er mich, was mich an meiner Tätigkeit am meisten interessiere. Die Antwort fiel mir nicht schwer; hier wagte ich, mich zu äußern. Ich war jetzt entspannter, und er sagte: »Wissen Sie, ich habe oft den Eindruck, daß es Ihnen in der Sitzung schwerfällt, Ihre Meinung darzulegen. Ich bestehe aber darauf, daß Sie sie äußern, denn so können wir alle davon profitieren. Selbst wenn niemand einverstanden ist, wird durch eine andere Meinung immer das Gespräch vorangebracht. Okay?«

Seit jenem Tag setzte ich alles daran, meine Ansichten mitzuteilen, selbst wenn mich das viel Überwindung kostete. Es gelang mir nicht immer, in der anschließenden Diskussion Oberwasser zu behalten, aber im allgemeinen griff mein Chef ein, wenn er fand, das Gespräch habe lange genug gedauert. Im Laufe der Zeit fühlte ich mich immer ungezwungener. Damals begann ich auch eine Gruppentherapie, die mir gutgetan hat. Aber es war wirklich ein Glücksfall, denn ich glaube, ein knallharter Chef hätte mir damals, als ich noch jung und schüchtern war, endgültig »das Rückgrat brechen« können.

Die Furcht, Mißfallen zu erregen, ist eine schwere Bürde der selbstunsicheren Persönlichkeiten, aber Sie können sie auch als Stimulans einsetzen, indem Sie zeigen, daß Sie sie um so mehr schätzen würden, wenn sie sich weniger ausweichend verhielten. Genau das ist Alains Chef geglückt.

* Zeigen Sie ihm, daß Sie Widerspruch ertragen können.

Selbstunsichere Persönlichkeiten denken häufig: Wenn ich jemandem widerspreche, führt das zwangsläufig zu einem Konflikt, in welchem ich am Ende als Witzfigur dastehen werde. (Solche Gedankengänge lösen übrigens bestimmte sehr autoritäre Chefs aus, die es manchmal hinbekommen, alle ihre Mitarbeiter selbstunsicher zu machen. Diese werden schnell begreifen, daß die kleinste abweichende Meinung bestraft wird. Sehr bald entwickeln sie sich zu Virtuosen des »Ganz richtig, Herr Direktor!« und des »Sehe ich ganz genau so!«.)

Wenn Ihnen eine selbstunsichere Persönlichkeit zum ersten Mal ihre Meinung mitzuteilen wagt, und Sie zeigen ihr unverblümt, daß Sie nicht einverstanden sind, wird sie bestürzt sein und noch stärker glauben, daß man am besten den Mund halten sollte. Es ist also entscheidend, ihr nicht von vornherein zu widersprechen. Sagen Sie ihr, die Meinung würde Sie zum Nachdenken anregen; loben Sie an ihrer Antwort alles, was Ihnen interessant erscheint. Wenn Sie ihr unbedingt widersprechen müssen, etwa in einer bestimmten Arbeitssituation, sollten Sie ihr zunächst immer danken, daß sie ihre Meinung gesagt hat. Dann können Sie ihr die Gründe für Ihre eigene Position erläutern, ohne jedoch die Haltung Ihres Gegenübers abzuwerten.

Hier ein Beispiel: »Sie meinen also, wir sollten neue Kunden werben. Ich freue mich, daß Sie mir Ihre Ansicht offen mitgeteilt haben und daß Sie mit uns allen nach einer Lösung suchen. Natürlich könnte es eine interessante Lösung sein, neue Kunden zu werben. Aber aus verschiedenen Gründen, die ich Ihnen gleich erklären möchte, scheint es mir dafür nicht der richtige Moment.«

»Meine Güte«, werden jetzt manche entgegnen, »wir sind auf Arbeit und nicht in einer Psychiatersprechstunde! Wenn jemand etwas sagt, und ich finde, es ist eine schlechte Idee, dann sag ich es ihm, und damit basta! Man hat doch nicht Zeit wie Sand am Meer!«

Zunächst einmal dauert es nur eine Viertelminute, bis man die oben aufgeführten Sätze über die Lippen gebracht hat; es gibt wirklich zeitraubendere Dinge. Außerdem werden Sie, wenn Sie Ihren ängstlichen Mitarbeiter zum Reden und Darlegen seiner Ideen ermutigen, ein neues Potential von grauen Zellen erschließen und seine Fähigkeiten besser ausnutzen. Viele Unternehmen sind nicht aus Mangel an Ideen oder intelligentem Vorausblick zugrunde gegangen, sondern weil man es nicht verstanden hatte, ideenreichen Personen zuzuhören.

* Wenn Sie ihn kritisieren wollen, sollten Sie mit einem allgemeineren Lob beginnen und dann mit Ihrer Kritik auf eine bestimmte Verhaltensweise zielen.

Wie jedem von uns unterlaufen auch den selbstunsicheren Persönlichkeiten Fehler, und allein schon ihr Verhalten kann einem manchmal auf die Nerven gehen. Verhehlen Sie ihnen das nicht, denn wenn man jemanden nicht kritisiert, nimmt man ihm eine Chance, sich zu bessern.

Weil die selbstunsicheren Menschen auf Kritik jedoch überempfindlich reagieren, müssen Sie ihnen verständlich machen,
– daß Sie nicht ihre Person, sondern eine ihrer Verhaltensweisen kritisieren;
– daß Sie sie trotz der Kritik die restliche Zeit über durchaus schätzen;
– daß Sie ihre Sichtweise verstehen.

Uff! Sie werden sagen, das seien eine Menge Dinge, die man diesen Leuten verständlich machen soll. Aber so kompliziert ist es gar nicht.

Nehmen wir zum Beispiel Patrick, einen Zahnarzt, der seine Sprechstundenhilfe Geneviève darauf aufmerksam machen will, daß sie dem Drängen ungeduldiger Patienten besser widerstehen und die Termine nicht zu eng aneinanderrücken soll. »Geneviève«, wird er vielleicht sagen, »ich weiß, daß Sie es gut meinen und daß es nicht leicht ist, den Bitten der Kunden nicht nachzukommen *(»ich verstehe Ihren Standpunkt«)*. Aber wenn ich zu viele Patienten dicht hintereinander habe, strengt mich das zu sehr an, und außerdem kann ich die Zeit nicht halten *(Beschreibung der Folgen)*. Ich würde mich also freuen, wenn Sie Ihr Möglichstes täten, um Patienten, bei denen es nicht so eilt, einen späteren Termin zu geben *(Kritik in Form einer Bitte)*.«

Auf diese Weise wird sich Geneviève weniger destabilisiert fühlen, und es könnte ihr ein bißchen klarer werden, daß Kritik nicht automatisch eine Abfuhr bedeutet.

Wenn Sie mit einer selbstunsicheren Persönlichkeit zu tun haben, sollten Sie sich vorstellen, Sie redeten mit einem Ausländer, der sich alle Mühe macht, Französisch zu sprechen. Sie werden ihn nicht bei jedem Grammatikfehler tadeln oder verspotten, sondern ihm zeigen, daß Sie seinen guten Willen, Ihre Sprache zu sprechen, zu schätzen wissen. Das wird Sie aber nicht hindern, ihn von Zeit zu Zeit auf die korrekte Form hinzuweisen.

* Geben Sie ihm das Gefühl, stets zu seiner Unterstützung dazusein.

Nach allem, was Sie schon über die selbstunsicheren Persönlichkeiten erfahren haben, werden Sie sicher verstehen, daß diese Menschen, um Fortschritte zu machen, mehr Beruhigung und Ermutigung brauchen als die meisten von uns. Am meisten beruhigt und ermutigt es uns aber, wenn wir spüren, daß uns jemand so annimmt, wie wir sind, selbst wenn uns Fehler passieren. Dieses Talent findet man bei manchen Lehrern, die ihren Schülern das Gefühl vermitteln, sie ganz unabhängig von ihren Ergebnissen zu respektieren und zu schätzen, vorausgesetzt, sie machen mit und strengen sich an. In einer solchen ermutigenden Atmosphäre lernen Kinder und Erwachsene am schnellsten neue Verhaltensweisen.

Zeigen Sie den selbstunsicheren Persönlichkeiten also, daß Sie ihren guten Willen anerkennen, selbst wenn die Resultate nicht perfekt sein sollten.

* Bewegen Sie ihn, einen Psychologen zu konsultieren.

Unter allen »schwierigen« Persönlichkeiten sind die selbstunsicheren Menschen sicher jene, die von den Fortschritten der Medizin und der Psychologie am meisten erhoffen dürfen. Psychotherapien, neue Medikamente und Gruppentherapien können ihnen helfen, Fortschritte zu machen, die bisweilen spektakulär sind. Lesen wir den Bericht von Lucie, jener jungen Frau, von der ihre Schwester Marie zu Beginn dieses Kapitels gesprochen hatte:

Meine Schwester sagte mir, ich würde ein Leben zweiter Wahl haben, weil ich mich immer im Hintergrund hielte. Ich verstand, was sie damit ausdrücken wollte, aber ich glaubte auch, daß ein Leben zweiter Wahl genau das war, was ich verdiente, fand ich mich doch weniger intelligent und weniger hübsch als sie.

Ich glaube, ich hatte mich damit abgefunden, so zu sein, wie ich eben war, bis ich zu arbeiten begann. Dort jedoch merkte ich, wie meine Haltung dazu führte, daß man mich ausbeutete. Ich konnte nicht verhandeln, um von dem Berg Arbeit, den man mir auftrug, wenigstens etwas wieder loszuwerden; die anderen luden ihre Aufgaben auf mir ab, und außerdem bekam ich keine Lohnerhöhung. Ich denke, daß alle (mein Chef mit eingerechnet) ganz zufrieden waren, so ein »gutmütiges Dummchen« als Mitarbeiterin zu haben.

Dazu kam, daß meine Schwestern geheiratet hatten und nun viel seltener ausgingen; es gab keine Abende mehr, an denen sie mich mitnahmen. Mir blieben meine Arbeit, die mich erschöpfte, und mein kleines Studio, in dem ich mich abends ganz allein wiederfand; ich sagte mir, daß ich niemals heiraten würde, weil ich ja niemanden kannte, und bekam ernsthafte Depressionen.

Meine Schwester (schon wieder sie!) wurde darauf aufmerksam und riet mir, zu einem Psychiater zu gehen, der eine ihrer Freundinnen behandelt hatte. Ein Psychiater! Das jagte mir eine solche Angst ein, daß ich auf der Stelle ablehnte! Schließlich mußte mich meine Schwester dorthin begleiten.

Beim ersten Mal fühlte ich mich sehr eingeschüchtert; die Psychiaterin war eine ziemlich distinguierte Dame von vielleicht vierzig Jahren. Aber ich merkte bald, daß sie sich für meine Worte interessierte und mich ermutigte, wenn ich Mühe hatte, mich auszudrücken.

Allein dieses Mutmachen hat mir gutgetan: ich traute mich allmählich, vor einer Person, die in meinen Augen bedeutender war als ich, ganz ich selbst zu sein, ohne mich beurteilt oder zurückgestoßen zu fühlen. Sie hat mir auch zu Bewußtsein gebracht, daß ich Humor besaß, wenn ich mich einmal gehenzulassen wagte.

Das schwierigste Problem der Therapie bestand darin, mir meine Grundüberzeugung »Ich bin weniger wert als die anderen« bewußtzumachen. Nach einigen Monaten schaffte ich es, im Gespräch mit ihr diesen Grundglauben in Frage zu stellen: Ich akzeptierte, daß ich als menschliches Wesen meine Qualitäten hatte, daß ich Wertschätzung verdiente und nicht »minderwertig« war.

Aber im täglichen Leben gewannen meine alten Reflexe wieder die Oberhand, und ich begann von neuem, mich klein zu machen. Sie schlug mir vor, an einer Selbstbehauptungs-Trainingsgruppe teilzunehmen, die sie gemeinsam mit einem anderen Psychiater betreute. Ich fand mich inmitten von zehn Leuten wieder, die sich genauso unbehaglich fühlten wie ich. Zunächst war es sehr einschüchternd, aber später sogar ermutigend. Die beiden Therapeuten baten uns, von Situationen aus unserem Alltag zu erzählen, in denen wir verlegen waren; dann spielten wir diese Szenen mit einem anderen Kursteilnehmer nach. Auf diese Weise habe ich jede Menge »Bitten um Gehaltserhöhung« durchgespielt, wobei die anderen die Rolle meines Chefs übernahmen, der meine Bitte zurückwies. Im Grunde hatte ich beim Rollenspiel fast ebenso großen Bammel wie in der realen Situation, aber durch das häufige Wiederholen fühlte ich mich in dem, was ich tun wollte, immer sicherer. Als ich meine erste Gehaltszulage bekommen hatte, erzählte ich es ganz stolz in der Gruppe, und alle haben applaudiert! Ich wirkte auch in den Rollenspielen der anderen mit und freute mich, zu ihren Fortschritten mit beizutragen. Diese Gruppe war in meinem Leben wirklich eine wichtige Erfahrung! Ich bin noch heute mit zwei jungen Frauen befreundet, die ich dort kennengelernt hatte, und wir treffen uns häufig. Ich fürchte auch weniger, niemals zu heiraten, denn seit ich nicht mehr so angespannt wirke, finden mich die jungen Männer viel interessanter.

Das ist kein Feenmärchen! Es gibt wirklich Therapien, die auf die Schwierigkeiten der selbstunsicheren Persönlichkeiten abgestimmt sind. Voraussetzung ist natürlich, sie wollen sich wirklich ändern!

Was Sie lassen sollten

* Machen Sie keine ironischen Bemerkungen über ihn.

Die selbstunsicheren Persönlichkeiten sind überempfindlich. Mit einer kleinen ironischen Spitze, die einen anderen nur ein wenig pieken würde, kann man sie grausam verletzen. Selbst ein wohlwollender Humor kann von einer selbstunsicheren Persönlichkeit, die sich ja den anderen unterlegen fühlt, falsch interpretiert werden. Machen Sie davon also nur Gebrauch, wenn Ihre Beziehung bereits solide verankert ist.

* Regen Sie sich nicht auf.

Mit ihrer Zögerlichkeit und ihrer Neigung, die Konversation versanden zu lassen und voll Unbehagen oder Verlegenheit dazustehen, könnte eine selbstunsichere Persönlichkeit Ihnen schließlich auf die Nerven gehen, und eines Tages laufen Sie Gefahr, sie ein wenig grob zu kritisieren!

In diesem Fall dürfen Sie damit rechnen, diese Person bei Ihrer nächsten Begegnung noch selbstunsicherer und ängstlicher vorzufinden. Mit Ihrer aggressiven Kritik haben Sie ihre beiden Grundüberzeugungen bestärkt: »Ich bin weniger wert« und »Die anderen werden mich abfahren lassen«. Herzlichen Glückwunsch! Sie haben eine Art Therapie in die verkehrte Richtung unternommen ...

Wenn Sie sich also eines Tages aufregen, sollten Sie versuchen, es später wieder auszubügeln, indem Sie noch einmal in ruhigerer Stimmung mit ihr reden. Hören wir dazu Patrick, den Zahnarzt, dessen Assistentin Geneviève eine selbstunsichere Persönlichkeit ist, der es schwerfällt, sich gegenüber den Wünschen der Patienten zu behaupten.

Ich war sehr gestreßt, weil ich eine Menge Patienten in zu kurzen Abständen behandeln mußte, aber mich hielt der Gedanke aufrecht, daß der Patient für 16 Uhr abgesagt hatte und ich dann endlich eine Kaffeepause einlegen könnte. Doch als es vier schlug, teilte mir Geneviève mit, daß im Wartezimmer ein anderer Patient säße!

Auf seine dringlichen Bitten hin hatte sie ihm den frei gewordenen Termin gegeben. Ich war durch den Gedanken an die verlorene Pause so frustriert, daß ich in die Luft gegangen bin: ich warf ihr vor, sie könne kein Bestellbuch ordentlich führen, ich sei ihr ganz schnuppe, und sie arbeite, ohne ihren Kopf dabei einzusetzen. Das alles war reichlich ungerecht, denn sie kommt nie mit den Terminen durcheinander, und sie sorgt sich im Gegenteil sehr um mich, aber an diesem Tag hatte es mir wirklich gereicht! Ich sah, wie sie rot wurde und die Augen niederschlug; sie war nicht imstande, mir etwas zu entgegnen. Sie sah so bestürzt aus, daß mich ihr Anblick wieder beruhigte. Die nächsten Tage bekam sie Angst, sobald ich mich ihr näherte; jetzt unterliefen ihr auch Fehler. Mehrere Wochen und ein langes klärendes Gespräch waren nötig, damit sie wieder Vertrauen schöpfte.

* Passen Sie auf, daß er sich nicht immer für die Dreckarbeiten opfert.

Die selbstunsicheren Persönlichkeiten sind nicht gerne in der Gruppe, aber manchmal, zum Beispiel in der Firma, sind sie dazu gezwungen. Um sicherzugehen, daß die anderen sie nicht zurückweisen, sind sie oft bereit, ihren Platz in der Gruppe zu »bezahlen«, indem sie sich so nützlich wie möglich machen. (Dieses Verhalten bemerkt man auch bei den dependenten Persönlichkeiten, die weiter oben beschrieben wurden.) Sie werden versuchen, sich gegen eine mögliche Abfuhr durch die Gruppe zu versichern, indem sie sich aufopfern und allen gefällig sein wollen. Auf Arbeit wird diese Neigung manchmal von skrupellosen Chefs oder Kollegen ausgenutzt. Martine, Oberschwester in einem großen Pariser Krankenhaus, erzählt:

Lise ist eine junge Krankenschwester, die vor kurzem bei uns angefangen hat. Ich merkte bald, daß sie sehr schüchtern war; in Sitzungen wagte sie nie, das Wort zu ergreifen. Sie schien sich vor allem darum zu sorgen, von den anderen akzeptiert zu werden, sie verfolgte die Gespräche, ohne sich selbst besonders zu beteiligen, und lächelte bei den Späßen der anderen. Aber ansonsten fand ich sie sehr kompetent und gewissenhaft, und sie hat mein volles Vertrauen.

Nach und nach wurde mir bewußt, daß sich eine ungesunde Situation aufbaute. Ich lasse den Schwestern eine gewisse Autonomie beim Ausarbeiten des Dienstplans, so daß sie sich untereinander absprechen können, wie sie die Wochenenden und die Feiertage gerecht aufteilen. Aber ich stellte fest, daß Lise an den Wochenenden übermäßig oft dran war. Mehr noch: wenn sie darum gebeten wurde, ersetzte sie manchmal Hals über Kopf eine andere Kollegin, so daß sich die Zahl ihrer Wochenenddienste noch mehr erhöhte. Ich begriff, was geschehen war: die Kolleginnen hatten Lises Schwäche gespürt, ihre Unfähigkeit, sich zu widersetzen, und nutzten sie aus, um ihr die Tage anzudrehen, die keiner wollte!

Auf der Versammlung gab ich zu verstehen, daß mir die Aufteilung fürs kommende Trimester nicht gerecht erschien, wobei ich Lise nicht namentlich erwähnte, und daß ich einen neuen Dienstplan erwartete. Alle schauten peinlich berührt drein, aber wenig später brachten sie mir einen anständigen Plan. Dann hatte ich ein Gespräch mit Lise, bei dem ich ihr erklärte, sie dürfe nicht alles mit sich machen lassen. Ich spürte, daß sie meine Bemerkung als Tadel auffaßte und noch verlegener wurde. Ich mußte mich mit ihr eine halbe Stunde lang unterhalten, bis sie sich ein wenig entspannte und begriff, daß ich eine gute Meinung von ihr hatte. Das ist jetzt sechs Monate her, und inzwischen hat sie mehr Selbstsicherheit gewonnen.

Dieses Beispiel zeigt auch, welche entscheidende Rolle ein verständnisvoller Chef spielen kann, wenn es darum geht, einer selbstunsicheren Persönlichkeit wie Lise wieder Selbstvertrauen zu geben. Viele Chefs jedoch sind selbst gestreßt, immer in Eile und von geschwätzigeren oder unbescheideneren Mitarbeitern in Beschlag genommen, so daß sie den selbstunsicheren Persönlichkeiten, die im übrigen geradezu danach streben, übersehen zu werden, nicht die nötige Zeit oder Aufmerksamkeit widmen.

Haben auch Sie Züge einer selbstunsicheren Persönlichkeit?

	eher richtig	*eher falsch*
1. Ich habe schon Einladungen ausgeschlagen, weil ich fürchtete, mich dort nicht wohl in meiner Haut zu fühlen.		
2. Es waren eher meine Freunde, die mich ausgesucht haben, als umgekehrt.		
3. In Gesprächen schweige ich oft lieber, weil ich fürchte, sonst langweilige Sachen zu sagen.		
4. Wenn ich meine, mich vor jemandem lächerlich gemacht zu haben, möchte ich ihn am liebsten nie wiedersehen.		
5. Ich bewege mich in Gesellschaft weniger ungezwungen als die meisten Leute.		
6. Wegen meiner Schüchternheit habe ich im persönlichen und beruflichen Leben mehrere Gelegenheiten verpaßt.		
7. Ich fühle mich nur in der Familie oder mit alten Freunden wirklich wohl.		
8. Ich fürchte oft, daß ich die anderen enttäusche oder daß sie mich nicht interessant finden.		
9. Mit Leuten, die ich gerade kennengelernt habe, kann ich nur schwer ein Gespräch anknüpfen.		
10. Ich habe schon mehrmals ein wenig Alkohol oder ein Beruhigungsmittel zu mir genommen, nur um mich besser zu fühlen, wenn ich jemanden treffen mußte.		

Kapitel XII
Und all die anderen?

Natürlich glauben wir nicht, daß es uns gelungen wäre, in den vorangegangenen Kapiteln alle Arten von schwierigen Persönlichkeiten zu beschreiben. Das ist schon deshalb nicht möglich, weil es, um unseren Vergleich aus der Meteorologie noch einmal zu bemühen, nicht nur Cumulus-, Nimbus- oder Stratuswolken gibt, sondern auch Cumulonimbus- oder Nimbostratus-Wolken, also Mischformen.

Mit den Persönlichkeiten verhält es sich ebenso. Manche von ihnen vereinen in sich Merkmale verschiedener Typen. Zwei dieser Kombinationen seien hier aufgeführt, weil sie häufiger vorzukommen scheinen, als daß man es mit reinem Zufall erklären könnte.

Die narzißtisch-histrionische Persönlichkeit

Dieser Persönlichkeitstyp zeigt das theatralische und verführerische Verhalten der histrionischen Persönlichkeit, besitzt dazu aber auch das Überlegenheitsgefühl und die Empfindlichkeit der narzißtischen Persönlichkeit. Karikaturistisch übertrieben könnte man sagen, daß diese »gemischte« Persönlichkeit einem großen Filmstar ähnelt, der das Foyer eines Luxushotels betritt und dabei alles tut, um bemerkt zu werden (histrionisch), und der, wenn er sich erst einmal niedergelassen hat, das Personal durch zahllose im Kommandoton vorgebrachte Extrawünsche aufregt (narzißtisch). Im Vergleich zu den »reinen« Histrionikern sind diese Persönlichkeiten weniger beeinflußbar, sondern eher starke Charaktere. Verglichen mit den reinen Narzißten sind sie eher von der Aufmerksamkeit der anderen abhängig, und ihr Selbstwertgefühl ist zerbrechlicher. In gemilderter Form kommen solche Persönlichkeiten ziemlich häufig vor. Solange sie in Bestform sind, dominiert ihre narzißtische Seite; brauchen sie jedoch Hilfe und Zuspruch, tritt die histrionische Komponente stärker hervor.

Alexis, die von Joan Collins in der Serie *Denver Clan* verkörperte Femme fatale, ist eine gute Illustration für eine narzißtisch-histrionische Persönlichkeit. In den amerikanischen »soap operas« wimmelt es ohnehin von narzißtischen und histrionischen Persönlichkeiten, eignen sie sich doch großartig für Szenen, in denen es um Verführung oder unbarmherzige Streitereien geht. Man könnte hier auch die furchterregende Sally Spectra aus *Reich und schön* anführen.

Die dependent-selbstunsichere Persönlichkeit

Wie Untersuchungen ergeben haben, stuft bisweilen der eine Psychiater einen Patienten als selbstunsichere Persönlichkeit ein, während sein Kollege bei einer neuerlichen Untersuchung eine dependente Persönlichkeit diagnostiziert. Es kommt zwischen beiden Diagnosen also zu einer gewissen Überschneidung.

Im Standardfall wird ein »rein selbstunsicherer« Mensch jeden sozialen Kontakt fliehen, der ihn womöglich Verlegenheit oder Beklemmung verspüren lassen könnte. Die »rein dependente« Person wird hingegen nach der Gesellschaft der anderen streben, wobei sie zu allem bereit ist, um akzeptiert zu werden. Aber die Wirklichkeit ist oft vielschichtiger: der Selbstunsichere wird von den Umständen dennoch dazu gebracht, soziale Kontakte zu knüpfen, zum Beispiel in der Schule und im Beruf oder weil er vielleicht einen Liebesdrang verspürt. Weil er fürchtet, lächerlich zu erscheinen oder nicht »auf der Höhe« zu sein, wird er Akzeptanz erreichen wollen, indem er besonders beflissen, fügsam und »nett« ist, womit er typische dependente Verhaltensweisen annimmt. Umgekehrt wird sich der Dependente in einem Konfliktfall, selbst in einem belanglosen, äußerst unwohl fühlen, fürchtet er doch, aufgegeben zu werden; er wird in Verwirrung geraten, erröten, verlegen sein oder sogar die Flucht ergreifen, womit er Verhaltensweisen der selbstunsicheren Persönlichkeiten zeigt.

Wir haben diese beiden Mischformen angeführt, weil sie häufig vorkommen. Es gibt jedoch noch etliche mehr, was aus jeder schwierigen Persönlichkeit einen besonderen Fall macht.

Außer den Mischformen existieren andere Typen von schwierigen Persönlichkeiten, von denen wir in den vorangegangenen Kapiteln noch nicht gesprochen haben, sei es, weil sie so selten auftreten oder weil sie derart schwierig sind, daß unser erster Rat wäre, sie zwar nicht zurückzustoßen, aber zumindest eine vorsichtige Distanz zu ihnen zu wahren. Und wenn die Wechselfälle des Lebens es mit sich bringen, daß Sie in der Familie oder im Beruf regelmäßig mit einer solchen Person zu tun haben, empfehlen wir Ihnen, bei einem Spezialisten aus dem Gesundheitswesen Hilfe zu suchen. Hier also eine »Rollenliste« für wahre Tragikomödien.

Die antisoziale oder soziopathische Persönlichkeit

Diese Persönlichkeitsform ist gekennzeichnet durch einen Mangel an Respekt für die Regeln und Gesetze des Lebens in Gesellschaft. Hinzu kommen Impulsivität, die Schwierigkeit, langfristige Projekte durchzuhalten, und ein schwach entwickeltes Schuldbewußtsein (manchmal fehlt es sogar völlig). Diese Persönlichkeit findet sich unter Männern offenbar dreimal häufiger als unter Frauen. Wie alle Persönlichkeitsstörungen kommt auch sie bereits in der Jugend zum Vorschein. Der junge Soziopath wird durch eine Kette von typischen Verhaltensweisen die Aufmerksamkeit seiner Erzieher erregen: Schuleschwänzen, Raufereien, Diebstähle, Alkohol- oder Drogenmißbrauch, häufig wechselnde Sexualkontakte, schlecht organisierte Ausreißversuche, ziellose

Reisen ... Diese Verhaltensweisen sind bei Jugendlichen nicht so außergewöhnlich, aber beim künftigen Soziopathen treten sie gehäuft und besonders intensiv auf. Im richtigen sozialen Umfeld wird eine Reihe dieser jungen Leute einigermaßen vernünftig werden und zu einer guten sozialen Anpassung finden, oftmals in leicht abenteurerhaften oder nomadischen Berufen. Häufig werden sie zu einem ziemlich bewegten Berufs- und Liebesleben neigen. Andere jedoch werden einen Lebenswandel fortsetzen, der durch Instabilität, Impulsivität, mangelnde Aufmerksamkeit für die Folgen ihrer Handlungen und fehlendes Schuldbewußtsein geprägt ist. Kein Wunder, daß sie in Konflikt mit dem Gesetz geraten. Mehrere Studien haben erwiesen, daß man unter den Gefangenen im Bereich des gemeinen Rechts einen hohen Anteil antisozialer Persönlichkeiten antrifft.[60] (Selbstverständlich reduziert sich das Straffälligwerden nicht auf ein Persönlichkeitsproblem, sondern hat auch vielfältige soziale Ursachen.)

Bestimmte Epochen kommen den Soziopathen ganz besonders entgegen. Kriege, Revolutionen, die Erschließung neuer Kontinente – all das sind Umstände, unter denen jemand, der abenteurerhaft, impulsiv und kaum von Schuldgefühlen heimgesucht ist, sich wie ein Fisch im Wasser fühlen kann. Wahrscheinlich finden sich unter den Häftlingen von heute einige Personen, die unter anderen Umständen waghalsige Korsaren, Entdecker oder Soldaten geworden wären. Unter dem Ancien régime hätte man die ehrgeizigsten von ihnen geadelt. Trotzdem sind manche antisoziale Persönlichkeiten allzu instabil und sprunghaft, um auch nur die Regeln einer Abenteurergruppe zu respektieren, und sie werden schließlich von ihren ebenfalls soziopathischen, wenngleich angepaßteren Kumpanen ausgestoßen. Letztendlich muß sogar die Mafia unter ihren Mitgliedern eine gewisse Disziplin durchsetzen.

Auf der Kinoleinwand ist der Soziopath sehr beliebt, weil wir uns wahrscheinlich abreagieren, wenn wir ihn dieselben Regeln brechen sehen, die wir tagtäglich respektieren.

In *Reservoir Dogs* (1992) von Quentin Tarantino sehen wir eine ganze Bande von Delinquenten mit reichlich soziopathischem Auftreten einen Banküberfall planen und ausführen, der jedoch übel endet. Bei einer dieser Personen, Mister Blonde, kommt außerdem eine sadistische Persönlichkeit zum Vorschein: während des Überfalls tötet er grundlos Bankangestellte und Kunden, und er profitiert von der Abwesenheit seiner Komplizen, um mit höchstem Vergnügen einen Polizisten zu foltern, den sie als Geisel genommen haben. Das schockiert seine Kumpane, die zwar soziopathisch sind, aber keine Sadisten.

Jean-Paul Belmondo verkörpert in *Außer Atem* (1959) von Jean-Luc Godard einen anziehenden, herumirrenden Soziopathen, dessen einziger Stabilitätspunkt, seine Liebe zu Jean Seberg, letztendlich seinen Untergang herbeiführen wird.

In Richard Donners Serie *Lethal Weapon* stellt Mel Gibson einen soziopathischen Polizisten dar. In seiner Impulsivität schreckt er nicht vor Aktionen zurück, die für ihn selbst, für seinen Partner und für zufällige Passanten wahnsinnig gefährlich sind. Es fällt ihm auch leicht, Kontakte zu knüpfen und zu verführen, er kann Langeweile nicht ausstehen und hat eine Vorliebe für Saufgelage – all das findet man bei Soziopathen häufig. Sein Partner Danny Glover, älter als er und von schwarzer Hautfarbe, ist für ihn so etwas wie eine mäßigende Vaterfigur, an der er übrigens sehr hängt. (Eine Art Duo von Erzieher und Delinquent.)

Die Grundüberzeugung eines Soziopathen könnte lauten: »Wenn du Lust auf etwas hast, nimm es dir sofort!« Dennoch gelingt es manchen, das »sofort« hinauszuschieben, um ein paar Vorsichtsmaßnahmen zu ergreifen.

Die intelligentesten unter den straffälligen Soziopathen könnten Bandenchef werden oder, falls sie gute Rechtsanwälte haben, sogar in der Geschäftswelt erfolgreich sein. Soziopathen haben nicht nur schlechte Seiten: sie können schnell Kontakte herstellen und sind oft ziemlich amüsant; ihr Geschmack für Risiken und Entdeckungen macht aus ihnen unterhaltsame Gefährten, die Sie auf Abenteuer oder Reisen mitnehmen, welche Sie ganz allein niemals wagen würden (aber vergessen Sie nicht, daß diese Leute dazu neigen werden, Sie im Problemfall im Stich zu lassen). Es gibt zahlreiche Menschen mit soziopathisch gefärbten Persönlichkeitszügen, deren Verständnis für den anderen und für die Gesetze trotzdem groß genug ist, um Katastrophen zu vermeiden; sie werden bisweilen nicht wenig Erfolg haben.

In Arthur Penns Film *Ein Mann wird gejagt* (1966) erleben wir Robert Redford als »netten« Soziopathen, der der Versuchung, aus dem Gefängnis zu entfliehen, nicht widerstehen kann, obwohl er nur noch wenig Zeit abzusitzen hat. Er begeht diesen Fehler vor allem, um eine Tochter aus gutem Hause (Jane Fonda) wiederzusehen, die mit einem jungen Mann aus ihrer Gesellschaftsschicht verlobt ist, aber den Haupthelden weiterhin liebt. Sie wird alles riskieren, um ihn vor dem Haß und der Stumpfsinnigkeit einer Kleinstadt zu retten.

Soziopathen kommen bei Frauen oft gut an, umgibt sie doch ein gewisser Duft von Abenteuer, Kühnheit und Auflehnung. Aber nach einer Weile erweisen sie sich häufig als enttäuschend: durch ihre Instabilität, ihre Mühe, es mit einem Job lange auszuhalten, ihre Untreue, Verschwendungssucht, Rauf- und Sauflust sind sie im Kino amüsanter als im wirklichen Leben.

In gewissen Milieus werden solche Verhaltensweisen als »männlich« hochgehalten, und bei Jugendlichen, die eine entsprechende Veranlagung mitbringen, akzentuieren sich dort mit hoher Wahrscheinlichkeit die bereits vorgeprägten Charakterzüge.

In Lee Tamahoris Film *Die letzte Kriegerin* (1994), der das Leben der Maori in einer armen Vorstadt von Auckland schildert, stehen sich zwei Begriffe von Männlichkeit gegenüber. Für Jake »das Muskelpaket« und seine Kumpane bedeutet Mannsein vor allem, saufen zu können, Frauen zu verführen, sich bei der kleinsten Provokation zu prügeln und sich mit dem Gesetz anzulegen. Sein Sohn hat dank eines Erziehers jedoch Gelegenheit, ein anderes Modell zu entdecken. Er findet zu den Traditionen der Maori zurück, zu ihrer Kampftechnik, zum Wert sozialer Regeln und zur Achtung der anderen.

Das Kino zeigt uns auch »härtere« Spielarten von Soziopathen, bei denen das fehlende Schuldbewußtsein im Vordergrund steht. So bringt Alain Delon in René Cléments Film *Nur die Sonne war Zeuge* (1959) kaltblütig Maurice Ronet um und schlüpft, ohne mit der Wimper zu zucken, in die Identität seines Opfers, um sich dessen Verlobte und seine Reichtümer anzueignen. In *Scarface* (1983) von Brian de Palma erlebt man einen soziopathischen Al Pacino, der in der kriminellen Unterwelt von Florida einen fulminanten Aufstieg nimmt. (Aber seine Impulsivität und seine Überreste von Moral werden ihn das Leben kosten.)

Wir empfehlen Ihnen also, sich von Soziopathen lieber fernzuhalten, und das sowohl in Ihrem Berufsleben (machen Sie sie nicht zu Ihrem Teilhaber!) als auch in der Liebe, es sei denn, Sie haben ein Faible für selbstzerstörerische Abenteuer. Doch ist es nicht immer leicht, sie zu erkennen, denn nicht alle sind Gesetzesbrecher, und manche wissen mit viel Geschick zu überzeugen oder zu verführen.

Soziopathische Männer sind oftmals mit dependenten Frauen verheiratet, weil nur diese letztendlich bei ihnen bleiben und bereit sind, all ihre Eskapaden hinzunehmen, ohne je das Weite zu suchen.

Die Borderline-Persönlichkeit

Auch diese Persönlichkeiten zeichnen sich durch sprunghaftes Verhalten aus, das diesmal jedoch von einer sehr instabilen Stimmung hervorgerufen wird, welche ihre Existenz zu einem beinahe pausenlosen Krisenzustand macht. Die Borderline-Persönlichkeiten werden von gewaltsamen und schwer kontrollierbaren Emotionen heimgesucht, besonders von starken Wutzuständen, die sich gegen die anderen oder gegen die eigene Person richten. Der Wut folgt häufig eine depressive Stimmung mit einem Gefühl von Leere und Verdruß. Von ihren Nächsten fordern Borderline-Personen einerseits in überzogener Weise Liebe und Beistand, andererseits sind sie jedoch zu plötzlicher Flucht imstande, wenn ihnen die Intimität zu bedrohlich scheint. Einige Psychiater haben dafür die Metapher von Igeln im Winter verwendet: Sie möchten einander näher rücken, um sich aufzuwärmen, aber wenn sie sich zu nahe kommen, stechen sie sich! Um ihre Wutzustände, ihren Kummer und ihre Verzweiflung zu beruhigen, neigen die Borderline-Persönlichkeiten zum Mißbrauch von Alkohol und verschiedenen Rauschmitteln, und das auf oftmals impulsive und gefährliche Weise. Ihre Selbstmordrate ist die höchste unter allen Persönlichkeitsstörungen.

Diese unglücklichen Menschen haben oft ein ungewisses Bild von der eigenen Person, eine vage und instabile Vorstellung von ihren Bedürfnissen. Das führt sie zu brutalen Kurswechseln in ihren Freundschaften, Sexualbeziehungen und Arbeitsverhältnissen.

Die Behandlung von Borderline-Persönlichkeiten beschäftigt viele Psychiater und Psychologen, die sogar internationale Kongresse zu diesem Problem abhalten. Man ist sich einig, daß es für den Therapeuten wichtig ist, die richtige Distanz zu seinem Patienten zu wahren: Hält man sich zu fern, wird das die Borderline-Persönlichkeit frustrieren, und sie wird mit immer impulsiveren und aggressiveren Handlungen antworten; steht man seinem Patienten zu nahe, wird man eine Regression auslösen oder ihn verängstigen, was ebenfalls unvorhersehbare Reaktionen provozieren kann.[61] Bestimmte Medikamente können die Stimmung der Borderline-Persönlichkeiten stabilisieren, aber auch das hängt vom einzelnen Patienten und seinen momentanen Symptomen ab.

In *Color of Night* (1994) von Richard Rush spielt Bruce Willis die Rolle eines New Yorker Psychiaters, zu dem eine Patientin, die man für eine Borderline-Persönlichkeit ansehen kann, in die Sprechstunde kommt. (Wir haben sie schon vorher in ihrer Wohnung beobachtet, wo sie mitten in einer Wut- und Verzweiflungskrise steckte, weil ihre Schminkversuche mißlungen waren.) Bruce Willis, der vielleicht nach einem langen Arbeitstag erschöpft ist (da hat er unser volles Mitgefühl), erklärt seiner Patientin auf etwas brutale Art seine Sicht auf ihr fortgesetzt zu Fehlschlägen führendes Verhalten. Sie nimmt diese moralisierenden Erklärungen sehr übel, wirft sich in das große Glasfenster seines Büros und endet zerschmettert einige Etagen tiefer auf dem Asphalt. Das ist ein im Wutausbruch begangener impulsiver Akt, der sich gleichzeitig gegen die eigene Person wie gegen den anderen richtet. Bruce Willis reist dann nach Kalifornien, wo er sich bei einem Kollegen »im Grünen« erholen will. Dort trifft er auf andere Patienten mit Persönlichkeitsstörungen, die aber unserer Ansicht nach weniger realistisch dargestellt sind als der Fall der Borderline-Patientin zu Beginn (zum Glück bringen sich nicht alle Borderline-Persönlichkeiten um, und wenn doch, dann nicht immer vor den Augen ihres Therapeuten).

Die Ursachen für die Herausbildung einer Borderline-Persönlichkeit sind sicher komplex, aber mehrere Untersuchungen haben gezeigt, daß ein bedeutender Teil dieser Patienten in ihrer Kindheit Opfer von Gewalttätigkeiten oder sexuellem Mißbrauch durch ein Familienmitglied geworden war.[62] (Nicht jedes mißhandelte Kind wird zur Borderline-Persönlichkeit, es kann auch andere Arten von psychischen Störungen entwickeln.) Manche Forscher sehen eine Verwandtschaft zwischen der Borderline-Persönlichkeit, die sich von der Kindheit an ausbildet, und den posttraumatischen Belastungsstörungen von Menschen, die eine Katastrophe überlebt haben.[63] Sie werden sicher verstehen, daß wir Ihnen unbedingt empfehlen, mit einem Fachmann zu sprechen, falls Sie glauben, in Ihrer Umgebung einen Menschen mit dieser Persönlichkeitsstörung zu haben.

Das hätte übrigens auch Michael Douglas in Adrian Lynes Film *Fatal Attraction* (1987) tun sollen, nachdem er den Fehler begangen hatte, eine Liaison mit einer Mätresse (Glenn Close) zu beginnen, die starke Borderline-Symptome zeigt. Sie stürzt sich Hals über Kopf in diese Liebschaft, die eigentlich nur ein Abenteuer sein sollte, und reagiert dann auf den Bruch mit gewalttätigen Akten und einem Selbstmordversuch. Dennoch rührt ihre Hartnäckigkeit, sich an ihrem Liebhaber zu rächen, eher von einer paranoiden Persönlichkeit her, denn solche Personen meinen, daß der von ihnen erlittene Schaden eine überproportionale Bestrafung rechtfertige.

Die schizotypische Persönlichkeit

Diese Persönlichkeiten haben bizarre Ansichten und Wahrnehmungen von den anderen, sich selbst und dem Rest der Welt. »Bizarr« definiert sich natürlich im Verhältnis zu den traditionellen Glaubensinhalten der kulturellen Gruppe, welcher das Individuum angehört. Ein haitianischer Bauer, der glaubt, die Toten stiegen aus ihren Gräbern, um sich zu rächen, wäre nicht »bizarr«; ein Pariser Angestellter mit derselben Auffassung wäre es schon eher.

In unseren Kulturen werden sich die schizotypischen Persönlichkeiten von der Esoterik, den asiatischen Religionen und den New-Age-Glaubensinhalten angezogen fühlen, aber dennoch oft für sich bleiben, weil sie zu Mißtrauen neigen und sich in der Gruppe unwohl fühlen. Sie sehen gern überall »Zeichen« – ein schizotypischer Patient erblickt zum Beispiel den Lieferwagen einer großen Brauerei und sieht darin sogleich ein Zeichen, daß seine Mutter von ihm angerufen werden möchte, denn sie trinkt häufig Bier von dieser Marke. Ebenso glauben diese Menschen oft an die Wiedergeburt (»Ich habe gespürt, daß es meine tote Schwester war, die durch meinen Mund gesprochen hat«), an parapsychologische Phänomene oder an die Außerirdischen. Für sie handelt es sich nicht einfach um ein interessantes Thema, sondern um tiefreichende Glaubensinhalte, deren Wahrheit sie in ihrem Alltagsleben »fühlen«.

In David Lynchs Fernsehserie *Twin Peaks* ist die »Frau mit dem Holzscheit« offensichtlich eine schizotypische Persönlichkeit.

Sie lebt eher zurückgezogen und hält in ihren Armen ständig ein Holzstück, zu dem sie zärtlich spricht und das ihr telepathische Botschaften überbringt. Diese wunderbare Serie ist übrigens ganz und gar in eine hochgradig schizotypische Atmosphäre gehüllt; es gibt dort seltsame Erscheinungen, übernatürliche Zeichen, indianische Magie, Verwandlungen von Körpern und schreckenerregende Halluzinationen. Auch die Hauptgestalt, der FBI-Agent Dale Cooper, hat bizarre Ansichten und leicht abwegige Verhaltensweisen (er speichert seine täglichen Gedanken auf einem Diktiergerät, wobei er sich an eine Sekretärin namens Diane richtet, die in Wirklichkeit gar nicht existiert). Das soll nicht heißen, daß die Autoren von *Twin Peaks* schizotypische Persönlichkeiten wären, sondern nur, daß sich die Imaginationskraft der Künstler Erfahrungen erschließen kann, die über den engen Kreis ihrer eigenen Persönlichkeit hinausreichen. So hat Dostojewski angemerkt, er habe es nicht nötig gehabt, eine alte Dame mit Axthieben zu töten, um die Grübeleien des Mörders in *Schuld und Sühne* schildern zu können.

Zwischen der schizotypischen Persönlichkeit und der Schizophrenie gibt es anscheinend eine gewisse Verwandtschaft[64]: in der familiären Umgebung der an Schizophrenie erkrankten Patienten findet man einen überdurchschnittlich hohen Prozentsatz von schizotypischen Persönlichkeiten. Nichtsdestoweniger erhalten die schizotypischen Menschen zur Wirklichkeit einen besseren Kontakt aufrecht als die schizophrenen Patienten; sie haben nur selten solche Halluzinationen, wie sie für die verschärften Phasen von Schizophrenie typisch sind. Manche Psychiater glauben, daß die schizotypische Persönlichkeit eine mildere Form von Schizophrenie ist.

Diesen Persönlichkeiten fällt es oftmals schwer, sich an das Leben in der Gesellschaft anzupassen, eine Arbeit zu finden, bei der ihre bizarren Ansichten kein Hindernis sind (isoliert liegende Arbeitsplätze), oder zu einer Gruppe zu stoßen, in welcher sie ausreichend akzeptiert werden (seit vielen Jahren bekannte Arbeitsgefährten, so etwa in Gesellschaftsformen, die von der Landwirtschaft geprägt sind).

Wenn Sie eine schizotypische Persönlichkeit in Ihrer Umgebung haben, ähneln unsere Empfehlungen denen, die wir bei den schizoiden Persönlichkeiten gegeben haben. Respektieren Sie vor allem ihr Bedürfnis nach Ruhe. Wir glauben jedoch auch hier, daß es besser wäre, den Beistand eines Spezialisten zu suchen. Da es den schizotypischen Persönlichkeiten schwerfällt, sich an das Leben in Gesellschaft anzupassen, sind sie überdurchschnittlich stark depressions- und selbstmordgefährdet.

Die sadistische Persönlichkeit

Diese nicht gerade reizende Persönlichkeitsstörung ist durch Verhaltensweisen oder Haltungen gekennzeichnet, die darauf abzielen, andere Menschen leiden zu lassen oder sie zu beherrschen. Für den Sadisten sind das Leiden und die Unterwerfung der anderen ein »reines Vergnügen« und nicht etwa das Mittel, um ein anderes Ziel zu erreichen. (Schlägt man zum Beispiel jemanden zusammen, um ihn auszurauben, ist das nicht unbedingt ein sadistisches Verhalten. Hauptziel des Angreifers ist, sein Opfer zu bestehlen, aber nicht, es leiden zu lassen.)

Eine sadistische Persönlichkeit kann sich so einrichten, daß sie die Gesetze nicht übertritt, sondern anderen Menschen durch »autorisierte« Verhaltensweisen Leid zufügt. Jemanden in der Öffentlichkeit durch beleidigende Bemerkungen demütigen, seine Kinder überzogen hart bestrafen, die Untergebenen durch Strafandrohungen in Schrecken versetzen, Tiere quälen, sich am Leid anderer belustigen, seine Mitmenschen zu demütigenden oder herabwürdigenden Taten zwingen – all das können Anzeichen für eine sadistische Persönlichkeit sein. Die Störung kommt in den Jugendjahren zum Vorschein, in erdrückender Mehrheit bei Jungen.

In Kriegergesellschaften wurden sadistische Verhaltensweisen oftmals als Männlichkeitsbeweis und auch als Mittel, feindlichen Stämmen Schrecken einzujagen, positiv bewertet. Vom entwicklungsgeschichtlichen Standpunkt her betrachtet, kann man annehmen, daß der Sadismus von Vorteil war, um Rivalen zu unterwerfen und Feinde auszulöschen. So erhöhte er die Chancen, Nachkommen in die Welt zu setzen. Bei gewissen nordamerikanischen Indianerstämmen mußten die Jugendlichen eine Probe ihrer Mannbarkeit liefern, indem sie ausgiebig Gefangene folterten (schon wieder eine Attacke auf den Mythos vom »edlen Wilden«!)[65]. Bei den Wikingern, einer anderen Kriegergesellschaft, erhielt im 9. Jahrhundert ein Anführer den Beinamen »Der Mann der kleinen Kinder«, denn er untersagte seinen Leuten, bei der Erstürmung feindlicher Städte die Kinder auf Lanzen zu spießen, wie es bislang Brauch gewesen war. Dieses Verbot beeindruckte seine Landsleute derartig, daß sie ihm den zärtlichen Beinamen verpaßten.[66] Das vermittelt vielleicht eine Vorstellung vom »natürlichen« Sadismusniveau jener Epoche. In der späteren Geschichte ist es leider oftmals wieder durchgebrochen. Weniger blutrünstig als ihre Vorfahren, wenn auch bisweilen sehr grausam, können sich die jungen Sadisten unserer Tage als eifrige Teilnehmer an gewissen Aufnahmeritualen der Hochschulen entfalten, wo sie Vergnügen daraus schöpfen, jüngere Kommilitonen zu demütigen und zu versklaven.

In einer stabilen Demokratie sind sadistische Persönlichkeiten zum »Maßhalten« gezwungen, aber Kriege und Revolutionen eröffnen ihnen ungeahnte Perspektiven zur Selbstverwirklichung. Sie werden sich immer freiwillig zum Verhör eines Verdächtigen melden, werden die Konzentrationslager bewachen, Terrorakte begehen und die Zivilbevölkerung in Angst und Schrecken versetzen. Unter die Schrecken des Krieges muß man rechnen, daß ein sadistisches Verhalten am Ende zur Norm werden kann und so auch von bislang normalen Persönlichkeiten übernommen wird. Zu den Leistungen einer Demokratie gehört das Bemühen, selbst in Kriegszeiten einen solchen Verhaltenstyp unter den Soldaten zu kontrollieren und zu bestrafen. In den Armeen von Diktatoren stehen Sadisten seltener vor dem Kriegsgericht.

Fast in jedem zweiten Fall geht die sadistische Persönlichkeit mit einer anderen Persönlichkeitsstörung einher (besonders mit paranoiden, narzißtischen und antisozialen Persönlichkeiten).

In Peter Greenaways Film *Der Koch, der Dieb, seine Frau und ihr Liebhaber* (1989) scheint die vom kolossalen Michael Gambon gespielte Figur sowohl ein erschreckender Soziopath (er gehört zu den gefürchteten Chefs der kriminellen Unterwelt) als auch eine frappierende sadistische Persönlichkeit zu sein. Bei gargantuesken Festessen liebt er es, seine Umgebung mit verbaler und physischer Gewalt zu ängstigen und zu erniedrigen. Er läßt den Liebhaber seiner Frau auf schreckliche Weise töten. Später wird sie ihm seinen Sadismus gewissermaßen mit gleicher Münze heimzahlen.

In Victor Flemings bedeutender Stevenson-Verfilmung *Dr. Jekyll und Mr. Hyde* (1941) verwandelt sich der gute Doktor (Spencer Tracy) unfreiwillig in den außergewöhnlichen Sadisten Mister Hyde, der unablässig Lust zieht aus den Qualen, die er anderen Menschen bereitet, besonders Ingrid Bergman, welche er mit großem Vergnügen demütigt und verängstigt.

Auf die gleiche Weise martert Dennis Hopper in David Lynchs beängstigendem *Blue Velvet* (1986) eine von Isabella Rossellini verkörperte dependente Frau. Das erschreckende Modell einer sado-masochistischen Beziehung!

Aber machen wir uns nichts vor. Sadismus findet sich nicht nur bei Kriegsverbrechern oder Serienmördern; er schlummert in jedem von uns und kann unter bestimmten Umständen erweckt werden, etwa durch einen charismatischen Anführer, den Gruppeneffekt, das Bedürfnis, Frustrationen zu kompensieren, oder durch Rachegelüste.

Die selbstschädigende Persönlichkeit

Die Existenz einer solchen Persönlichkeitsstörung ist sehr umstritten, und so ist sie in die neueste Klassifikation der

Amerikanischen Gesellschaft für Psychiatrie, die DSM-IV, auch nicht aufgenommen worden. Diesem Persönlichkeitsbild entsprechen Menschen, die ihre eigene Existenz bewußt zu untergraben scheinen, obwohl sie die Möglichkeit hätten, es anders zu machen. Um auch hier von Persönlichkeitsstörung sprechen zu können, muß sich das selbstschädigende Verhalten seit der Jugend in verschiedenen Lebensbereichen manifestieren: bei der Arbeit, bei sozialen Kontakten, Liebesbeziehungen und in der Freizeit. Dabei muß das Individuum die Chance zum Erfolg haben, sie aber nicht zu ergreifen verstehen.

Ein solcher Student wird zum Beispiel sehr oft zu spät zu Prüfungen erscheinen, die er dennoch gut vorbereitet hatte; eine solche Frau wählt immer brutale und unstete Partner, für welche sie sich aufopfert, und ein solcher Mann hält gegenüber Freunden seine Versprechungen nicht, obwohl ihm das leichtgefallen wäre, und provoziert so ein Zerwürfnis. Ein Angestellter harrt auf unterqualifizierten und schlechtbezahlten Posten aus, obwohl seine Diplome und seine Kompetenzen ihm Besseres ermöglichen würden. Erkrankt eine selbstschädigende Persönlichkeit, konsultiert sie erst einen Arzt, wenn ernstliche Komplikationen auftreten, und nimmt dann ihre Medikamente unregelmäßig ein, selbst wenn sie gut anschlagen und verträglich sind.

Wenn der selbstschädigenden Persönlichkeit etwas Angenehmes passiert, wird sie dieses positive Ereignis sofort auslöschen, indem sie zum Beispiel einen kostspieligen Unfall herbeiführt. Ein leitender Angestellter, den man für seine gute Leistung beglückwünscht und in der Lohngruppe heraufsetzt, wird kurze Zeit später einen schweren beruflichen Fehler begehen, der zu seiner Entlassung führt.

Solche Verhaltensweisen lösen in der Umgebung dieser Personen natürlich Zorn und Zurückweisung aus: »Verdammt noch mal, macht der das mit Absicht, oder was?«

Diese Persönlichkeitsstörung findet aus mehreren Gründen keine offizielle Anerkennung. Zunächst einmal belegen Studien, daß sie sehr häufig mit anderen Persönlichkeitsstörungen verbunden ist, insbesondere mit der dependenten, der selbstunsicheren, der passiv-aggressiven und der Borderline-Persönlichkeit. Man glaubt also, daß es vielleicht keine selbstschädigende *Persönlichkeit* gibt, sondern *Verhaltensweisen*, die aufs Scheitern zusteuern und unterschiedlichen Persönlichkeitsstörungen gemeinsam sind. Wenn ihnen zum Beispiel eine Beförderung in Aussicht gestellt wird, können die folgenden Persönlichkeiten aus ganz unterschiedlichen Gründen »Sabotage« betreiben:

* Die dependente Persönlichkeit »sabotiert« ihre Beförderung aus Furcht, persönliche Verantwortung übertragen zu bekommen.
* Die selbstunsichere Persönlichkeit aus Furcht, künftig stärker im Rampenlicht stehen zu müssen.
* Die passiv-aggressive Persönlichkeit, um ihren Chef zu »strafen«, der sich auf sie verläßt, auf den sie aber sauer ist.
* Die Borderline-Persönlichkeit, weil sie plötzlich zweifelt, wo ihre wirklichen Wünsche liegen, und dabei einen abrupten Stimmungsumschwung durchmacht.
* Die depressive Persönlichkeit aus Furcht, nach der Beförderung, welche sie im übrigen nicht zu verdienen glaubt, ihren Aufgaben nicht mehr gewachsen zu sein.

Ein weiterer Nachteil der Diagnose einer selbstschädigenden Persönlichkeit liegt darin, daß sie manchmal zu gefährlichen Abirrungen führt, die man mit dem Ausdruck »dem Opfer die Schuld zuschieben« zusammenfassen kann.[67]

Eine solche Diagnose schadet zum Beispiel Frauen, die von ihrem Mann geschlagen werden und trotzdem bei ihm bleiben. Indem sie solche Frauen als »selbstschädigende Persönlichkeiten« abqualifizieren, können die Rechtsanwälte der Männer sie für den Zustand ihrer Ehe verantwortlich machen und außerdem versuchen, ihnen das Sorgerecht für die Kinder zu entreißen. In Wahrheit leiden die mißhandelten Frauen viel öfter an chronischem traumatischem Streß, der sie in einen ängstlich-depressiven Zustand versetzt und handlungsunfähig macht. Und wenn sie wirklich eine Persönlichkeitsstörung haben, handelt es sich viel häufiger um dependente Persönlichkeiten, die den ehelichen Herd nicht verlassen, weil sie fürchten, auf sich allein gestellt nicht zurechtzukommen. Wir sind also weit entfernt von Freuds »weiblichem Masochismus«, den ihm die Feministinnen noch immer nicht verziehen haben.

Auch die Therapeuten können es ausnutzen, dem Opfer die Schuld zuzuschieben. Wenn es einem Patienten trotz all unserer Bemühungen nicht besser geht, ist es bequem und verlockend, ihn selbst die Verantwortung fürs Fehlschlagen der Behandlung tragen zu lassen: »Na ja, das ist halt eine selbstschädigende Persönlichkeit.«

(Hierzu gibt es auch eine psychoanalytische Variante: »Seine Widerstände sind zu stark« oder »Er hat eine masochistische Freude daran, sich Mißerfolge zu organisieren«.)

Aus all diesen Gründen wird die Diagnose einer »selbstschädigenden Persönlichkeit« heutzutage kaum noch gestellt, und ihr nächster Versuch um offizielle Anerkennung wird wahrscheinlich auch zum Scheitern führen!

Die durch ein traumatisches Ereignis veränderten Persönlichkeiten

Schon seit langem haben die Psychiater bei Menschen, die schreckliche Erfahrungen durchmachten, Veränderungen der Persönlichkeit konstatiert. Zu den frühesten Beobachtungen zählt das KZ-Syndrom[68], eine Persönlichkeitsveränderung, welche an Überlebenden der nazideutschen und japanischen Konzentrationslager festgestellt wurde und im weiteren Verlauf der Geschichte dann bei den Gefangenen der Vietconglager und den Flüchtlingen aus Kambodscha.[69] Außer den durchlittenen Gewalttätigkeiten könnte auch die langanhaltende starke Unterernährung zu den beobachteten Störungen beigetragen haben. Dieses »Überlebendensyndrom« kann über Jahre hinaus fortdauern und sich in einem ganzen Spektrum chronischer Symptome äußern: Angst, Desinteresse, sozialer Rückzug, affektives Abstumpfen, Schlafstörungen und ein anhaltendes Gefühl, noch immer bedroht zu sein.

All diese Symptome kann man in unterschiedlicher

Stärke auch bei den posttraumatischen Belastungsstörungen ausmachen, die bei den Opfern von Gewalthandlungen oder den Überlebenden schwerer Unfälle oder Katastrophen beobachtet werden. Um die Gefahr psychischer Spätfolgen zu verringern, ist es wichtig, daß die betroffene Person nach dem Unfall *so schnell wie möglich* behandelt wird, am besten schon in den ersten Stunden. Diese Behandlung ist zunächst einmal eine psychologische. Sie besteht darin, das Opfer von seinem Trauma berichten zu lassen, und zwar im Kontext einer beruhigenden therapeutischen Beziehung mit einem speziell ausgebildeten Gesprächspartner.

Die Früherkennung und Behandlung der posttraumatischen Belastungsstörung ist ein Problem, das für die öffentliche Gesundheit wahrhaft von Belang ist. Personen, die keine psychologische Betreuung erfahren, werden Gefahr laufen, später chronische Störungen auszubilden, die für sie selbst, ihre Familien und für die Gesellschaft im ganzen einen hohen Preis haben.

Zu Beginn von Ted Kotcheffs Film *Rambo* (1982) erleben wir Sylvester Stallone als ehemaligen Vietnamkämpfer, der manche Symptome einer schweren posttraumatischen Belastungsstörung zeigt: mangelnde Eingliederung, abgestumpftes Interesse, sozialer Rückzug, Gefühl einer lauernden Gefahr. Als er von einem sadistischen Polizisten festgenommen wird, läßt die schlechte Behandlung, der man ihn unterwirft, die Erinnerungen an seine Gefangenschaft in den Händen der Vietcong wieder aufleben. Das provoziert – zur großen Freude der männlichen Jugend unter den Kinozuschauern – ein brutales Wiederauftauchen seiner Kämpferpersönlichkeit ...

Auf einer ganz anderen Ebene beobachten die Mediziner auch dauerhafte Persönlichkeitsveränderungen nach verschiedenartigen Eingriffen ins Gehirn (Schädeltrauma, neurochirurgische Operation), aber das zu erörtern überschreitet den Rahmen dieses Buches.

Und die multiplen Persönlichkeiten?

Obgleich diese Störung selten auftritt, erregt sie das Interesse der Öffentlichkeit und der Psychiater. Die multiple Persönlichkeit wird übrigens nicht als Persönlichkeitsstörung im engeren Sinne betrachtet, sondern als ein andersgeartetes Leiden.

Der Kranke präsentiert sich nacheinander in Form verschiedener Persönlichkeiten, die sich manchmal nach Alter, kulturellem Niveau, Geschlecht und Charakter stark unterscheiden. Im typischen Fall hat jede dieser Persönlichkeiten eine Amnesie für die anderen, das heißt, sie erinnert sich kaum oder überhaupt nicht an das, was die anderen Persönlichkeiten gesagt, getan oder gedacht haben. Die durchschnittliche Anzahl dieser Persönlichkeiten beschränkt sich keineswegs wie in Stevensons *Dr. Jekyll und Mister Hyde* auf zwei, sondern sie variiert je nach Patient zwischen fünf und zehn. »Wirtspersönlichkeit« ist jene, die der sozialen Identität des Patienten entspricht, aber es braucht nicht unbedingt sie zu sein, die um ärztliche Hilfe bittet.

Eine für die Psychiatrie bemerkenswerte Tatsache ist, daß bei dieser Störung der auslösende Faktor wahrscheinlich bekannt ist: in fast allen Fällen stößt man auf ein traumatisches Ereignis in der Kindheit, das ohne affektiven Beistand durchgemacht wurde.

Wir waren Zeugen einer therapeutischen Sitzung, die ein auf diese Störung spezialisierter Psychiater mit einem Patienten abhielt, der mindestens drei Persönlichkeiten hatte: die eine, die normale »Wirtspersönlichkeit«, stimmte mit der Identität des Patienten überein. Es handelte sich um einen fünfzigjährigen Büroangestellten, der von seinen Kollegen und in der Familie sehr geschätzt wurde, aber häufig depressive Phasen durchlebte. Die andere Persönlichkeit, deren Auftreten immer allgemeines Erstaunen auslöste, war die eines weinerlichen und dependenten Fünfjährigen. Diese Persönlichkeit ergriff vom Patienten im allgemeinen nach kleinen Alltagskonflikten Besitz. Der Kranke hatte noch eine dritte Persönlichkeit, die eines aggressiven und streitsüchtigen Mannes, die in mehrere Schlägereien mit Unbekannten verwickelt worden war. Wenn der Patient seine normale Persönlichkeit zurückerlangte, waren die Stunden, in denen er sich wie ein jammerndes Kind oder ein angriffslustiger Mann benommen hatte, völlig aus seinem Gedächtnis verschwunden.

Im Laufe der Sitzung bewirkte der Psychiater durch Hypnose die Rückkehr der Kleinkindpersönlichkeit. Der Patient ging dazu über, mit geschlossenen Augen zu sprechen; er hatte den Wortschatz und die Stimme eines fünfjährigen Kindes, das mit den Tränen kämpfte. Kein Stimmenimitator hätte es so gut spielen können. Der Psychiater ließ das »Kind« von einer weit zurückliegenden Szene berichten, die der Erwachsene völlig vergessen hatte. Sein Vater, ein notorischer Straffälliger, hatte sich vor einer rivalisierenden Gang versteckt, die von ihm übers Ohr gehauen worden war. Die Leute von dieser Bande fanden den Patienten, der damals fünf war, und verlangten, er solle ihnen das Versteck seines Vaters verraten. Weil er sich weigerte, zückte einer von ihnen ein Messer, drückte die Schneide gegen das Handgelenk des Kleinen und drohte, er würde ihm die Hand abschneiden. Der völlig verängstigte Junge rückte mit dem Versteck heraus, und sein Vater wurde von den Bandenmitgliedern entdeckt und umgebracht.

Danach hatte das Kind niemanden, dem es von seiner Rolle in dieser Affäre erzählen konnte. Ein Teil seiner Persönlichkeit blieb auf das Alter fixiert, in dem es das Trauma erlitten hatte. Diese Persönlichkeit tauchte immer empor, wenn sich der Patient durch einen Konflikt gestreßt fühlte, selbst in winzigen Angelegenheiten, die jedoch wahrscheinlich eine Emotion auszulösen vermochten, die der Erschütterung des Fünfjährigen ähnelte. Die Persönlichkeit des aggressiven und streitsüchtigen Mannes entsprach vielleicht einer Identifikation mit seinem Vater (oder einem seiner Mörder).

Wenn auch nicht in jedem Fall genauso dramatisch, waren die traumatischen Ereignisse, die man an den Ursprüngen der multiplen Persönlichkeiten aufdeckt, doch oft mit Lebensgefahr verbunden. Es handelte sich um Katastrophen, um aggressive Attacken oder sexuelle Gewaltakte, aber häufig stieß man auch auf Inzestbeziehungen. Die Störung ist vor allem bei Frauen beschrieben, aber womöglich bei Männern nur zu selten richtig diagnostiziert worden. Eine der Teilpersönlichkeiten hat oft die charakteristischen Merkmale einer Borderline-Persönlichkeit mit all ihren impulsiven und selbstzerstörerischen Verhaltensweisen. Das überrascht nicht, wo man doch weiß, daß in der Kindheit von Borderline-Patienten oftmals Inzest und sexueller Mißbrauch festgestellt wurden.

Eine ähnliche Störung ist die *dissoziative Fugue*. Klassisches Beispiel dafür ist das artige und ordentliche Mädchen, das in bestimmten Abständen von zu Hause ausreißt und sich mehrere Tage lang ziellos mit Zufallspartnern herumtreibt, wobei es Straftaten begeht und Alkohol und Drogen zu sich nimmt. Am Ende findet es sich mit seiner gewöhnlichen Persönlichkeit und einem totalen Gedächtnisschwund für die vergangenen Tage wieder zu Hause an.

Nicht bei jedem entwickelt sich nach einem Inzest oder Trauma eine multiple Persönlichkeitsstörung. Gewisse Personen scheinen eine Veranlagung dafür mitzubringen, indem es ihnen leichter fällt, ihr Bewußtsein in verschiedene Zustände »aufzuspalten«. Diese dissoziativen Phänomene umfassen eine ganze Reihe von Erfahrungen, angefangen vom flüchtigen Gefühl des Persönlichkeitsverlusts (man hat einige Sekunden lang den Eindruck, nicht mehr man selbst zu sein) bis hin zu Trancezuständen. Hierher gehören auch das Gefühl, außerhalb der eigenen Person zu stehen und sich selbst beim Handeln zuzuschauen, und schließlich die Hypnose, bei welcher die Person in einen Bewußtseinszustand tritt, der sich vom Wachen wie auch vom Schlafen unterscheidet. Es sieht ganz so aus, als wären die am leichtesten hypnotisierbaren Individuen auch jene mit der stärksten Veranlagung für dissoziative Störungen nach traumatischen Erlebnissen. Die Hypnose ist übrigens ein therapeutisches Verfahren, das zur Behandlung sowohl der multiplen Persönlichkeiten als auch der posttraumatischen Belastungsstörungen eingesetzt wird. In einer beruhigenden Atmosphäre durchgeführt, strebt sie in beiden Fällen danach, dem Individuum unerträgliche Erinnerungen und Emotionen wieder zu Bewußtsein zu bringen, welche es zu seinem Schutz »evakuiert«, das heißt, durch sogenannte dissoziative Mechanismen von seinem Bewußtsein abgetrennt hatte. Die dissoziativen Phänomene und ihr spektakulärster Aspekt, die multiple Persönlichkeitsstörung, sind ein weites und vielschichtiges Feld, das in einem ohnehin schon speziellen Bereich noch einmal eine wahrhaft spezielle Angelegenheit darstellt. Wir können sie hier nur skizzieren.

In Nordamerika scheint übrigens eine wahre Epidemie von multiplen Persönlichkeitsstörungen ausgebrochen zu sein. Diese offenbar spektakuläre Häufigkeitszunahme hat wohl mehrere Ursachen: weil die Störung heute besser bekannt ist, wird sie von den Spezialisten auch häufiger erkannt und diagnostiziert; man könnte aber ebenso schlußfolgern, daß leicht zu beeinflussende und zu hypnotisierende Patienten durch dieses wahrhafte Modephänomen dazu gebracht werden, sich selbst eine multiple Persönlichkeit zu fabrizieren, bisweilen mit der unfreiwilligen Hilfe eines Therapeuten, der von dem Gegenstand besessen ist.[70]

Natürlich können wir, auch ohne zu den multiplen Persönlichkeiten zu gehören, je nach Situation verschiedene Facetten unserer Persönlichkeit zeigen. Wer kennt nicht Leute, die auf Arbeit selbstsicher wirken und denen daheim unbehaglich zumute ist, oder im umgekehrten Fall Haustyrannen, die zu ihren Freunden liebenswürdig und hilfsbereit sind?

Kleine Übung

Welche Typen schwieriger Persönlichkeiten werden in Martin Scorceses Film *Casino* (1995) von Robert de Niro, Sharon Stone und Joe Pesci verkörpert? Warum trägt Robert de Niro keine Hose, wenn er allein in seinem Büro sitzt?

Und das sind noch nicht alle ...

Ganz sicher werden Sie noch mehr schwierige Persönlichkeiten entdecken als die von uns beschriebenen. Wir hoffen aber, daß dieses Buch Ihnen helfen wird, sie besser zu verstehen und vielleicht als menschliche Wesen wie wir alle anzuerkennen.

Kapitel XIII
Ursachen für die Entstehung einer schwierigen Persönlichkeit

Wie wir bereits erwähnten, sind die Anteile des Angeborenen und des Erworbenen bei der Herausbildung der Persönlichkeit sehr schwer zu bestimmen, vor allem, weil es sich nicht um ein einfaches Verhältnis handelt, sondern vielmehr um eine komplexe Wechselbeziehung, bei welcher beide Faktoren in verschiedenen Lebensetappen ineinandergreifen.

Zu den Ursprüngen der Persönlichkeit findet man eine Menge Theorien, aber noch recht wenig sorgfältig geprüfte Beobachtungsergebnisse ... Weil unser Buch ein praktischer Leitfaden sein soll, wollten wir die verschiedenen Persönlichkeitstheorien nicht ausführlich darstellen (eine ganze Bibliothek würde dafür kaum ausreichen). Bisher haben wir uns damit begnügt, auf einige Beobachtungsergebnisse hinzuweisen, sofern sie durch mehrere Studien untermauert wurden (zum Beispiel die Häufigkeit von Inzest und sexuellem Mißbrauch in der Kindheit von Borderline-Persönlichkeiten oder die Bedeutung genetischer Faktoren bei der schizotypischen Persönlichkeit). Auf jeden Fall herrscht bei den Forschern Einigkeit darüber, daß eine Persönlichkeit ein komplexes Produkt ist aus angeborenen, durch Vererbung übertragenen Veranlagungen und aus Einflüssen der Umgebung, die auf das Baby vom ersten Lebenstag an wirken (in manchen Fällen bereits vor der Geburt). Die Diskussionen kreisen heute und sicher noch lange um das Verhältnis von Vererbung und Umgebung, das wahrscheinlich je nach Individuum variiert und auch, wie wir gleich sehen werden, je nach dem betreffenden Persönlichkeitsmerkmal.

Kann die Persönlichkeit vererbt werden?

In Frankreich haftet der Idee, daß gewisse Persönlichkeitsmerkmale durch Vererbung übertragen werden können, etwas Schockierendes an.

Vier Gründe, weshalb viele Leute schockiert sind, wenn man von Persönlichkeitsgenetik spricht

* *Die jüdisch-christliche Tradition.* Der Religion zufolge besitzt der Mensch einen freien Willen; es steht ihm frei, zu sündigen oder das Gute zu tun. Die Vorstellung, daß bestimmte Charakterzüge genetisch bestimmt sein könnten, läuft dieser religiösen Tradition zuwider, denn daraus folgt, daß unsere Freiheit viel geringer ist, als wir glauben. (Aber das »Gleichnis von den anvertrauten Talenten« im Neuen Testament kann als eine Anerkennung der genetischen Ungleichheit unter den Menschen gelesen werden.)
* *Die republikanische Tradition.* Diese Tradition setzt das Schwergewicht auf die Chancengleichheit, die man allen gewähren soll, und auf die Bedeutung der Erziehung bei der Entwicklung eines Individuums. Spricht man von genetischen Unterschieden, kann das als ein Sichabfinden mit den Ungleichheiten oder als Geringschätzung der Ausbildung interpretiert werden. (Dabei ist es überhaupt kein Widerspruch, wenn man einen genetischen Einfluß auf die Persönlichkeit anerkennt und zugleich die wichtige Rolle der Erziehung betont.)
* *Die psychoanalytische Tradition.* Sie akzentuiert die Bedeutung, die Ereignisse aus der Kindheit bei der Ausprägung der Persönlichkeit haben. Weist man auf den Einfluß des Erbmaterials hin, kann das von bestimmten Psychoanalytikern als ein Versuch verstanden werden, die Wichtigkeit ihrer Disziplin herunterzuspielen.
* *Furchtbare Erinnerungen.* Die Nazis haben unter Berufung auf wahnwitzige genetische Theorien Greueltaten verübt. Diese rassistischen Dogmen haben mit der gegenwärti-

gen genetischen Forschung nichts zu tun, aber für manche Menschen hat das Wort »Genetik« einen gewissen Schwefelgeruch behalten.

Immer zahlreichere Untersuchungen bestätigen indessen, daß bestimmte Persönlichkeitsmerkmale teilweise durch Vererbung übertragen werden. (Hunde- oder Pferdezüchter sowie Mütter kinderreicher Familien wußten das schon lange.) Aber wie kann man das bei menschlichen Wesen nachweisen? Wie läßt sich das Angeborene vom Erworbenen unterscheiden?

Die vor dieses Problem gestellten Forscher haben verschiedene Untersuchungsmethoden erdacht, um den jeweiligen Einfluß von Vererbung und Umgebung studieren zu können.

– *Untersuchung von Zwillingen.* Man vergleicht die Häufigkeit eines Charakterzuges oder einer psychischen Störung bei identischen (eineiigen) Zwillingen, die das gleiche Erbmaterial haben, mit seiner Häufigkeit bei zweieiigen Zwillingen, die einander so ähnlich sind wie gewöhnliche Geschwister. Findet sich bei eineiigen Zwillingen ein Charakterzug des Zwillings A häufiger auch beim Zwilling B wieder, als das bei zweieiigen der Fall ist, belegt das die Rolle der Vererbung bei der Herausbildung dieses Charakterzuges.

– Noch interessanter ist die *Untersuchung eineiiger Zwillinge, die getrennt aufgewachsen sind* (so etwas kommt vor). Das erlaubt eine bessere Differenzierung der Auswirkungen von Vererbung bzw. Erziehung.[71]

– *Untersuchungen an adoptierten Kindern.* Man kann auch die Persönlichkeitsmerkmale von gleich nach ihrer Geburt adoptierten Kindern mit denen ihrer »wirklichen« biologischen Eltern und denen der Adoptiveltern vergleichen. Wenn bestimmte psychische Merkmale der biologischen Eltern häufiger auch bei den adoptierten Kindern auftreten, während sie bei den Adoptiveltern nicht vorhanden sind, darf man glauben, daß sie durch Vererbung übertragen wurden. Mit dieser Untersuchungsmethode konnte zum Beispiel gezeigt werden, daß es eine erbliche Veran-

lagung für gewisse Arten von Alkoholismus oder Schizophrenie gibt.
- *Familienstudien.* Hierbei geht es darum, die Häufigkeit eines Merkmals bei den näher oder entfernter verwandten Mitgliedern einer Familie zu untersuchen. Diese Methode erlaubte zum Beispiel den Nachweis, daß man in der Verwandtschaft schizophrener Patienten überdurchschnittlich häufig auf schizotypische Persönlichkeiten stößt, was uns annehmen läßt, daß beide Störungen eine gemeinsame genetische Grundlage haben.

Aber Achtung! Der Fakt, daß eine Veranlagung genetisch ist und durch Vererbung übertragen wird, bedeutet nicht, daß sie durch Erziehung oder Umgebung nicht modifiziert werden könnte. Wenn etwa jemand eine genetische Veranlagung für Alkoholismus mitbringt, kann er sehr wohl sein ganzes Leben nüchtern bleiben, falls seine Erziehung ihm hilft, Spannungen anders zu bewältigen, und falls er sich von Milieus oder Umständen, in denen die Verlockung groß ist, fernzuhalten weiß.

Und der Einfluß unserer Umgebung?

Wer sich für die Genetik der Persönlichkeitsmerkmale interessiert, braucht deshalb den Einfluß der Erziehung oder bestimmter Kindheitsereignisse noch lange nicht zu leugnen. Zahlreiche Forscherteams interessieren sich nicht nur dafür, was ihnen die Patienten über ihre Kindheit oder ihr Leben erzählen, sondern auch für Informationen, die von außenstehenden Beobachtern wie dem Standesamt oder den Sozial- und Gesundheitsbehörden geliefert werden. Darunter fallen etwa:
- soziodemographische Merkmale einer Familie;
- frühzeitige Todesfälle;
- schwere Krankheiten von Familienmitgliedern;
- Gewalt in der Ehe, Mißhandlungen, sexueller Mißbrauch;
- wenn er sich beobachten läßt, der Erziehungs- oder Kommunikationsstil innerhalb der Familie.

Ein Beispiel aus der Forschung, an dem man den jeweiligen Einfluß von Vererbung bzw. Umgebung gut aufzeigen kann, ist das der Krankheit Schizophrenie.

Mit Hilfe von Untersuchungen an Kindern, die gleich nach der Geburt adoptiert wurden, hat man gezeigt, daß bei der Schizophrenie die Vererbung eine Rolle spielt: Wenn von den biologischen Eltern ein Elternteil schizophren ist, gibt es für das Kind ein Risiko von 10%; sind beide Elternteile schizophren, liegt das Risiko bei 50%.

Als man bei den Jugendlichen, die am meisten gefährdet schienen, schizophren zu werden (schizotypische Persönlichkeit), den Kommunikationsstil innerhalb ihrer Familie untersuchte, zeigte sich jedoch, daß in jenen Familien, die sehr schlecht kommunizierten, für die Heranwachsenden ein erhöhtes Risiko bestand. Bei denen, die tatsächlich schizophren wurden, waren die Rückfälle häufiger, wenn sie in kritischen oder emotional zu stark beteiligten Familien lebten.

Bestätigung der Hypothese: Wenn man mit der Familie ein Kommunikationstraining machte, hatte das eine Verringerung von Häufigkeit und Dauer der Rückfälle bei der schizophrenen Person zur Folge. Diese Studien werden dennoch kontrovers diskutiert, denn vielleicht gibt es einen umgekehrten Effekt: je schwerwiegender die Symptome beim Jugendlichen sind, desto mehr wirbelt es das Familienleben durcheinander, und desto schlechter funktioniert die Kommunikation.

Genetik/Umgebung: ein paar verstreute Fakten

Für einen genetischen Einfluß bei Persönlichkeitsstörungen sprechen mehrere Argumente[72]:
- Hat ein Zwilling eine zwanghafte Persönlichkeit, ist auch für den anderen das Risiko größer, zwanghaft zu sein, vorausgesetzt, es handelt sich um eineiige Zwillinge.
- In der Verwandtschaft schizophrener Patienten findet man mehr schizotypische Persönlichkeiten als in einer Vergleichspopulation.

- In der Verwandtschaft von Borderline-Persönlichkeiten stößt man auf mehr Stimmungsstörungen (Depressionen) als in einer Vergleichspopulation.
- Unter den Verwandten paranoider Persönlichkeiten findet man mehr Personen, die von Wahnstörungen betroffen sind, als in einer Vergleichspopulation.

Die Verwandtschaft, von der wir sprechen, umfaßt auch die Vorfahren und Seitenzweige einer Familie, also Personen, die in unterschiedlichen Haushalten aufgewachsen sind.

Die von uns beschriebene ängstliche Persönlichkeit steht der generalisierten Angststörung nahe, bei welcher man in der Verwandtschaft betroffener Patienten mehr Angststörungen antrifft als anderswo. Ebenso ist die depressive Persönlichkeit schwer von der Dysthymie zu unterscheiden, bei der es wie bei den anderen Formen von Depression eine erbliche Komponente gibt.

Zurück zur dimensionalen Einschätzung von Persönlichkeitszügen

Doch statt von »schwierigen Persönlichkeiten«, also in Kategorien, zu sprechen, sollten wir lieber kurz auf die dimensionalen Aspekte der Persönlichkeit zurückkommen. Sie erlauben feinere Analysen. Wenn zum Beispiel ein Forscher die Verwandtschaft einer zwanghaften Persönlichkeit untersucht, ist es möglich, daß er in der Familie niemand anderen findet, der den Kriterien für eine zwanghafte Persönlichkeit entpricht. Daraus könnte er schließen, daß es bei zwanghaften Persönlichkeiten keinen erblichen Einfluß gibt. Aber wenn sich derselbe Forscher daranmachte, die Familienmitglieder mit Hilfe einer »Zwanghaftigkeitsskala« zu messen (Neigung zum Ordnunghalten, zu Präzision und Gewissenhaftigkeit), wird er vielleicht bemerken, daß einige Personen dieser Familie, selbst wenn sie nicht als zwanghafte Persönlichkeiten eingestuft werden können, auf dieser Skala einen höheren Wert erreichen als der Bevölkerungsdurchschnitt.

In diesem Fall darf man vermuten, daß die Dimension »Zwanghaftigkeit« teilweise erblich ist. Man wird versuchen, die Hypothese zu bestätigen, indem man getrennt aufgewachsene Zwillinge untersucht. Die Person mit der zwanghaften Persönlichkeit ist also, was die Zwanghaftigkeit in dieser Familie betrifft, gewissermaßen nur die sichtbar gewordene Spitze des Eisbergs.

Zum Anteil der Vererbung haben die verschiedenen Typen von Zwillingsstudien (an eineiigen, zweieiigen, gemeinsam oder getrennt aufgewachsenen) relativ ähnliche Ergebnisse erbracht. Als Beispiel möchten wir hier die Resultate einer Studie zu 175 erwachsenen Zwillingspaaren anführen.[73] Nach vielen methodologischen Absicherungen gelangten die Forscher zu Schlußfolgerungen, die früheren Studien nahekommen. Die Vererbung soll bei den folgenden Eigenschaften eine bedeutende Rolle spielen (Einfluß von mindestens 45 % in der Dimension, hier geordnet nach abnehmender Prozentzahl):

- Narzißmus im Sinne von Wichtigtuerei, Hunger nach Bewunderung, Beachtung und Wertschätzung (64 %)
- Identitätsprobleme (59 %): chronisches Gefühl der Leere, instabiles Selbstbild, Pessimismus. Dieses Ergebnis hat die Forscher selbst überrascht, erwarteten sie doch, daß diese Dimension eher durch Erfahrungen und Erziehung beeinflußt würde.
- »Härte« (56 %): Mangel an Mitgefühl, Egozentrik, Verachtung der anderen, Sadismus
- Streben nach starken Reizen (50 %)
- Ängstlichkeit (49 %)
- emotionale Instabilität (49 %)
- Mißtrauen (48 %)
- Introversion (47 %)
- soziale Selbstunsicherheit (47 %)
- Feindseligkeit, Dominanz, starre Haltung (45 %)

Nichtsdestotrotz beläßt das dem Erziehungsumfeld einen Einfluß von ungefähr 50 %. Das belegt, daß ein Interesse an der Genetik nicht gleich zu Desinteresse an den Umweltfaktoren führen darf. Freilich wirken beide Faktoren manchmal in dieselbe Richtung: Ein Kind, welches schon eine genetische Veranlagung für Ängstlichkeit mitbringt, kann durch sein ängstliches Elternteil eine angsterzeugende Erziehung erfahren; ein Kind mit Veranlagung zum Mißtrauen kann sich ein mißtrauisches Elternteil zum Vorbild nehmen usw., sofern nicht das andere Elternteil oder jemand anders unter seinen Nächsten Merkmale aufweist, die ausgleichend wirken.

Bei den zwanghaften Zügen soll die Erblichkeit nur für 39 % der Dimension verantwortlich sein.

Die gleiche Untersuchung zeigt auch, daß die Rolle der Vererbung zum Beispiel bei folgenden Dimensionen anscheinend gering ist:
- Beeinflußbarkeit/Tendenz zur Unterordnung
- affektive Unsicherheit (Trennungsangst, Suche nach Nähe, schlecht ertragenes Alleinsein)
- Intimprobleme (sexuelle Gehemmtheit, Bindungsangst)

Die drei letztgenannten Dimensionen betreffen die Beziehungen zu sehr nahestehenden Personen, und man könnte annehmen, daß sie durch in der Mutter-Kind-Bindung frühzeitig Erlerntes stark beeinflußt werden.

Noch eine kleine Anmerkung zu den Umgebungsfaktoren: Dependente Persönlichkeiten findet man häufiger unter den kleinen »Nachzüglern« oder »Nachzüglerinnen« sowie unter Personen, die während ihrer Kindheit an einer chronischen Krankheit litten.

Zusammenfassend kann man feststellen, daß die Angaben zu den Ursprüngen der schwierigen Persönlichkeiten noch recht fragmentarisch sind. Die in diesem Prozeß wirkenden Mechanismen der Vererbung und der Umgebung eröffnen für die kommenden Jahre ein spannendes Forschungsfeld,[74] das ohne ideologische Voreingenommenheit erkundet werden sollte.

Kapitel XIV
Schwierige Persönlichkeiten und Veränderung

> »Ich habe mich verabscheut, ich habe mich angebetet; schließlich sind wir miteinander alt geworden.«
>
> *Paul Valéry*

Leben heißt sich wandeln, um sich anzupassen, und dabei sich selbst treu zu bleiben. Dieser Prozeß der persönlichen Veränderung, der einer fortwährenden Justierung unseren Mitmenschen gegenüber entspricht, vollzieht sich oftmals auf unbewußte Weise. Den schwierigen Persönlichkeiten gelingt diese Wandlung weniger, bei ihnen verläuft sie fehlerhaft und unvollständig. Aber wie kann man problematische Seinsweisen ändern? Muß der schwierige Mensch, und nur er allein, Anstrengungen unternehmen? Soll seine Umgebung, die sich über seine Verhaltensweisen aufregt oder unter ihnen leidet, Druck auf ihn ausüben? Oder soll der Psychiater eingreifen, um bestimmte Persönlichkeitsmerkmale zu modifizieren? Wie man schon ahnen wird, gibt es auf keine dieser Fragen eine schnelle Antwort ...

Sich wandeln

»Wenn man sich geirrt hat, sagt man sich: Beim nächsten Mal weiß ich, wie ich es machen muß. Dabei sollte man besser sagen: Ich weiß schon vorher, wie ich es beim nächsten Mal machen werde ...« Mit diesen knappen Worten, die von einem für sein ganzes Werk charakteristischen Pessimismus geprägt sind, unterstrich der italienische Schriftsteller Cesare Pavese unbarmherzig eine augenscheinliche Wahrheit: es ist außerordentlich schwer, seine Persönlichkeit zu verändern. In allen Sprachen und Zeitaltern gibt es viele Sprichwörter, die diese Einsicht ausdrücken: »Man kann nicht aus seiner

Haut«, »Niemand kann über seinen Schatten springen« usw. Wie soll man es erklären, daß der menschliche Geist, der doch fähig ist, Sinfonien zu komponieren oder Sonden auf den Mars zu entsenden, bei der Veränderung einiger Verhaltensgewohnheiten versagt? Eine bewußte Änderung der Seinsweise ist fraglos die schwierigste Unternehmung, die man sich vorstellen kann. Auch außergewöhnlichen Menschen ergeht es da nicht anders: eine höchst interessante Untersuchung[75] hat erwiesen, daß es unter rund 300 Berühmtheiten der beiden letzten Jahrhunderte einen hohen Anteil von schwierigen (um nicht zu sagen schlichtweg pathologischen) Persönlichkeiten gab. Darunter findet man nicht wenige unserer nationalen Größen, so Pasteur und Clemenceau. Diese Menschen, die imstande waren, den Lauf der Geschichte und die Entwicklung der Wissenschaften und Künste zu beeinflussen, konnten ihren eigenen Charakter nicht ändern. Aber hat dieser Charakter nicht alles in allem auch zu ihrer Größe beigetragen? Hätte die Kreativität manches Ausnahmekünstlers eine vorbildlich durchgeführte Psychotherapie oder eine wirkungsvolle Behandlung mit Antidepressiva überlebt? Und vielleicht hätte Churchill nicht eine solche Entschlossenheit gegenüber Hitler und der faschistischen Bedrohung bewiesen, wenn er nicht mit einer schwierigen Persönlichkeit, die durch übermäßigen Alkoholgenuß noch problematischer wurde, ausgestattet gewesen wäre?

Können schwierige Persönlichkeiten sich unter außergewöhnlichen Umständen auch entfalten und sogar voll aufblühen, so sind sie an das Alltagsleben doch schlecht angepaßt ... Aus welchen Gründen macht es uns solche Mühe, uns selbst zu ändern?

»Aber ich bin schon immer so gewesen!«

Unsere Persönlichkeit formt sich seit den ersten Tagen unserer Existenz (und sogar schon früher, was gewisse Merkmale angeht, für welche es eine partielle genetische Veranlagung gibt). Wenn wir uns der Tatsache bewußt werden, daß sich unsere Seinsweise ändern müßte, sind wir mindestens zwanzig oder dreißig Jahre alt, und die problematischen Züge haben sich uns schon tief eingeprägt. Je frühzeitiger sich eine Verhaltensgewohnheit ausgeprägt hat, desto anstrengender wird es, sie zu verändern. Das entmutigt häufig Personen, die sich ändern wollen, schon im voraus. Marie-Laure (27), Sekretärin und selbstunsichere Persönlichkeit, meint dazu:

Ich weiß, daß ich mehr auf die Leute zugehen müßte, daß ich weniger empfindlich gegen Kritik sein sollte und mir nicht so viele Fragen nach meiner Bewertung durch die anderen stellen dürfte ... Aber es gelingt mir einfach nicht; das alles scheint mir eine derart riesige, komplizierte und langwierige Aufgabe zu sein, daß ich schon im voraus aufgebe. Wenn ich recht überlege, habe ich niemals wirklich versucht, meine Gewohnheiten und Überzeugungen umzukrempeln. Ich erkenne meine Schwächen, sie machen mich traurig, und das ist dann alles. Ich bin schon immer so gewesen: als Kind fürchtete ich den Blick der anderen und schützte mich, indem ich mich abseits hielt. Meine Eltern haben mir ihre eigene Sichtweise weitergegeben – ›wir sind nicht groß wer, und besser, die anderen Leute merken das nicht‹ ... Wenn man das so viele Jahre in seinem Kopf herumgetragen hat, kann man da noch etwas ändern?

»Ein Problem? Was für ein Problem?«

Weil ihnen ihre Existenzweise schon lange Zeit eigen ist, betrachten schwierige Persönlichkeiten ihr Verhalten nicht immer als unangemessen. Meist ist es ihre Umgebung (Familie, Freundeskreis, Arbeitskollegen), die sie auf ihre Haltungen aufmerksam macht. Das kann auf direkte Weise durch Bemerkungen oder Kritik erfolgen, aber auch indirekt durch Distanznahme oder ein Abkühlen der Beziehungen. Und selbst diese Botschaften aus der Umgebung werden nicht immer als wohlbegründet wahrgenommen oder anerkannt: es ist nie leicht, auf der Stelle die eigenen Haltungen kritisch zu befragen. (»Ich rege mich überhaupt nicht auf, ich spreche bloß aus, was ich meine«, werden Ihnen die Persönlichkeiten vom Typus A sagen.) Dennoch besteht die erste und unumgängliche Etappe eines jeden persönlichen Wandlungsprozesses darin, daß man sich der Probleme, die man den anderen bereitet, bewußt wird. Hören wir dazu Jean-Philippe (43), einen Ingenieur mit einer zwanghaften Persönlichkeit.

Als ich das erste Mal mit einer Freundin zusammengezogen war, bemerkte ich, daß meine Existenzweise Probleme mit sich brachte. Bis dahin hatte ich bei meinen Eltern gelebt, die mir ein bißchen ähnelten und es gewohnt waren, mich zu nehmen, wie ich bin ... Meinen Alltag mit einer Person zu verbringen, die nicht die gleichen Gewohnheiten hatte, wurde mir jedoch bald zur Hölle. Ich bin eher ein bißchen manisch, ich liebe es, wenn jedes Ding an seinem Platz liegt, ich brauche Exaktheit und die genaue Einhaltung aller Regeln, ich zeige nicht schnell meine Gefühle und bin starrsinnig ... Meine Freundin war das genaue Gegenteil. Meine junggesellenhafte Seite, die sie am Anfang sehr rührend fand, hat sie nach und nach aufgebracht. Sie warf mir pausenlos vor, ich würde meiner Arbeit und den Gegenständen mehr Zeit widmen als ihr. Nach einer Weile begann sie, absichtlich alles in Unordnung zu bringen, mich vor meinen Freunden zu kritisieren und ihnen kleine ärgerliche Details über mich zu enthüllen ... Das machte mich außerordentlich unglücklich, und am Ende haben wir uns getrennt. Lange Zeit war ich schrecklich sauer auf sie, und manchmal im Streit habe ich sie sogar als Hysterikerin bezeichnet. Aber heute, mit dem nötigen Abstand, merke ich, daß sie im Grunde nicht unrecht hatte. Sie war die erste Person, die mir nahe genug gekommen war, um meine Probleme benennen zu können ...

»Es ist stärker als ich!«

Jene schwer unterdrückbare Neigung, die uns manchmal gegen unseren Willen systematisch dieselben Fehler wiederholen läßt, haben Freud und die Psychoanalytiker schon vor langer Zeit unter dem Namen »Wiederholungszwang« beschrieben. Selbst wenn wir unsere Charakterzüge klar identifiziert haben, dauern sie fort. Und sie treten all unseren guten Absichten zum Trotz wieder hervor, wenn wir mit einer Lage konfrontiert werden, die man »Auslösesituation« nennen könnte. Hier der Bericht von Odile (45), einer passiv-aggressiven Krankenschwester:

Ich habe schon so oft versucht, mich zu ändern, daß ich mich wirklich frage, ob das in meinem Fall überhaupt möglich ist. Ich habe Bücher gelesen, mir die guten Ratschläge aller mir nahestehenden Menschen angehört und sogar eine Psychoanalyse absolviert. Ich glaube, daß ich viele Dinge über mich selbst und meine Weltsicht erfahren habe, jedenfalls darüber, was in mir falsch läuft und mich leiden läßt. Aber ich habe den Eindruck, wie ein schlechter Schüler zu sein, der zu Beginn des Schuljahrs gute Vorsätze faßt und bei dem dann im Laufe der Zeit die schlechten Gewohnheiten wieder die Oberhand gewinnen. Ich schaffe es, mich ein paar Tage zusammenzureißen, und dann fängt alles von vorn an. Es reicht schon, daß ich aufs neue mit bestimmten Situationen konfrontiert werde, in denen ich finde, daß man mir etwas aufzwingen will. Dann fühle ich, wie ich auf der Stelle zu einer Art bockigem und abweisendem Kind werde ...

»Ich habe meine guten Gründe, so zu handeln ...«

Auch wenn sie zahlreiche Probleme hervorrufen, entbehren die von den schwierigen Persönlichkeiten angenommenen Haltungen doch nicht jeder Grundlage. Wie wir in diesem Buch gezeigt haben, bringen bestimmte Charakterzüge, selbst wenn sie überzogen sind, auch Vorteile mit sich: eine dependente Persönlichkeit erhält oft Unterstützung, der Paranoiker wird sich nicht so leicht hereinlegen lassen, der Zwanghafte vergißt selten seine Schlüssel ... Diese »Sekundärgewinne« sind lächerlich gering, wenn man die Masse der mit ihnen verknüpften Nachteile dagegenhält, aber sie dienen den betroffenen Menschen manchmal zur Rechtfertigung ihrer Denk- und Verhaltensweisen. Hadrien (24), Student, berichtet:

Meine Mutter war überängstlich, und wir verlebten unsere Kindheit übertrieben behütet. Unser Haus glich einer Orbitalstation, und der kleinste Schritt hinaus war komplizierter und gefahrvoller als ein Ausstieg ins freie Weltall! Am Strand bekamen wir Mützchen und Sonnenbrillen verpaßt, wir mußten zum Schutz vor Seeigelstacheln in Sandalen herumlaufen und wurden einmal pro Stunde mit Sonnencreme eingeschmiert ... Als wir in das Alter kamen, wo wir abends Freunde besuchten, mußten wir nach unserer Ankunft sogleich zu Hause anrufen, selbst wenn wir nur drei Häuserblocks entfernt waren. Sie bauschte jeden Zwischenfall mächtig auf und unterstrich dabei, wie recht sie letztendlich doch mit ihren Vorsichtsmaßnahmen gehabt hätte. Bei jedem Klacks war ihr erster Satz: »Das hab ich ja gleich gewußt«, »Ich habe schon so etwas geahnt« oder »Hab ich es dir nicht gesagt!«. Weil sie stets das Schlimmste voraussagte, hatte sie von Zeit zu Zeit recht, und sie schaffte es, auch uns davon zu überzeugen. Sie hatte einen ganzen Vorrat an lehrreichen Geschichten und erzählte zum Beispiel, wie sich meine Schwester das einzige Mal, als sie bei einer Freundin übernachten durfte, gleich eine Bronchitis geholt hatte oder wie der kleine Junge von nebenan von einem Auto erfaßt wurde, als er ohne seine Eltern mit dem Rad unterwegs war. In unseren Kinderaugen schien der Lauf der Welt ihr recht zu geben. Erst in der Jugend haben wir zu begreifen begonnen, daß das Leben auch ohne diese erdrückenden Vorsichtsmaßnahmen funktionieren konnte ...

»So ist meine Persönlichkeit eben!«

Wir hängen sehr an unserer Persönlichkeit, mit all ihren Vorzügen und ihren Fehlern, und das ist logisch, denn sie macht einen beträchtlichen Teil unserer Identität aus. Aber es kommt auch vor, daß wir gern einige Gewohnheiten ablegen würden: wir möchten weniger ängstlich sein, flexibler, weniger eifersüchtig, optimistischer, nicht so empfindlich usw. Meistens ist uns bewußt, daß diese Veränderung das, was wir sind, nicht ernstlich in Frage stellen würde, und falls doch, würden wir das akzeptieren. Bei schwierigen Persönlichkeiten ist das jedoch nicht immer der Fall. Oftmals werden sie sich auf einen Wandlungsprozeß nicht einlassen wollen, weil sie fürchten, danach nicht mehr »sie selbst« zu sein und »ihre Persönlichkeit zu verlieren«, ein bißchen so, als ob man seine Seele verlöre. Diese Gefahr, »die Persönlichkeit zu wechseln«, besteht dennoch nur theoretisch. Wie wir noch sehen werden, bezeichnen die meisten Psychiater und Psychologen ihre Arbeit mit pathologischen Persönlichkeiten eher als ein Abstimmen und Geschmeidigmachen. Niemand hat auch nur den Wunsch nach einem radikalen Bruch ...

Das Verständnis der Ausdrücke »*die* Persönlichkeit wechseln« und »*seine* Persönlichkeit wechseln« geht in den Köpfen vieler Menschen oftmals noch durcheinander. Dabei sind pathologische Charakterzüge viel häufiger eine Fessel als ein Ausdruck individueller Freiheit. Trennt man sich von ihnen, statt sie zu bewahren, gelangt man leichter zu dem, was man wirklich sein und tun möchte. Die Anhänglichkeit an unsere Fehler ist in gewissem Sinne auch eine besondere Form von »Personenkult«, wobei die Beweihräucherung der eigenen Schwächen blind macht für ihre Nachteile. Lucien (67), pensionierter Werkmeister und Persönlichkeit vom Typus A, berichtet:

Ich lasse mit mir nicht alles machen, und die Leute treten mir besser nicht auf die Zehen. Wer mich kennt, weiß genau, daß man mich nicht zu sehr reizen darf. So bin ich halt, und ich sehe nicht ein, weshalb ich mich ändern soll, es ist halt meine Art. Manchmal weiß ich, daß ich ein bißchen weit gehe, aber ich habe keine Lust, mich andauernd zu kontrollieren. Man akzeptiert mich halt, oder man läßt es sein. Pech, wenn ich mich mit den Leuten verkrache. Das ist halt meine Persönlichkeit. Soll ich mich etwa in ein Ektoplasma verwandeln, um den Leuten zu gefallen, oder was?

Ichsyntonie und Ichdystonie

In Psychiatrie und Psychologie zählen nicht nur die Symptome selbst. Auch die Art und Weise, in welcher die Individuen ihre eigenen Schwierigkeiten empfinden, und die Haltung, die sie ihnen gegenüber einnehmen, sind von enormer Wichtigkeit. In manchen Fällen fühlt sich die Person von ihren Fehlern belästigt: ein deprimierter Mensch wird sich gegen seine Unfähigkeit zum Handeln auflehnen, jemand, der eine Phobie hat, wird sich seiner Ängste schämen, usw. Das Individuum erkennt den unwillkommenen Charakter seiner Schwierigkeiten, denn sie treiben es zu Handlungsweisen, die seinen eigenen Werten oder dem Bild, welches es gern von sich hätte, nicht entsprechen. Es ist sich der Unangemessenheit seines Verhaltens bewußt und strebt danach, sich von ihm zu befreien. Dieses Verhältnis zu den eigenen Symptomen wird als »ichdyston« bezeichnet.

Eine Haltung, welche im Gegensatz dazu durch größere Toleranz gegenüber den eigenen Störungen gekennzeichnet ist und zwischen Verkennung und Akzeptanz schwankt, nennt man »ichsynton«. In diesem Fall betrachtet das Individuum seine schwierigen Züge als integralen Bestandteil seiner Persönlichkeit und meint, sie entsprächen mehr oder weniger seinen persönlichen Wertvorstellungen oder seiner Weltsicht. Die Motivation zu einer Veränderung ist hier viel schwächer als bei der erstgenannten Haltung. Die Spezialisten für Nikotinentwöhnung kennen dieses Problem recht gut; sie wissen, daß ihre Patienten zu einer solchen Entwöhnung nur wirklich bereit sind, wenn sie »motiviert« sind, das heißt, wenn ihnen selbst ihr Raucherverhalten unerwünscht geworden ist. Es ist zwecklos, mit dem Nikotinkonsum aufhören zu wollen, wenn man nicht vorher den Schritt von einer ichsyntonen zu einer ichdystonen Einstellung getan hat. Der Erfolg ist auch dann nicht garantiert, aber zumindest wird er möglich ...

Die meisten schwierigen Persönlichkeiten sind ichsynton. Daher setzen sie einer Veränderung großen Widerstand entgegen. Befinden sie sich in einem Gleichgewichtszustand, sind sie selten für eine Wandlung motiviert. Oftmals sind der Druck der Angehörigen oder jener der Umstände, eine Kette von Schwierigkeiten oder Fehlschlägen, ja sogar eine Depression vonnöten, damit der Betreffende seine eigene Person kritisch befragt und seine gewohnten Haltungen auf den Prüfstand stellt. Manche der schwierigen Persönlichkeiten (ängstliche, depressive oder dependente Menschen) haben mitunter – vielleicht, weil sie stärker leiden – ein klareres Bewußtsein von ihren Störungen als andere (z.B. Paranoiker, Narzißten oder Typus-A-Persönlichkeiten).

Die Veränderung unterstützen

Oft wird die Veränderung von der Umgebung angeschoben. Verärgerung oder Verlegenheit, welche man einer schwierigen Persönlichkeit gegenüber empfindet, manchmal aber auch die Traurigkeit, einen geliebten Menschen in selbstzerstörerische Haltungen verstrickt zu sehen, sind häufig die Ursache für dringendes Zureden oder mehr oder minder direkte Einmischung. Schon La Rochefoucauld bemerkte: »Mit nichts ist man freigiebiger als mit gutem Rat« ... Aber solche guten Absichten und Ratschläge werfen oftmals auch Probleme auf. Der Druck, den man auf einen Menschen ausübt, um ihn zu einer Veränderung zu bewegen, kann übel aufgenommen und als Zwang verstanden werden. Bisweilen riskiert man damit sogar, denjenigen in seinen Überzeugungen zu bestärken. Das ist etwa bei paranoiden Persönlichkeiten der Fall, für die nichts verdächtiger ist als ein Satz wie: »Haben Sie keine Furcht, wir wollen doch nur Ihr Bestes« ... Der Wunsch, beim anderen eine Wandlung zu erreichen, liegt auch nicht wenigen Enttäuschungen in der Ehe zugrunde. Manchmal etabliert sich eine Partnerschaft auf der idealisierten Wunschvorstellung, einem der beiden zu einer Veränderung zu verhelfen (manch eine Frau wird einen Alkoholiker heiraten, weil sie hofft, ihn von der Flasche wegzubringen ... und wird am Ende sagen, ihr Partner habe sie enttäuscht). Andere Paare werden sich trennen, weil einer der beiden sich nicht an den veränderten Geschmack des Partners, den er zunächst in vollem Wissen um seine schwierigen Züge ausgewählt hatte, anzupassen verstand. (So wird vielleicht ein Mann seine Beziehung zu einer jüngeren und sehr dependenten Frau abbrechen, weil er nicht länger darauf warten mag, daß sie endlich »reifer« wird ...) Schließlich verwandeln sich enttäuschte Hoffnungen der Umgebung, die große Anstrengungen unternommen zu haben glaubt, schnell in eine Zurückweisung des Individuums mit einer schwierigen Persönlichkeit, wobei letzteres doch im Grunde von niemandem auch nur das geringste gewollt hatte, weder Hilfe noch Schmähungen ...

Gibt es überhaupt einfache Regeln, mit denen man die Wirksamkeit der Bemühungen um Veränderung steigern kann? Wir haben Ihnen in diesem Buch schon einige mitgegeben, aber hier folgen noch ein paar Anmerkungen, welche die wichtigsten Aspekte zusammenfassen.

Verstehen und akzeptieren

Im allgemeinen legt eine schwierige Persönlichkeit ihr problematisches Verhalten nicht zum Vergnügen an den Tag, sondern aus Angst: sie befürchtet, allein gelassen, mißverstanden oder angegriffen zu werden, in Gefahr zu sein oder die Menschen, die sie liebt, in Gefahr zu bringen ... Wenn man keinen Blick für diese Ursache hat und nicht versucht, hinter der störenden Haltung die Verletzlichkeit des Individuums zu erkennen, begibt man sich schnurstracks auf eine Bahn, die auf Konflikte oder Mißverständnisse zuläuft. Hören wir dazu Simon, einen Architekten (49):

Einer meiner Kollegen regte mich furchtbar auf mit seiner narzißtischen Art. Im Geschäft mit unseren Kunden schnappte er sich immer die besten Brocken; er meinte, ihm würde alles zustehen, und er brauche für die anderen keinen Finger krumm zu machen. Die erste Zeit sind wir uns oft in die Haare geraten. Er machte mich wirklich wütend, und ich fand ihn alles andere als sympathisch. Später, bei genauerem Hinschauen, entdeckte ich, daß er gar nicht so selbstsicher war. Eigentlich versuchte er sich mehr einzureden, den anderen überlegen zu sein, als daß er wirklich davon überzeugt gewesen wäre. Einen Moment hatte ich Lust, ihm das zu sagen, um ihn so aus dem Gleichgewicht zu bringen, oder ihm nicht mehr die nötigen Informationen zu übermitteln. Dann begriff ich, daß dies zu nichts führen würde. Wir haben also ein paar Aussprachen gehabt, bei denen ich ihm sagte, wo ich meine Grenzen setze, und dann haben wir versucht, miteinander auszukommen. Er weiß jetzt, wie weit er bei mir gehen darf, und ich bin bereit, in Detailfragen einzulenken. Seitdem ich seine Schwachstelle erkannt habe, kann ich ihn besser verstehen und eher tolerieren. Und schließlich ist mir auch klargeworden, daß er mir etwas beigebracht hat und daß er nicht in allen Punkten unrecht hatte: durch den Umgang mit ihm habe ich gelernt, mehr aus dem Schatten herauszutreten, während ich vorher überzeugt war, daß man auf meinen Wert auch aufmerksam würde, wenn ich mich im Hintergrund hielt ...

Ein solches Verständnis darf nicht mit Laxheit oder Gleichgültigkeit verwechselt werden. Es darf auch nicht zu einer Art »Biertischpsychologie« führen, die mit dem gewürzt ist, was die Psychologen »wilde Interpretationen« nennen: »Mein lieber Freund, du mußt ein großes Problem haben, daß du dich so benimmst; ich nehme mal an, das kommt aus deiner Kindheit ...« Wenn man den anderen akzeptiert, wird man letztendlich auch über sich selbst nachdenken: Wieso können wir dieses oder jenes Verhalten nicht tolerieren, während andere in der gleichen Situation gelassener reagieren? Welche unserer eigenen Werte sind dabei verletzt worden? Worin sind diese Werte denen der Person, die sich unserer Meinung nach ändern soll, überlegen? Und was kann uns der Mensch mit der schwierigen Persönlichkeit, der wie jeder von uns auch seine guten Seiten hat, lehren und nahebringen? Unsere Verärgerung und unsere Urteile über die schwierigen Persönlichkeiten zeugen auch von unseren eigenen Schwächen. Ganz, wie Paul Valéry boshaft bemerkte: »Alles, was du sagst, spricht von dir. Besonders, wenn du über einen anderen sprichst.«

Die Schwierigkeiten der Wandlung anerkennen

Auch wenn das Individuum erst einmal sein Problem erfaßt hat und zur Wandlung motiviert ist, bleibt die Veränderung der Persönlichkeit ein schwieriges Unterfangen, stellt sie doch einen langen und aufwendigen Prozeß der »Zerstörung und Rekonstruktion« dar. Es geht nicht bloß darum, ein paar Verhaltensregeln zu lernen, wie es auch ein Kind könnte, sondern man muß sich zunächst einmal von all jenen befreien, die man sich in der Vergangenheit zu eigen gemacht hat. Das erklärt die Langwierigkeit des Veränderungsprozesses und die zahlreichen »Rückfälle«, die ihn begleiten. Eine der wichtigsten Regeln auf unserem Gebiet besagt, daß man dem Individuum Zeit lassen muß, die Veränderung zu »verdauen« ... Natascha (35), eine Arbeitsmedizinerin, erzählt:

Mein Lebensgefährte ist ein bißchen schizoid; als wir uns kennenlernten, nannten ihn seine Kameraden den »Autisten« ... Ich mag aber Leute, die nachdenken, bevor sie reden. Als unser erster Sohn kam, war ich dennoch beunruhigt, denn ich fand, daß mein Mann nicht genug mit ihm sprach und sich nicht mit so viel Zuneigung um ihn kümmerte, wie ich gewünscht hätte. Ich hatte immer gedacht, bei seinen eigenen Kindern würde er lockerer werden ... Ich fürchtete, unser Sohn könnte darunter leiden. In den ersten Monaten machte ich meinem Mann Vorwürfe, aber je mehr ich ihn kritisierte, desto stärker verschloß er sich. Dann habe ich mich beruhigt und mir gesagt, daß ich ihn nicht weiter plagen, sondern ihm lieber den Weg freiräumen sollte. Schließlich war er selber ein Einzelkind und kannte sich mit Babys nicht aus. Ich gab ihm keine Anweisungen mehr und kritisierte ihn auch nicht. Wenn er sich aber nach meinen Wünschen verhielt, zeigte ich ihm, daß ich mich freute. Nach und nach, im Rhythmus der Entwicklung unseres Sohnes, hat er sich geändert. Das Kind ist inzwischen drei Jahre alt, es liebt seinen Vater sehr, und auch mein Mann hat gelernt, dem Sohn gegenüber seine ganze Zuneigung auszudrücken, und sie kommunizieren mit größerer Leichtigkeit. Mein Mann ist sogar gegenüber dem Rest der Familie ein wenig extravertierter geworden ...

Eine andere wichtige Regel ist, daß man auch Veränderungen akzeptieren muß, die nicht perfekt oder nicht vollständig sind. Das Denken und Handeln schwieriger Persönlichkeiten wurzelt in ihrer persönlichen Entwicklungsgeschichte (und manchmal in einem biologisch vorgeprägten Temperament), die man niemals zu 100% »korrigieren« können wird. Genau das erzählt uns Yanne (42), eine Angestellte:

Meine Kollegin im Büro ist zwanghaft. Sie will, daß jedes Ding am rechten Platz liegt und daß alles nach ihren Vorstellungen abläuft. Weil wir uns dasselbe Zimmer und eine Menge Material teilen müssen, gab es tüchtige Konflikte, als ich neu in den Betrieb gekommen war. Sie hatte meine Vorgängerin tyrannisiert, aber so konnte sie mit mir nicht umspringen! Nach einer Woche war wirklich die Hölle los! Ich sollte alles nach ihren Wünschen zurechtlegen, bestimmte Uhrzeiten respektieren, beim kleinsten Fehler alles von vorn beginnen ... Wahre Sklaverei war das. Ich sagte ihr, sie sei eine alte Schnepfe, aber nachdem ich beinahe gekündigt hätte, beruhigte ich mich. Ich beschloß, in kleinen Schritten mit ihr zu verhandeln. Das fiel mir leichter, nachdem mir bewußt geworden war, daß sie auch gute Eigenschaften hatte: wenn man ihre Rituale respektiert, ist sie eher hilfsbereit und nett. Und dazu ist sie sehr verläßlich, was mir aus der Verlegenheit helfen kann, denn ich bin ein bißchen schußlig. Sie hat mich im Betrieb schon mehrmals aus brenzligen Situationen gerettet. Also nehme ich manche ihrer Eigenheiten hin, nicht alle, sondern nur die, die mich am wenigsten stören. Und so versucht sie auch seltener, mir die übrigen aufzuzwingen. Im Moment kommen wir ganz gut miteinander aus ...

Spielen Sie nicht den Moralapostel

Wünscht man, daß jemand sich verändert, landet man letztendlich bei der Kernfrage: »Aus welchem Grund soll man ihn dazu drängen?« Mit welchem Recht kann ich entscheiden, was für jemanden gut ist und was nicht, und es ihm aufzwingen oder zumindest nachdrücklich ans Herz legen? Die Antwort ist einfach: von dieser Seite dürfen Sie das Pferd nicht aufzäumen! Selbst wenn manche Seinsweisen offensichtlich Vorteile haben (so, wenn man flexibel, positiv oder selbständig ist und nicht starr, zum Jammern neigend oder abhängig), wird jedes normative oder moralisierende Vorgehen den anderen kaum zur Veränderung motivieren. Die betreffende Person wird nicht wie ein Kind behandelt werden wollen, dem man beibringt, was gut und was böse ist. Das Problem der schwierigen Persönlichkeiten besteht ja gerade darin, daß sie eine zu starre und normative Sicht auf die Dinge haben: sie handeln eher nach vorgefertigten persönlichen Lebensregeln, als daß sie sich auf Situationen oder Personen einstellen.

Es nützt also nichts, da noch etwas an Normen draufzulegen; sie werden sie nur zu ihren Gunsten verdrehen (»Du hast mir ja gesagt, ich soll die anderen nicht immer um Rat fragen. Da siehst du, was dabei rauskommt ...«) oder sie karikieren (»Wenn man in diesem Haus keine Kritik mehr aussprechen darf, sage ich eben gar nichts mehr ...«). Jede Motivation zur Veränderung kann nur Erfolg haben, wenn sie auf persönlicher Ebene daherkommt: die schwierige Persönlichkeit wird ihre Haltungen modifizieren, weil andere Personen ihr aufrichtig und ohne Aggressivität gesagt haben, welche Probleme sie ihnen bereitet. Deshalb ist es, wie wir überall in diesem Buch zu zeigen versucht haben, im allgemeinen besser, von seinen eigenen Bedürfnissen zu reden als an den Gesprächspartner Forderungen zu richten; man gehe von konkreten Situationen aus, statt sich auf eherne Grundsätze zu berufen. Man spreche besser über ein bestimmtes Verhalten als über die Person usw. Das veranschaulicht uns der Bericht von Marina (33), Hausfrau und Mutter:

Mein Mann ist sehr eifersüchtig, und deswegen hatten wir lange Zeit die schlimmsten Szenen. Ich habe ihm gesagt, er sei total verrückt, er solle sich in Behandlung begeben, ich brauche keinen Aufseher, ich könne tun, was ich wolle, und reden, mit wem immer ich reden möchte ... Schließlich bin ich zu einem Psychiater gegangen, um das Problem vielleicht besser zu verstehen. Mein Mann war ja nicht in die Sprechstunde zu kriegen, weder allein noch mit mir zusammen. Der Psychiater hat mich dazu gebracht, daß ich über mich selbst nachdachte, aber vor allem half er mir, mit meinem Mann anders umzugehen. Ich habe zum Beispiel gelernt, keine aggressiven Antworten zu geben, sondern ihm meine Gefühle direkt mitzuteilen: ich sagte ihm, wie traurig es mich machte, wenn er mir kein Vertrauen schenkte, oder wie es mich aufbrachte, wenn er meine Freiheit antastete ... Er nahm das nicht mit einem Lächeln auf, aber es brachte ihn mehr aus dem Konzept als meine früheren Tiraden. Und zumindest sind unsere Streitereien nicht mehr ausgeartet. Nach und nach lagen wir uns immer seltener in den Haaren. Ich glaube, ich habe es geschafft, ihn in dieser Beziehung zu beruhigen ...

Geben Sie in der Sache nicht nach

Für Menschen in der Umgebung schwieriger Persönlichkeiten, besonders für Familienangehörige, ist die Verlockung groß, den Forderungen dieser Personen nachzugeben und sich auf ihr Spiel einzulassen. Der von schwierigen Persönlichkeiten ausgeübte Druck ist in der Tat nicht gering und kann rasch anwachsen, wenn man sich ihnen nicht fügen will: ihr Register umfaßt Wutausbrüche, Eingeschnapptsein, Tränen, das Einflößen von Schuldgefühlen ... Gibt man oft nach, wird die schwierige Persönlichkeit daraus ableiten, daß sie mit der entsprechenden Starrköpfigkeit alles erreichen kann, was sie will, und bei nächster Gelegenheit wird sie sich gewiß daran erinnern. Nicole (61), Rentnerin, berichtet:

Eine meiner Schwiegertöchter ist sehr autoritär und will bei Familientreffen alles bestimmen. Sie regt alle schrecklich auf, indem sie mit guten Ratschlägen nur so um sich wirft oder indem sie erklärt, ihre Kinder und ihr Gatte seien die Allerschönsten und Allerklügsten. Außerdem verträgt sie keinen Einspruch, und ihr Sinn für Humor ist sehr beschränkt, wenn es um ihre eigene Person geht. In der Familie haben sich alle auf ihre Art eingelassen, ein bißchen aus Gewohnheit, ein bißchen aus Feigheit und um Konflikte zu vermeiden. Wenn man nämlich etwas macht, was ihr nicht paßt, ist sie eingeschnappt, oder sie weigert sich, während der nächsten Wochen ihre Verwandten wiederzusehen. Einmal regte sich der Mann meiner jüngsten Tochter, der gerade neu zu unserer Familie gestoßen war, über sie und ihre Forderungen auf: er sagte ihr, daß sie mit dem lehrerhaften Gehabe aufhören solle. Das nahm sie sehr übel, und wir bekamen sie ein halbes Jahr nicht zu Gesicht. Alle fanden, er wäre ein wenig zu weit gegangen, und auch er selbst hatte Schuldgefühle. Aber ich denke, daß er richtig gehandelt hat, und stand ihm bei, obgleich mir diese Geschichte auch Kummer bereitete. Als dann meine Schwiegertochter schließlich wieder auf Familientreffen erschien, trat sie viel zurückhaltender und weniger anmaßend auf. Ich glaube, die Lektion hat gesessen. Wir versuchen weiterhin, vorsichtig mit ihr umzugehen und ihr Kritik zu ersparen, aber sie selbst hat es aufgegeben, alle naselang an den anderen herumzukritteln ...

Beim Umgang mit schwierigen Persönlichkeiten

sollten Sie folgendes tun:	*sollten Sie folgendes lassen:*
Versuchen Sie, deren Verhalten zu ändern	Versuchen Sie nicht, deren Weltsicht zu ändern
Begreifen Sie, welche Befürchtungen und welche Auffassungen ihrem schwierigen Verhalten zugrunde liegen	Denken Sie nicht, es handle sich bloß um schlechten Willen
Akzeptieren Sie eine allmähliche Veränderung	Verlangen Sie keine rapide Veränderung
Sprechen Sie von Ihren Bedürfnissen und zeigen Sie, wo Sie Ihre Grenzen abgesteckt haben	Halten Sie keine Moralpredigten
Nehmen Sie eine unvollständige Veränderung in Kauf	Fordern Sie keine Perfektion, um dann schließlich alles hinzuwerfen
Machen Sie in den wesentlichen Punkten keine Abstriche	Zeigen Sie nicht nur Mitleid; lassen Sie sich nicht in ihr Spiel hineinziehen

Veränderung, Psychiatrie und Psychologie

Psychiater (oder Psychologen) und pathologische Persönlichkeiten können einander unter verschiedenen Umständen begegnen. Am häufigsten kommt es wahrscheinlich vor, daß ein Patient wegen eines anderen Problems um Rat bittet. Es sieht tatsächlich ganz so aus, als litten zwischen 20 % und 50 % der Menschen, die in die Sprechstunde eines Psychiaters kommen, an Persönlichkeitsstörungen.[76] Ihr

Wunsch nach Behandlung wird von den Folgen dieser Störungen ausgelöst: Depressionen, Angstzustände, Alkoholismus usw. In anderen Fällen kommt nicht der Patient selbst in die Sprechstunde, sondern seine besorgten oder zur Erschöpfung getriebenen Nächsten rufen Hilfe herbei. Die Psychiater können ein Lied davon singen, alarmieren die Angehörigen eines solchen Menschen sie doch häufig mit Telefonanrufen wie diesem: »Ich weiß nicht mehr, was ich machen soll, er (oder sie) will nicht zum Psychiater gehen, und dabei wird unser Leben durch sein (oder ihr) Verhalten total ruiniert. Was kann man da bloß tun?« Seltener kommen Patienten von allein in die Sprechstunde, weil sie meinen, ein Persönlichkeitsproblem zu haben und gegen Tendenzen ankämpfen zu müssen, die ihnen über den Kopf wachsen.

Obgleich man sehr häufig auf schwierige Persönlichkeiten trifft (sie machen etwa 10% bis 15% der Gesamtbevölkerung aus[77]), interessiert sich die Psychiatrie für sie nicht immer im gleichen Maße. Pathologische Persönlichkeiten sind nämlich schwer zu behandelnde Patienten: wenn sie ängstlich oder deprimiert sind, werden die therapeutischen Resultate schlechter ausfallen als bei Patienten ohne Persönlichkeitsstörung (was für den Narzißmus der Therapeuten nicht gerade erhebend ist). Seit einigen Jahren jedoch streben immer mehr Studien danach, die Hilfsmöglichkeiten für solche Menschen zu verbessern, sei es durch den Einsatz von Medikamenten oder durch Psychotherapien.

Medikamente und Persönlichkeit

Manche Patienten zögern, wenn ihr Arzt sich anschickt, Psychopharmaka zu verschreiben. Sie fürchten, daß eine solche Behandlung ihre Persönlichkeit verändert. Antidepressiva oder Tranquilizer werden, wenn sie aus gutem Grund verordnet wurden, die Weltsicht dieser Personen tatsächlich ändern: unter Benzodiazepinen werden die Ängstlichen von ihrer bangen Unruhe weniger destabilisiert, und bei einer Behandlung mit Antidepressiva werden deprimierte Menschen alle Ereignisse mit weniger Pessimismus oder Verzweiflung wahrnehmen. Obwohl diese Veränderungen bisweilen spektakulär sind, werden die so behandelten Patienten nicht den Eindruck haben, daß ihre Persönlichkeit verändert worden ist. Sie haben einfach das Gefühl, daß sie jetzt weniger leiden, was schon eine Menge wert ist, oder daß sie wieder sie selbst geworden sind.

Vor einigen Jahren kamen dann die sogenannten serotoninergen Antidepressiva auf (serotoninerg, weil sie vor allem auf das Serotonin, einen wichtigen Botenstoff im Gehirn, wirken). Diese Substanzen, die bei Depressionen und bestimmten Angststörungen sehr wirksam sind, scheinen auch manche Persönlichkeitszüge verändern zu können, so die übertriebene Kritikempfindlichkeit der selbstunsicheren Persönlichkeiten. Doch die Triebfedern ihrer Wirksamkeit sind noch nicht ausreichend bekannt, und ihre Wirkung variiert sehr stark von Patient zu Patient. Wegen der exzessiven Begeisterung, die solche Behandlungsmöglichkeiten hervorriefen, und wegen der gewichtigen Konsequenzen ihres Einsatzes hat die Frage, ob bestimmte Medikamente tatsächlich die Funktionsmechanismen der Persönlichkeit modifizieren können, unter Psychiatern lebhafte Diskussionen ausgelöst.

Heute gibt es noch zu wenig Studien, als daß sich auch nur die geringste Gewißheit abzeichnen könnte. Man muß dennoch anmerken, daß einige aktuelle Arbeiten über die Biologie der Temperamente vielleicht die ersten Vorzeichen einer tiefgreifenden Entwicklung im Bereich der medikamentösen Behandlung von Persönlichkeitsstörungen sind.[78] Das wirft unweigerlich ethische Fragen auf. Soll man Medikamente zur Herstellung des persönlichen Gleichgewichts akzeptieren, so wie man (nach vielen Widerständen, die heute vergessen sind) letztendlich die Antidepressiva und Anxiolytika akzeptiert hat? Die hier auftauchenden Fragen sind von großer Bedeutung für die Individuen wie für die Gemeinschaft. Ist es im Grunde gut oder verwerflich, wenn Medikamente die Züge einer Persönlichkeit beeinflussen? Wer kann diese Frage beantworten – die Behandelnden, die Politiker, die Patienten? Werden die Individuen eine solche

Behandlung verlangen, weil sie leiden oder weil andere unter ihnen leiden oder aber, weil sie in einem bestimmten Gesellschaftstyp nicht leistungsfähig genug sind? Es wäre zu wünschen, daß über dieses Thema ernsthaft nachgedacht würde, ehe solche Produkte bei der Behandlung von Persönlichkeitsstörungen allgemein zum Einsatz kommen. Fürs erste sollte die Verordnung von Medikamenten bei erwiesenen Persönlichkeitsstörungen systematisch durch psychotherapeutische Maßnahmen begleitet werden. Das wird den Therapeuten und den Patienten helfen, die auftretenden Veränderungen genauer zu verstehen und besser mit ihnen zurechtzukommen.

Psychotherapie oder Psychotherapien?

Es gibt zahlreiche Arten von Psychotherapien, doch kann man sie, zumindest im Bereich der Betreuung schwieriger Persönlichkeiten, zwei großen Richtungen zuordnen.

Die erste Richtung ist natürlich die Psychoanalyse einschließlich aller von ihr abgeleiteten Formen. Diese älteste und wenigstens in Frankreich bedeutendste psychotherapeutische Methode basiert auf dem Grundsatz, daß es dem Individuum helfen wird, seine Schwierigkeiten zu überwinden, wenn es sich allmählich ihrer Ursprünge und Entwicklungsmechanismen bewußt wird. Das funktioniert um so besser, da diese Bewußtwerdung im Rahmen einer genau festgelegten therapeutischen Beziehung erfolgt, welche die »Übertragung« erleichtert: die Kindheitskonflikte des Patienten werden an der Person des Therapeuten aktualisiert. Die Psychoanalyse hat den Vorteil, eine besonders reichhaltige und komplexe Theorie zu besitzen, und sie stellt eine spannende intellektuelle Erfahrung dar. Die zahlreichen Querelen zwischen ihren einzelnen Schulen und ihre grundsätzliche Ablehnung jeder Form von wissenschaftlicher Überprüfung ließen jedoch in den vergangenen zwanzig Jahren ihren Einfluß zurückgehen. Und auf dem Gebiet der Persönlichkeitsstörungen hat sie bisher recht wenige schlüssige Studien hervorgebracht.

Die zweite Richtung ist die der kognitiven Therapien und der Verhaltenstherapien. Sie wurden bei uns erst in den letzten dreißig Jahren eingeführt und gewinnen derzeit sehr an Einfluß. Ihnen widmen sich zum Beispiel die meisten internationalen wissenschaftlichen Publikationen. Die kognitiven Therapien und die Verhaltenstherapien beruhen auf einem einfachen Grundsatz: wenn man eine Verhaltens- oder Denkweise ändern will, ist es am wirkungsvollsten, zu untersuchen, wie sie erlernt worden ist, und dem Patienten aktiv zu helfen, neue Verhaltens- oder Denkweisen zu erlernen. Hinter diesem Prinzip, das aus den Erziehungswissenschaften hervorgegangen ist, verbirgt sich ein ganzes Spektrum verschiedener Techniken, die bei zahlreichen Störungen ihre Wirksamkeit bewiesen haben. Eine ausführliche Untersuchung an deprimierten Patienten hat ergeben, daß bei denjenigen, die an einer Persönlichkeitsstörung litten, die kognitiven Therapien sogar ein wenig besser anschlugen als Antidepressiva.[79] Seitdem Verhaltenstherapien und kognitive Therapien bei Persönlichkeitsstörungen eingesetzt werden, haben sie sich als vielversprechend erwiesen.

psychodynamische Therapien	*Verhaltenstherapien und kognitive Therapien*
Kreisen vor allem um die Vergangenheit oder die Schnittstelle zwischen Vergangenheit und Gegenwart	Kreisen vor allem um das Hier und Heute
Wollen wichtige Elemente der persönlichen Biographie wieder lebendig werden lassen und sie verständlich machen	Wollen zum Erwerb von Kompetenzen für die Meisterung aktueller Schwierigkeiten führen
neutraler Therapeut	interaktiver Therapeut
Therapeut liefert kaum Detailinformationen über die Störung und die Therapie	Therapeut liefert viele Detailinformationen über die Störung und die Therapie
Ziele und Dauer nicht genau abgesteckt	Ziele und Dauer festgelegt

psychodynamische Therapien	Verhaltenstherapien und kognitive Therapien
Hauptziel ist die Veränderung der zugrunde liegenden psychischen Struktur (was eine nachfolgende Veränderung der Symptome und des Verhaltens erlauben soll)	Hauptziel ist die Veränderung der Symptome und des Verhaltens (was eine nachfolgende Veränderung tieferliegender psychischer Strukturen erlauben soll)

Vereinfachende Charakterisierung der beiden bei Persönlichkeitsstörungen eingesetzten psychotherapeutischen Strömungen

Man muß auch wissen, daß weitere Formen der Psychotherapie für die Behandlung von Persönlichkeitsstörungen von großem Interesse sein könnten. Hier wären etwa die »interpersonellen Therapien« zu nennen. Ihr Basispostulat lautet, daß eine Fehlfunktion der zwischenmenschlichen Beziehungen die Hauptursache für die Probleme des Individuums ist und daß diese Schwierigkeiten durch ein Ensemble von therapeutischen Akten, welches die Beziehungsfähigkeit verbessern soll, verringert werden können (indem man einen zufriedenstellenden Austausch mit seiner Umgebung entwickelt oder indem man mit Konflikten und Beziehungsproblemen effizient umgeht). Diese Therapien entwickelten sich seit Beginn der siebziger Jahre ausgehend von den Arbeiten des amerikanischen Psychiaters Schweizer Herkunft Adolf Meyer. Sie unterstreichen die grundlegende Bedeutung der Anpassung des Individuums an sein Milieu. Obgleich sie ursprünglich für die Behandlung von Depressionen entwickelt wurden, scheinen sie auch recht gut für schwierige Persönlichkeiten geeignet zu sein.[80] Jenseits des Atlantik, wo die harmonische Integration des Individuums in sein Beziehungsumfeld das Grundanliegen einer jeden Psychotherapie ist, haben sie ein positives Echo gefunden.

Die interpersonelle Therapie setzt sich zum Ziel, dem Patienten beizubringen,
– die Quellen seiner Unzufriedenheit ausfindig zu machen. Depressionsgefühle sind häufig an affektive Erfahrungen gebunden, deren sich das Individuum manchmal

selbst kaum bewußt ist. Die Enttäuschung, zu einem Abend mit Freunden nicht eingeladen worden zu sein, kann sich zum Beispiel schnell in Groll verwandeln und so das ursprüngliche Leiden verdecken.
- seine hergebrachte Reaktionsweise in Problemsituationen zu modifizieren. Deprimierte Patienten können sich zum Beispiel auf sehr egozentrische Weise verhalten und die Haltungen und Bedürfnisse der anderen nicht berücksichtigen. So wird ein depressives Individuum, dessen Partner ihm kaum entgegenkommt, das Gefühl haben, nicht verstanden zu werden, obgleich es sich selbst auch nicht rührt, um über dieses Problem zu sprechen.
- seine Beziehungskompetenzen auf umfassende Weise zu verbessern. Man soll befähigt werden, um etwas zu bitten, statt sich nur zu beklagen, man soll seine negativen Emotionen ausdrücken, statt nur eingeschnappt zu sein, soll über seine traurigen Gedanken sprechen, statt in Grübeleien zu versinken, und seine Enttäuschung nicht auf aggressive Weise zum Ausdruck bringen.

Über alle bereits existierenden Praktiken hinaus stehen der Psychotherapie insgesamt wahrscheinlich große Umwälzungen bevor. Nachdem sie sich lange Zeit mit Verachtung oder Feindschaft begegnet sind, beginnen die Vertreter der verschiedenen Schulen, sich füreinander zu interessieren. Allmählich entwickeln sich Bewegungen in Richtung einer integrativen und eklektischen Psychotherapie[81], und es ist sehr gut möglich, daß in den kommenden Jahren neue Therapiepraktiken entstehen, in welchen die verschiedenen bereits bestehenden Formen der Psychotherapie eine friedliche Koexistenz eingehen oder einander ablösen. Vielleicht werden sie auch in einer ganz neuartigen Therapie aufgehen ... Da es aber noch nicht soweit ist, haben wir beschlossen, hier die kognitiven Therapien näher vorzustellen, sind sie doch derzeit die aktuellste und am genauesten kodifizierte Herangehensweise bei der Behandlung von Persönlichkeitsstörungen.

Die kognitiven Therapien

Sie sitzen im Restaurant und warten auf einen Freund. Ein paar Tische weiter sitzt jemand, der verstohlen, aber ausdauernd in Ihre Richtung schaut. In einer solchen Situation können Ihnen verschiedene Gedanken in den Sinn kommen: positive (»Ich scheine ihm zu gefallen«), negative (»Er findet mich häßlich«) oder auch neutrale (»Er erinnert mich an jemanden«). Diese Gedanken nennt man Kognitionen; es sind also Ideen, die Ihnen angesichts einer bestimmten Situation automatisch im Bewußtsein erscheinen. Die Kognitionen zeugen von der Art und Weise, in welcher wir unsere Umwelt wahrnehmen und deuten. Das entdeckten schon die stoizistischen Philosophen vor fast zweitausend Jahren, so etwa Marc Aurel: »Wenn dir irgendein Ding der Außenwelt Kummer bereitet, so ist es nicht dieses Ding selbst, sondern dein Urteil über dieses Ding, das dich bedrückt.« Heutzutage haben die Kognitivisten dieses alte Prinzip unter dem wissenschaftlicher klingenden Namen »Informationsverarbeitung« wiederaufgenommen.

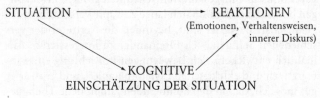

Die Informationsverarbeitung

Die Theorie von der Informationsverarbeitung geht davon aus, daß unsere Reaktionen nicht nur durch die Situation bestimmt werden, sondern ebenso durch die Art und Weise, in der wir diese Situation beurteilen. Greifen wir noch einmal unser Beispiel mit dem Restaurant auf: Wenn Ihre Kognitionen vom Typ »Ich gefalle dieser Person« sind, werden Sie (sofern Sie ein kleines bißchen histrionisch sind und es lieben, anderen zu gefallen) eher angenehme Gefühle verspüren. Ihr Verhalten wird darin bestehen, daß Sie dieser Person zulächeln oder sich ins rechte Licht rücken, und Ihre

Gedanken werden um das Thema »Ich habe einen gewissen Charme« kreisen. Wenn Sie hingegen Merkmale einer selbstunsicheren Persönlichkeit an sich haben, werden Ihre Kognitionen eher lauten: »Diese Person studiert gerade meine Schwächen«, was unerfreuliche Gefühle wie Verlegenheit und Unbehagen sowie ein Ausweichverhalten (den Blick abwenden oder einen anderen Tisch wählen) nach sich ziehen wird. So kann dieselbe Situation von einem Individuum zum anderen sehr unterschiedlich eingeschätzt werden und völlig verschiedene Reaktionen auslösen.

Eine klare Einsicht in die für uns typische Art und Weise, Ereignisse zu interpretieren, gehört zu den wichtigsten Voraussetzungen für die Veränderung unserer Haltungen.

* Wie sehen Sie die Welt?

Für die Kognitivisten beruht demnach die Mehrzahl unserer Haltungen und unserer Verhaltensweisen vor allem auf unserer *Weltsicht*.

Diese Weltsicht setzt sich zusammen aus oftmals unbewußten *Überzeugungen*, die uns selbst betreffen (zum Beispiel: »Ich bin schwach und verletzlich« oder im Gegenteil: »Ich bin ein Ausnahmewesen«), aber auch die anderen Menschen (»Die Leute sind stärker und kompetenter als ich« oder »Man darf niemandem trauen«) oder die Welt im allgemeinen (»Hinter jeder harmlosen Situation kann eine Gefahr lauern«). Diese Überzeugungen haben wir meist während der Kindheit erworben, im Kontakt mit unseren Nächsten oder infolge von Ereignissen in unserer Biographie. Sie sind tief in uns verankert und wir sind uns ihrer schließlich nicht mehr bewußt, ein wenig, als vergäße man, daß man eine Brille mit getönten Gläsern auf der Nase hat ...

Diese Überzeugungen gruppieren sich oftmals zu sogenannten »Konstellationen«. Bei einer dependenten Persönlichkeit treten zum Beispiel die Assoziationen »Ich bin verletzlich« und »Die anderen sind stark und fähig« gemeinsam auf. Solche kognitiven Konstellationen werden die Menschen dazu führen, sich *Lebensregeln* zu erarbeiten, also eine

Reihe präziser Strategien zur besseren Anpassung an die Welt, wie sie sie verstehen. Wenn wir bei unserem Beispiel mit der dependenten Persönlichkeit bleiben wollen, so lauten diese Regeln etwa: »Ich muß mich den anderen unterordnen, um ihr Wohlwollen zu erlangen« oder »Tritt ein Problem auf, darf ich nichts allein entscheiden« ...

Die wichtigsten kognitiven Charakteristika schwieriger Persönlichkeiten

Persönlichkeit	Konstellation der Überzeugungen	persönliche Lebensregeln
ängstlich	»Die Welt ist voll von Gefahren.« »Wenn man nicht wachsam ist, setzt man sich den schlimmsten Risiken aus.«	»Ich muß die Probleme immer schon vorher erkennen und immer mit dem Schlimmsten rechnen.«
paranoid	»Ich bin verletzlich.« »Die anderen sind vielleicht gegen mich und verheimlichen mir etwas.«	»Ich muß immer mißtrauisch sein und hinter das blicken, was die anderen sagen oder zeigen.«
histrionisch	»Einfach so wird sich niemand für mich interessieren.« »Verführen bedeutet, seinen Wert zu beweisen.«	»Um mir meinen Platz zu sichern, muß ich auf mich aufmerksam machen.« »Ich muß die anderen total blenden und bezaubern.«
zwanghaft	»Alle Sachen müssen perfekt erledigt werden.« »Improvisation und Spontaneität führen zu nichts Gutem.«	»Ich muß alles kontrollieren.« »Alles muß den Regeln gemäß gemacht werden.«

Persönlichkeit	Konstellation der Überzeugungen	persönliche Lebensregeln
narzißtisch	»Ich bin außergewöhnlich.« »Die anderen sind nach mir dran.«	»Mir steht alles zu.« »Die anderen müssen erfahren, wie bemerkenswert ich bin.«
schizoid	»Ich bin anders als die anderen.« »Das soziale Leben ist eine Quelle von Komplikationen.«	»Ich muß für mich bleiben und darf mich nicht auf zu intime Beziehungen einlassen.«
Verhaltensweisen vom Typus A	»Nur Platz eins zählt.« »Die Leute müssen zuverlässig und kompetent sein.«	»Ich muß jede Herausforderung annehmen.« »Ich muß meine Aufgaben schnellstmöglich erfüllen.«
depressiv	»Wir sind auf Erden, um zu leiden.« »Ich habe kein Recht auf zuviel Vergnügen.«	»Man freut sich immer zu früh.« »Ich muß hart arbeiten, um auf der Höhe zu bleiben.«
dependent	»Ich bin schwach und ziemlich unfähig.« »Die anderen sind stark.«	»Bei einem Problem muß ich sofort Hilfe suchen.« »Ich darf die anderen nicht verärgern.«
passiv-aggressiv	»Ich hätte Besseres verdient.« »Die anderen sind auch nicht mehr wert als ich, aber sie wollen immer die erste Geige spielen.« »Wenn man ihnen zu offen widerspricht, können sie aggressiv werden.«	»So können die mit mir nicht umspringen; ich weiß, was sich gehört.« »Wenn man nicht einverstanden ist, muß man indirekten Widerstand leisten.«

Persönlichkeit	Konstellation der Überzeugungen	persönliche Lebensregeln
selbstunsicher	»Ich bin nicht interessant.« »Wenn die anderen erkennen, wer ich bin, werden sie mich links liegenlassen.«	»Ich darf mich nicht offen zu erkennen geben.« »Ich muß mich abseits halten. Wenn nicht, werde ich nicht mitziehen können.«

* Stereotype Szenarios ...

Die Menschen in der Umgebung schwieriger Persönlichkeiten sind oftmals verblüfft über den Wiederholungscharakter der Verhaltensweisen solcher Personen: das Leben des Paranoikers ist eine lange Kette aus Zerwürfnissen und Konflikten, beim Histrioniker gibt es ständig ein Umschlagen von Idealisierung in Enttäuschung, der Dependente treibt immerzu im Kielwasser seiner Beschützer ...

All die kognitiven Phänome, die wir gerade beschrieben haben, also die Grundüberzeugungen und die aus ihnen abgeleiteten Regeln, münden tatsächlich in für jedes Persönlichkeitsprofil spezifische Haltungen, sobald ein Ereignis ganz bestimmter Art auftritt (wir wollen es hier die »Auslösesituation« nennen). Solche Situationen bilden in gewisser Weise den »Anlasser« für Reaktionen, die repetitiv, vorhersehbar und stereotyp sind, egal, ob es sich um Gefühle, Verhaltensweisen oder Gedanken handelt. Um in unserem Beispiel zu bleiben: wird eine selbstunsichere Person kritisiert, bewirken die von uns beschriebenen Phänomene, daß diese Kritik in ihr ein Gefühl von Bestürzung und Angst auslöst, auf Verhaltensebene Unterordnung und das Streben nach Wertschätzung hervorruft und Gedanken erregt wie etwa »Wenn man mich kritisiert, laufe ich Gefahr, endgültig abgewiesen zu werden«, »Lieber meinen Standpunkt aufgeben, um den Konflikt zu dämpfen« oder »Sicher habe ich unrecht« ...

Diese »Szenarios« der schwierigen Persönlichkeiten erinnern letztendlich an Remakes im Kino oder bei Fernsehserien; immer sind es Variationen zum selben Thema, und man weiß schon im voraus recht genau, was passieren wird. Es scheint, als würden die Erfahrungen des täglichen Lebens an den schwierigen Persönlichkeiten recht wirkungslos abperlen: sie werden dazu neigen, alles, was ihre Überzeugungen in Frage stellen könnte, zu ignorieren oder umzuinterpretieren. Eine selbstunsichere Persönlichkeit ist überzeugt, für die anderen nicht von Interesse zu sein. Wenn man ihr seine Aufmerksamkeit schenkt, wird sie wahrscheinlich meinen, das geschehe nur aus Mitleid, Herablassung oder Berechnung. Dadurch stellt sie ihre Überzeugung »Ich bin uninteressant« nicht in Frage.

Persönlichkeit	*Auslösesituationen*	*stereotype Reaktionen*
ängstlich	Fehlen von eindeutig beruhigenden Zeichen oder Informationen. Unbekanntes, Ungewißheit, z. B.: keine Nachricht haben von einem Angehörigen, der auf Reisen ist.	Macht sich Sorgen, sucht ein Maximum an Informationen. Ergreift vorbeugend die höchstmöglichen Vorsichtsmaßnahmen.
paranoid	Unübersichtliche Situationen, Widerspruch, z. B.: wissen, daß die anderen heimlich über einen geredet haben.	Greift zu Fehldeutungen, stürzt sich auf Details. Beschuldigt und verdächtigt andere. Überwirft sich mit den Leuten.
histrionisch	Anziehende oder unbekannte Personen, Gruppensituationen, z. B.: einer Person vom anderen Geschlecht vorgestellt werden.	Möchte verführerisch wirken und das Interesse des Gesprächspartners auf sich ziehen.

Persönlichkeit	*Auslösesituationen*	*stereotype Reaktionen*
zwanghaft	Dringende Aufgaben. Neues, Unvorhersehbares, Verlust der Kontrolle über die Ereignisse, z. B.: aus Mangel an Zeit zwingt man uns, Dinge schnell und unvollkommen zu erledigen.	Überprüft und überprüft das Überprüfte aufs neue. Macht Pläne. Gerät ins Zweifeln, grübelt über einer Sache.
narzißtisch	Nicht an erster Stelle stehen, z. B.: einem wird nicht der Respekt erwiesen, den man für notwendig erachtet.	Weist barsch auf seine Meriten und Vorrechte hin. Reißt das Wort an sich, um von sich, seinen Werken zu reden.
schizoid	Schnell wechselnder Umgang, erzwungene Kontakte, z. B.: im Urlaub an einer Gruppenreise teilnehmen.	Verzieht sich in seine Ecke, redet nicht aus eigenem Antrieb. Zeigt für die anderen kein Interesse.
Verhaltensweisen vom Typus A	In einer Wettbewerbssituation stehen. Am Handeln gehindert werden, z. B.: ungebührlich lange in einer Warteschlange stehen müssen.	Regt sich auf, wird laut, versucht, die Situation in den Griff zu bekommen, selbst auf aggressive Weise.
depressiv	Wirklicher oder eingebildeter Mißerfolg. Für ungerechtfertigt angesehene Anerkennung, z. B.: eine Arbeit nicht zu Ende bringen können.	Arbeitet noch härter, verbietet sich alle Freuden. Klagt sich selbst an, nicht auf der Höhe zu sein.

Persönlichkeit	Auslösesituationen	stereotype Reaktionen
dependent	Entscheidungen, die man allein treffen muß, gewichtige Aufgaben, die vor einem stehen. Einsamkeit, z. B.: ein Wochenende allein zubringen müssen.	Versucht, die Hilfe oder die Anwesenheit der anderen zu erlangen. Ist dafür bereit, ihnen in allem nachzugeben.
passiv-aggressiv	Irgendeine Autorität oder Vorrangstellung akzeptieren, Weisungen gehorchen müssen, z. B.: einen Beschluß akzeptieren müssen, mit dem man nicht einverstanden war.	Übt Widerstand. Streitet kleinlich um Einzelheiten, betont ständig die potentiellen Probleme. Nimmt eine negativistische Haltung an. Ist eingeschnappt.
selbstunsicher	Sich offenbaren müssen, dem Urteil der anderen ausgesetzt sein, z. B.: in Anwesenheit von Personen, die für einen wichtig sind, von sich selbst sprechen müssen.	Meidet die Konfrontation. Nimmt bei sozialen Kontakten eine distanzierte oder gehemmte Haltung an. Ergreift die Flucht.

* Was tun, Herr Doktor?

Angesichts dieser Erscheinungen setzen es sich die kognitiven Therapeuten zum Ziel, dem Individuum seine Denkweisen bewußter zu machen. In einem zweiten Schritt wollen sie deren Richtung modifizieren. Wie wir schon beschrieben haben, liegt die Schwierigkeit darin, daß diese Denkmechanismen fest eingefahren sind und in den Augen des Individuums einen identitätsstiftenden Charakter haben (»Das ist meine Persönlichkeit!«). Um ein so tief in die Psyche des Patienten eindringendes Vorhaben umzusetzen, gehen die kognitivistischen Therapeuten auf sehr spezifische und genau kodifizierte Weise vor, und die Form ihrer Beziehung zum Patienten ist in der Welt der Psychotherapie wirklich ungewöhnlich.

* Das Verhältnis zum kognitivistischen Therapeuten

Das Verhalten der Kognitivisten während der Therapie unterscheidet sich recht stark von dem, was die meisten Patienten erwartet hatten. Für viele Leute ist ein Psychotherapeut jemand, der wenig spricht, viel zuhört und nur selten seine Meinung äußert. (Eine solche Haltung entspräche dem klassischen psychoanalytischen Modell.)

Die kognitive Therapie möchte eine sogenannte *sokratische* Beziehung zum Patienten aufbauen: wenig allgemeine »gute Ratschläge« (der Therapeut soll keine Gurupose einnehmen und nicht den Beichtvater spielen), sondern eine Reihe von Vorschlägen, Fragen und Hilfsmitteln, um den Patienten seine psychische Fehlfunktion erkennen zu lassen. Ein bißchen so, wie der griechische Philosoph Sokrates sich als »Seelen-Hebamme« seiner Schüler begriff ...

Der kognitivistische Therapeut ist *aktiv und interaktiv*. Er antwortet auf alle erdenklichen Fragen des Patienten, lehnt kein Gesprächsthema ab, versteht sich als Beteiligter und engagiert sich in der Therapie. Er wird seinem Patienten Anweisungen geben und ihm Übungen auftragen; er erläutert ihm genau, welche Richtung die Therapie nehmen soll, und steht ihm beim Aufbau neuer Beziehungs- oder Alltagsstrategien zur Seite. Viele Patienten haben nämlich keine klare Vorstellung von den Anstrengungen, die sie unternehmen müssen, und brauchen daher zunächst Unterstützung und Orientierungshilfen. Aber der kognitivistische Therapeut ist außerdem *anspruchsvoll und präskriptiv*. Er wird von seinem Patienten verlangen, daß er bestimmte Aufgaben und Übungen ausführt und so seine Heilung selbst in die Hand nimmt.

Der kognitivistische Therapeut ist schließlich *explizit und pädagogisch*. Er wird sich Zeit dafür nehmen, den Patienten die Mechanismen seiner Schwierigkeiten selbst entdecken zu lassen, er wird ihm bestimmte Texte zur Lektüre empfehlen und ihm seine Ratschläge und Therapieschritte begründen. Er ist der Meinung, daß ein gut informierter Patient, der begreift, was im Laufe der Therapie geschieht, sich innerlich stärker beteiligen und mehr anstrengen kann.

Im Laufe der Therapie muß der Kognitivist übrigens auch selbst den Fallstricken der Beziehung, welche der Patient zu ihm aufbauen möchte, ausweichen: ein Histrioniker wird natürlich versuchen, seinen Therapeuten zu verführen oder ihm wenigstens zu gefallen, ein Paranoiker wird ihm nicht so schnell sein Vertrauen schenken, ein dependenter Patient wird sich verzweifelt an seine Ratschläge klammern, ohne zu versuchen, sein Schicksal selbst in die Hand zu nehmen, usw. In dieser Beziehung stehen die Kognitivisten vor ähnlichen Fragen wie die Psychoanalytiker, die schon vor langer Zeit auf das Phänomen der »Übertragung« des Patienten in Richtung seines Therapeuten aufmerksam geworden sind ...

In der folgenden Übersicht haben wir einige Kognitionen versammelt, die Patienten mit schwieriger Persönlichkeit in den Sinn kommen können, wenn sich ihr Therapeut verspätet. Malen Sie sich ein paar Augenblicke lang zum Spaß aus, wie sie wohl reagieren würden, wenn ihr Therapeut sie mit einer halben Stunde Verspätung endlich in sein Sprechzimmer bittet ...

Persönlichkeit	*innerer Diskurs bei einer Verspätung des Therapeuten*
ängstlich	»Ihm muß etwas passiert sein. Ob ich vielleicht lieber die Feuerwehr anrufe?«
paranoid	»Was versucht er mir damit zu beweisen? Er will wohl meine Reaktion testen?«
histrionisch	»Ich gefalle ihm nicht. Aber warum bloß?«
zwanghaft	»Ich habe mich wohl in der Zeit geirrt ... Vielleicht war es sogar ein anderer Tag? Wie kann so etwas passieren? Ich werde gleich im Terminkalender nachschauen ... Also, dieser Arzt scheint mir nicht gerade verläßlich zu sein ...«

Persönlichkeit	innerer Diskurs bei einer Verspätung des Therapeuten
narzißtisch	»Macht der sich über mich lustig, oder was? Für wen hält er sich eigentlich?«
schizoid	»In diesem Warteraum sind ja wieder mal Leute über Leute ...«
Verhaltens- weisen vom Typus A	»Was trödelt er da herum? Mir läuft inzwischen meine kostbare Zeit davon. Ich hätte schon mindestens fünf Telefonate erledigen und mehrere Dossiers lesen können ...«
depressiv	»Mein Tag ist futsch. Aber ich hätte mich auf diese Psychotherapie gar nicht erst einlassen sollen – nun muß ich eben die Folgen tragen ...«
dependent	»In diesem Warteraum ist es wirklich angenehm. Ich sollte hin und wieder zum Lesen hierher kommen. Hoffentlich behält er mich trotz seiner Verspätung wieder so lange drin wie beim letzten Mal ...«
passiv- aggressiv	»Das lasse ich ihm nicht durchgehen. Wenn ich will, kann ich es den anderen auch zeigen ...«
selbstunsicher	»Letztes Mal muß ich irgend etwas Idiotisches gesagt haben. Er trödelt, weil er von mir die Nase voll hat ...«

* Abstand gewinnen ...

Die kognitive Therapie ist eine grundsätzlich pragmatische und empirische Therapie: sie geht von einer aufmerksamen und umfassenden Beobachtung aller Situationen aus, in denen die Schwierigkeiten aufscheinen.

So bittet der Therapeut seinen Patienten, die systematische Wiederholung bestimmter konfliktgeladener oder schmerzlicher Szenarios mit seinem Umfeld aufmerksam zu verfolgen. Diese Aufgabe ist im allgemeinen nicht einfach und nicht von heute auf morgen zu lösen, denn die Patienten verkennen häufig die Rolle, die sie bei ihren eigenen

Schwierigkeiten spielen. Wie hilft man einem Patienten mit paranoider Persönlichkeit, sich bewußtzumachen, daß er es selbst ist, der seine Angehörigen zur Heimlichtuerei treibt, weil sie sich so endlose Erklärungen ersparen wollen? Wie soll man einem Narzißten zeigen, daß die von ihm ausgelösten Antipathien nicht alle der bloßen Eifersucht geschuldet sind, sondern auch dem Ärger über seinen mangelnden Respekt vor den Rechten der anderen?

Die Dinge werden manchmal erleichtert, wenn der Mensch mit der schwierigen Persönlichkeit aufgrund zusätzlicher psychischer Schwierigkeiten in die Sprechstunde kommt (meist wegen Depressionen, aber auch wegen Angststörungen etc.). Solch ein Kontext erleichtert es, die Schwierigkeiten zur Sprache zu bringen, während sich die betreffende Person ansonsten trotz ihrer Unausgeglichenheit »gut fühlt« und es nicht gewohnt ist, sich über ihre schwierigen Charakterzüge den Kopf zu zerbrechen. Der Therapeut wird seinem Patienten beibringen, seine wichtigsten Auslösesituationen und die aus ihnen hervorgehenden Kognitionen klar zu identifizieren. Dazu wird er wiederholt in Dialogen die Ereignisse der gerade verstrichenen Woche aufgreifen, aber den Patienten auch Selbstbeobachtungsprotokolle wie das folgende anfertigen lassen:

Auslösesituationen	*Emotionen*	*Kognitionen*
Ich rufe meine Mutter an, und sie fragt mich nicht, wie es um meine Gesundheit steht.	Verärgerung	Es ist ihr völlig schnuppe, was mit mir passiert.
Mein großer Sohn läßt mich abblitzen, wenn ich ihn um einen Gefallen bitte.	Traurigkeit	Keiner respektiert mich mehr …
Der Arzt weigert sich, einen Hausbesuch zu machen, denn er ist überlastet.	Zorn	Dieser kleine Allgemeinmediziner, hält der sich für einen Star?

Auslösesituationen	Emotionen	Kognitionen
Ich habe eine Auseinandersetzung mit meinem Ehemann.	Unruhe	Er gibt sich mit mir nicht die geringste Mühe mehr.
Eine Freundin redet am Telefon lang und breit über ihre Herzensangelegenheiten.	Entnervtsein	Was denkt die denn? Ich habe auch meinen Kummer, und sogar schlimmeren als sie. Sie könnte langsam zum Ende kommen.
An einem Abend unter Bekannten stehe ich abseits.	Groll	Die sind alle undankbar! Wenn sie mal traurig sind, gehe ich auf sie zu, aber sie, sie lassen mich einfach stehen.

Selbstbeobachtungsprotokoll von Chantal (35), einer Zahnärztin, Patientin mit narzißtischer Persönlichkeit in einer depressiven Phase

Ausgehend von dieser minutiösen Selbstbeobachtungsarbeit identifiziert der Therapeut nach und nach die hauptsächlichen Anlässe, bei denen die schwierigen Persönlichkeitsmerkmale seines Patienten hervortreten. Dann wird er ihm zur Einsicht bringen, daß seine Kognitionen keine Tatsachen, sondern lediglich Hypothesen sind, und ihm beim Ersinnen alternativer Hypothesen helfen.

In unserem Beispiel ist die Patientin wirklich überzeugt, daß ihre Mutter sich keinen Deut um ihre Gesundheit schert und daß ihre Freunde undankbare Geschöpfe sind. Der Therapeut wünscht indessen nichts weiter, als ihr zur Erkenntnis zu verhelfen, daß es sich bei alledem um ihre persönliche Sicht auf die Situation handelt, um ihre Lesart sozusagen, und daß ihre Gesprächspartner die Dinge wahrscheinlich anders sehen. So kann es sein, daß ihre Mutter sich nicht nach ihrem Wohlbefinden erkundigt hat, weil sie sie nicht zwingen wollte, ein vielleicht unangenehmes Thema anzuschneiden, und der Hausarzt kann durchaus ein pflichtbewußter und selbstloser Mediziner sein, der an jenem Tag einfach nur überlastet war.

Diese Erweiterung des Sichtfeldes beim Patienten ist einer der springenden Punkte der Psychotherapie. Indem er den Wiederholungscharakter der Problemsituationen unterstreicht, bringt der Therapeut seinen Patienten nach und nach dazu, die in ihm verborgenen Regeln und Grundüberzeugungen, welche seine Weltsicht und sein Verhalten bestimmen, zu identifizieren. Bei der Patientin in unserem Beispiel wäre eine dieser Grundüberzeugungen: »Die Leute müssen mir vorrangig und immerzu Aufmerksamkeit widmen, denn das habe ich wirklich verdient.«

Sind sie erst einmal herausgestellt, werden diese Überzeugungen ausführlich bewertet und diskutiert, so daß ihre Vorzüge für den Patienten, aber auch ihre Nachteile begreiflich werden. Der Therapeut versucht nicht, die Überzeugungen seines Patienten radikal zu ändern, sind sie doch nicht vollkommen absurd, sondern lediglich überzogen und zu starr. Er wird sich also bemühen, sie flexibler zu machen und ihren kategorischen Charakter zu modifizieren.

Überzeugung: »Die anderen schulden mir Aufmerksamkeit.«

Vorteile dieser Überzeugung	*Nachteile dieser Überzeugung*
»Ich kriege es hin, daß man sich um mich kümmert; ich mag das.«	»Ich weiß, daß sich viele über mich aufregen.«
»Die Leute sind egoistisch; man muß sie zur Ordnung rufen, um von ihnen etwas zu erreichen.«	»Ich bin zu abhängig vom Blick der anderen.«

Vorteile dieser Überzeugung	Nachteile dieser Überzeugung
»Ich bin nicht irgendwer, ich verdiene das Interesse der anderen.«	»Bei mir dreht sich alles zu sehr um mich selbst.«
»Man muß für sich selbst Werbung machen und die eigenen Interessen verteidigen, denn es kümmert sich kein anderer darum.«	»Am Ende zweifle ich an mir, denn die Aufmerksamkeit, die man mir widmet, ist niemals spontan. Ich lasse den anderen gar keine Zeit dazu.«

Erörterung einer Grundüberzeugung von Chantal, einer narzißtischen Persönlichkeit

Meist wird eine solch gründliche Erforschung der Überzeugungen auch die Frage ihrer Entstehung berühren. Im Fall von Chantal scheinen mehrere Erklärungen plausibel: ihr Vater, ein Chirurgieprofessor, war narzißtisch, ihre Mutter beschützte die Kinder immer und flößte ihnen seit der frühesten Kindheit das Gefühl sozialer und intellektueller Überlegenheit ein. Die Verwandtschaft bestand aus ziemlich schillernden und oberflächlichen Personen, und wenn man auf Familientreffen oder im Urlaub den gebührenden Platz einnehmen wollte, mußte man sehr früh lernen, sich in den Vordergrund zu schieben. Chantal war eine intelligente und ziemlich hübsche junge Frau, sie war es von jeher gewohnt, die Blicke auf sich zu ziehen und umschwärmt zu werden ... Es war also leicht einzusehen, weshalb die narzißtischen Überzeugungen in ihr solche Geltung erlangten. Die Auseinandersetzung mit ihrer persönlichen Geschichte erlaubte ihr die Einsicht, daß manches, was ihr immer ganz natürlich vorkam (»Ich habe einen Anspruch darauf, daß die anderen mir ihre Achtung erweisen«), in Wirklichkeit nur ein geistiges Konstrukt war, das sich aus ihrem persönlichen Umfeld erklären ließ. Das war ihr erster Schritt zu mehr Flexibilität ...

* Die Existenzweise ändern

Aber diese Bewußtmachung bildet nur einen Teil der kognitiven Herangehensweise, denn diese ist auch auf eine konkrete Veränderung des gewohnten Handelns gerichtet. Eines der besten Mittel, um seine Überzeugungen zu verändern, ist noch immer, daß man seine Verhaltensweisen ändert.[82] Daher sind die meisten Kognitivisten gleichzeitig Verhaltenstherapeuten, und sie ergänzen ihre kognitive Behandlung in weitem Maße durch verhaltenspsychologische Methoden.

Man läßt den Patienten zum Beispiel überprüfen, ob seine Vorhersagen so begründet sind, wie er glaubt. Das sind die sogenannten »Wirklichkeitsproben«. So könnte der Therapeut seinen ängstlichen Patienten auffordern, einen Wochenendausflug ohne Hotelreservierung und ohne Straßenkarte zu unternehmen, um ihn herausfinden zu lassen, ob das Resultat katastrophal oder ganz annehmbar sein wird. Damit soll die Überzeugung »Das Schlimmste ist immer möglich« entkräftet werden, und das Individuum soll sich von seinem blinden Befolgen der Regel »Du mußt immer alles voraussehen und planen« befreien. Ebenso könnte der Therapeut einen zwanghaften Patienten ermuntern, eine Aufgabe mangelhaft oder unvollständig zu erfüllen, zum Beispiel seinen Rasen nur zur Hälfte zu mähen oder ein Regal schluderig zu streichen, um seine Überzeugung »Wenn nicht alles ordnungsgemäß erledigt wird, ist das eine Katastrophe« zu widerlegen.

Eine andere Möglichkeit, das gewohnte Verhalten des Individuums zu ändern, wird darin bestehen, daß man ihm hilft, sich gefürchteten Situationen auszusetzen. Wenn eine dependente Persönlichkeit von Zeit zu Zeit nein zu sagen wagt, wird sie merken, daß dies nicht automatisch Konflikte und Abweisung nach sich zieht. Eine selbstunsichere Persönlichkeit, die Einladungen annimmt, wird entdecken, daß das Leben in Gesellschaft manchmal auch angenehm sein kann.

Schließlich ist es oft notwendig, Patienten mit Hilfe von Rollenspielen zu schulen. Wenn man einer narzißtischen

Person beibringt, Fragen zu stellen und ihren Gesprächspartnern zuzuhören, wird sie leichter verstehen, weshalb nicht immer alle ihrer Meinung sind. Zeigt man einem passiv-aggressiven Menschen, daß man Nichteinverständnis auch mit einem Lächeln und mit offenem Blick ausdrücken kann, wird er entdecken, daß viele Meinungsverschiedenheiten auf diese Weise besprochen und gelöst werden können. Dieses Training in »sozialer Kompetenz« ist für schwierige Persönlichkeiten sehr oft von großem Nutzen.[83]

Ein steiniger Pfad ...

Alle psychotherapeutischen Schulen und alle ihre Vertreter stimmen darin überein, daß die Psychotherapien bei schwierigen Persönlichkeiten oft langwierig und kompliziert sind. Sie erfordern daher erfahrene Therapeuten, die es verstehen, die Motivation ihrer Patienten aufrechtzuerhalten. Die kognitiven Therapien von Persönlichkeitsstörungen dauern im allgemeinen ziemlich lange, häufig zwei oder drei Jahre. Es gibt inzwischen gründliche Untersuchungen an Patienten mit selbstunsicherer Persönlichkeit, aber auch an stärker gestörten Persönlichkeiten, die wie die sogenannten Borderline-Patienten von Instabilität und Impulsivität besonders in ihren affektiven Beziehungen geprägt sind. Diese Studien erlauben den Schluß, daß die kognitiven und verhaltenspsychologischen Techniken wirklich effizient sind.[84] Man muß freilich anmerken, daß die meisten dieser Forschungen von speziell ausgebildeten Teams mit hoher Disponibilität durchgeführt wurden: in der Studie über die Borderline-Persönlichkeiten gab man den Patienten eine Telefonnummer, unter der sie rund um die Uhr Rat suchen konnten, usw. Auf das gewöhnliche psychotherapeutische Milieu (ein allein arbeitender Therapeut, der nicht immer erreichbar ist und sich auch seinen anderen Patienten widmen muß ...) werden sich diese Forschungsergebnisse also nur mit Vorsicht übertragen lassen. Aber wir dürfen dennoch annehmen, daß die bedeutende Entwicklung der Forschungen zu den schwierigen Persönlichkeiten und der Ausbau der ihnen angemessenen Behandlungsmethoden immer zufriedenstellendere Antworten auf die Probleme von Patienten liefern werden, bei denen die Therapeuten bislang häufig das Handtuch werfen mußten.

Quellenverzeichnis

1 E. Kretschmer, *Körperbau und Charakter*. Berlin, Heidelberg u. a. (Springer) 26. Aufl. 1977
2 P. Pichot, *Les Tests mentaux*. Paris (PUF) 1991
3 H. I. Kaplan, B. J. Sadock, J. A. Grebb, »Psychology and Psychiatry: Psychometric and Neuropsychological Testing«. In: *Synopsis of Psychiatry*. Baltimore (William & Wilkins) 7. Aufl. 1970, S. 224–226
4 H. J. Eysenck, *The Structure of Human Personality*. London (Methuen) 1970
5 C. R. Cloninger, »A Psychobiological Model of Personality and Character«. In: *Archives of General Psychiatry*, 1993, 50, S. 975–990
6 *DSM-IV: Diagnostisches und statistisches Manual psychischer Störungen*. Göttingen (Hogrefe) 1996
7 *DSM-IV*, op. cit.
8 R. Durham, T. Allan, »Psychological Treatment of Generalized Anxiety Disorder«. In: *British Journal of Psychiatry*, 1993, 163, S. 19–26
9 K. S. Kendler u. a., »Generalized Anxiety in Women: A Population-Based Twin Study«. In: *Archives of General Psychiatry*, 1992, 49, S. 267
10 C. Favarelli, S. Pavanti, »Recent Life Events and Panic Disorder«. In: *American Journal of Psychiatry*, 1989, 146, S. 622–626
11 J. Kenardy, L. Fried, H. C. Kraemer, C. B. Taylor, »Psychological Precursors of Panic Attacks«. In: *British Journal of Psychiatry*, 1992, 160, S. 668
12 R. C. Durham u. a., »Cognitive Therapy, Analytic Psychotherapy and Anxiety Management Training for Generalized Anxiety Disorder«. In: *British Journal of Psychiatry*, 1994, 165, S. 315–323
13 C. Mirabel-Sarron, L. Vera, *Précis de thérapie cognitive*. Paris (Dunod) 1995
14 Zitiert in: R. Conquest, *Stalin – der totale Wille zur Macht*. München, Leipzig (List) 1991, S. 359
15 S. de Lastours, *Toukhatchevski, le bâtisseur de l'Armée rouge*. Paris (Albin Michel) 1996
16 Dazu besonders: H. Arendt, *Elemente und Ursprünge totaler Herrschaft*. München, Zürich (Piper) 4. Aufl. 1995
17 E. Kretschmer, *Der sensitive Beziehungswahn. Ein Beitrag zur Paranoiafrage*

und zur psychiatrischen Charakterlehre. Berlin, Heidelberg, New York (Springer) 4. Aufl. 1966

18 Vgl. R. Conquest, op. cit.

19 H. V. Dicks, *Licensed Mass Murder. A socio-psychological study of some SS killers.* New York (Basic Books) 1972, S. 265 ff.

20 A. Robins, J. Purtell, M. Cohen, »'Hysteria' in Men«. In: *New England Journal of Medicine,* 1952, 246, S. 677–685

21 B. Pfohl, »Histrionic Personality Disorder«, Kap. 8, S. 181 f.: »Is the diagnosis used in a manner prejudicial to patients?«. In: J. Livesley (Hrsg.), *The DSM-IV: Personality Disorders.* New York (The Guilford Press) 1995

22 E. Trillat, *Histoire de l'hystérie.* Paris (Seghers) 1986, S. 214–240

23 G. O. Gabbard, »Psychodynamic Psychiatry in Clinical Practice«. In: *The DSM-IV Edition.* Washington (American Psychiatric Press) 1994

24 J. M. Pollak, »Commentary on Obsessive-Compulsive Personality Disorder«. In: *The DSM-IV: Personality disorders,* op. cit., S. 281

25 M. A. Jenike, »New Developments in Treatment of Obsessive-Compulsive Disorders«. In: A. Tasman, M. B. Riba (Hrsg.), *Review of Psychiatry, vol. 11.* Washington (American Psychiatric Press) 1992

26 J. Cottraux, »Traitements biologiques«. In: *Obsessions et Compulsions.* Paris (PUF) 1989, S. 106–121

27 P. Kramer, *Glück auf Rezept: der unheimliche Erfolg der Glückspille Fluctin.* München (Kösel) 1995; E. Zarifian, *Des paradis plein la tête.* Paris (Odile Jacob) 1994

28 J. G. Bachman, P. M. O'Malley, »Self-Esteem in Young Men: A longitudinal Analysis of the Impact of the Educational and Occupational Attainment«. In: *Journal of Personality and Social Psychology,* 1977, 35, S. 365–380

29 J. M. Cheek, L. A. Melchior, »Shyness, Self-Esteem and Self-Consciousness«. In: H. Leitenberg (Hrsg.), *Social and Evaluation Anxiety.* New York (Plenum Press) 1990, S. 47–82

30 D. Pardoen u. a., »Self-Esteem in Recovered Bipolar and Unipolar Outpatients«. In: *British Journal of Psychiatry,* 1993, 161, S. 755–762

31 L. Millet, *La Crise du milieu de vie.* Paris (Masson) 1994

32 N. Rascle, »Le soutien social dans la relation stress-maladie«. In: M. Bruchon-Schweitzer, R. Dantzer, *Introduction à la psychologie de la santé.* Paris (PUF) 1994

33 C. Tobin, *La Schizophrénie.* Paris (Odile Jacob) 1990

34 E. Roskies, *Stress Management and the Healthy Type A.* New York (The Guilford Press) 1987

35 P. Légeron, »Stress et approche cognitivo-comportementale«. In: *L'Encéphale,* 1993, 19, S. 193–202

36 Über dieses Experiment wird berichtet in: R. Dantzer, *L'Illusion psychosomatique.* Paris (Odile Jacob) 1989, S. 201 f.

37 R. Rosenman u. a., »Coronary Heart Disease in the Western Collaborative Group Study. Final Follow-Up Experience of $8\frac{1}{2}$ Years«. In: *Journal of the American Psychological Association,* 1975, 233, S. 872–877

38 T. M. Dembrovski u. a., »Antagonistic Hostility as a Predictor of Coro-

nary Heart Disease in the Multiple Risk Factor Intervention Trial«. In: *Psychosomatic Medicine*, 1989, 51, S. 514–522
39 Jahresbericht 1993 des Bureau International du Travail, Genf. Kap. 5: »Le stress au travail«, S. 73–87
40 D. Haaga u. a., »Mode-Specific Impact of Relaxation Training for Hypertensive Men With Type A Behavior Pattern«. In: *Behavior Therapy*, 1994, 25, S. 209–223
41 H. Tellenbach, *Melancholie*. Berlin, Heidelberg u. a. (Springer) 4. Aufl. 1983
42 K. A. Phillips u. a., »A Review of the Depressive Personality«. In: *American Journal of Psychiatry*, 1990, 147, S. 830–837
43 A. T. Beck u. a., *Kognitive Therapie der Depression*. Weinheim (Beltz) 4. Aufl. 1994
44 P. Péron-Magnan, A. Galinowski, »La personnalité dépressive«. In: *La Dépression. Études*. Paris (Masson) 1990, S. 106–115
45 D. N. Klein, G. A. Miller, »Depressive Personality in Non-Clinical Subjects«. In: *American Journal of Psychiatry*, 1993, 150, S. 1718–1724
46 D. N. Klein, »Depressive Personality: Reliability, Validity, and Relation to Dysthymia«. In: *J. Abnorm Psychology*, 1990, 99, S. 412–421
47 S. M. Sotsky u. a., »Patient Predictors of Response to Psychotherapy and Pharmacotherapy: Findings in the NIMH Treatment of Depression Collaborative Research Program«. In: *American Journal of Psychiatry*, 1991, 148, S. 997–1008
48 M. M. Weisman, G. M. Klerman, »Interpersonal Psychotherapy for Depression«. In: M. D. Beitman, G. M. Klerman, *Integrating Pharmacotherapy and Psychotherapy*. Washington (American Psychiatric Press) 1991, S. 379–394
49 M. Balint, *Angstlust und Regression*. Stuttgart (Klett-Cotta) 4. Aufl. 1994
50 L. C. Morey, »Personality Disorders in DSM-III and DSM-III R: Convergence Coverage and Internal Consistency«. In: *American Journal of Psychiatry*, 1988, 145, S. 573–578
51 J. H. Reich, R. Noyes, E. Troughton, »Dependant Personality Associated with Phobic Avoidance in Patients with Panic Disorder«. In: *American Journal of Psychiatry*, 1987, 44, S. 323–326
52 T. Millon, J. Radovanov, »Passive-Aggressive Personality Disorders«. In: *The DSM-IV: Personality Disorders*, op. cit., S. 312–325
53 R. A. Baron, »Decision Making in Organisation«. In: *Behavior in Organisations*. Newton/Massachusetts (Allyn and Bacon) 1980
54 C. André, F. Lelord, P. Légeron, *Chers patients – Petit traité de communication à l'usage des médecins*. Paris (Éditions du Quotidien du médecin) 1994
55 A. Pilkonis, »Avoidant Personality Disorder: Temperament, Shame or Both?«. In: *The DSM-IV: Personality Disorders*. op. cit., S. 234–255
56 C. André, P. Légeron, *La Peur des autres*. Paris (Odile Jacob) 1995
57 J. Kagan, N. Snidman, »Temperamental Factors in Human Development«. In: *American Psychologist*, 1991, 46, S. 856–862
58 E. Zarifian, op. cit.

59 P. Kramer, op. cit.
60 T. A. Widiger, E. Corbitt, »Antisocial Personality Disorder«. In: *The DSM-IV: Personality Disorders:* op. cit., S. 106 f.
61 M. Linehan u. a., »Cognitive-Behavioral Treatment of Chronically Parasuicidal Borderline Patients«. In: *Archives of General Psychiatry*, 1991, 48, S. 1060–1064
62 S. N. Ogata, K. R. Silk, S. Goodrich, »Childhood Sexual and Physical Abuse in Adult Patient with Personality Disorder«. In: *American Journal of Psychiatry*, 1990, 147, S. 1008–1013
63 J. G. Gunderson, A. N. Sabo, »The Phenomenological and Conceptual Interface between Borderline Personality Disorder and PTSD«. In: *American Journal of Psychiatry*, 1993, 150, S. 19–27
64 J. M. Silverman u. a., »Schizophrenia Related and Affective Personality Disorders Traits in Relatives of Probands with Schizophrenia and Personality Disorders«. In: *American Journal of Psychiatry*, 1993, 150, S. 435–442
65 Père F. J. Bressani, *Relation de quelques missions des pères de la Compagnie de Jésus dans la Nouvelle-France.* Montréal (Presses de la Vapeur) 1852
66 D. Boorstin, *Die Entdecker.* Basel, Stuttgart (Birkhäuser) 1985
67 L. B. Rosewater, »A Critical Analysis of the Proposed Self-Defeating Personality Disorder«. In: *Journal of Personality Disorders*, 1987, 1, S. 190–195
68 P. Chodoff, »Late Effects of the Concentration Camp Syndrome«. In: *Archives of General Psychiatry*, 1963, 8, S. 323–333
69 J. D. Kinzie u. a., »Post-Traumatic Stress Disorders among Survivors of Cambodgian Concentration Camps«. In: *American Journal of Psychiatry*, 1984, 141, S. 645–650
70 H. Merskey, »The Manufacture of Personality: The Production of Multiple Personality Disorder«. In: *British Journal of Psychiatry*, 1992, 160, S. 327
71 T. J. Boucherd, D. T. Lykken, M. McGue, N. Segal, A. Telegen, »Sources of Human Psychological Differences«. The Minnesota Study of Twins Reared Apart. *Science*, 1990
72 P. McGuffin, A. Thapar, »The Genetics of Personality Disorders«. In: *British Journal of Psychiatry*, 1992, 160, S. 12–23
73 J. Livesley u. a., »Genetic and Environmental Contributions to Dimension of Personality Disorders«. In: *American Journal of Psychiatry*, 1993, 150, 12, S. 1826–1831
74 K. S. Kendler, »Genetic Epidemiology in Psychiatry: taking both genes and environment seriously«. In: *Archives of General Psychiatry*, 1995, 52, S. 895–899
75 F. Post, »Creativity and Psychopathology: a Study of 291 World-Famous Men«. In: *British Journal of Psychiatry*, 1994, 165, S. 22–34
76 G. de Girolamo, J. H. Reich, *Personality Disorders.* Genf (OMS) 1993
77 M. Zimmerman, W. H. Coryell, »Diagnosing Personality Disorders in the Community«. In: *Archives of General Psychiatry*, 1990, 47, S. 527–531
78 C. R. Cloninger, op. cit.

79 S. M. Sotsky u.a., »Patients Predictors of Response to Psychotherapy and Pharmacotherapy: Findings in the NIMH Treatment of Depression Collaborative Research Program«. In: *American Journal of Psychiatry*, 1991, 148, S. 997–1008

80 M. M. Weissman, J. C. Markowitz, »Interpersonal Psychotherapy«. In: *Archives of General Psychiatry*, 1994, 51, S. 599–606

81 M. Marie-Cardine, O. Chambon, »Les psychothérapies au tournant du millénaire: dix ans d'évolution et de développement de l'approche intégrative et éclectique«. In: *Synapse*, 1994, 103, S. 97–103

82 A. Bandura, *Sozial-kognitive Lerntheorie*. Stuttgart (Klett-Cotta) 1979

83 C. Cungi, »Thérapie en groupe de patients souffrant de phobie sociale ou de troubles de la personnalité«. In: *Journal de thérapie comportementale et cognitive*, 1995, 5, S. 45–55

84 M. Linehan u.a., »Interpersonal Outcome of Behavioral Treatment of Chronically Suicidal Borderline Patient«. In: *American Journal of Psychiatry*, 1994, 151, S. 1171–1176

Kommentierte Bibliographie

Allgemeine Werke über die Persönlichkeit

Q. Debray / D. Nollet: *Les personnalités pathologiques: approche cognitive et thérapeutique*. Paris (Masson) 1995
Ein klares und lebendig geschriebenes Lehrbuch über Persönlichkeitsstörungen, in dem auch die verschiedenen Hypothesen zu ihrer Entstehung besprochen werden.

J. Cottraux / I. Blackburn: *Thérapies cognitives des troubles de la personnalité*. Paris (Masson) 1995
Eine Analyse der Persönlichkeitsstörungen, die den neuesten kognitiven Herangehensweisen folgt, Beispiele zur Persönlichkeitsevaluierung anführt und Therapien beschreibt.

DSM-IV: Diagnostisches und statistisches Manual psychischer Störungen. Göttingen (Hogrefe) 1996
Vierte Ausgabe der in der ganzen Welt benutzten Klassifizierung der Amerikanischen Gesellschaft für Psychiatrie. Dieses Werk enthält alle diagnostischen Kriterien für die verschiedenen Persönlichkeitsstörungen.

D. J. Robinson: *Disordered Personality*. London, Ontario (Rapid Psycler Press) 1996
Sollte preisgekrönt werden. Ein so amüsantes wie pädagogisches Handbuch über die Persönlichkeitsstörungen und die verschiedenen Theorien zu diesem Thema.

H. Kaplan / B. J. Sadock / J. A. Grebb: *Synopsis of psychiatry*. Baltimore (William and Wilkins) 1994
Die siebte Auflage eines großen Klassikers. 1300 Seiten stark (es handelt sich um die Kurzfassung!). Kapitel 26 behandelt die Persönlichkeitsstörungen.

J. Livesley (Hrsg.): *The DSM-IV Personality Disorders*. New York (The Guilford Press) 1995
Eine tiefschürfende klinische und epidemiologische Diskussion der verschiedenen Persönlichkeitstypen und der Entwicklung der Klassifikation bis hin zur DSM-IV. Eine Lektüre für Fachleute.

A. T. Beck / A. Freenman u. a.: *Kognitive Therapien der Persönlichkeitsstörungen*. Weinheim (Beltz) 1995
Die Anwendung kognitiver Therapien bei Persönlichkeitsstörungen. Von einem der Begründer dieser Richtung.

ÄNGSTLICHE PERSÖNLICHKEIT

A. E. Chneiweiss L.: *L'anxiété au quotidien*. Paris (Odile Jacob) 1991
Eine klare Übersicht über die unterschiedlichen Angststörungen und ihre Behandlung mit kognitiven und verhaltenspsychologischen Methoden.

PARANOIDE PERSÖNLICHKEIT

Q. Debray: *L'idéalisme passionné*. Paris (PUF) 1989
Essay über eine Sonderform von Paranoia, die ebenso viele Heilige wie politisch oder religiös motivierte Massenmörder hervorgebracht hat.

E. Kretschmer: *Der sensitive Beziehungswahn. Ein Beitrag zur Paranoiafrage und zur psychiatrischen Charakterlehre*. Berlin, Heidelberg, New York (Springer) 4. Aufl. 1966
Eine auf sehr feinen Beobachtungen beruhende Abhandlung aus der Feder des »Erfinders« der sensitiven Persönlichkeit.

HISTRIONISCHE PERSÖNLICHKEIT

E. Trillat: *Histoire de l'hystérie*. Paris (Seghers) 1985
Eine spannende Geschichte der Hysterie quer durch die Zeitalter und Theorien.

G. Darcourt: »La personnalité hystérique«. In: *La Revue du praticien*, 1995, 45, S. 2550–2555
Eine sehr klare Darstellung von Geschichte und Behandlung der hysterischen Persönlichkeit.

S. Freud / J. Breuer: *Studien über Hysterie*. Frankfurt/M. (Fischer) 1996
Die Ursprünge der Psychoanalyse.

M. Borch Jakobsen: *Souvenirs d'Anna O*. Paris (Aubier) 1995
Die Geschichte einer der Patientinnen, von denen ausgehend Freud seine Theorie entwickelte, wird noch einmal in historischer Perspektive unter die Lupe genommen.

ZWANGHAFTE PERSÖNLICHKEIT

J. Rappoport: *Der Junge, der sich immer waschen mußte*. München (MMV) 1993
Der im Titel genannte Junge ist an einer Zwangsstörung erkrankt, aber das Buch enthält auch interessante Überlegungen zu den zwanghaften Persönlichkeiten. Von einer weltweit anerkannten Expertin auf diesem Gebiet.

F. Lamagnère: *Peurs, manies et idées fixes*. Paris (Retz) 1994
Ein sehr lebendiges Tableau der verschiedenen Formen von Zwangsstörungen, das auch Therapiebeispiele enthält.

J. Cottraux: *Obsessions et compulsions*. Paris (PUF) 1989
Ein kleines, kompaktes Buch, das die therapeutischen und methodologischen Fortschritte auf diesem Gebiet untersucht.

Narzisstische Persönlichkeit

O. Kernberg: *Narzißtische Persönlichkeitsstörungen*. Stuttgart, New York (Schattauer) 1996
Ein großer Klassiker von einem der »Erfinder« der narzißtischen Persönlichkeit.

Verhaltensweisen vom Typus A

R. B. Flannery: *Comment résister au stress*. Paris (Eyrolles) 1991
Ein solides Handbuch zur Streßbewältigung, welches die Leser vom Typus A nachdenklich machen wird.

C. André / P. Légeron / F. Lelord: *La Gestion du stress*. Paris (Morisset) 1995
Dieses Buch richtet sich an Leute, die es eilig haben. In einer einstündigen Lektüre kann man das Wesentliche über die Streßbewältigung erfahren.

E. Roskies: *Stress Management and the Healthy Type A*. New York (The Guilford Press) 1987
Ein wissenschaftliches Werk aus der Feder einer Spezialistin, die in den großen nordamerikanischen Unternehmen Tausende leitende Angestellte vom Typus A behandelt hat.

Depressive Persönlichkeit

P. Kramer: *Glück auf Rezept: Der unheimliche Erfolg der Glückspille Fluctin*. München (Kösel) 1995
Geschrieben von einem Psychoanalytiker, der von der Wirkung dieses Medikaments selbst überrascht war. Ein außerordentlich umfassender und spannender Essay über die depressiven und selbstunsicheren Persönlichkeiten und die Mechanismen der Veränderung. Viel subtiler, als der Titel vermuten läßt.

Q. Debray: *Vivre avec une dépression*. Paris (Éditions du Rocher) 1994
Ein klares, unterschiedliche Ansätze synthetisierendes Werk über die verschiedenen Formen der Depression und der depressiven Persönlichkeiten.

J. F. Hallilaire (Hrsg.): »Les dysthymies«. Sondernummer von *L'Encéphale*, 1992, 18, S. 695–782
Ein reichhaltiges Dossier in französischer Sprache über diese Störung, die der depressiven Persönlichkeit ähnelt.

P. Péron-Magnan: »Tempérament et dépression«. In: J. P. Olié / M. F. Poirier / H. Lôo: *Les Maladies dépressives*. Paris (Flammarion) 1995, S. 183–191
Dieser in einem Standardwerk über die Depressionen enthaltene Aufsatz untersucht die Forschungslage zur depressiven Persönlichkeit.

F. Zorn: *Mars*. München (Kindler) 1977
Eine depressive Persönlichkeit, die an Krebs sterben wird, berichtet in der Ich-Form.

C. Pavese: *Das Handwerk des Lebens. Tagebuch 1935–1950*. Frankfurt/M. (Suhrkamp) 1974
Die Aufzeichnungen einer depressiven Persönlichkeit, die sich das Leben nahm.

E. M. Cioran: *Syllogismen der Bitterkeit*. Frankfurt/M. (Suhrkamp) 1995
Von einer depressiven Persönlichkeit in der Ich-Form erzählt. Der Autor schreibt weiter, obwohl er meint, das Leben sei eine Geschmacksverirrung.

Dependente Persönlichkeit

M. Balint: *Angstlust und Regression*. Stuttgart (Klett-Cotta) 4. Aufl. 1994
Eine spannende Reflexion über die Mechanismen der Dependenz und der Angst vor Dependenz. Ein Buch, welches jeden Leser angeht.

Selbstunsichere Persönlichkeit

C. André / P. Légeron: *La peur des autres*. Paris (Odile Jacob) 1995
Dieses Buch, das sowohl für schüchterne Menschen als auch für ihre Therapeuten geschrieben wurde, zeichnet ein zeitgemäßes Bild dieser lange unterschätzten Störung.

J. M. Boisvert / M. Beaudry: *S'affirmer et communiquer*. Montréal (Éditions de l'homme) 1979
Das französischsprachige Standardwerk zum Erlernen und Trainieren der Selbstbehauptung.

M. J. Smith: *Sage nein ohne Skrupel! Techniken zur Stärkung der Selbstsicherheit*. Reinbek (Rowohlt) 1977
Das aus dem Amerikanischen übersetzte Pendant zum vorigen Buch.

R. Alberti / M. Emmons: *Ich behaupte mich selbst: ein Übungsprogramm*. Frankfurt/M. (Fachbuchhandlung für Psychologie) 3. Aufl. 1981
Ein exzellentes Handbuch aus der Feder der Pioniere des Selbstbehauptungstrainings.

Borderline-Persönlichkeit

O. Kernberg: *Borderline-Störungen und pathologischer Narzißmus*. Frankfurt/M. (Suhrkamp) 8. Aufl. 1995
Ein psychoanalytisch inspirierter Klassiker, geschrieben aus reicher klinischer Erfahrung.

M. Linehan: *Dialektisch-behaviorale Therapie der Borderline-Persönlichkeitsstörung*. München (CIP-Medien) 1996

M. Linehan: *Trainingsmanual zur dialektisch-behavioralen Therapie der Borderline-Persönlichkeitsstörung*. München (CIP-Medien) 1996
Zwei Handbücher einer bekannten Expertin, die sowohl eine umfassende modellhafte Beschreibung der Borderline-Persönlichkeit als auch eine therapeutische Strategie entwickelt hat.

Antisoziale Persönlichkeit

Q. Debray: *Le Psychopathe*. Paris (PUF) 1984
Die alte Bezeichnung für die antisoziale Persönlichkeit. Ein Buch aus dem Blickwinkel der französischen medizinischen Tradition.

T. A. Widiger / E. Corbitt / T. Millon: »Antisocial Personality Disorder«. In: *Review of Psychiatry*, 1992, vol. 11, S. 63–79
Eine umfassende aktuelle Darstellung.

Sadistische Persönlichkeit

R. L. Spitzer / S. Fiester / M. Gay / B. Pfohl: »Is sadistic personality disorders a valid diagnosis? The result of a survey of forensic psychiatrists«. In: *American Journal of Psychiatry*, 1991, 148, S. 875–879
Aus der beunruhigenden Sicht der Psychiater, die bei Kriminalfällen herangezogen werden ...

Multiple Persönlichkeit

»Dossier Personnalités multiples«. In: *Nervure*, 1993, 6, S. 13–59
Eine Folge von Artikeln französischer und amerikanischer Spezialisten geht auf dieses spannende Thema ein.

Ursachen für die Herausbildung schwieriger Persönlichkeiten

P. Morin / S. Bouchard: *Introduction aux théories de la personnalité*. Québec (Gaëtan Morin éd.) 1992
Eine pädagogisch gut aufbereitete Darstellung der wichtigen psychologischen Theorien über die Herausbildung der Persönlichkeit – von Freud über die humanistischen Theorien, die Gestaltlehre, die Ichpsychologie und die dimensionalen Methoden bis hin zu den Kognitivisten ...

C. Lansier / R. Olivier Martin: »Personnalités pathologiques«. In: *Encyclopédie médico-chirurgicale*. Paris 1993, 37–320 A 10
Eine historische und psychodynamische Annäherung an die Persönlichkeitsstörungen.

K. S. Kendler: »Genetic Epidemiology in Psychiatry: taking both genes and environment seriously«. In: *Archives of General Psychiatry*, 1995, 52, S. 895–899

Ein erhellender Aufriß der Forschungen über das Angeborene und das Erworbene bei psychischen Störungen. Mit der Vorsicht des echten Wissenschaftlers geschrieben.

Psychotherapie und Veränderung

F. Roustang: *Comment faire rire un paranoïaque*. Paris (Odile Jacob), coll. »opus«, 1996

Eine spannende Reihe von Reflexionen über den Veränderungsprozeß bei der Psychotherapie und die Konzepte der Psychoanalyse. Der Autor ist ein unabhängiger Psychoanalytiker.

J. Cottraux: *Les thérapies cognitives*. Paris (Retz) 1992

Ein ganzes Buch voller Berichte über Therapien. Einige der darin beschriebenen Patienten sind schwierige Persönlichkeiten.

P. Gérin: *L'évaluation des psychothérapies*. Paris (PUF) 1984

Das kurze und klar formulierte Werk gibt einen Überblick über die methodologischen Probleme, die bei der Evaluierung von Psychotherapien auftreten.

J. van Riller: *La gestion de soi*. Paris (Mardaga) 1992

Ein Abriß der Mechanismen persönlicher Veränderung. Mit praktischen Anwendungen.

J. E. Young / J. S. Klosko: *Je réinvente ma vie*. Montréal (Éditions de l'homme) 1995

Ein sehr gutes Selbsthilfebuch nach angelsächsischer Art, das sich den Grundüberzeugungen der schwierigen Persönlichkeiten widmet. Als Geschenk zu empfehlen ...

Klassifizierungen

P. Pichot: *Les tests mentaux*. Paris (PUF), coll. »Que sais-je?«, 1991

Ein sehr klares und dichtes Resümee zu einem heiklen Thema.

M. Bouvard / J. Cottraux: *Protocoles et échelles d'évaluation en psychiatrie et en psychologie*. Paris (Masson) 1996

Dieses Buch vereint zahlreiche für Ärzte und Studenten nützliche Fragebögen.

J. D. Guelfi / V. Gaillac / R. Darjennes: *Psychopathologie quantitative*. Paris (Masson) 1995

Ein für Spezialisten bestimmtes Hilfsmittel, welches Methodologie und Schwierigkeiten der quantitativen Evaluierung in der Psychiatrie beschreibt.

Entwicklungspsychologie

R. Wright: *Diesseits von Gut und Böse: die biologischen Grundlagen unserer Ethik*. München (Limes) 1996
Ein wichtiges und provokantes Buch zur Diskussion über das Verhältnis von Natur und Kultur. Man entdeckt in ihm, daß die Evolution nicht nur unsere physische Gestalt so veränderte, daß die heute existierenden Menschen herauskamen, sondern daß die natürliche Auslese auch im Bereich unserer Verhaltensweisen und Emotionen wirkte.

Ergänzungen zur Bibliographie

M. Amelang: *Temperaments- und Persönlichkeitsunterschiede*. Göttingen, Bern (Hogrefe) 1986

R. C. Cohn: *Von der Psychoanalyse zur themenzentrierten Interaktion*. Stuttgart (Klett-Cotta) 13. Aufl. 1997

P. Fiedler: *Persönlichkeitsstörungen*. (Psychologie Verlags Union) 2. Aufl. 1995

J. Hacking: *Multiple Persönlichkeit: Zur Geschichte der Seele in der* Moderne. München, Wien (Hanser) 1996

H. Kohut: *Narzißmus. Eine Theorie der psychoanalytischen Behandlung* narzistischer Persönlichkeitsstörungen. Frankfurt/M. (Suhrkamp) 9. Aufl. 1995

U. Rauchfleisch: *Testpsychologie*. Göttingen (Vandenhoeck und Ruprecht) 3. Aufl. 1994

H. S. Reinecker: *Zwänge: Diagnose, Theorien und Behandlung*. Bern (Hans Huber) 1994

Ch. Rohde-Dachser: *Das Borderline-Syndrom*. Bern (Hans Huber) 5. Aufl. 1995

R. Sachse: *Persönlichkeitsstörungen: Psychotherapie dysfunktionaler* Interaktionsstile. Göttingen (Hogrefe) 1997

H. Sass: *Psychopathie, Soziopathie, Dissozialität: zur Differentialtypologie* der Persönlichkeitsstörungen. Berlin (West), Heidelberg, New York (Springer) 1987

B. Schmitz / T. Fydrich / K. Limbacher (Hg.): *Persönlichkeitsstörungen: Diagnostik und Psychotherapie*. Weinheim (Beltz) 1996

P. K. Schneider: *Ich bin wir: die multiple Persönlichkeit: zur Geschichte*, Theorie und Therapie eines verkannten Leidens. Neuried (Ars una) 1994

I. D. Turkat: *Die Persönlichkeitsstörungen. Ein Leitfaden für die klinische* Praxis. Bern (Hans Huber) 1996